Juin 2001

Bonne Fête
des Pères
Jacques
Tu es le père Idéal !
XXX

Biographie Je T'aime..

Hélène

D1259982

JACQUES PARIZEAU

Tome I
Le Croisé
1930-1970

Pierre Duchesne

JACQUES PARIZEAU

Tome I
Le Croisé
1930-1970

ÉDITIONS QUÉBEC AMÉRIQUE

329, RUE DE LA COMMUNE OUEST, 3ᵉ ÉTAGE, MONTRÉAL (QUÉBEC) H2Y 2E1 (514) 499-3000

Données de catalogage avant publication (Canada)

Duchesne, Pierre

Jacques Parizeau

(Collection Biographie)

Comprend un index.

ISBN 2-7644-0105-1 (v. 1)

1. Parizeau, Jacques, 1930- . 2. Québec (Province) – Politique et gouvernement
– 1994- . 3. Parti québécois. 4. Québec (Province) – Histoire – Autonomie et mouvements
indépendantistes. 5. Premiers ministres – Québec (Province) – Biographies. 6. Hommes
politiques – Québec (Province) – Biographies. I. Titre. II. Collection : Collection Biographie
(Éditions Québec Amérique).

FC2926.1.P37D82 2001   971.4'04'092   C2001-940339-9
F1053.25.P37D82 2001

Les Éditions Québec Amérique bénéficient du programme de subvention globale
du Conseil des Arts du Canada. Elles tiennent également à remercier la SODEC
pour son appui financier.

Le Conseil des Arts | The Canada Council
du Canada | for the Arts

Québec ::

Nous reconnaissons l'aide financière du gouvernement du Canada par l'entremise
du Programme d'aide au développement de l'industrie de l'édition (PADIÉ)
pour nos activités d'édition.

Dépôt légal : 2e trimestre 2001
Bibliothèque nationale du Québec
Bibliothèque nationale du Canada

Deuxième réimpression : juin 2001

Révision linguistique : Claude Frappier
Mise en pages : André Vallée

Imprimé au Canada

À Rose-Alba Duchesne,
à l'intelligence de son cœur.

NOTE DU BIOGRAPHE

L'idée d'entreprendre la biographie d'un personnage qui vit toujours est plutôt intrépide. Dans le cas de Jacques Parizeau, le défi est d'autant plus périlleux que sa présence et son influence sur le paysage politique continuent de se faire sentir. Malgré les risques que comporte cet exercice, l'entreprise recèle de nombreux avantages. D'abord, les événements qui doivent être racontés n'ont pas encore pris la dimension mythique que le temps fait normalement subir à certains souvenirs. Nous ne sommes pas encore très éloignés de l'action racontée et la majorité des acteurs sont encore là pour en témoigner. Ensuite, le biographe a pu confronter Jacques Parizeau à certaines réalités et l'opposer à plusieurs témoignages. Sur une période de quatre ans, le sujet d'étude a accordé cent cinquante heures d'entrevues réparties sur cinquante rencontres. Personne auparavant n'a eu un tel accès à cet ancien premier ministre.

Le cadre dans lequel se déroulaient les discussions fut déterminé dès le départ. Comme il s'agit d'une biographie non autorisée, Jacques Parizeau a collaboré à la réalisation de l'ouvrage par les nombreuses heures d'entrevues qu'il a accordées, mais il n'a exercé aucun contrôle sur le texte final. Il lui a été impossible de consulter le manuscrit avant la publication. Aucun privilège ne lui a été accordé. Il n'a lu l'ouvrage que lorsque le livre a été disponible en librairie. Par précaution, le biographe s'est d'ailleurs assuré de choisir une maison d'édition qui n'entretient aucun lien avec Jacques Parizeau ou son entourage.

Afin de ne jamais être prisonnier de la version du sujet d'étude, le biographe a mené plus de deux cents entrevues avec cent quinze invités. L'échantillonnage incluait des gens proches de lui et d'autres, plus critiques. Toutes les entrevues ont été enregistrées, transcrites et classées.

Ce que l'auteur de cet ouvrage propose donc aux lecteurs, c'est la première biographie non autorisée de Jacques Parizeau. Il ne croit pas cependant que son livre constitue une biographie définitive. L'héritage économique et politique que ce personnage controversé a légué au Québec et au Canada sera peut-être évalué différemment dans quelques années. Le biographe espère toutefois que cette biographie deviendra un ouvrage de référence pour tous ceux et celles qui cherchent à mieux définir et comprendre le rôle qu'a joué ce personnage authentique et unique dans notre histoire.

TABLE DES MATIÈRES

Première partie

LA FABRICATION DU CHEF DE TROUPE

Deuxième partie

LE NOUVEAU QUÉBÉCOIS

Troisième partie

LA CROISADE POLITIQUE

PROLOGUE

En ce 30 octobre 1995, la voiture du premier ministre du Québec file à vive allure vers le Palais des congrès de Montréal. Dans le véhicule, Jacques Parizeau demeure silencieux. Sa femme, Lisette Lapointe, l'observe avec inquiétude. Il réfléchit avec une telle intensité à la portée historique du moment présent que toute discussion lui paraît inutile. Regardant à l'extérieur, il réalise soudainement qu'un voile noir couvre la ville. Il se souvient alors de la lumière du jour pourtant si éclatante il y a quelques heures à peine. Tout au long de cette journée référendaire, le soleil a brillé sans faiblir pour les Québécois qui allaient voter.

La voiture s'immobilise. Jacques Parizeau se redresse et sort. Les agents de sécurité, plus nombreux qu'à l'habitude, forment aussitôt un périmètre de sécurité autour de lui. Le groupe compact se dirige vers la suite du Palais des congrès où tout le Cabinet attend le premier ministre pour suivre les résultats de la soirée référendaire. Dans moins d'une heure, les bureaux de vote vont fermer. Ces Québécois trop longtemps colonisés et exclus du pouvoir véritable vont-ils accepter ce soir de se donner un pays ? Ce qu'ils ont refusé à René Lévesque, le donneront-ils à Jacques Parizeau ? L'entourage de Jacques Parizeau en est certain. Jean Royer, son chef de cabinet, habituellement si circonspect, prédit une victoire. Son enthousiasme a contaminé tout le bureau du premier ministre et les locaux de la permanence nationale du parti. On s'échange des sourires en prévision de cette victoire que l'on entrevoit avec confiance. Jacques Parizeau n'est pas du tout dans cet état d'esprit.

Le premier ministre pénètre dans la grande pièce rectangulaire sans sourire aux lèvres. Sérieux, il demande tout de suite à Jean Royer s'il a une idée du taux de participation. À partir de cet instant, son équipe retient ses émotions et se garde d'afficher sa joie ouvertement. Jacques Parizeau est terriblement nerveux. L'idée de la défaite le hante. Et si je perdais ? Ose-t-il penser. Ce serait l'échec d'une vie, la fin de toutes les batailles, une guerre perdue pour le Québec ! Il tente de chasser ces pensées importunes, mais en vain.

On invite bientôt le premier ministre et sa femme à s'asseoir. Devant eux, quatre téléviseurs diffusent des images prises tout au long de la journée. À quelques mètres de là, dans la grande salle du Palais des congrès, la foule scande des slogans nationalistes. Jacques Parizeau entend distinctement les cris des militants surexcités. Fidèle à sa nature, il garde le silence. Il se souvient de certaines de ses plus belles batailles, du référendum victorieux de 1992, de la douloureuse défaite de 1980 et du NON exprimé par soixante pour cent des électeurs. Il se remémore l'enthousiasme du 15 novembre 1976, annonçant un temps nouveau qui devait consacrer l'existence d'une grande nation.

Jacques Parizeau s'est toujours défini comme un gagnant. Dans ce Québec au parcours parsemé de défaites, le tenace politicien a lutté toute sa vie pour changer le cours de l'histoire. Il a attendu ce moment pendant plus de vingt-cinq ans. Un quart de siècle au cours duquel il n'a cessé de préparer le pays. La foule crie OUI ! OUI ! OUI! Son Cabinet a peine à se retenir... Son équipe est prête à passer plusieurs nuits blanches pour gérer la victoire et annoncer au monde entier que le Québec a dit OUI ! OUI! OUI! La foule continue de scander ce mot de trois lettres, si court, mais qui a ce soir valeur d'éternité.

Vingt heures, les bureaux de scrutin ferment : le décompte des votes peut commencer. Le rideau va enfin tomber sur ce long débat qui a agité la société québécoise et mobilisé ses énergies depuis des décennies.

Dix minutes plus tard, Radio-Canada annonce que le camp du OUI mène avec cinquante-neuf pour cent des voix. C'est l'hystérie collective dans la salle. Pourtant, l'échantillon est négligeable : il ne s'agit que de un dixième de un pour cent. Puis, le clairon de la victoire se fait à nouveau entendre quand la foule apprend que les Îles-de-la-Madeleine, avec le tiers des votes dépouillé, appuient l'idée de la souveraineté-partenariat à cinquante-huit pour cent. Dans la suite ministérielle, on s'agite. Par rapport au référendum de 1980, le revirement est specta-culaire. Jacques Parizeau reste calme et impassible. Lisette Lapointe comprend difficilement la retenue de son mari. A-t-il entrevu quelque chose? Allons-nous perdre?

Puis le décompte des votes s'accélère. Une demi-heure après la fermeture des bureaux de scrutin, le pourcentage des votes pour le OUI amorce une lente mais inexorable chute. Pour Jacques Parizeau, c'est la descente aux enfers. Les fantômes de la défaite, qu'il a tenté de chasser, reviennent exécuter une danse macabre autour de lui. Ses pires appréhensions se confirment. Le cauchemar devient réalité. Jacques Parizeau voit son nom s'inscrire sur la liste déjà trop longue des personnalités québécoises qui ont perdu ce combat.

Il se lève, incapable de rester en place. Il étouffe et il rage. De long en large, il marche... Le sol s'ouvre sous ses pas. Dans sa chute, Jacques Parizeau entend les chiffres résonner dans sa tête, les pourcentages, le vote francophone, les anglophones... «Radio-Canada annonce que le NON l'emportera...» Jacques Parizeau s'engouffre dans les ténèbres de la défaite. Le résultat tombe sur les épaules de l'indépendantiste comme la guillotine sur le cou du condamné. Le verdict est insoutenable. Jacques Parizeau devra vivre dans une province, jusqu'à la fin de ses jours.

«En quoi ai-je démérité?» se demande-t-il. Le professeur d'économie des HÉC, celui qui a toujours été si exigeant envers ses étudiants, refuse la note que lui donne cette fois le peuple québécois. «Quarante-neuf pour cent après tout ce travail, c'est ingrat!» se dit-il. Jacques Parizeau arpente toujours la pièce de long en large en hochant négativement la tête. «J'ai perdu, se dit-il... quelle misère!» Pendant cet instant tragique, personne dans son entourage n'ose l'approcher ou lui parler. Sa femme vient lui toucher le visage, les deux mains sur les joues, tentant de lui exprimer toute sa compassion et de le consoler, mais Jacques Parizeau est inconsolable. Il reprend sa marche solitaire dans cette sombre suite où un homme de soixante-cinq ans voit sa vie défiler devant lui et son œuvre se solder par un échec.

Il entend René Lévesque disant : «À la prochaine fois!» Il aurait tant aimé réussir là où René Lévesque a échoué. Il aurait tant désiré faire le pays... Une détresse indéfinissable l'assaille d'abord; puis un violent sentiment de colère vient le posséder. «Pourquoi les Québécois ne m'ont-ils pas fait confiance? J'avais même accepté de laisser leur héros, Lucien Bouchard, passer à l'avant-scène. Qu'aurais-je dû faire de plus?»

«Avec quarante-neuf pour cent, j'ai tout perdu», se dit-il. L'histoire est incapable de nuance dans la défaite. Petite ou grande, elle démolit celui qui a dirigé les troupes dans le camp des perdants. «Quelle épouvantable note pour un étudiant modèle comme moi qui ai été docteur en économie à l'âge de vingt-quatre ans!» Il se revoit, en ce matin de septembre 1939 : il n'a que neuf ans et sa mère lui a acheté un nouvel habit pour son entrée au collège Stanislas. Ses parents entrevoient un bel avenir pour celui qui sera le fils d'une nation en devenir. «Quarante-neuf pour cent!», se répète-t-il avec colère. «Pourquoi m'ont-ils fait cela? Pourquoi pas cinquante et un pour cent? J'aurais pu leur montrer que nous étions capables de faire un pays... Quelle ingratitude!»

Les résultats référendaires ont l'effet d'un accident mortel sur Jacques Parizeau. C'est une collision frontale avec la réalité politique. Tout se fissure en lui. Il a terriblement mal. Il se revoit à nouveau dans cette classe du collège Stanislas, préparant un examen... «Quarante-neuf pour cent, cette fois j'ai coulé et c'était la dernière note possible, pense-t-il. C'est le professeur Ricourt, mon professeur de grec, qui me tirerait les oreilles!»

Jacques Parizeau sort de la suite et se dirige, d'un pas rapide, vers la salle où il va prononcer son discours, celui de la défaite, qu'il a refusé de coucher sur papier à l'avance.

PREMIÈRE PARTIE

LA FABRICATION
DU CHEF DE TROUPE

CHAPITRE 1

Soutenir le regard de l'enfant

> « *Jacques Parizeau demandait à être séduit par nous. Il posait des questions sans arrêt. Très exigeant, il pouvait d'une certaine manière faire peur aux professeurs.* »
>
> Guy Boulizon [1]

Lentement, d'une façon presque mécanique, le jeune Parizeau prend place derrière son pupitre de bois verni, le dos bien droit et la tête relevée. Au collège Stanislas on ne porte pas d'uniforme, mais c'est tout comme. À l'arrivée du maître, tous les garçons se lèvent comme des petits soldats. L'homme qui se présente à eux s'appelle Pierre Ricourt. Il enseigne le grec en plus d'occuper la fonction de préfet de discipline, une tâche qu'il exerce avec fermeté. Sa réputation d'homme rude, rigoureux, a traversé les classes. Même quand la demande est faite dans les formes, le professeur Ricourt ne permet que rarement aux élèves de quitter la classe pour aller aux toilettes. Les retenues du samedi matin sont devenues légion avec lui. Le redoutable préfet a arraché des larmes à bien des écoliers, mais jamais au petit Parizeau. Pourtant, « tout le monde avait peur de lui [2] », se

---

1. Professeur au collège Stanislas dès 1938.
2. Entrevue avec Gilbert Choquette, le 3 octobre 1997.

21

rappelle Gilbert Choquette. Si un élève écrit sans grande conviction, Ricourt n'hésite pas à le narguer : « Qu'écrivez-vous ? Vos mémoires ? Les mémoires d'un âne sans doute [3] ! » Pour Marc Baudouin, qui l'a également eu comme professeur, Pierre Ricourt était trop tranchant [4]. Un avis partagé par ses collègues : « Dieu sait qu'il ne cédait pas facilement [5] », insistent Jeannette et Guy Boulizon, professeurs au collège Stanislas. « Autant celui-ci était un extraordinaire animateur dans le domaine intellectuel, autant il fut un détestable pion quand on imagina d'en faire le préfet de discipline [6] », écrit dans ses mémoires le père de Jacques, Gérard Parizeau.

C'est pourtant sur ce professeur, le plus rigide parmi le corps enseignant du collège, que Jacques Parizeau décide d'exercer sa détermination. Du haut de ses douze ans, il déclare unilatéralement qu'il n'apprendra pas le grec. C'est une matière inutile ! Il refuse dès lors de traduire les textes et de faire les compositions. Le professeur Ricourt accueille la bravade avec le sourire. Se lancer dans une partie de bras de fer avec l'opiniâtre jeune homme constitue pour lui un défi stimulant. Il griffonne nombre de zéros sur les copies presque blanches de l'entêté. Le jeune Parizeau ne bronche pas.

Si quelques zéros peuvent signifier le renvoi, Jacques Parizeau en collectionne plus d'une dizaine, tous dans le cours de grec ! « Au douzième ou treizième zéro, l'atmosphère était irrespirable, autant à la maison qu'à l'école [7] », se rappelle-t-il. Élevé au sein d'une famille de « raisonneurs », il ne tarde pas à réaliser que son choix l'amène au bord du gouffre. Sa mère le

---

3. Anecdote rapportée par Gilbert Choquette. Entrevue téléphonique du 8 juin 2000.
4. Entrevue avec Marc Baudouin, le 15 septembre 1997.
5. Entrevue avec Jeannette et Guy Boulizon, le 24 octobre 1997.
6. Gérard Parizeau, *Joies et deuils d'une famille bourgeoise 1867-1961*, Trois-Rivières, Les Éditions du Bien public, 1973, p. 279.
7. Entrevue avec Jacques Parizeau, le 29 juillet 1997.

sermonne sévèrement. Son père, avec la finesse qui le caractérise, exerce autant de pression sur son fils, mais plus subtilement. Pour chaque copie remise, le professeur Ricourt administre au jeune têtu, comme autant de gifles, une volée de zéros. « Ils vont me casser[8] », reconnaît le récalcitrant, sourire aux lèvres. En effet, le maître vient à bout du cabochard[9]. L'année suivante, l'élève Parizeau améliore sensiblement sa note de grec. Des années plus tard, il n'aura que des bons mots pour Pierre Ricourt. C'est de lui qu'il a appris à structurer ses exposés, ce qui sera fort utile au futur politicien. En 1998, un an avant sa mort, Pierre Ricourt conservait un vif souvenir de l'élève Parizeau. Un être « toujours en éveil, bondissant et prêt à recevoir tout ce qu'on lui enseignait. Discipliné, bûcheur, c'était un remarquable travailleur[10] », disait-il.

Si le professeur Ricourt réussit à « casser » le jeune Parizeau et à lui enseigner le grec, cela ne signifie pas qu'il ait dressé la forte tête. Malgré son jeune âge, le garçon de douze ans possède une étonnante maîtrise de soi. Jacques Parizeau est très exigeant pour ses professeurs. « Il pouvait d'une certaine manière faire peur aux professeurs, relate Guy Boulizon. Il corrigeait quelques-unes de nos anecdotes historiques et relevait nos erreurs avec beaucoup de justesse[11]. » La crainte inspirée par le sérieux et le regard d'un enfant ! Un aplomb qui s'exprime aussi à la maison. Ainsi au cours d'un repas familial, la discussion est lancée sur la question syrienne : les Anglais veulent bouter

---

8. *Idem.*
9. Selon le relevé de notes du collège Stanislas d'Outremont pour l'année 1942-1943, Jacques Parizeau se classe vingtième sur trente-cinq élèves en version grecque au premier trimestre. À la fin des classes, il occupe le treizième rang. En thème grec, il débute au vingt-deuxième rang et termine en dix-huitième place. Compte tenu de sa performance dans les autres cours, son classement en grec est nettement en bas de sa moyenne. Malgré tout, il remporte cette année-là le deuxième prix d'honneur.
10. Entrevue téléphonique avec Pierre Ricourt, le 17 novembre 1997.
11. Entrevue avec Guy Boulizon, le 24 novembre 1997.

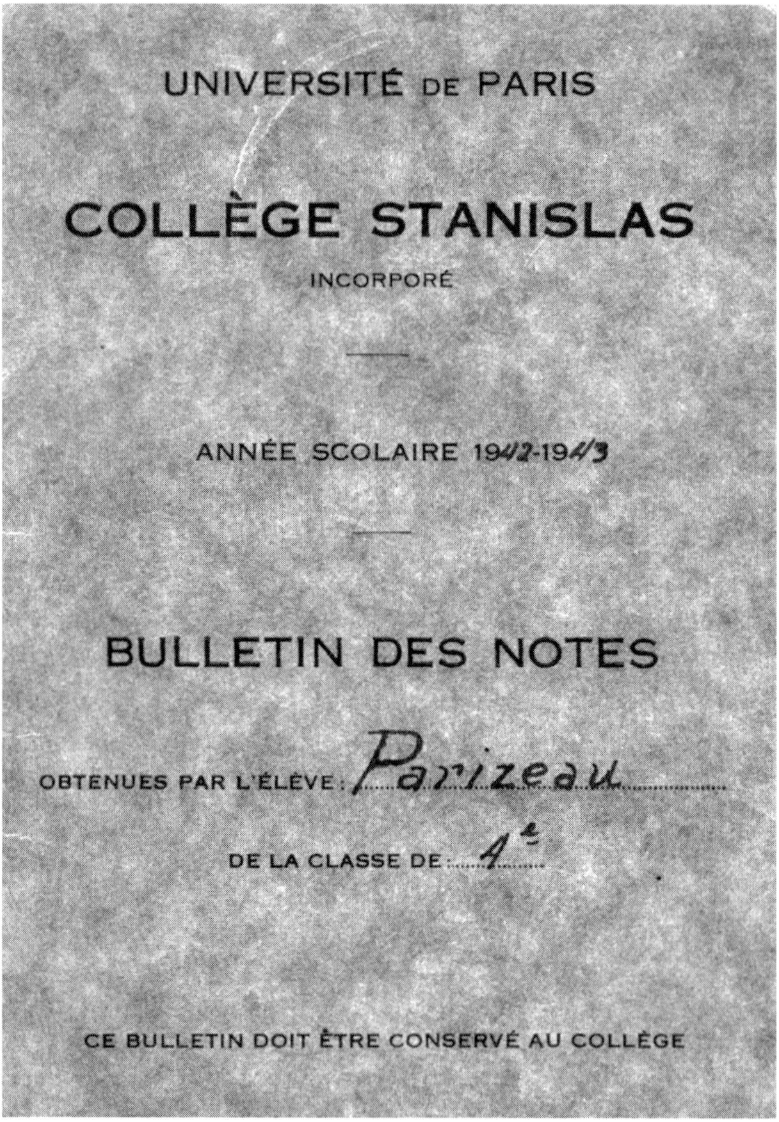

UNIVERSITÉ DE PARIS

COLLÈGE STANISLAS

INCORPORÉ

ANNÉE SCOLAIRE 1942-1943

BULLETIN DES NOTES

OBTENUES PAR L'ÉLÈVE : *Parizeau*

DE LA CLASSE DE : *4e*

CE BULLETIN DOIT ÊTRE CONSERVÉ AU COLLÈGE

34 élèves.

COMPOSITIONS

	1er Trimestre		2e Trimestre		3e Trimestre	
	PLACE	NOTE	PLACE	NOTE	PLACE	NOTE
RELIGION	14	13	4	15		
COMPOSITION FR.	32	2	17	11	10	13
EXC. FRANÇ.	23	6	20	9	8	14
VERSION LATINE	22	8	7	15	AB	
THÈME LATIN	14	12	25	6	19	9
VERS. GRECQUE	20	12	4	17	13	11
THÈME GREC	22	7	11	11		
ANGLAIS	23	8	26	6	15	12
MATHÉMATIQUES	12	12	11	14	17	10
SCIENCES	15	11	19	11	4	18
HISTOIRE	2	18	7	15	3	12
GÉOGRAPHIE	6	14	15	12		
DICTION	18	13	7	16		
DESSIN						
EXCELLENCE	15	223	11	173		

L'an prochain cet élève sera classé en

Troisième

Moyenne de l'examen
de Promotion : *Assez*

Quelques notes de l'élève Jacques Parizeau en quatrième année
(1942-1943). Archives du collège Stanislas d'Outremont.

dehors les Français. Gérard Parizeau croit que les Anglais ont tort. Le petit Jacques corrige son père : « Papa, je ne voudrais pas être désagréable, mais tes idées me semblent un peu sommaires [12]. »

La France avant le Québec

Le collège Stanislas d'Outremont fréquenté par le jeune Parizeau est l'un des plus importants lycées en Amérique. Lié au départ au prestigieux établissement du même nom à Paris, Stanislas prépare les élèves au baccalauréat français. Parmi les finissants du collège de Paris figurent quelques-unes des plus brillantes étoiles du firmament français dont Charles de Gaulle, Anatole France, Edmond Rostand et bien des membres de l'Académie française. C'est sur ses origines françaises que le collège Stanislas fonde sa réputation. L'idée de transplanter à Montréal une réplique du réputé établissement de Paris date du milieu des années trente. Quelques intellectuels et notables canadiens-français, dont le sénateur Raoul Dandurand [13], le maire d'Outremont Joseph Beaubien et Mgr Georges Gauthier, archevêque de Montréal, s'activent autour d'une idée, celle de permettre à des maîtres laïcs formés en France de venir s'établir au Québec. Après maintes tractations, l'aile canadienne-française du collège Stanislas est inaugurée le 12 septembre 1938, rue Rockland à Outremont, dans un ancien immeuble de la compagnie Bell. Ne peuvent enseigner au collège d'Outremont que les détenteurs de diplômes français, ce qui exclut pratiquement tout le clergé canadien-français qui constitue alors la force dominante de l'enseignement.

---

12. Gérard Parizeau, *Joies et deuils d'une famille bourgeoise...*, op. cit., p. 211.
13. Le sénateur Raoul Dandurand fut président de la Société des Nations dans les années vingt.

Jacques Parizeau, le jour de sa première communion, le 27 avril 1938.
Premier à droite, deuxième rangée. Archives de Jacques Parizeau, ANQ.

Quelques mois plus tôt, Guy Boulizon et sa femme Jeannette se sont embarqués pour l'Amérique. Pionniers, ils sont les premiers professeurs à quitter l'Europe pour le nouveau collège. Tandis que toutes les maisons d'enseignement du Canada français sont contrôlées par le clergé, au collège Stanislas l'influence de la religion catholique est tout sauf écrasante. Aucun des enseignants du collège n'est rattaché au diocèse de Montréal. La politique de mise à l'index appliquée vigoureusement par l'Église catholique dans tous les collèges classiques du Canada, et qui interdit aux élèves la lecture de certains livres jugés révolutionnaires ou anticléricaux, n'existe pas au collège Stanislas. «Pour la classe bourgeoise de Montréal, c'était un moyen de s'extraire du réseau existant des quarante collèges classiques. Un réseau dont le Québec mourait [14]», juge Guy Boulizon. Les efforts ont pourtant été nombreux pour empêcher la venue d'un collège qualifié par certains d'anticlérical. L'institution rivale, le collège Brébeuf dirigé par les Jésuites, joue de son influence auprès des monseigneurs de la province. Stanislas peut toutefois compter sur quelques appuis de renom dans ce Québec religieux. Lionel Groulx est sympathique à l'idée, bien qu'il refuse de se prononcer publiquement puisqu'il préférerait un collège laïc dirigé par des Canadiens français [15]. Mgr Charbonneau encourage aussi discrètement les activités du collège. Mais face à ces appuis en sourdine, l'opposition claironne et agit. À l'Université de Montréal, des pressions continuelles s'exercent afin que cette maison d'enseignement ne reconnaisse pas le diplôme de la première promotion du collège Stanislas, celle de 1943. «Les curés refusaient l'entrée de nos élèves à l'Université de Montréal [16]», évoque avec fureur Guy Boulizon. La crise se résorbe à temps pour les finissants. En fin de session parlementaire à Québec, le premier ministre Adélard Godbout

---

14. Entrevue avec Guy Boulizon, le 24 novembre 1997.
15. Lionel Groulx considère comme inévitable la fondation d'un lycée ou d'un collège laïc au Québec. Il n'est toutefois pas prêt à rendre public son avis ou à faire des pressions auprès des hautes autorités de l'Église. Il demeure persuadé que l'enseignement au collège Stanislas sera excellent mais n'aime pas l'idée que les Canadiens français «restent perpétuellement les élèves des professeurs de France... un lycée français risque de former de petits internationalistes, amoureux du vieux pays d'outre-mer, mais dédaigneux de leur petite patrie québécoise.» (*Mes mémoires*, Lionel Groulx, Tome IV). Il écrit au sénateur Dandurand qui sollicite son appui et conclut sa lettre en affirmant tout de même suivre «avec grande sympathie, l'œuvre du Collège Stanislas». (Extrait d'une lettre adressée au sénateur Dandurand, le 20 septembre 1938.)
16. Entrevue avec Guy Boulizon, octobre 1998.

fait reconnaître par les universités québécoises le baccalauréat français du collège Stanislas.

Bien que cette décision ait reçu l'appui du chef de l'opposition, Maurice Duplessis, dont l'un des neveux étudie à Stanislas, les parents dont les enfants fréquentent ce collège se montrent généralement défavorables aux politiques mises de l'avant par ce même Duplessis qui devient à nouveau premier ministre du Québec le 8 août 1944. Pour le professeur Guy Boulizon, « c'était l'élite montante et bien des parents du collège Stanislas faisaient partie de cette bourgeoisie anticléricale [17] ». Jacques Parizeau parle de ses parents et du cercle qui appuyait les initiatives du collège Stanislas comme d'un « petit groupe de gens éclairés un peu évolués dans une société qui [était] encore fermée comme une huître [18] ». Il importe aux parents Parizeau d'assurer à leurs trois fils une formation classique et laïque des plus solides.

Le collège accueille ses premiers élèves le 12 septembre 1938. Le directeur-fondateur, l'abbé Amable Lemoine, avait prévu accueillir vingt-cinq élèves. Il en vient un peu plus de cent [19]. Parmi la liste des admis, aucun membre de la famille Parizeau. Le petit Parizeau va d'abord à l'école Saint-Léon à Westmount. Gérard Parizeau, le père de Jacques, écrit dans ses *Pages de journal* : « N'ayant jamais aimé les aventures, je voulus d'abord m'informer [20]. » Avec les années, la prudence du père se frottera à l'audace du fils. Jacques Parizeau est admis au collège Stanislas un an plus tard, en septembre 1939. Il réussit les examens de septième. (Dans les lycées et collèges français, le compte des années scolaires va en décroissant contrairement au régime

---

17. Entrevue avec Guy Boulizon, le 24 novembre 1997.
18. Entrevue avec Jacques Parizeau, le 23 février 1998.
19. Jeannette et Guy Boulizon, *Stanislas, un journal à deux voix*, Montréal, Flammarion, 1988.
20. Gérard Parizeau, *Pages de journal*, volume II, Trois-Rivières, Les Éditions du Bien public, 1976 et *Joies et deuils d'une famille bourgeoise...*, *op. cit.*, p. 244.

d'enseignement québécois.) Il a neuf ans et il est le plus jeune de sa classe. Charles Gonthier, l'éternel premier qui deviendra juge à la Cour suprême du Canada, a alors onze ans[21]. Jacques Parizeau, l'élève aux cheveux raides et à la mèche rebelle retombant sur les sourcils, se rappelle : « Au collège Stanislas j'y suis entré, mais difficilement[22]. » Il s'adapte lentement à ce nouveau milieu. La moitié des élèves sont originaires de France et la plupart ne connaissent pas la société canadienne-française. « C'étaient des gens qui faisaient hurler ! Ils mettaient leurs enfants dans un lycée au Québec puis ensuite se plaignaient amèrement de ne pas trouver de fraises au mois de février[23]. » L'arrogant sentiment de supériorité et l'accent français des plus appuyé de la plupart des professeurs irritent le jeune Parizeau. « On passait pour des pédés parce qu'on parlait pointu[24] ! » Jacques Parizeau se souvient d'une rédaction française. Le professeur Boulizon demande à ses élèves de répondre à la question suivante : « Indiquez pour quelles raisons la France VA se relever de la guerre ? » Faisant foi de tout, l'interrogation se mue en affirmation et ne laisse nullement entrevoir la possibilité que la France puisse être incapable de se redresser. Comme s'il s'agissait pour elle d'une destinée manifeste, la glorieuse patrie reprendra irrémédiablement sa place parmi les plus grandes nations du monde. Le jeune Parizeau est agacé par l'arrogante question. Alors que les étudiants griffonnent nerveusement sur leurs papiers les traditionnelles références historiques, qu'ils rappellent le sort héroïque de la France de Jeanne d'Arc, qu'ils évoquent en elle la fille aînée de l'Église catholique et glorifient la Révolution française, Parizeau écrit en toute lucidité qu'après avoir perdu sa flotte, son empire et son commerce, la France n'a aucune chance, en enfer, de se relever. Le professeur Boulizon

---

21. Entrevue téléphonique avec Charles Gonthier, le 8 juin 2000.
22. Entrevue avec Jacques Parizeau, le 23 février 1998.
23. *Idem.*
24. *Idem.*

n'apprécie pas. « À cet examen, sur trente-deux inscrits, je fus le dernier avec une note de trois sur vingt[25]. »

Stanislas, comme dans une serre chaude

La classe dans laquelle Jacques Parizeau se retrouve est exceptionnelle. Parmi le groupe figurent, outre Charles Gonthier, Michel Dupuy, futur ambassadeur puis ministre dans le premier gouvernement de Jean Chrétien, Gilbert Choquette, cinéaste et écrivain, Jean Boulanger, avocat, André D'Allemagne, président du Rassemblement pour l'indépendance nationale (RIN), Michel Pasquin, directeur du Crédit foncier franco-canadien. Et si l'on inclut les autres classes du collège, la liste s'allonge. Il faut alors compter Jacques-Yvan Morin, vice-premier ministre du Québec dans le premier gouvernement de René Lévesque, les cinéastes Claude Jutra et Michel Brault, Jérôme Choquette, ministre dans le premier gouvernement de Robert Bourassa, le juge Marc Brière, l'un des fondateurs du Parti québécois, et Marc Baudouin, qui deviendra le plus jeune diplomate à occuper le poste d'ambassadeur du Canada à l'étranger[26]. Jérôme Choquette estime que la classe de Jacques Parizeau est de loin la « plus brillante qui a passé à Stanislas[27] ». Le collège, dont la devise est « Sans peur et sans reproche » semble donc avoir atteint l'objectif que s'était donné en 1938 le chanoine François Mèjecaze, directeur général de l'établissement, qui était de faire de ses enfants « des Canadiens français sans peur et des chrétiens sans reproche, capables de faire honneur à la Religion et à la Patrie[28] ». Le professeur

---

25. *Idem.*
26. Vont y faire leurs études plus tard, Pierre-Marc Johnson, qui sera premier ministre du Québec, ainsi que Michel Roy, journaliste et éditorialiste.
27. Entrevue avec Jérôme Choquette, le 3 octobre 1997.
28. Tiré de la brochure de 16 pages : *Stanislas – l'année scolaire 1938-1939*, 1938. Archives du collège Stanislas d'Outremont.

Guy Boulizon évoque cette époque avec une nostalgie à peine contenue : «Nous avons eu affaire à des types exceptionnels. Des gars qui étaient désireux de participer à l'aventure d'un collège qui se crée. Ils nous ont épatés. Les élèves de Paris, à notre avis, étaient plus blasés, moins désireux et curieux que le groupe que nous avions devant nous. Et parmi ces types curieux, il y avait Jacques Parizeau, qui nous avait étonnés par cette sorte d'esprit de curiosité intellectuelle, qui aurait pu lui faire dire cette phrase de l'ancien maître des Ballets russes, Diaghilev, qui demandait à Jean Cocteau : "Étonnez-moi" [29]. »

Blason avec la devise du collège Stanislas.

---

29. Entrevue avec Guy Boulizon, le 24 novembre 1997.

Bien que Jacques Parizeau soit, au dire du professeur Boulizon, « un esprit compétitif voulant gagner à tout prix[30] », Gérard Parizeau, le père du jeune élève, affirme qu'il « serait exagéré de dire qu'il avait de très bons résultats en classe, à ce moment-là[31] ». Jacques Parizeau a-t-il des souvenirs de la première distribution des prix ? « Non. Je n'en ai aucun ! Les deux premières années, je n'étais pas très bon[32]. » Le futur professeur semble porter un jugement sévère sur ses débuts au collège, puisqu'à sa première année son nom est inscrit au livre d'or de la classe de septième. Il fait partie de la courte liste des élèves s'étant maintenus pendant toute l'année scolaire « par leur rang d'excellence, dans le premier tiers de la classe[33] ». Il remporte également le prix d'honneur avec huit de ses compagnons, sur une classe comptant environ trente-deux élèves. Au cours de ses études, il ne remporte toutefois aucun premier prix, à l'exception du prix Dollard-des-Ormeaux, en 1946, offert à l'élève ayant présenté les meilleurs travaux en histoire du Canada.

Gilbert Choquette, frère de Jérôme et ami de collège de Jacques, confirme les observations du père et découvre un Parizeau sans éclats à ses débuts. Mais avec les années, « il s'est révélé très fort. Il a été solide tout au long de son cours et cette solidité a donné ses fruits les plus marquants à la fin[34]. » Jacques Parizeau termine ses études au collège Stanislas couronné par la mention « Bien » aux deux parties du baccalauréat français. Pour Gilbert Choquette, « c'est la preuve que l'application, le sérieux, la volonté de réussir et de bien faire[35] » rapportent

---

30. *Idem.*
31. Gérard Parizeau, *Joies et deuils d'une famille bourgeoise...*, *op. cit.*, p. 278.
32. Entrevue avec Jacques Parizeau, le 23 février 1998.
33. Brochure du collège Stanislas, année scolaire 1939-1940. Archives du collège Stanislas d'Outremont.
34. Entrevue avec Gilbert Choquette, le 3 octobre 1997.
35. *Idem.*

lorsqu'ils s'exercent à long terme. Cette ténacité qui colle à la peau du garçon ne quittera jamais Jacques Parizeau. Avec la mention « Bien », il passe devant les Gonthier, Bender, Choquette et Boulanger qui obtiennent la mention « Assez bien ». Gilbert Choquette est fasciné : « On ne pouvait prévoir qu'il passe par-dessus la tête de Gonthier ou Bender, les élèves les plus brillants de sa promotion [36]. » Pour arriver à un tel résultat, il a travaillé ferme.

Plus d'une journée ensoleillée de juin aura trouvé le jeune Parizeau enfermé dans sa chambre, les rideaux bien tirés, afin de mieux se concentrer pour étudier. Il a la volonté et l'ambition d'un chef. Trop sérieux pour son âge, c'est un garçon distant. Il a peu d'amis véritables. « Il ne se mêlait pas aux autres [37] », se rappelle son compagnon de classe Roger Prudhomme. « Jacques, en bon Parizeau, faisait bande à part. Il avait bien des amis, mais les voyait peu [38] », écrit son père. Discipliné et filant en droite ligne vers l'objectif à atteindre, Jacques Parizeau est alors « maigre comme un clou », dira un ancien élève. « C'était une asperge », se rappelle un autre. Manifestant peu d'intérêt pour le théâtre et les arts plastiques, il n'est pas membre de l'académie du collège dirigée par Claude Jutra. Ni sportif, ni artiste, l'élève Parizeau évolue en solitaire, déjà passionné par les chiffres et par l'économie. Ceux qui l'ont fréquenté à l'époque soulignent son excellent sens de l'humour.

Sans assimiler l'accent parisien, la résistance à l'influence française se relâche toutefois avec les années. Peu à peu, l'élève Parizeau en vient à développer des affinités et une étroite complicité avec ce collège français dont la culture agit sur lui comme un creuset. « Dans cet hiver intellectuel du Québec d'alors,

---

36. *Idem.*
37. Entrevue téléphonique avec Roger Prudhomme, le 8 juin 2000.
38. Gérard Parizeau, *Joies et deuils d'une famille bourgeoise...*, *op. cit.*, p. 280.

Jacques Parizeau avec des copains de sa classe réunis pour une fête à l'école vers 1939. Archives de Jacques Parizeau, ANQ.

Stanislas est une serre chaude[39]», confie-t-il. Gérard Parizeau, pour sa part, considère que Stanislas a laissé à ses fils «une clarté de conception et d'exposition assez remarquable[40]». La formation francocentriste du collège est totalement assimilée par l'élève. «Je ne suis alors ni nationaliste québécois, ni nationaliste canadien. Mais parler français... Ah oui! Le nationalisme français, je sais ce que c'est[41].» C'est d'ailleurs l'époque où le collège voit ses liens avec la mère patrie coupés pendant près de cinq ans. Le 14 juin 1940, la machine de guerre hitlérienne marche sur Paris. Le Canada rompt ses relations diplomatiques avec la France du maréchal Pétain et rappelle son ambassadeur.

---

39. Entrevue avec Jacques Parizeau, le 21 septembre 1998.
40. Gérard Parizeau, *Joies et deuils d'une famille bourgeoise...*, *op. cit.*, p. 279.
41. Entrevue avec Jacques Parizeau, le 23 février 1998.

La direction du collège et ses professeurs ne peuvent plus retourner en Europe. Le courrier en provenance de la France accuse de sérieux retards et est régulièrement ouvert par les agents de la Gendarmerie royale du Canada. La suspension des relations entre les deux pays est vécue comme une profonde déchirure par les professeurs d'origine française. Ils se rapprochent alors des familles de leurs élèves. Professeurs, élèves et parents de Stanislas se réunissent alors au collège pour la veille de Noël. Après la messe de minuit célébrée à l'école, des jeux sont organisés par les professeurs. Jacques Parizeau en garde de magnifiques souvenirs.

La fin de la guerre vient signifier en quelque sorte la fin des belles années pour le collège. Plusieurs des professeurs les plus qualifiés du collège Stanislas de Paris ont fui clandestinement la France pendant la guerre pour aller enseigner dans les lycées d'Amérique dont celui d'Outremont. Avec la proclamation de l'armistice, ils rentrent au pays. « Nous avions une brochette de professeurs exceptionnels, fait remarquer Jacques-Yvan Morin. Le niveau d'enseignement était très élevé [42]. » Après 1945, l'institution se trouve privée d'une bonne partie de ses effectifs. Le même phénomène se répercute sur le nombre d'élèves.

Le passage de Jacques Parizeau au collège Stanislas dure huit ans. Il obtient son diplôme le 27 mai 1947. Il n'a que seize ans.

L'ami inatteignable

Très jeune, Jacques Parizeau construit cette carapace protectrice qui camoufle une passion bouillonnante. Ce que plusieurs perçoivent comme de la froideur à l'égard d'autrui ou l'expression d'une forme d'arrogance envers son entourage n'est que

---

42. Entrevue téléphonique avec Jacques-Yvan Morin, janvier 1999.

le système immunitaire de l'homme public en devenir. De ce personnage de l'enfance, élancé, carré, au regard de fer et volontiers arrogant, l'adulte aura conservé une zone de protection interdite d'accès. Comme une sentinelle imaginaire, l'inlassable vigie repousse toutes les attaques contre son intimité. Jacques Parizeau est un sensible, mais étaler ses sentiments n'équivaut pour lui qu'à faire preuve de faiblesse. Il préfère maintenir une saine distance avec les hommes. Cela le préserve des fractures émotionnelles auxquelles il se sent vulnérable. Pour qui cherche à comprendre l'apparent détachement du personnage, l'explication de Gilbert Choquette n'est pas sans intérêt :

> Pour faire face aux forces du réel et de l'humanité telles quelles sont, si vous vous formalisez, si vous êtes blessé par la moindre critique, si tout vous semble prendre la forme d'une montagne à surmonter, vous ne pouvez pas être un homme d'action agissant sur la société. Jacques Parizeau avait le caractère de cet homme. Il avait ce qu'il faut pour devenir quelqu'un, pour prendre en charge d'énormes responsabilités dans certains domaines particuliers[43].

Déjà fort en mathématiques, le jeune Parizeau adore aussi la musique. Seule la « grande musique » trouve grâce à ses yeux. Pour cinq sous, les élèves du collège Stanislas peuvent emprunter pendant quelques jours un album soixante-dix-huit tours. Emportés par cette passion commune, Gilbert Choquette et Jacques Parizeau écoutent tous les concerts radiophoniques de musique classique. À défaut d'occuper les fauteuils douillets des salles de concert, les deux jeunes hommes découvrent la collection musicale de leurs familles respectives. Sur le phonographe de Gérard Parizeau, un *Brunswick* « à sonorité excellente[44] », ils

---

43. Entrevue avec Gilbert Choquette, le 3 octobre 1997.
44. Gérard Parizeau, *Joies et deuils d'une famille bourgeoise...*, *op. cit.*, p. 188.

peuvent écouter pendant des heures les œuvres des grands compositeurs européens de musique classique. *Dans les steppes de l'Asie centrale* de Borodine et un extrait de *Freischutz* de Weber comptent parmi les morceaux les plus écoutés chez les Parizeau. Les deux mélomanes ne discutent jamais d'économie ou de politique. Seule la musique les unit[45]. Georges-Denis Verville, futur peintre, et Pierre Renault, qui sera militant du RIN et membre fondateur du Parti québécois, sont à l'occasion les compagnons d'écoute de Jacques Parizeau.

Très «discutailleur», selon les souvenirs de Gilbert Choquette, Jacques Parizeau utilise déjà un vocabulaire recherché et un brin vieillot pour son âge. Pour le jeune intellectuel, toutes les questions sont sujettes à débat. Il entame invariablement toute discussion par un «d'accord» bien senti. Son interlocuteur ne tardera pas à réaliser cependant que ce «d'accord» initial s'avérera la seule concession faite par Jacques Parizeau. Il défend son point de vue avec vigueur. Gilbert Choquette se souvient d'un jeune homme prêt à engager toutes les batailles verbales, «toujours sûr de lui, affirmant placidement ce qu'il croyait vrai[46]». Les amis de Gilbert Choquette en viennent à surnommer le confiant jeune homme «D'accord».

Lors des soirées chez sa cousine Madou, Gilbert Choquette peut observer avec grand plaisir Jacques Parizeau danser la valse. En dépit de son port altier, il n'a pas encore acquis la souplesse des valseurs viennois. Malhabile, le voilà avec une partenaire, ponctuant la valse d'enjambées trop grandes. Pour son entourage, il n'est pas courant de voir l'adolescent s'amuser. «C'était curieux de le voir valser parce qu'il était assez sérieux[47].» Et malgré l'insouciance heureuse habituellement associée aux

---

45. Gilbert Choquette, aujourd'hui écrivain, devient membre fondateur de l'Action socialiste pour l'indépendance du Québec en septembre 1960.
46. Entrevue avec Gilbert Choquette, le 3 octobre 1997.
47. *Idem.*

adolescents de dix-sept ans, le jeune Parizeau s'abstient de parler plutôt que de tenir des propos légers. Son sérieux lui attire les railleries de plusieurs, mais ces moqueries lancées par l'entourage de Gilbert Choquette ne froissent nullement Jacques Parizeau. Mesurant avec confiance l'ensemble de ses capacités, « il en riait[48] », avoue Gilbert Choquette.

Pendant toute cette période, on ne connaît pas de compagne qui ait trouvé grâce aux yeux de Jacques Parizeau. L'impression qu'en garde Hélène Pelletier-Baillargeon c'est « qu'il n'avait pas de temps à perdre avec de petites amies[49] ». Seules ses études comptaient. Or, dans le mouvement scout, les chefs de troupe et les aumôniers jugent que le temps est venu de faire les premières rencontres avec des filles du même âge. Un groupe de danse folklorique est créé dans ce but. Tous les jeunes hommes doivent être accompagnés. Jacques Parizeau, qui ne connaît aucune fille, s'est lié d'amitié avec les frères Pelletier qui étudient au même collège. Ceux-ci lui présentent leur cousine. Elle a le même âge que Jacques Parizeau. Louise Pelletier devient ainsi la partenaire de danse du sérieux jeune homme. « Pour une fille de seize ans, c'était un oiseau rare, confie-t-elle. Il faisait de grands discours sur l'économie, son sujet de prédilection. Lors de ces exposés, je n'avais pas un mot à dire[50]. » Afin de se préparer aux soirées de danse, le groupe se réunit régulièrement chez les Pelletier. Hélène Pelletier-Baillargeon, trop jeune pour être la partenaire de Jacques Parizeau, se remémore avec joie ces soirées : « C'était mathématique pour Jacques Parizeau. Tout ce qu'il faisait était sérieux. Je le voyais prendre des notes afin d'exécuter avec précision les pas de danse. Ce

---

48. *Idem.*
49. Entrevue avec Hélène-Pelletier Baillargeon, le 28 juin 2000.
50. Souvenirs rapportés par Hélène Pelletier-Baillargeon, cousine de Louise Pelletier, le 28 juin 2000 et confirmés par Louise Pelletier lors d'une entrevue téléphonique le 5 octobre 2000.

n'était pas l'adolescent qui s'envoie en l'air! Il était chez les scouts et faisait partie d'une équipe folklorique. Il faisait cela aussi sérieusement qu'une étude d'économie politique[51]!» Hélène Pelletier-Baillargeon, qui a observé le jeune homme et connu le politicien, affirme que la politique a assoupli Jacques Parizeau. «Plus jeune, il communiquait peu[52].» Tous les quinze jours, le vendredi soir, Jacques Parizeau va chercher sa partenaire puis, comme le veulent les convenances, la raccompagne chez elle à la fin de la soirée. À aucun moment il ne tente de courtiser la jeune fille. Un soir de l'année 1946, ils participent ensemble à un bal masqué. Le sérieux jeune homme apparaît alors sous les traits d'un gitan. Ils ne se sont jamais revus par la suite. Louise Pelletier n'était que la partenaire de danse. Cette relation n'a jamais débordé le cadre des séances prévues pour danser. Jacques Parizeau ne l'a jamais invitée à aller au cinéma ou ailleurs. C'était fonctionnel, se rappelle-t-elle en riant : «Quand tu as seize ans et que tu sors avec un garçon, tu espères un peu de romantisme ou des sujets de discussions plus légers, mais lui parlait déjà d'économie, m'entretenant même de la question de la production de blé dans l'Ouest canadien[53]!»

Le coureur de grands chemins

Plus familier des salons que de la rue, le jeune Parizeau se laisse pourtant entraîner un samedi soir à l'intersection des rues Queen-Mary et Côte-des-Neiges. Pourquoi tant de précision topographique? À l'époque, cette intersection est l'une des frontières informelles de la langue à Montréal. De façon générale,

---

51. Entrevue avec Hélène-Pelletier Baillargeon, le 28 juin 2000.
52. *Idem.*
53. Entrevue téléphonique avec Louise Pelletier, le 5 octobre 2000.

Jacques Parizeau à seize ans, costumé en gitan, avec sa partenaire de danse, Louise Pelletier.

plus à l'ouest, débute l'univers anglophone et à l'est, s'étend le monde francophone. Ce samedi-là, une bataille de rue éclate devant le restaurant La Petite Chaumière. Jacques Parizeau est mêlé à l'échauffourée. L'objet du conflit opposant les jeunes anglophones et francophones semble être linguistique. Qui gagne ce soir-là? Personne ne s'en souvient, mais Jacques Parizeau conserve de l'affrontement une marque indélébile. Au cours des violents échanges, un anglophone lui a cassé le petit doigt. Depuis ce jour-là, il suffit que Jacques Parizeau tende la main gauche pour qu'on voie son petit doigt décrire une courbe inappropriée[54].

À l'été 1948, deux adolescents se penchent sur les cartes routières déployées sur la table de la salle à manger. Marc Baudouin et Jacques Parizeau tracent leur itinéraire pour atteindre la Colombie-Britannique. Parés de leur uniforme scout, ils espèrent persuader plus facilement les automobilistes de les faire monter afin de pouvoir traverser le pays et se rendre jusqu'à Victoria. De là, Marc Baudouin assistera au bal des finissants donné par l'école navale de Royal Roads où Marc Brière, son ami, termine ses études. De son côté, Jacques Parizeau rendra visite à l'oncle Henri Parizeau. Même s'il coïncide avec les vacances d'été, le voyage est sérieux et le niveau de préparation est élevé, laissant peu de place à l'improvisation. «Le coureur de grand chemin se fera, pour un temps, rat de bibliothèque, écrit Jacques Parizeau en 1949. Ensuite seulement, il pourra partir; il ira vérifier sur place, élaborer, développer ce qu'il sait et découvrir une quantité de choses qu'il ignorait[55].» Une visite est prévue dans chaque capitale. «Nous en avons beaucoup discuté, se souvient Marc

---

54. L'anecdote est surtout connue de la presse anglophone à qui Jacques Parizeau raconte l'histoire avant d'occuper le poste de ministre des Finances.
55. Jacques Parizeau, «Partir...», *Le Quartier latin*, le 11 mars 1949, p. 4.

Baudouin. Inutile de dire que pour l'organisation du voyage, ce sont les idées de Parizeau qui ont dominé. Mon expérience à moi : je n'ai jamais réussi à le convaincre de quoi que ce soit ! Dans toutes les discussions que nous avions, il devait gagner et avoir raison. Après tout, c'est très humain[56]», ajoute Marc Baudouin comme pour atténuer ses propos. Pourtant, rien dans cette confidence ne vient entacher la nature de l'homme. Jacques Parizeau est celui qui entretient la détermination du plus convaincu parmi les tenaces. Détermination de celui qui sait. Jacques Parizeau ne connaît pas tout, mais pour son âge, son savoir est admirable. Il surpasse largement celui de l'ensemble de ses compagnons.

Avant son départ, son père lui donne soixante dollars pour un voyage de cinquante-deux jours. À son retour, c'est avec une fierté non camouflée que Jacques Parizeau lui remettra cinq dollars.

Voilà donc nos deux amis partis à la conquête du Canada et faisant de l'auto-stop le long de la route transcanadienne. «Voyageant sur le pouce avec sac et tente, nous étions en contact avec ce qu'on est convenu d'appeler les basses et les hautes classes de la société[57]», écrit Jacques Parizeau. Il se souvient en particulier d'une discussion de trois heures avec des témoins de Jéhovah. La foi des disciples n'a pu rivaliser avec l'opiniâtreté du jeune voyageur. Arrivés en Alberta, ils ne se lassent pas de contempler les prairies verdoyantes à perte de vue, manifestation naturelle d'une forme d'éternité. Si Marc Baudouin, émerveillé par le paysage, lit des poèmes de Longfellow, Jacques Parizeau analyse avec méthode la valeur économique de ce territoire à exploiter depuis la récente découverte des Leduc Oilfields, les premiers gisements pétroliers de l'Alberta. Un an après son voyage, il explique dans le journal étudiant

---

56. Entrevue avec Marc Baudouin, le 15 septembre 1997.
57. Jacques Parizeau, « Partir… », *Le Quartier latin*, le 11 mars 1949, p. 4.

Le Quartier Latin les motivations qui l'ont amené à faire un tel voyage : «Tous les deux ou trois soirs (n'en demandons pas trop), assis sur un banc de gare ou sur une roche à la lumière d'une chandelle, il fera le point de ses découvertes. Travail cérébral, dira-t-on, encore une lubie d'intellectuel! NON! Pas une lubie, mais la preuve que le voyage entrepris est un travail, une étude, et non pas seulement une partie de plaisir. Le rapport force l'attention qui se lasse, à rester concentrée sur l'objet qu'on lui a fixé[58].»

Suivant leur itinéraire avec minutie, Baudouin et Parizeau atteignent Victoria dans les délais prévus. Tout au long de ce voyage, le jeune scout n'a pas à se préoccuper de ses effets personnels. Jacques Parizeau envoie épisodiquement par courrier son linge sale à ses parents. Depuis Outremont, les vêtements sont lavés puis réexpédiés à la prochaine étape du voyage du jeune homme[59]. «J'allais chercher à la poste restante le linge propre. Je gardais le papier et je renvoyais un autre lot de linge sale[60]», raconte Jacques Parizeau.

Bien avant l'épopée de Victoria, Jacques Parizeau a entrepris d'autres voyages. Il va en Abitibi et dans la province voisine de l'Ontario en compagnie de son frère Michel à l'été 1947. Du 7 au 12 août 1946[61], il participe, toujours en uniforme scout, à un bivouac en Gaspésie. Accompagné de Julien Mackay, compagnon de classe, il quitte l'île de Montréal sur le pouce en direction de Gaspé. Là-bas, le juge Brasset les accueille et les loge dans son garage, à l'étage supérieur où une pièce spécialement aménagée les attend.

---

58. *Idem.*
59. Anecdote rapportée par Gérard Parizeau dans son livre *Joies et deuils d'une famille bourgeoise...*, op. cit., p. 285.
60. Laurence Richard, *Jacques Parizeau, un bâtisseur*, Montréal, Les Éditions de l'Homme, 1992, p. 43.
61. Comme en fait foi la feuille de remerciement laissée au juge Brasset par les scouts hébergés par lui en Gaspésie avant leur retour à Montréal. Archives de Julien Mackay et de Jacques Baillargeon.

Les jeunes aventuriers sur le toit du garage du Juge Brasset,
à l'été 1946. Jacques Parizeau, le premier à droite.

Auparavant, les deux compères font une halte à Cap-de-la-Madeleine et montent leur tente sur la plage. Au petit matin, l'endroit est inondé. Première leçon de l'expédition : les pieds fort humides, les deux scouts constatent que la marée se rend jusqu'à Trois-Rivières. Pendant tout le mois que dure le voyage, Parizeau, jaseur, entretient fébrilement la conversation. «Où apprends-tu toutes ces choses?», lui demande Julien Mackay. «À table, répond Jacques Parizeau. À la maison, lors des repas familiaux [62]. » Un jaseur, mais qui ne fait aucune confidence. «Ce n'est pas un type convivial. Pendant toutes ces semaines passées ensemble, nous n'avons jamais connu de moments d'intimité [63] », raconte Julien Mackay. Même si Jacques Parizeau est d'agréable compagnie et possède un humour décapant, la rigueur chez lui domine dans tout. «Pour faciliter les voyages en voiture, se rappelle Julien Mackay, nous portions fièrement tout au long du trajet nos uniformes scouts. De longs bas de

---

62. Entrevue téléphonique avec Julien Mackay, le 15 juin 2000.
63. *Idem.*

45

laine nous couvraient les mollets jusqu'aux genoux. Avec la poussière et la chaleur de l'été, cela venait à piquer.» Julien Mackay décide donc de baisser ses bas sur ses chevilles. «Non! Non!, lui dit alors Jacques Parizeau, l'uniforme se porte les bas aux genoux. Nous devons convaincre les automobilistes de nous embarquer, il faut donc être impeccables.» À un autre moment, Julien Mackay sort une cigarette de sa poche. «Tu devrais attendre d'être majeur avant de fumer, lui conseille Jacques Parizeau. Un scout qui fume est un tiers de scout! Dieu sait comment Parizeau fumera plus tard[64]», ajoute Julien Mackay en riant!

Sur la route les menant à Gaspé, les deux explorateurs apprennent avec stupeur qu'une famille venue d'Angleterre, les Robin, a fait main basse autrefois sur toute l'économie de la région. «Ça avait agacé Parizeau[65]», se souvient Julien Mackay. «On découvre la Gaspésie, raconte Jacques Parizeau, mais je n'ai aucun attachement au territoire. De cette terre d'Amérique, le Québec, dont les professeurs de Stanislas ne comprennent pas très bien les tenants et les aboutissants, le collège Stanislas nous en tient éloigné. On va donc découvrir ce territoire un peu comme des touristes[66].» Le jeune Parizeau a l'impression de mieux connaître la France que le Québec... ce Québec qu'il chérira tant à l'âge adulte.

L'esprit cartésien de Jacques Parizeau frappe tous ceux qui le côtoient à l'époque. «Il était presque rationnellement sensible[67]», explique Gilbert Choquette. Lié à cette admiration, un commun regret tenaille ces amis d'autrefois : celui d'avoir été oublié en chemin. Sur le sentier de vie que Jacques Parizeau a décidé d'emprunter, il marche vite et n'attend pas les compagnons. Comme une flèche, de l'arc à la cible, il file seul et en

---

64. *Idem.*
65. *Idem.*
66. Entrevue avec Jacques Parizeau, le 23 février 1998.
67. Entrevue avec Gilbert Choquette, le 3 octobre 1997.

ligne droite. Parizeau est un homme d'objectifs, pas de détails. Et l'amitié, pour lui, semble avoir été classée parmi les éléments secondaires de la vie. Force est de reconnaître cependant que l'on n'atteint jamais les sommets en groupe. L'atteinte de la renommée nécessite peut-être l'abandon des plus proches. Ce que certains appellent la solitude des chefs.

« Belette vibrante », chef de la patrouille de l'Aigle

« J'ai eu une jeunesse heureuse. Je ne me suis pas créé de problèmes autres qu'intellectuels[68] », raconte Jacques Parizeau. Et les dix ans de scoutisme semblent avoir contribué pour beaucoup à ce bonheur.

Fondés par le professeur Guy Boulizon peu de temps après l'ouverture du collège Stanislas, les scouts de Stanislas se composent principalement de trois troupes (Guynemer, Bayard et Lyautey) et de nombreuses patrouilles. Pour les plus jeunes, Jeannette Boulizon crée en septembre 1939 la meute des louveteaux. Jacques Parizeau vient tout juste d'être admis au collège. À neuf ans, il se rallie à la meute et dirige tout de suite la première sizaine des gris. « Petit, il avait déjà pas mal d'ascendant sur les autres[69] », raconte Jeannette Boulizon.

En août 1941, l'une des premières expéditions de la troupe Guynemer les mène à Val-Morin le long de la rivière du Nord. L'abbé Llewellyn du collège Stanislas y a acheté une propriété, le chalet le Relais. L'été suivant, le camp s'installe à Val-David. En forêt, après avoir bâti le camp, les scouts jouent aux « palabres ». L'activité consiste à s'exprimer sur divers sujets et à défendre son point de vue. « Parizeau excellait à ce jeu[70] »,

---

68. Entrevue avec Jacques Parizeau, le 29 juillet 1997.
69. Entrevue avec Guy et Jeannette Boulizon, le 24 novembre 1997.
70. Entrevue avec Marc Baudouin, le 15 septembre 1997.

Dessin réalisé par l'un des membres de l'expédition scoute.
Ce document porte la signature (parmi d'autres) de Jacques Parizeau.

atteste Marc Baudouin, l'ami des grandes expéditions mais aussi rival en raison de son appartenance à une autre patrouille. Jacques Parizeau apprécie beaucoup les camps d'hiver. Il se souvient des marches en montagne, des jambes disparaissant dans la neige et des messes sous les conifères.

«Dans toute l'échelle du scoutisme, il a été reconnu du premier coup comme un chef[71]», relate fièrement Guy Boulizon, chef suprême des scouts du collège. Lors de certaines activités bien précises, il fréquente quelques compagnons mais, dans l'ensemble, le garçon reste en retrait des autres. Jacques Parizeau semble déjà connaître l'isolement propre au meneur de jeu.

À la fin de son adolescence, la forte assurance du personnage a atteint toute sa plénitude. Il est alors craint par certains. Affublé du surnom de «Belette vibrante[72]», son totem scout, il se rapporte à son chef Jérôme Choquette, «Wapiti pompier». «Parizeau était d'une loyauté à toute épreuve[73]», aime à répéter Jérôme Choquette.

Jacques-Yvan Morin, «Chamois des cimes», se souvient du jeune scout : «Le souvenir que j'en ai est l'intensité du regard[74].» Une intensité qui se manifeste quand vient le temps de défendre une idée. Jacques Parizeau ne lâche pas facilement. «L'homme est à l'état latent dans l'enfance, explique Jacques-Yvan Morin. Il est bien aujourd'hui tel qu'en lui-même il était à l'époque[75].» Futur ministre dans le gouvernement de René Lévesque, Jacques-Yvan Morin est de deux ans plus jeune que

---

71. Entrevue avec Guy et Jeannette Boulizon, le 24 novembre 1997.
72. Pourquoi «Belette vibrante»? Denis Pelletier, compagnon scout, explique l'origine du surnom par la fébrilité du personnage. Il était l'éternel poseur de questions : «Jacques Parizeau voulait agir et faire des choses. Il était constamment à la recherche d'une forme d'engagement.» Entrevue téléphonique du 15 juin 2000.
73. Entrevue avec Jérôme Choquette, le 30 octobre 1997.
74. Entrevue téléphonique avec Jacques-Yvan Morin, janvier 1999.
75. *Idem.*

Jacques Parizeau. Membre de la patrouille des Élans, il garde en mémoire les excellentes performances de la patrouille de l'Aigle conduite par Jacques Parizeau. «Il était déjà quelqu'un de tenace et dynamique, entraînant les autres à sa suite. Ce chef de patrouille que j'ai connu n'a pas changé[76].»

Propulsé assistant-chef de troupe par ses pairs vers l'âge de dix-huit ans, Jacques Parizeau se joint à la scout-maîtrise[77]. Ce conseil organise les jeux, prépare les camps d'été et planifie les expéditions. Guy Boulizon supervise les rencontres. Il garde de lumineux souvenirs de ces séances où Jacques Parizeau imposait ses vues. «Les autres ne tenaient pas le coup devant lui[78].» Sa maturité dans l'action doublée d'une solide argumentation présentée avec brio lui donnent une longueur d'avance sur ses compagnons. Jacques Parizeau, tenace, tient à orienter les décisions et cela donne lieu à d'interminables discussions avant les départs. Convaincu, il est plus rapide à échafauder des plans que les trop nombreux compagnons hésitants qui l'entourent. Jeannette Boulizon se souvient : «On ne pouvait pas discuter avec lui. Impossible! Avec Jacques, impossible de faire valoir son opinion[79].» «Il avait des idées tenaces», souligne Guy Boulizon. «Il était autoritaire, entêté et même cassant par moments[80]», ajoute Jeannette Boulizon. Jérôme Choquette, Jacques-Yvan Morin et Marc Baudouin rappellent l'esprit de discipline manifesté par Jacques Parizeau lorsqu'il occupait son rang de chef. En 1949, il dirige «avec autorité et prudence budgétaire» les patrouilles du camp d'été de Sainte-Adèle. «On

---

76. *Idem.*
77. Selon une lettre adressée au comité local de l'Entraide universitaire internationale du Canada et écrite de sa main le 30 mars 1949, il affirme avoir été deux ans et demi routier et deux ans assistant-chef de troupe. Archives de Jacques Parizeau, ANQ.
78. Entrevue avec Jeannette et Guy Boulizon, octobre 1998.
79. *Idem.*
80. *Idem.*

Photo du collège Stanislas.

mange pas gras, dit un scout, mais le camp est formidable[81]. » Jacques Parizeau réglait l'organisation des camps avec la précision d'une horloge suisse et le sérieux d'un général dirigeant les opérations sur le champ de bataille. Il était le maître du grand jeu scout. Jacques Parizeau donnait ses ordres et commandait les grandes manœuvres. Son but était de faire du camp scout une réussite éclatante, ce qu'il obtenait à tout coup.

---

81. Relaté par Guy Boulizon dans le livre écrit par Jeannette Boulizon et lui-même intitulé *Stanislas, un journal à deux voix*, Montréal, Flammarion, 1988, p. 205.

CHAPITRE 2

Une famille plutôt qu'un pays

> « *La vie reste une bataille qu'on ne peut livrer en évitant tout ennui, toute inquiétude, tout mal. Si on ne cherche pas à préparer ses enfants à la lutte, on fait une grave erreur et on les expose à de bien pénibles désappointements. Il ne faut pas essayer d'en faire des garçons obéissants, bien gentils, sans réactions. Ils seraient ainsi bien mal préparés à la bataille de la vie.* »
>
> Gérard Parizeau [1]

Jacques Parizeau n'a jamais caché ses origines bourgeoises. Au contraire, elles sont pour lui une source de grande fierté. En cela, il reproduit l'attitude de son père qui, dans ses écrits comme dans la vie, se définit fièrement et sans gêne comme un bourgeois. Pour Gérard Parizeau, « la bourgeoisie laborieuse a sa place dans une société qui, sans elle, serait incomplète [2] ». Or, dans le Québec francophone du XXᵉ siècle où l'argent et la splendeur ont rarement leur place, la famille Parizeau fait figure

---

1. Gérard Parizeau, *Pages de journal*, volumes III & IV, Trois-Rivières, Les Éditions du Bien public, 1976, p. 342 et 365. Textes parus dans la revue *Assurances*.
2. Gérard Parizeau, *Joies et deuils d'une famille bourgeoise 1867-1961*, Trois-Rivières, Les Éditions du Bien public, 1973, p. 7.

d'exception et c'est sans retenue qu'elle en fait étalage. En 1973, Gérard Parizeau rédige les mémoires de sa famille à travers trois générations. *Joies et deuils d'une famille bourgeoise* nous renseigne sur le milieu et sur les fréquentations de son auteur. Un passage décrit de façon savoureuse une visite chez son ami Joseph Barcelo : « Chez Barcelo, on était admis à feuilleter ou à lire ses livres, mais il fallait d'abord se laver et s'assécher les mains. Parfois, on nous remettait certains livres enveloppés d'une soierie. Tout chez lui était luxe, apparat, goût de la qualité [3]. » Celui-ci collectionnait aussi de la verrerie et des sacs de voyage en peau de truite.

Le 19 juin 1928, un bourgeois et une bourgeoise s'unissent quand Gérard Parizeau épouse Germaine Biron, de Westmount. Le père de la mariée, Édouard Biron, a longtemps été secrétaire de la Chambre des notaires avant d'en devenir président en 1939 [4]. En 1940, lorsque le couple Parizeau déménage de Notre-Dame-de-Grâce à Outremont, Germaine Biron, devenue madame Parizeau, se serait exclamée : « Ah ! Outremont ! Nous allons vivre à la campagne [5] ! » La mère de Jacques Parizeau avait déjà de la difficulté à imaginer qu'on puisse élever ses enfants ailleurs qu'à Westmount.

L'intelligence des affaires

Soldat du régiment de Carignan-Salières de la compagnie LaFreydière, le premier des Parizeau, appelé Jean Delpué,

---

3. *Idem,* p. 183.
4. Il fut aussi le président fondateur et principal actionnaire du Crédit métropolitain. Son ami Olivar Asselin en fut le secrétaire permanent. Source : Hélène-Pelletier Baillargeon, *Olivar Asselin et son temps,* Tome 1 : *Le militant,* Montréal, Fides, 1996, p. 491.
5. Selon les mémoires de Gérard Parizeau. Confirmé par Robert Parizeau, son fils.

s'établit en Nouvelle-France le 17 août 1665. Il est tué lors d'une bataille avec les Iroquois le 2 juillet 1690 à Pointe-aux-Trembles. Les générations se succèdent, le nom Delpué devient Dalpé, puis Parizeau. Peu avant le XXe siècle, les Parizeau entrent définitivement dans l'histoire comme l'une des premières familles francophones à correspondre aux caractéristiques d'une authentique bourgeoisie canadienne-française. Jacques Parizeau aime décrire le bourgeois comme un être qui n'est pas nécessairement riche, mais qui a l'habitude de l'argent. C'est son arrière-grand-père Damase Parizeau qui leur a ouvert la voie de la prospérité. Né à Boucherville en septembre 1841, Damase Parizeau fréquente la modeste école primaire du village. Son père est fermier et rien ne relie cette famille à la bourgeoisie montréalaise. L'école primaire terminée, Damase Parizeau tente de se trouver un emploi à Boucherville malgré son maigre bagage scolaire. À l'âge de dix-huit ans, comme il ne trouve toujours pas de travail satisfaisant, il quitte la campagne pour la ville. À Montréal, « ne pouvant trouver de place dans le commerce, il se [décide] d'apprendre un métier[6]. » Il se fait menuisier, puis est aussitôt engagé par la Société M. Wm. Henderson où il occupe le poste de commis. Toujours dans le commerce du bois, il passe chez Jordan & Benard's en 1868. À trente ans, le commis en chef devient entrepreneur. Il s'associe à un dénommé T. Préfontaine pour démarrer son propre commerce du bois. Quatre ans plus tard, il est devenu seul maître à bord. Il est aussi, pendant un certain temps, président de la Société des menuisiers et charpentiers. C'est l'un « des commerçants les plus en vue de Montréal[7] ». Devenu prospère, il achète une magnifique propriété à Boucherville. C'est d'ailleurs à Damase Parizeau que l'on doit les impressionnantes modifications

---

6. *Souvenir Maisonneuve – Esquisse historique de la Ville de Montréal,* Montréal, La compagnie de publication Maisonneuve, 1894, p. 181.
7. *Idem.*

L'entrepreneur Damase Parizeau, arrière-grand-père
de Jacques Parizeau.

architecturales qui donneront à cette résidence, aujourd'hui classée monument historique, l'aspect d'une villa coloniale du Sud des États-Unis. En plus de son commerce, Damase Parizeau cultive à Boucherville une ferme de cent arpents et y fait l'élevage des chevaux et des bestiaux. Il est président du comité d'agriculture du comté de Chambly.

Le nouveau statut de l'arrière-grand-père de Jacques Parizeau lui permet de jouer un rôle actif sur de nombreuses tribunes et d'occuper des postes de prestige au sein d'organismes où se prennent des décisions importantes. C'est ainsi que Damase Parizeau, marchand de bois et bientôt député[8], participe en décembre 1886, avec cent trente-cinq autres Montréalais, à la première réunion convoquée pour souligner l'urgence de créer une chambre de commerce francophone[9]. Depuis plus de cinquante ans, le Committee of trade, devenu le Montreal Board of Trade, consacre la domination anglophone sur les affaires économiques montréalaises. Les deux cents membres francophones de cet organisme sont littéralement noyés parmi douze cents anglophones[10]. Pratiquement aucun poste décisionnel ne leur est confié. Le 26 novembre 1886, l'homme d'affaires Joseph-Xavier Perrault, ancien député libéral qui s'est opposé au projet de constitution canadienne en 1867, écrit une lettre fracassante qu'il adresse au journal économique *Le Moniteur du Commerce*. Perrault s'y demande pourquoi le Montreal Board of Trade « compte un si petit nombre de membres français? Nous sommes la majorité. Nous avons l'intelligence des affaires[11]. » Il propose

---

8. Nous reparlerons de la carrière politique de Damase Parizeau au chapitre 15.

9. *Histoire du Commerce canadien-français de Montréal 1535-1893 – Un souvenir*, publié sous les auspices de la Chambre de commerce du district de Montréal, Montréal, Sabiston Litho & Publishing Co., 1894, p. 90.

10. *Un siècle à entreprendre – La Chambre de commerce de Montréal 1887-1987*, Montréal, Libre Expression, 1987, p. 22.

11. Extrait du *Moniteur du Commerce*, édition du 26 novembre 1886.

donc de «constituer une Chambre de commerce française, dans laquelle toutes les questions seront traitées dans notre propre langue et au point de vue des intérêts de la masse de la population». Le cri de ralliement est entendu. Les commerçants francophones s'unissent et, moins de trois mois plus tard, le 2 février 1887, la Chambre de commerce du district de Montréal tient sa première assemblée générale.

Considéré comme l'un des fondateurs de la Chambre de commerce francophone de Montréal[12], Damase Parizeau siège au premier conseil d'administration de l'organisation, où il représente le secteur du bois. Signe de son influence sur les affaires de la Chambre, il siégera plus de dix ans à ce conseil. À deux reprises, en 1890 et 1891, ses confrères l'élisent président. Sous sa direction, l'organisme s'occupe de questions cruciales pour le développement économique de la ville. La Chambre exerce des pressions auprès du gouvernement fédéral pour la construction d'un chemin de fer le long de la rive sud du Saint-Laurent. Elle se prononce en faveur des améliorations à apporter au port de Montréal. La question de l'immigration attire aussi l'attention de l'administration sous Parizeau. L'immigration de *gens absolument inutiles au Canada* fait l'objet d'une résolution du conseil en 1891[13]. La fin de la résolution se lit comme suit : «Attendu que l'immigration des juifs est d'une qualité qui n'est certainement pas désirable, et qu'elle menace de devenir un fardeau pour le Canada; Résolu que cette Chambre prie le gouvernement de mettre à exécution les lois passées pour prévenir le débarquement de toute personne qui n'a pas les qualifications nécessaires pour résider en Canada.» Damase Parizeau occupe alors une fonction élective et préside un conseil d'administration qui compte plus de vingt-cinq

---

12. Pierre Harvey, *Histoire de l'École des Hautes études commerciales -1887 à 1926*, Tome I, Montréal, Québec/Amérique, 1994, p. 52.

13. *Histoire du Commerce canadien-français de Montréal 1535-1893 – Un souvenir, op. cit.*, p. 90.

membres. Ce type de résolution et d'attitude est alors largement répandu chez la plupart des organisations patronales de même qu'au sein de toutes les chambres de commerce anglophones du pays. Le Montreal Board of Trade ne fait pas exception. C'est l'époque où les banques anglophones du pays refusent d'engager des Juifs.

Dès le début du XXe siècle, « les fondateurs de la Chambre de commerce jugent que les collèges classiques préparent mal à la carrière des affaires [14] ». Damase Parizeau se fait particulièrement insistant auprès du conseil d'administration de la Chambre afin qu'elle travaille « dans la mesure de son influence à relever le niveau des études commerciales dans notre province [15] ». Un comité est mis sur pied le 2 juin 1893 qui servira de bougie d'allumage à la longue réflexion qui mènera finalement, après de multiples péripéties, à la création de l'école des Hautes Études commerciales. Le 4 octobre 1910, trente-deux étudiants assistent aux premiers cours de ce qui deviendra les HÉC, trois lettres de noblesse dans un univers de chiffres.

Pendant ce temps, Marie-Janvière Chartrand, épouse de Damase Parizeau, met au monde six enfants : Télesphore, Marie-Louise, Henri, Damase, Joseph et Louis. L'aîné de la famille, Télesphore, naît l'année de la Confédération canadienne. En septembre 1890 [16], depuis le port de New York, il s'embarque pour la France où il se rend étudier la médecine. Il complète ses études supérieures à Paris à l'époque où la France est à son apogée en médecine grâce aux découvertes de Pasteur. Son séjour dure six ans. Il rentre au Canada en 1896,

14. Robert Rumilly, *Histoire de Montréal*, Tome III, Montréal, Fides, 1972, p. 198.

15. Extrait du procès-verbal de la réunion du conseil d'administration de la Chambre de commerce du 13 mai 1893, tel que présenté dans le volume de Pierre Harvey, *Histoire de l'École des HÉC, op. cit.*, p. 52.

16. Gérard Parizeau, *Joies et deuils d'une famille bourgeoise..., op. cit.*, p. 19.

après avoir obtenu un doctorat de la faculté de médecine de Paris et effectué un stage de quelques mois à l'Institut Pasteur. La prolifique carrière du grand-père de Jacques Parizeau est lancée. Le regard austère, la barbe en pointe, le jeune Télesphore se fait remarquer. En compagnie d'autres médecins qui ont complété leurs études en France, il bouscule la pratique traditionnelle en exerçant une nouvelle forme de médecine. Avec eux, les réformes et les découvertes de Pasteur ont traversé l'océan. Après avoir ouvert un petit cabinet, Télesphore Parizeau est recruté par l'hôpital Notre-Dame comme chirurgien. Il enseigne par la suite à l'Université de Montréal où il devient, à soixante-sept ans, doyen de la faculté de médecine en 1934. Lorsqu'il quitte cette fonction à l'âge de soixante et onze ans, Télesphore Parizeau reçoit le titre de Chevalier de la Légion d'honneur pour les services rendus à l'enseignement universitaire français au Canada. Il prend également une part active au déménagement du campus de l'Université de Montréal sur la montagne.

Peu de temps après son retour d'Europe, le 1er septembre 1897, Télesphore Parizeau épouse Léa Bisaillon. Quatre enfants naissent de cette union : les jumeaux Marcel et Germaine, Gérard Parizeau, le père de Jacques, qui voit le jour le 16 décembre 1899, et Claire-Yvette, la benjamine. Dix ans avant la fin de sa vie, Télesphore Parizeau conduit toujours sa propre voiture et fait même l'achat d'un nouveau véhicule. Il meurt le 13 octobre 1961 à l'âge de quatre-vingt-quatorze ans. Le docteur Armand Frappier lui rend alors un hommage posthume en le présentant comme un capitaine universitaire, «un grand seigneur de la médecine montréalaise, un réformateur et un directeur des études à la sévérité connue, personnage frêle mais à la poigne solide [17].»

---

17. Armand Frappier, *Le grand œuvre du docteur Télesphore Parizeau*, L'Union médicale du Canada, Tome 90, numéro 12, Montréal, décembre 1961, p. 1332.

Sous bien des aspects, selon les dires de Robert Parizeau, son frère Jacques ressemble à son grand-père : « Télesphore, [c'était] aussi un rationnel, un homme austère, très rigide et pas toujours commode [18]. » Jacques Parizeau raconte en riant qu'à la Faculté de médecine, son grand-père a laissé une réputation de vieillard aux opinions terriblement arrêtées [19]. Cette rigueur parfois cassante pouvait donner lieu à d'intenses colères. Robert Parizeau garde un vif souvenir des grandes tempêtes de Télesphore. Toutefois, il serait injuste de voir dans la rigidité du personnage le seul trait dominant de sa personnalité. Ce professeur brillant, doublé d'un habile chirurgien, est aussi à l'affût de toute innovation technique et possède toute la curiosité du scientifique. Très tôt, par exemple, il se munit d'une caméra et il tourne vers 1937 un court métrage avec ses petits-enfants dont Jacques et Michel, qui jouent dans une version renouvelée du *Petit Chaperon rouge*. Au grand plaisir de ces mêmes petits-enfants, « grand-papa la barbiche » achète l'une des premières voitures à Montréal dotée d'un système de jet d'eau pour nettoyer le pare-brise. À Vaudreuil, il est longtemps le seul plaisancier à posséder un bateau à moteur, un Evinrude qui fait parler tout le voisinage !

Une cuillère d'argent à la bouche

Jacques Parizeau vient au monde le 9 août 1930, à Notre-Dame-de-Grâce sur la rue Marcil, dans le logis où ses parents se sont établis quelque temps après leur mariage. Son parrain, son grand-père paternel Télesphore Parizeau, et sa marraine, sa grand-mère maternelle Blanche Biron, portent fièrement Jacques Léon Joseph Parizeau à l'église des Dominicains, le jour de son baptême le 16 août. Son petit frère Michel naît

---

18. Entrevue avec Robert Parizeau, le 4 juin 1999.
19. Entrevue avec Jacques Parizeau, le 29 juillet 1997.

*Télesphore Parizeau, grand-père de Jacques Parizeau,
a pris cette photo de sa femme, Léa Bisaillon, et de ses enfants.
Gérard Parizeau est le troisième enfant en partant du bas.*

quatorze mois plus tard, le 30 octobre 1931. Quant à Robert, le benjamin, il voit le jour le 7 novembre 1935 dans le nouveau logement de la famille rue Brillon.

« Je vis dans une famille bien plus que je vis dans un pays, raconte Jacques Parizeau. Mon univers intellectuel est largement façonné pendant ces années-là par la famille que j'ai autour de moi. Tous ceux qu'on voit apparaître dans la famille et les amis de mes parents sont des retours d'Europe[20]. » En raison de ses études au collège Stanislas et de par les fréquentations familiales, le jeune Parizeau a l'impression de bien connaître la France. Moins qu'un océan, c'est un ruisseau qui le sépare de ce pays. Par contre, les références culturelles de son milieu, celui du Québec, sont plus ténues. La culture populaire se limite presque uniquement à l'influence d'une personne, Sarah Saint-Jean, la bonne de la maison, qui habite avec la famille. C'est elle qui fait découvrir aux enfants Parizeau le Québec profond. La cuisine est l'endroit par excellence où les enfants se réfugient pour écouter l'émission *Nazaire et Barnabé* diffusée à CKAC. Cette émission humoristique, que Jacques Parizeau qualifie aujourd'hui de vulgaire, est interdite d'écoute par le père. Chez les Parizeau, décorum oblige, on écoute la radio publique de Radio-Canada. Issue d'un milieu modeste, Sarah Saint-Jean apprend aux enfants des comptines et des chansons inconnues de la société outremontaise. « Plus tard, avec l'arrivée des premiers téléviseurs, écrit Gérard Parizeau, Sarah passera de longues heures à écouter ses programmes favoris, dont la lutte qui la passionne particulièrement. Pendant les matchs, elle pousse

---

20. Entrevue avec Jacques Parizeau, le 29 juillet 1997. Marcel Parizeau, frère de Gérard, passe près de neuf ans en France pour parfaire ses études d'architecture. Revenu au Québec, à l'école du Meuble de Jean-Marie Gauvreau, il exerce une grande influence aux côtés de Paul-Émile Borduas et de Clarence Gagnon. Il meurt subitement le jour où le ministre responsable de l'école des Beaux-Arts lui offre la direction de l'institution.

de hauts cris qui traversent la cuisine aux moments les plus violents du *catch*[21]. » Soucieux d'assurer une saine éducation à leurs fils, les parents Parizeau s'opposent à l'achat d'un téléviseur. Longtemps, la bonne est la seule personne de la maison à posséder la boîte à images dont raffolent les enfants. « Sarah est restée longtemps leur confidente[22] », se rappelle Gérard Parizeau. Elle ne quitte leur foyer qu'à l'âge de vingt-neuf ans, pour prendre époux. À son départ, c'est avec émotion que la jeune femme remercie les Parizeau de lui avoir permis d'avoir des enfants avant le mariage... Robert, le plus jeune des garçons, considère Sarah Saint-Jean comme une seconde mère. Quelques années plus tard, il aura l'occasion de renouer les liens d'affection qui l'unissent à l'ancienne domestique en lui confiant la garde de ses propres enfants[23].

Les mémoires de Gérard Parizeau témoignent de l'enfance heureuse de ses fils : « Jacques, Michel et, plus tard, Robert ont écouté avec ravissement les contes de Pouchkine, que Germaine [leur mère] leur lisait dans cette très belle édition que le libraire Cornélius Déom nous a offerte à l'occasion de notre mariage[24]. » L'enfance de Jacques Parizeau, loin de baigner dans l'eau bénite comme celle de bien des petits Québécois du temps, baigne plutôt dans l'eau de Cologne. C'est une jeunesse dorée, propre aux grandes familles.

Dès l'âge de cinq ans, Jacques fréquente la maternelle anglaise de Miss Palmer. C'est le début de la grande offensive pour l'apprentissage de la langue anglaise. Dans le Montréal des années trente, Gérard Parizeau, assureur au sein d'une entreprise anglophone, comprend que la seule façon pour ses fils de

---

21. Gérard Parizeau, *Joies et deuils d'une famille bourgeoise...*, *op. cit.*, p. 273.
22. *Idem*, p. 234.
23. Entrevue avec Robert Parizeau, le 4 juin 1999.
24. Gérard Parizeau, *Joies et deuils d'une famille bourgeoise...*, *op. cit.*, p. 200.

Jacques Parizeau entre deux moniteurs, plutôt chics,
du camp d'été Powter au début des années quarante.
Archives de Jacques Parizeau, ANQ.

Le jeune bourgeois jouant au tennis dans la cour arrière
de la maison familiale. Archives de Jacques Parizeau, ANQ.

percer un jour le mur de la domination anglo-saxonne consiste à maîtriser la langue du *boss*. Le petit garçon apprend vite : « Il nous revenait certains jours avec des chansons françaises, chantées avec un accent anglais, assez prononcé, mais charmant[25] », évoque le père avec amusement. L'été suivant, ses parents l'envoient chez les louveteaux de l'école Darcy McGee, une meute composée essentiellement de jeunes Irlandais anglophones. Admis à la section française de l'école Saint-Léon de Westmount à l'âge de six ans, le petit Jacques doit, pour s'y rendre, prendre le tramway tout seul. « Capable seul », répète-t-il obstinément à ses parents quelque peu inquiets.

À la fin de l'année scolaire, le petit Jacques est inscrit à un camp d'été anglophone. En 1937, alors que la plupart des colonies de vacances sont dirigées par le clergé catholique, sa mère Germaine Parizeau a arrêté son choix sur le camp Powter de Saint-Donat, un camp laïque et anglophone. « Ma mère n'a jamais été portée sur la chose cléricale. Ça lui tombait sur les nerfs, relate Jacques Parizeau. Les curés lui [donnaient] de l'urticaire[26]. » La conception qu'ils se font du rôle de la femme l'exaspère. Tandis qu'elle éloigne ses fils des robes noires, son mari en profite pour les rapprocher du milieu anglophone.

Situé aux abords du lac Archambault, le camp est dirigé d'une main de fer par le major Kirkett. Les vacanciers sont fort impressionnés par la stature du major. « Il paraît qu'il a fait la guerre ! », répètent les enfants. Tous les jours, les garçons se dirigent, en rangs serrés, au centre du terrain. Ils assistent avec déférence au lever du drapeau britannique. Jacques Parizeau entonne le *God save the King*.

Par la suite, les Parizeau inscrivent leur fils au camp Kingora. Lui et son ami du collège Stanislas, Jacques Letondal, sont les seuls francophones du groupe. Au sein de cette colonie de

---

25. *Idem*, p. 235.
26. Entrevue avec Jacques Parizeau, le 23 février 1998.

66

vacances irlandaise, la dynamique de groupe semble plus rude qu'au camp Powter. «Le deuxième soir, une bataille à tour de bras éclate avec les Irlandais. Moi, j'aboutis à l'infirmerie alors que Letondal s'en tire, étouffe de rire Jacques Parizeau. Mes parents viennent me sortir de là quelques jours plus tard[27].» L'expérience du camp irlandais ne sera pas répétée. Doré-navant, c'est le camp Powter qui accueillera les petits Parizeau chaque été, sans oublier les camps scouts organisés en juin par la troupe Guynemer du collège Stanislas.

En juillet, l'évasion continue avec les vacances familiales. Pendant sept ans environ, l'admirable région de Charlevoix devient le royaume estival des enfants Parizeau. En juillet, la famille s'installe à Saint-Joseph-de-la-Rive, aux Chalets fleuris de madame Dumais. «Nous habitions dans un petit chalet de bois à un étage», se souvient Jacques Parizeau. Il y avait un poêle, l'eau courante, mais pas de bain. Les repas étaient servis à l'hôtel Central. Les gens s'y rendaient aussi pour prendre un bain. L'endroit était fréquenté entre autres par Alphonse Ouimet, président de la Société Radio-Canada, et par le consul de France à Chicago. Onésime Gagnon, ministre des Finances sous Maurice Duplessis et lieutenant-gouverneur ensuite, y possédait une maison d'été. «Il avait des filles absolument superbes!», s'exclame Jacques Parizeau.

En 1940, quand deux de leurs fils étudient au collège Stanislas, les parents Parizeau décident de se rapprocher de l'école. C'est ainsi qu'ils achètent une maison sur la rue Glencoe, à Outremont, et y aménagent le 14 juin de cette année-là. Mais ce qui devait être un jour de fête pour les nouveaux propriétaires se transforme en un jour de honte. Gérard Parizeau prend maison au moment où la France perd la sienne : Paris est occupé et les Allemands paradent sous l'Arc de triomphe. Suffoqué, Gérard Parizeau écrit dans son journal :

---

27. *Idem.*

*La photo de finissant de Gérard Parizeau à l'école
des Hautes Études commerciales en 1920.
Archives de Robert Parizeau.*

Pour moi, c'était comme un malheur terrible arrivant à une personne très chère. Comme tout le monde, nous avions espéré un miracle, jusqu'à la dernière minute. Pour un grand nombre de Canadiens français, la France n'est pas la mère-patrie, mais elle est une civilisation, une source de joies intellectuelles, un héritage sacré auquel personne ne peut toucher sans qu'on en ressente une peine infinie [28].

Pour le notaire Édouard Biron, grand-père maternel de Jacques Parizeau, il s'agit aussi d'un jour sombre. Tout ce qui touche la France l'atteint. Celui qui possède une prestigieuse cave à vins et raffole des grands crus français, prend la décision solennelle de ne plus servir de vins français à table tant que la France ne serait pas libérée. «Il tint parole», témoigne Gérard Parizeau. Pendant quatre longues années et malgré l'insistance de sa fille Germaine, Édouard Biron maintient les scellés sur sa cave.

Souplesse et diplomatie d'un grand seigneur

À vingt ans, Gérard Parizeau termine ses études aux HÉC «avec un diplôme jugé sans valeur dans les salons, à l'époque [29]». Il faut rappeler qu'en 1920, l'école n'a pas encore atteint le prestige qu'on lui connaît aujourd'hui. Pour obtenir sa licence, il a pourtant dû trimer dur. «J'étais trop pris pour m'occuper de quoi que ce soit d'autre que mes études, écrit-il. J'étais en retard et il m'a fallu travailler d'arrache-pied pour arriver à me donner une méthode de travail [30].» Cet acharnement va rapporter. À sa mort en 1994, l'entreprise fondée par Gérard

---

28. Gérard Parizeau, *Joies et deuils d'une famille bourgeoise...*, *op. cit.*, p. 255.
29. *Idem*, p. 169.
30. *Idem*, p. 205.

Parizeau, devenu le holding Sodarcan, compte parmi les vingt-cinq plus grandes maisons de courtage d'assurance et de réassurance au monde. La Société rapporte près de quatre-vingt-quinze millions de dollars en revenus de commissions et d'honoraires. Toutefois, bien avant de connaître ce succès, Gérard Parizeau va enseigner aux HÉC, occuper divers postes de fonctionnaire à Ottawa pour une courte période et devenir agent d'assurance pour la société anglophone Irish & Maulson de Montréal [31].

Contrairement à son fils Jacques, Gérard Parizeau est de petite taille. Dès la quarantaine, il est chauve. Myope comme son fils, il porte tôt des lunettes, ce que Jacques Parizeau a toujours refusé de faire en public. L'homme est raffiné, délicat, extrêmement attentif à autrui, dit de lui Jean Deschamps, un ami de la famille [32]. Gérard Parizeau exprime sa pensée avec élégance. C'est un homme qui a des opinions sur tout, mais qui ne les fait connaître que si on le lui demande. Il a la souplesse d'un diplomate et ne cherche jamais à bousculer son entourage. « Je peux retrouver une communauté de pensée entre le fils et le père, affirme Jean Deschamps, mais cette force dans l'expression de ses aspirations, je ne la retrouve que chez Jacques. » Si Jacques Parizeau n'a jamais craint la controverse, cherchant constamment à faire la nouvelle et à surprendre son auditoire, son père, pour sa part, évite toute polémique. Ce trait de caractère sera utile à l'homme d'affaires en progression. Maurice Lanoix, qui a connu Gérard Parizeau quand il était professeur aux HÉC, le décrit comme « un grand seigneur, une personnalité extraordinaire. On disait en classe que la distraction de monsieur Parizeau consistait sûrement à étudier les grandes batailles napoléoniennes [33] ». Pour Roland Parenteau, aussi

---

31. Nous reparlerons de la carrière du père de Jacques Parizeau au chapitre 6.
32. Entrevue avec Jean Deschamps, décembre 1998.
33. Entrevue avec Maurice Lanoix, le 9 juin 1997.

professeur aux HÉC, « monsieur Parizeau a été le prototype du bourgeois cultivé, joignant le raffinement des manières, des goûts et du parler à un intérêt soutenu pour les lettres et les arts[34] ». Gérard Parizeau lit une quantité impressionnante d'ouvrages, surtout d'ordre historique, des biographies et des essais politiques français. C'est un homme qui achète quantité de livres. Sa femme lui en tient rigueur, estimant que tout cet argent investi dans le papier l'amène à négliger sa garde-robe. Jacques Parizeau raconte avoir passé sa jeunesse dans la bibliothèque de son père. « C'est ce qui a défini mon orientation. J'ai abordé une bibliothèque publique à vingt ans, pas avant[35]. » Cet étalage de savoir sur papier relié, Jacques Parizeau en a hérité à la mort de son père, lequel avait déjà hérité avant lui de certains des volumes de son propre père, Télesphore. En octobre 2000, lorsque Jacques Parizeau s'est départi de ces volumes pour les léguer à la Bibliothèque nationale du Québec, ce patrimoine familial comprenait près de dix mille livres.

Cette bibliothèque contient l'œuvre complet de l'historien Lionel Groulx[36], ainsi que de nombreux ouvrages d'Édouard Montpetit, professeur aux HÉC. « C'est à ces deux hommes que je dois l'orientation de ma carrière, écrit Gérard Parizeau dans son journal. L'un m'a donné le goût de l'histoire et l'autre celui de l'économie politique[37]. » Si le chanoine Lionel Groulx insiste pour présenter la langue et la religion catholique comme étant les facteurs principaux définissant la nation, Édouard Montpetit s'intéresse d'abord à la langue française. Ces deux maîtres nationalistes ont en commun l'amour de la langue,

---

34. Roland Parenteau, *Gérard Parizeau 1899-1994,* Délibérations de la Société Royale du Canada, sixième série, Tome VIII, 1997, p. 16.
35. Entrevue avec Jacques Parizeau, le 29 juillet 1997.
36. Son père possédait aussi l'*Histoire du Québec* de Robert Rumilly en 43 volumes.
37. Gérard Parizeau, *Pages de journal,* volume III, Trois-Rivières, Les Éditions du Bien public, 1976, p. 237. Textes parus dans la revue *Assurances.*

sentiment qui sera intensément partagé par Gérard Parizeau tout au long de sa vie. « La civilisation s'exprime et se transmet par la langue, écrit Édouard Montpetit en 1938. Les Canadiens-français établiront leur solidarité économique en constituant d'abord un groupe homogène et vigoureux, qui pratique l'intégrité de sa langue. Rien ne vaut cette discipline. La langue, même dans les affaires, même dans la tourmente des intérêts matériels, est un atout puissant au service du bien commun. Tant que nous n'aurons pas la fierté de notre langue nous n'aurons pas les autres fiertés [38] ». En tant que membre de la Société Saint-Jean-Baptiste, Gérard Parizeau est un nationaliste canadien-français de son temps. Il croit en la confédération de 1867 et au partage des pouvoirs entre les paliers de gouvernement provincial et fédéral. Pour lui, le Canada français constitue l'un des deux peuples fondateurs du Canada et, à ce titre, a droit à tous les égards dus à une nation. Son libéralisme politique en fait un ennemi de Maurice Duplessis. « Je hais le souvenir de cet homme qui a été néfaste pour le Québec [39] », écrit-il dans ses *Pages de journal*. Il considère que cet homme a fait prendre un retard considérable au développement économique de la province. Gérard Parizeau a aussi d'autres raisons de ne pas aimer le « chef ». En 1934, insatisfait de la performance du gouvernement libéral de Louis-Alexandre Taschereau au pouvoir depuis quinze ans, Paul Gouin [40] fonde un nouveau parti, l'Action libérale nationale, qui prône la libération économique des Canadiens français. Le thème mis de l'avant par le parti lors des élections provinciales de 1935 est la

---

38. Edouard Montpetit, *La conquête économique, – Les forces économiques*, Tome I, Montréal, Les Éditions Bernard Valiquette, 1938, p. 27.
39. Gérard Parizeau, *Pages de journal*, volume IV, *op. cit.*, p. 303.
40. Fils de Lomer Gouin, premier ministre du Québec de 1905 à 1920, et petit-fils d'Honoré Mercier, premier ministre du Québec de 1886 à 1891.

nationalisation de l'électricité[41]. Pour s'assurer la victoire, le parti conservateur de Maurice Duplessis forme une alliance avec l'Action libérale nationale. En 1936, au lendemain de l'élection victorieuse pour l'Union nationale, Maurice Duplessis ne fait qu'une bouchée du groupe de Paul Gouin en le noyant au sein du nouveau parti et en oubliant les promesses faites aux membres de l'Action libérale nationale. Or Paul Gouin est un ami de Gérard Parizeau. Et celui qui fut toujours d'une discrétion exemplaire à l'égard de ses opinions politiques avoue à son fils Jacques, au moment où ce dernier se présente comme député dans le comté de L'Assomption en 1976, avoir assisté dans le passé à une assemblée politique dans ce même comté pour appuyer son ami Paul Gouin. À cette haine du duplessisme chez Gérard Parizeau, il faut ajouter sa discrète mais solide opposition à certains agissements politiques du clergé canadien-français. Amateur d'histoire, Gérard Parizeau s'est spécialisé dans l'étude de la société canadienne-française au XIXe siècle. Si l'on retient, entre autres, l'analyse qu'il fait du comportement de l'Église lors de la rébellion de 1837-1838, on peut constater qu'il juge durement la décision prise à l'époque par Mgr Lartigue de ne pas accorder de sépulture chrétienne aux patriotes morts lors des combats. Selon les recherches réalisées sous la direction de l'historien Jean-Paul Bernard[42], pas moins de sept Parizeau furent mêlés aux troubles de 1837-1838. Gérard Parizeau le sait très bien. Ses travaux lui permettent de découvrir que le 20 mai 1838 on met en terre les dépouilles de deux jeunes gens tués au cours des combats à Saint-Charles-sur-Richelieu. L'un des deux se nomme Louis-Moyse Dalpé, dit Parizeau. Il est âgé de dix-sept ans et demi et il

---

41. Le docteur Philippe Hamel, de Québec, est l'un des principaux promoteurs de l'idée.

42. Données compilées entre 1985 et 1989 par le Groupe de recherche sur les rébellions de 1837-1838, sous la direction de Jean-Paul Bernard, professeur à l'Université du Québec à Montréal.

est le fils de Joseph Dalpé, dit Parizeau [43]. Habituellement posé, Gérard Parizeau réagit avec emportement : « On ne peut que s'incliner avec respect devant ces garçons à qui on a refusé la sépulture entourée des rites de la religion. Ils s'étaient battus contre les troupes britanniques, puis ils étaient morts, brûlés vifs dans une maison incendiée sans qu'ils puissent en sortir. Horreurs de la guerre civile ! Mais aussi désolation de constater que les clercs refusent les prières aux morts [44]. »

Le libéralisme politique de Gérard Parizeau s'oppose à son conservatisme social [45]. Cet homme pieux est solidement attaché à certains principes. Celui qui croit avant tout à l'ordre et au respect des institutions est agacé par l'agitation des années soixante. Partout on menace l'autorité, écrit-il. Il manifeste son inquiétude pour nombre de valeurs morales que la société québécoise délaisse. Si son libéralisme politique lui fait apprécier le gouvernement de Jean Lesage, son conservatisme social trouve repoussante toute redéfinition des relations de couples et la banalisation du mariage. Sur la question du divorce et de sa reconnaissance dans les lois par le Parlement canadien, il ne comprend pas : « qu'une assemblée, formée en grande partie de catholiques pratiquants, autorise une procédure de divorce et en accepte l'idée sans protester, cela semble étonnant [46]. »

---

43. Gérard Parizeau, *Pages de journal*, volume XI, *op. cit.*, p. 95-96.
44. *Idem.*
45. À sa façon, Gérard Parizeau pourrait être qualifié de *castor rouge*, deux termes utilisés au début du siècle dernier. *Rouge*, pour son côté libéral et *castor* pour son attachement à la religion catholique. Le père de Jacques Parizeau est en effet respectueux des enseignements de l'Église et du pape. Dans la deuxième moitié de sa vie, quand l'Église et la société québécoise sont en pleine ébullition, il tente de réconcilier ces deux dimensions de sa personnalité.
46. Gérard Parizeau, *Pages de journal*, volume I, *op. cit.*, p. 9-10.

Les parents de Jacques Parizeau en 1928.
Archives de Robert Parizeau.

C'est dans ses propos sur la façon d'élever ses enfants que l'âge de Gérard Parizeau le trahit. Selon lui, le père de famille joue un rôle essentiel dans l'éducation des enfants puisque lorsqu'ils vieillissent, la mère «n'a pas la force de caractère voulue pour les diriger [47]». Il cite Montaigne et ce qu'il appelle «l'ordinaire» faiblesse du «sexe faible». «Et c'est vrai!, écrit Gérard Parizeau. La mère se laisse gagner par des raisons que la raison ne connaît pas.» Des propos qui soulèvent la colère de son épouse Germaine, féministe dotée d'une forte personnalité. Ce cocktail explosif constitué d'un père conservateur et d'une mère féministe donne lieu à des discussions familiales homériques. Sur les questions de l'euthanasie, de l'avortement et de la peine de mort, mari et femme s'opposent invariablement. En souriant, Jacques Parizeau qualifie son père de conservateur de gauche. Assistant à ces débats, Isabelle, la fille de Jacques, dit à

---

47. Gérard Parizeau, *Joies et deuils d'une famille bourgeoise...*, *op. cit.*, p. 340.

Le notaire Édouard Biron, grand-père maternel de Jacques Parizeau.

son grand-père : « Grand-papa, ne peux-tu pas être aussi jeune que ta femme [48] ? ! »

Humble devant Dieu mais pas devant les hommes

Quand il essaie de tenir tête à sa femme, Gérard Parizeau use de son sens de l'humour. « L'ironie est l'arme des faibles, écrit-il. Or le faible, ce n'est pas elle [49]. » En 1927, au moment où il songe à épouser cette femme de tête, Gérard Parizeau tarde à demander la main de sa dulcinée à Édouard Biron. « Me sentant assez ennuyé d'avoir à faire une demande officielle, Germaine, petite personne maigrelette, vive et décidée me dit : "Venez, je vais régler tout cela moi-même." En revenant à la maison, Germaine me prit par la main, pénétra dans la pièce où travaillait son père, alors secrétaire de la Chambre des notaires. "Papa, dit-elle sans ambages, voici votre futur gendre [50]". » Ils se marient à l'église Saint-Léon de Westmount en juin 1928. Lors de la cérémonie, au moment de se promettre l'un à l'autre, Germaine Biron s'abstient délibérément de dire la phrase qui précise que l'épouse doit obéissance à son mari [51]. Elle est bien prête à pratiquer l'humilité devant Dieu, mais pas devant les hommes. Cette attitude fait dire à son mari : « Ce n'est pas étonnant parce que, dans son prénom, il y a gérer et mener [52]. »

---

48. Propos rapportés par Jacques Parizeau lors de l'entrevue du 6 janvier 2000.
49. Gérard Parizeau, *Joies et deuils d'une famille bourgeoise...*, *op. cit.*, p. 175.
50. *Idem*, p. 157.
51. Entrevue avec Jacques Parizeau, le 23 février 1998. Propos également confirmés par Robert Parizeau et mentionnés par leur père dans ses mémoires.
52. Gérard Parizeau, *Pages de journal*, volumes III & IV, *op. cit.*, p. 226.

Née le 5 juin 1903 de l'union de Blanche Fleury et d'Édouard Biron, Germaine Biron est l'aînée d'une famille de quatre enfants. «Chez les Biron, c'était la joie de vivre, se souvient avec nostalgie Robert Parizeau, tandis que chez mon grand-père paternel, Télesphore Parizeau, c'était très rigoureux, beaucoup plus austère[53].» Une famille plus décontractée, mais tout aussi aisée financièrement. Édouard Biron, qui importait ses vins et ses fromages, se rend plusieurs années de suite à l'ouverture de la saison du Metropolitan Opera à New York. À sa résidence de la rue Densington à Westmount, les visiteurs sont interloqués en entrant dans la demeure devant les milliers de livres qui garnissent sa bibliothèque. Associé à Alban Savignac puis à Eugène Poirier, Édouard Biron dirige une étude notariale fort achalandée située rue Saint-Jacques et plus tard rue Notre-Dame[54]. Alors qu'Eugène Poirier a la réputation d'être un fidèle partisan de Maurice Duplessis, Édouard Biron préfère plutôt la compagnie d'Olivar Asselin, un de ses bons amis.

Germaine Parizeau milite ardemment pour le droit de vote des femmes. Pendant plus de dix ans, elle fait partie de la délégation féminine qui, menée par Thérèse Casgrain, se rend à Québec en commission parlementaire demander aux premiers ministres Alexandre Taschereau d'abord, Maurice Duplessis ensuite, d'accorder le droit de vote aux femmes. Secrétaire de la section des consommateurs à la Commission des prix et du commerce pendant la Deuxième Guerre mondiale, elle copréside le comité féminin pour l'emprunt de guerre. La guerre terminée, elle est décorée de l'ordre de l'Empire britannique[55] pour son engagement exemplaire durant les hostilités.

---

53. Entrevue avec Robert Parizeau, le 4 juin 1999.
54. Tiré d'un article de Charles-A. Roberge, notaire, *Maître Édouard Biron, notaire*, dans la revue *Notaires d'aujourd'hui*, janvier/février 1991, volume 4, numéro 1.
55. Elle devient MBE – Member of British Empire – l'ordre de l'Empire britannique.

Son dévouement pour l'hôpital Sainte-Justine de Montréal est aussi digne de mention. Jeune fille, elle œuvre comme bénévole dans les salles d'opérations de cet établissement spécialisé dans les soins aux enfants. Elle travaille avec le docteur Edmond Dubé. Plus tard, elle siège au conseil d'administration de l'hôpital à titre de trésorière. Elle se réunit aussi avec un groupe de femmes pour fabriquer les couches de coton des petits patients et pour tricoter nombre de foulards, de chandails et de gants pour les plus démunis d'entre eux. Le 2 décembre 1972, elle reçoit, avec ses collègues de l'hôpital Sainte-Justine, l'Ordre hospitalier de Saint-Jean de Malte. Germaine Parizeau a siégé au conseil d'administration de l'hôpital de 1949 à 1966.

De l'avis des proches de la famille, Jacques Parizeau ne semble avoir hérité de son père que son côté austère. Quant à la force de caractère, elle lui aurait été transmise par sa mère. « C'est vraiment elle qui menait dans le couple et comme la mère était tellement différente de son mari, je me demande parfois si Jacques n'était pas le porteur des qualités de sa mère [56] », estime Jean Deschamps. C'est aussi l'opinion de Jeannette Boulizon, qui rencontre régulièrement Germaine Parizeau à la Société d'étude et de conférence, une institution littéraire mise sur pied avant la guerre par des mères d'élèves de Stanislas exaspérées de n'être que les trop discrètes épouses de leurs maris. Elles forment d'abord de petits cercles d'études destinés à préparer des travaux littéraires. Tous les quinze jours se tient une grande conférence présidée par un invité de marque. À certains moments, près de trois cents personnes assistent à l'événement. Germaine Parizeau fait partie du cercle fondateur. « Quand il y avait des discussions et que Germaine Parizeau était là, on s'écrasait, soutient Jeannette Boulizon. Elle pouvait être intransigeante [57]. » Cette observation lui fait

---

56. Entrevue avec Jean Deschamps, décembre 1998.
57. Entrevue avec Jeannette et Guy Boulizon, octobre 1998.

Le petit Jacques à la plage en 1932.
Archives de Robert Parizeau.

Jacques, le plus vieux, accompagné de son frère Michel en 1933.
Archives de Robert Parizeau.

dire que Jacques ressemblait beaucoup à sa mère. «Il avait l'entêtement de sa mère. C'était une femme forte, très volontaire et intelligente. Elle avait une volonté de fer. C'est d'elle que Jacques tient cela et beaucoup moins du père qui était bonasse, gentil et aimable, ce dont Robert le troisième fils semble avoir hérité[58].»

Robert Parizeau affirme qu'il y a toujours eu une relation très étroite entre Jacques et sa mère. Après une courte pause, il ajoute : «Avec papa aussi[59].» Le silence entre les deux affirmations cache peut-être un aveu. Après tout, n'est-ce pas à Jacques que sa mère remet quelque temps avant sa mort une lettre dans laquelle elle fait part de ses dernières volontés? Son mari a aussi reçu, quelques années auparavant, une enveloppe du même type dans laquelle elle lui demande, en cas de paralysie ou de maux terribles, de ne pas prolonger sa vie inutilement. Elle indique aussi vouloir faire un don d'organes. «Ses volontés sont précises, catégoriques, même si personnellement elles m'embarrassent[60]», avoue Gérard Parizeau. Or Germaine Parizeau sait que son mari est plutôt réfractaire à ses idées. Craignant qu'il hésite à respecter cette demande particulière du don d'organes, elle remet à son fils Jacques une lettre à ce sujet. «Elle savait que son fils aîné l'appliquerait[61]», affirme Jacques Parizeau.

Pour Germaine Parizeau, «ce n'est pas en élevant ses enfants dans l'humilité et la résignation qu'on en [fait] des hommes[62]». Et le 6 septembre 1939, c'est gonflée d'orgueil qu'elle se rend avec son mari et son fils Jacques à l'église Sainte-Madeleine pour assister à la messe du Saint-Esprit qui inaugure l'année

---

58. *Idem.*
59. Entrevue avec Robert Parizeau, le 4 juin 1999.
60. Gérard Parizeau, *Pages de journal*, volume VI, *op. cit.*, p. 130.
61. Entrevue avec Jacques Parizeau, le 6 janvier 2000.
62. Gérard Parizeau, *Joies et deuils d'une famille bourgeoise...*, *op. cit.*, p. 228.

scolaire pour tous les nouveaux élèves admis au collège Stanislas. Parmi ces nouveaux, se dresse droit et fier Jacques Parizeau. Le garçon de neuf ans porte sur ses épaules les espoirs de ses parents. Après la messe, sur le parvis, Germaine Parizeau va voir la mère des Choquette et lui dit, sûre d'elle-même : « Vous verrez, mon garçon va tous les battre[63]. »

Trois fleurs sur la neige

En 1945, la tante de Gérard Parizeau, qui vit à Vancouver, lui envoie une photo de son mari Henri taillant ses rosiers fin décembre[64]. Dans la lettre qui l'accompagne, la tante Hilda se moque du rigoureux climat des gens de la belle province. Réagissant au commentaire avec humour, Gérard Parizeau lui fait parvenir une magnifique photo de ses trois fils emmitouflés et jouant sur un banc de neige, les visages rougis par le froid. « Voici nos fleurs de neige[65] », écrit-il. Leurs trois garçons viennent ensoleiller la vie des Parizeau. Trois têtes, trois couleurs : Robert, le rouquin, Michel, la chevelure blonde et Jacques, les cheveux noirs, comme ceux de sa mère. Fort différent de ses deux petits frères, Jacques s'accroche très tôt au réel. Quand Michel, d'un an son cadet, dessine des vaches qu'il colore en rose ou en bleu, Jacques cherche déjà à comprendre pourquoi il les représente ainsi : « Ce n'est pas possible ! Ça n'existe

---

63. Interviewés séparément en octobre 1997, les frères Jérôme et Gilbert Choquette rapportent l'anecdote au biographe.
64. Henri Parizeau, en expédition dans le Grand Nord au début du siècle, dessine des cartes marines de l'Arctique pour le gouvernement canadien. En 1967, pour honorer ses états de services, le Canada baptise un bateau de la flotte fédérale en son nom : le CSS Parizeau. Le navire se consacre aux études hydrographiques et aux travaux océanographiques sur le Pacifique.
65. Gérard Parizeau, *Pages de journal*, volume VII, *op. cit.*, p. 19.

*Trois fleurs sur la neige. De gauche à droite : Jacques, Robert et Michel.
Photo prise en 1936. Archives de Robert Parizeau.*

pas!», claironne le gamin. À la même époque, son père est témoin d'une collision entre deux navires. Quand il raconte l'incident à ses trois fils, Jacques, «avec une logique qu'il a gardée depuis, s'informait. Pourquoi donc père, est-ce toujours les petits bateaux qui sont frappés par les gros[66]?»

Les Parizeau élèvent leurs enfants tout en leur permettant d'exprimer leurs points de vue. Liberté d'agir et liberté de penser sont mises de l'avant par la famille. «La perche tendue dans toutes les occasions, dit le père, mais surtout la liberté surveillée de très haut et de très loin[67].»

Robert Parizeau est le dernier né des frères Parizeau. Il est aussi le plus réservé des trois. Jeannette Boulizon a l'impression qu'il est plus effacé parce qu'il est «écrasé par ses aînés[68]». Pourtant, à l'âge de douze ans, il est déjà chef de patrouille chez les scouts.

---

66. Gérard Parizeau, *Joies et deuils d'une famille bourgeoise...*, *op. cit.*, p. 177.
67. *Idem*, p. 286.
68. Entrevue avec Jeannette et Guy Boulizon, le 24 novembre 1997.

«Il imposait une discipline de fer[69]», se rappelle son père. Lors d'un camp d'hiver, il décide que seuls ceux qui réussiront à allumer un feu mangeront. Gérard Parizeau se souvient du sens pratique du benjamin de la famille. Lorsque les deux plus vieux ne parviennent pas à écouler les journaux scouts, Robert se charge des copies restantes. En peu de temps, il trouve des acheteurs et vend tous les journaux au prix convenu. Discret mais d'une redoutable efficacité, le futur président de Sodarcan fait ses classes.

Michel est le beau garçon de la famille. Il est plus souriant et plus sympathique que son grand frère, ce que reconnaît volontiers Jacques Parizeau : «Il avait un charme personnel extraordinaire et était plus liant que moi qui faisait plutôt ombrageux[70].» Sarah Saint-Jean, la domestique, disait toujours : «Le moins haïssable des trois, c'est Michel! Et parmi les trois frères, y'en a un qui est pas mariable, c'est Jacques[71]!» «Michel était doux et délicat, disent de lui les Boulizon. C'était un rêveur. Il avait un goût très marqué pour les arts et la peinture[72].» Avec lui, pas de grands débats de société, se rappelle Marc Beaudoin. Gilbert Choquette, qui a bien connu les deux frères Parizeau, affirme que Michel était l'antithèse de Jacques. Blond, romantique et sensible, Michel ressemblait plus à son père. «Jacques était carré et intellectuel, affirme Gilbert Choquette. Il avait déjà les qualités pour devenir un leader de la chose publique. Il était bien dans sa peau. Très solide, il ne se remettait pas en question et ça lui permettait d'ironiser[73].» Gilbert Choquette n'a jamais vu Jacques Parizeau ému. Qu'est-ce qui peut le toucher? Il s'interroge. «Je l'envie. Il

---

69. Gérard Parizeau, *Joies et deuils d'une famille bourgeoise...*, *op. cit.*, p. 295.
70. Entrevue avec Jacques Parizeau, le 6 janvier 2000.
71. *Idem.*
72. Entrevue avec Guy et Jeannette Boulizon, le 24 novembre 1997.
73. Entrevue avec Gilbert Choquette, le 3 octobre 1997.

est blindé et capable de faire face à la musique. Il peut s'exposer aux coups. » L'apparente froideur de Jacques Parizeau semble le protéger contre les effets démobilisateurs des attaques. Sa ferme détermination ne doit cependant pas être assimilée à une complète insensibilité. Dans l'intimité, il se révèle et sait faire preuve de douceur et d'une grande compassion lorsque les événements le commandent[74]. Ses intimes se limitent toutefois presque entièrement à sa famille. Ses copains de classe, les partenaires de la troupe scoute, puis plus tard son entourage politique, ne peuvent être de véritables amis pour Jacques Parizeau. Dans sa conception des choses, ces gens ne se situent sur son parcours que pour lui permettre d'atteindre ses objectifs. Il craint donc d'établir avec eux un rapport basé sur l'amitié profonde, de peur que ce lien ne vienne un jour contrecarrer ses plans ou rendre plus difficile une prise de décision qui pourrait blesser l'ami véritable. Il réserve donc sa tendresse à un très petit cercle, constitué au départ par sa famille.

Il est bon de s'arrêter quelques instants sur le parcours original de Michel Parizeau. À l'automne 1948, après avoir terminé ses études au collège Stanislas, il se retrouve à Victoria, en Colombie-Britannique. Quelques mois auparavant, les élèves de Stanislas ont reçu la visite du lieutenant Bernatchez, de la Marine canadienne[75]. L'officier rencontre les élèves pour faire du recrutement. Convaincant, il impressionne son jeune auditoire. Peu après sa conférence, plus de cinq finissants du collège Stanislas orientent leur carrière vers la Marine. Mais le séjour de Michel Parizeau à l'école militaire de Royal Roads est de courte durée. Le commandant, un dénommé Rayner, est selon Jacques Parizeau un « mange-canayen ». On oblige les

---

74. À ce sujet, les lettres qu'il écrit à ses parents lors de son séjour d'études en Europe sont révélatrices. Il en est fait mention au chapitre 5.
75. Selon les souvenirs d'Henri Dessaules, compagnon de Michel à Royal Roads. Entrevue téléphonique du 16 juin 2000.

85

Canadiens français à parler anglais entre eux, ce qui donne lieu à quelques bagarres, des affrontements que Michel Parizeau ne tente point d'éviter[76]. Dans ses *Pages de journal*, Gérard Parizeau évoque le passage de Michel à l'école navale de Royal Roads. Il raconte cet épisode où son fils propose au professeur de permettre à deux cadets de chaque province canadienne de relater un moment de l'histoire du Canada. Michel Parizeau et son ami Henri Dessaules parleront du Québec. Le texte est soumis à la direction. Des jours passent. « Puis s'amène un haut gradé d'Ottawa qui leur demande s'ils ne pourraient pas mettre de côté la question de la conscription ou tout au moins en atténuer les commentaires… Sachant ce que cela voulait dire, ils acceptent de renoncer à un aspect de l'histoire du Québec qui menaçait de mettre le feu aux poudres. Alors qu'ils ne voulaient que dire la vérité – la leur, évidemment; ce qui est normal[77]. » Michel Parizeau aurait pu compléter ses études au collège militaire et obtenir le grade d'officier. Il décide plutôt de choisir l'option qui lui permet de quitter après deux ans et reçoit le titre de « *midshipman*», le rang le plus bas accordé par la Marine. Selon les souvenirs de son père, Michel semble avoir apprécié son séjour à Victoria. Il est aussi possible de penser que Michel Parizeau a conservé de cette expérience quelques leçons politiques. S'il avait vécu plus longtemps, il n'est pas interdit de croire qu'il en serait venu à partager les idées de son frère aîné et, qui sait, à faire de la politique. C'est une hypothèse que son frère Jacques ne pourra jamais vérifier puisqu'il apprend à l'hiver 1970 que Michel souffre d'une terrible maladie. Quand il est opéré pour un ulcère à l'estomac le jour de son trente-neuvième anniversaire, les médecins découvrent que Michel Parizeau souffre en fait d'un cancer de l'estomac déjà trop

---

76. *Idem.*
77. Gérard Parizeau, *Pages de journal*, volume XV, Montréal, Logidec inc., 1988, p.14.

Le père avec ses deux fils,
Robert à gauche et Jacques à droite.
Archives de Jacques Parizeau, ANQ.

avancé pour être soigné. Il n'a que quelques mois à vivre. Il meurt à sa résidence du lac Brôme le 17 juin 1971. Deux ans plus tôt, après un divorce difficile avec Claude Brunet, il s'était remarié avec Elsbeth Schlätzer. Michel Parizeau laisse dans le deuil sa nouvelle épouse et ses quatre fils : François, André, Pierre et Marco, âgés entre huit et seize ans. Des années après la mort de son fils, Gérard Parizeau ressentait toujours la douleur causée par cette disparition. « C'est dans des moments comme ceux-là, écrit-il dans ses mémoires, qu'on se rend compte combien on tient à ses enfants, quel que soit leur âge[78]. »

---

78. Gérard Parizeau, *Pages de journal*, volume XI, *op. cit.*, p. 129.

Les trois fils Parizeau ont fréquenté le collège Stanislas pour ensuite aller à l'école des HÉC. Victor Barbeau, alors professeur de français aux HÉC, se souvient d'eux. Parlant de ses étudiants qu'il trouve amorphes, il en remarque deux qui font exception. «L'un à la chevelure noire et, deux ans plus tard, un autre aux cheveux châtains. Ils sont toujours debout, discutent et me contredisent avec un plaisir évident. Je me suis informé, pour le premier, on m'a dit c'est Jacques Parizeau et, pour le second, Michel. Y en a-t-il beaucoup comme ça, ai-je demandé[79]?» Il y en a un troisième, aurait pu répondre leur mère, toujours heureuse de rapporter cette anecdote à ses amies.

«Nous avions voulu qu'ils fussent des chefs et nous avions fait tout en notre pouvoir pour les y préparer[80]», écrit Gérard Parizeau. Les parents de Jacques, Michel et Robert persistent à croire qu'il faut former un enfant au sens des responsabilités, au courage et à la ténacité : «Si on y parvient, on lui aura donné cette qualité infiniment précieuse qu'est le caractère, infiniment plus précieuse que l'argent[81].» Des décennies plus tard, on reconnaîtra chez Jacques Parizeau son sens des responsabilités, on saluera son courage politique et on lui reprochera son extrême ténacité.

---

79. Gérard Parizeau, *Joies et deuils d'une famille bourgeoise...*, *op. cit.*, p. 291.
80. *Idem*, p. 286.
81. *Idem*, p. 341.

Gérard Parizeau
et ses trois fils en 1939.
Archives de Robert Parizeau.

Jacques Parizeau, le bras autour
de son frère Robert, avec Michel
à ses côtés, en août 1943.
Archives de Robert Parizeau.

De gauche à droite : Robert, Jacques et Michel.
Archives de Robert Parizeau.

CHAPITRE 3

Étudier jusqu'à saigner du nez

*« Fils de Gérard Parizeau, le jeune Parizeau est
l'un des sujets les plus brillants qui soient passés
par l'École : il vient d'obtenir sa licence en sciences
commerciales avec la plus grande distinction, et
comme type de travailleur intellectuel, je ne crois
pas avoir rencontré son égal depuis vingt-cinq
ans que je suis dans l'enseignement. »*

Esdras Minville [1],
directeur de l'école des HÉC

Après avoir fait parvenir aux autorités son diplôme du
collège Stanislas, un certificat de bonne conduite du curé
d'Outremont et un acompte de dix dollars [2], Jacques Parizeau
est admis à l'école des Hautes Études commerciales de Montréal.
Ce 8 septembre 1947, il entreprend ses études universitaires
alors qu'il n'a que dix-sept ans. D'un pas décidé, il marche en
direction du square Viger. Devant les jardins du parc, il aperçoit l'imposant immeuble de l'école des HÉC. Au fronton de

---

1. Lettre adressée au sous-secrétaire de la province, Jean Bruchési, le 23 mai
   1950, informant le sous-ministre, dont dépendent les HÉC, de son intention d'engager Jacques Parizeau comme professeur.
2. Conformément au formulaire d'inscription de l'époque, disponible aux
   archives des HÉC.

*L'école des Hautes Études commerciales
au tournant des années quarante.*

l'édifice, sculptées dans la pierre, les colossales figures emblé-
matiques de la science et du commerce, représentées sous la
forme d'une femme et d'un homme, fixent l'horizon. Du haut
de leur poste, les deux géants semblent ignorer le nouveau
venu. Celui-ci, trop pressé d'entrer, ne leur porte également
aucune attention. Après avoir escaladé les marches extérieures
du bâtiment, il franchit l'une des gigantesques portes de
l'établissement. À l'intérieur, il gravit l'escalier d'honneur et
avant d'atteindre le premier étage, il soulève cette fois la tête
pour examiner les armoiries de l'école taillées dans des vitraux
colorés. Jacques Parizeau vient de pénétrer dans l'une des
grandes institutions du Canada français. Sa vie adulte y sera
étroitement liée. Malgré ses activités politiques, il y exercera son
métier de professeur pendant plusieurs années. Absent durant

de longs intermèdes où il ne met pratiquement plus les pieds
à l'école, il reste tout de même membre du corps enseignant
jusqu'en 1989, moment où il prend sa retraite et quitte définitivement l'institution.

En 1947, cent vingt-cinq étudiants se sont inscrits à l'école
des Hautes Études commerciales. Parmi le groupe, Jacques
Parizeau est celui qui assiste avec le plus d'intérêt au cours donné
par le professeur François-Albert Angers. Plutôt austère, ce
dernier semble éprouver certaines difficultés à capter l'attention
des étudiants. C'est la première année qu'il enseigne l'économie
politique comme professeur attitré et quoiqu'il maîtrise bien
cette matière, il l'enseigne avec nervosité en ce début de session.
Alors que Jacques Parizeau dévore tout ce qui sort de la bouche
d'Angers, les autres étudiants démontrent peu d'intérêt pour
les nébuleuses questions de monnaie et de contrôle des taux de
change. La majorité des inscrits sont là pour devenir comptables
et le cours de François-Albert Angers leur paraît plutôt acces-
soire.

Un jour, pendant un cours, un étudiant est pris de violentes
secousses. Le jeune homme ne contrôle pas les spasmes qui
agitent tout son corps. Des sons saccadés sortent de sa bouche.
Il donne l'impression de s'éveiller en plein milieu de la nuit
après un horrible cauchemar. Le professeur est décontenancé.
Il s'approche de l'étudiant, puis lui offre son aide en l'escortant
hors de la salle. Jacques Parizeau apprend quelques jours
plus tard que l'étudiant a été victime d'une crise de type post-
traumatique, conséquence malheureuse des années qu'il a
passées sur le front pendant la Deuxième Guerre mondiale. Le
jeune bourgeois d'Outremont réalise soudainement qu'il est
entouré d'un grand nombre d'anciens combattants. Ces derniers
ont reçu du gouvernement fédéral une bourse d'études universitaires afin de favoriser leur réintégration à la société civile.
Pierre Harvey, ancien professeur aux HÉC et auteur d'un

remarquable ouvrage sur l'histoire de cette école[3], rappelle que la période de l'après-guerre constitue pour les Hautes Études commerciales des années creuses. Avec la démobilisation, on peut noter une augmentation du nombre d'étudiants inscrits, « mais ce ne sont pas des années très intéressantes pour enseigner », souligne Pierre Harvey. « Très peu sont intéressés. Rappelez-vous, ils avaient des subventions du fédéral pour étudier[4]. » Ces étudiants sont plus dissipés, fait remarquer Yves-Aubert Côté qui étudiait à cette époque aux HÉC : « Dans certains cours, c'était une véritable comédie. Les vétérans étaient nombreux et donnaient le ton[5]. » Pourtant, Jacques Parizeau ne garde pas de mauvais souvenirs de la présence de ces anciens militaires. Il se souvient de l'invitation que lui font ces jeunes lieutenants et capitaines dans la vingtaine qui l'amènent un jour à la Taverne des immeubles, située près des HÉC, pour l'initier à boire de la bière. Cela était nouveau pour lui. À la maison, son père servait plutôt du vin. Outre ce bon moment, Jacques Parizeau n'établit aucune complicité particulière avec ces anciens combattants. « Je suis un incorrigible intellectuel dans ce milieu-là. » En fait, la seule véritable communion d'esprit, c'est avec l'économie que Jacques Parizeau l'établit. Il assiste à tous les cours d'économie politique sous l'emprise d'un sentiment proche de l'exaltation.

François-Albert Angers, alors responsable des publications économiques, et Esdras Minville, directeur des HÉC, détectent chez le jeune Parizeau un esprit hors du commun qui répond parfaitement à leurs attentes. Les deux têtes dirigeantes ne souhaitent pas former que des comptables. Ils désirent ardemment donner à la nation des hommes d'affaires et des économistes. Or Jacques Parizeau est l'un des rares étudiants à

---

3. Pierre Harvey, *Histoire de l'École des Hautes Études Commerciales*, Tome I : 1887-1926, Montréal, Québec/Amérique, 1994.
4. Entrevue avec Pierre Harvey, le 29 juillet 1997.
5. Entrevue avec Yves-Aubert Côté, le 9 juin 1997.

manifester autant d'enthousiasme pour la froide économie. «La comptabilité était vendue d'avance, souligne Yves-Aubert Côté. Les autres matières, les étudiants les subissaient[6].» De fait, dans les années quarante, l'école des HÉC n'est pas encore une institution renommée. «Les élèves brillants, en général, ne venaient pas aux HÉC, rapporte Maurice Lanoix. Esdras Minville doit alors entreprendre des pèlerinages partout au Québec et prononcer conférence sur conférence pour drainer vers Montréal quelques bons candidats. Dans les collèges classiques, les HÉC n'ont pas une bonne image. Les Canadiens français ne voient encore leur avenir que dans le rôle d'un avocat ou d'un médecin[7].» Afin d'élargir sa clientèle, qui demeure peu nombreuse, l'école des HÉC permet aux étudiants qui n'ont pas terminé le cours classique d'être reçus moyennant une ou plusieurs années préparatoires. Des étudiants admis sans diplôme, des élèves intéressés uniquement par l'enseignement de la comptabilité, des anciens militaires cherchant davantage à réintégrer la société civile qu'à comprendre le système économique : voilà une clientèle peu portée à disserter sur les grands enjeux économiques et les questions sociales! Toutes les conditions sont réunies pour que le jeune Parizeau, issu du collège Stanislas et d'une famille de raisonneurs, n'apprécie pas beaucoup son nouveau milieu. «Les HÉC pour moi, sur le plan personnel, c'est comme un mur de brique. Je ne comprends pas. C'est un autre univers. Je découvre l'autre facette du monde extérieur[8].» Aucun ami de Stanislas ne l'a suivi aux HÉC. Il fait cavalier seul. Il a quitté une institution

---

6. Entrevue avec Yves-Aubert Côté, le 9 juin 1997.
7. Gérard Parizeau raconte à son fils qu'au moment de donner son premier cours d'économie politique en 1910, Édouard Montpetit fut dénoncé dans les journaux de l'époque qui considéraient immoral l'apprentissage de l'enrichissement par l'argent. Entrevue avec Jacques Parizeau, le 29 juillet 1997.
8. Entrevue avec Jacques Parizeau, le 23 février 1998.

française qu'il a appris à aimer pour une université canadienne-française qui lui semble bien étrangère.

Deux chapitres en avance sur le professeur

« Entre les cours, s'il y avait une trop longue pause ou qu'un cours soit annulé et que nous devions attendre une heure, si on voulait retrouver Jacques Parizeau, il fallait aller à la biblio-thèque. Il avait le nez collé dans ses bouquins. D'autres comme moi se transportaient à la salle des étudiants et se laissaient tenter par les tables de ping-pong, mais pas Jacques. Il projetait l'image même de la discipline[9]. » Ces observations proviennent d'un premier de classe. Raymond Morcel a été le seul, parmi les soixante-quatorze finissants de la promotion 1950 à devancer Jacques Parizeau. « Il ne perdait pas de temps. Dans certains cours, Parizeau était, selon moi, deux ou trois chapitres en avance sur le professeur[10]. »

L'étudiant assidu se mêle peu aux autres. Il ne s'engage pas au sein de l'association étudiante et ne fait partie d'aucune équipe sportive. Il arpente les corridors des HÉC d'un pas rapide. Il n'a qu'une idée en tête : atteindre rapidement le fil d'arrivée. Maurice Lanoix rapporte que Jacques Parizeau « dominait la classe. Il détonnait par rapport à l'ensemble. On disait de lui qu'il cessait d'étudier tard le soir quand le nez lui saignait… qu'il s'épuisait et allait au bout de sa corde[11]. » « Il était plus sérieux que tous les jeunes de cette époque, rappelle Monique Vézina-Soucy, qui était de la même promotion que lui. C'était un *bolé*, mais il n'était pas liant[12]. » Jacques Parizeau

---

9. Entrevue avec Raymond Morcel, le 18 juillet 1997.
10. *Idem.*
11. Entrevue avec Maurice Lanoix, le 9 juin 1997.
12. Entrevue avec Monique Vézina-Soucy, le 14 juillet 1997.

est un homme d'objectifs et l'atteinte de l'objectif, pour lui, se réalise toujours en droite ligne et par le chemin le plus court. Tout au long de sa trajectoire, il ne s'approche que de ceux qui peuvent l'aider à toucher la cible. Se qualifiant d'indécrottable individualiste, il ajoute : « Du moment que je peux poursuivre mes études, je n'en demande pas plus [13]. »

Lorsqu'il annonce à son père qu'il ne se joindra pas à l'entreprise familiale, celui-ci en est peiné. Il espérait que son fils aîné vienne travailler avec lui à la fin de ses études. Gérard Parizeau insiste, puis se tait. Il sent son fils inflexible sur le sujet : « Je suis un intellectuel porté sur la réflexion et la théorie. Je ne suis nullement intéressé à aller en affaires [14]. » Le jeune Parizeau sera économiste. Vendre des polices d'assurances lui semble bien peu valorisant. Il enseignera dans de grandes universités et sa renommée traversera les frontières du Canada. Telle est sa vision et il met tout en œuvre pour arriver à ses fins.

Arpentant l'un des couloirs des HÉC, Jacques Parizeau s'arrête soudainement. Une voix se fait entendre, dont l'accent français retient son attention et lui rappelle Stanislas. Ayant repéré celui dont la voix l'a frappé, il se dirige aussitôt vers l'étudiant et entame la conversation. Venu de France pour étudier les sciences commerciales, Jean-Jacques Thernynck est le fils d'un riche industriel. Son père, André Thernynck [15], possède une filature et il est le président de la Société des sucreries Thernynck. Il est également le premier vice-président du Syndicat national des fabricants de sucre de la France. Jacques Parizeau se lie d'amitié avec le fils Thernynck et

---

13. Entrevue avec Jacques Parizeau, le 29 juillet 1997.
14. *Idem*.
15. Décoré de la Croix de guerre durant la Première Guerre mondiale, André Thernynck est aussi un ancien déporté politique au camp de concentration nazi de Buchenwald, lors de la Deuxième Guerre mondiale.

devient, pendant son séjour aux HÉC, son seul ami intime[16]. Jean-Jacques Thernynck est Français, bourgeois et plein d'esprit : voilà une combinaison qui a tout pour lui plaire. L'ami confirme que «l'entourage intellectuel étant très réduit aux HÉC, Parizeau avait très peu d'amis[17]». Les deux hommes se rencontrent donc dans leur isolement. «Nous étions à nous deux une mafia de la solitude[18].» Ils assistent ensemble à de nombreux concerts. Jean-Jacques Thernynck observe chez son confrère un sentiment de supériorité : «Parizeau cultive un certain élitisme et recherche l'élite. C'est un intellectuel avide à l'œil brillant. Il dominait et se singularisait énormément[19].» Notre homme est catégorique : «Jacques Parizeau n'a aucunement honte de ses origines bourgeoises et c'est au contraire une source inépuisable de fierté[20].»

Parmi les professeurs préférés de Jacques Parizeau, figure Thomas Birch, un professeur d'anglais. Ce grand aristocrate, les cheveux blancs coupés en brosse, était apprécié pour son humour et son côté britannique[21]. Mais celui à qui va toute l'admiration de Jacques Parizeau, demeure François-Albert Angers.

François-Albert Angers : le premier patron

D'abord survolté par la matière, Jacques Parizeau est rapidement fasciné par celui qui l'enseigne, François-Albert

---

16. Encore aujourd'hui, Jean-Jacques Thernynck n'hésite pas, depuis Paris, à proclamer que leur amitié est «d'une grande solidité à l'épreuve du temps». Entrevue téléphonique avec Jean-Jacques Thernynck, le 30 novembre 1997.
17. Entrevue avec Jean-Jacques Thernynck, le 30 novembre 1997.
18. *Idem.*
19. *Idem.*
20. *Idem.*
21. Souvenir rapporté par Jean-Jacques Thernynck.

François-Albert Angers, le maître de Jacques Parizeau.

Angers. À sa troisième année universitaire, l'étudiant arrive
régulièrement en retard à la maison pour le souper. Après les
cours, il n'a de cesse de débattre avec son professeur des questions économiques qui le retiennent des heures. « Je sortais de
là emballé. C'était excitant, extraordinaire. Parfois, je me
réveillais la nuit en me disant : "Ah! J'aurais dû lui dire ça!"
J'ai beaucoup appris de lui[22] », insiste Jacques Parizeau comme
pour lui rendre hommage. Plus tard, les études supérieures
qu'il poursuivra à Londres ou les travaux qu'il mènera à la
Banque du Canada lui apparaîtront comme « l'élaboration
pénible de ce que les cours d'Angers exprimaient clairement[23] ».

---

22. Entrevue avec Jacques Parizeau, le 29 juillet 1997.
23. *Idem.*

La carrière d'enseignant de François-Albert Angers est colossale. Diplômé des HÉC et de l'École libre des sciences politiques de Paris, il enseigne les sciences économiques aux HÉC de Montréal de 1938 à 1974. En 1949, il est nommé directeur du Service de documentation économique de l'école. Il fonde ensuite l'Institut d'économie appliquée, qu'il dirige de 1959 à 1969. Il est l'un des premiers économistes de sa génération[24]. Au cours de sa prolifique carrière, il prononce des centaines de conférences, écrit des milliers d'articles et publie de nombreux ouvrages économiques et politiques. Sur le plan politique, bien avant l'arrivée de Maurice Duplessis, il milite en faveur de l'autonomie provinciale. Nationaliste canadien-français, il adhère à l'idée québécoise d'indépendance vers 1967. Son nationalisme l'amène à diriger la revue *L'Action nationale* de 1959 à 1963. De 1969 à 1973, il est aussi président de la Société Saint-Jean-Baptiste de Montréal. À quatre-vingt-sept ans, il se rendait toujours à son bureau des HÉC, s'appliquant à rassembler tous les textes d'Esdras Minville, son vieux compagnon d'armes. En juillet 1996, il est victime d'une violente attaque cérébro-vasculaire qui limite gravement ses capacités physiques. Il ne peut compléter la collection de l'œuvre de Minville, qui comprend tout de même quinze volumes. Au lendemain du référendum de 1995, François-Albert Angers croyait plus que jamais au pays du Québec et demeurait un fidèle allié de Jacques Parizeau. Rosaire Morin, ex-directeur de la revue *L'Action nationale*, le décrit comme un militant infatigable et un polémiste redoutable.

D'abord et avant tout économiste, François-Albert Angers s'entretient d'économie avec l'étudiant Parizeau. Sa pensée économique s'inspire alors d'une idéologie aujourd'hui disparue, le corporatisme. Indigné par les injustices sociales et

---

24. François-Albert Angers est né à Québec en 1909. Il est aussi directeur de la revue *L'Actualité économique* des HÉC de 1938 à 1948. Il a occupé la présidence de la Ligue d'action nationale de 1955 à 1985.

François-Albert Angers, vers la fin de sa longue carrière de professeur à l'école des HÉC.

repoussant le communisme athée, l'éminent professeur ne croit pas au libéralisme économique comme mécanisme de contrôle de l'économie. Il désire mettre fin à l'anarchie de la libre-concurrence absolue en traçant une troisième voie entre le capitalisme et le communisme. Comme penseur catholique, il propose le corporatisme. Contrairement au capitalisme, l'unité première de cette idéologie n'est pas l'individu mais le groupe, représenté par la famille et les corporations. C'est une forme de retour aux corporations médiévales. Les agriculteurs, les commerçants du textile et les industriels sont regroupés en associations. Le Parlement reflète les volontés de ces corporations gérées dans la plus complète harmonie par les syndicats et les patrons. Dans une telle structure, l'État agit peu et ne fait qu'assurer l'ordre, à l'inverse du socialisme. Esdras Minville, directeur des HÉC et ami de François-Albert Angers, partage la même idéologie. Le corporatisme semble exclure de son modèle l'internationalisation de l'économie. Dirigées au niveau national, les corporations repoussent le capital étranger, une façon détournée et originale d'affirmer que les Canadiens français doivent prendre en main leur économie. Lancée par le Vatican, cette doctrine de l'Église catholique constitue, depuis la Révolution bolchevique, une force sociale montante dans tous les pays industrialisés, particulièrement en Italie, sous Benito Mussolini, et au Portugal, sous António de Oliveira Salazar. Au Québec, l'École sociale populaire des jésuites est engagée activement dans la promotion du corporatisme. Elle initie toute une génération d'intellectuels aux encycliques sociales de certains papes qui prônent un syndicalisme catholique tout en encourageant une forme de propriété privée [25]. L'ancêtre de la CSN, la Confédération des travailleurs catholiques du Canada (CTCC) est issue de cette pensée.

Tout ce débat va intéresser l'intellectuel curieux qu'incarne le jeune Parizeau. «Ça a pour moi du répondant.» Mais il n'adhère aucunement à cette vision utopique de la société. Présentée comme une réponse maladroite au communisme, cet échafaudage théorique ne s'enracinera d'ailleurs jamais en Amérique.

Le nationalisme des HÉC

En 1947, Esdras Minville est le second directeur de l'école des HÉC à siéger comme président à la Chambre de commerce du district de Montréal [26]. Gilbert La Tour, diplômé des HÉC,

---

25. Léon XIII : *Rerum novarum*, Pie X : *Singulari Quodam*, Pie XI : *Quadragesimo Anno*.
26. Henry Laureys, directeur des HÉC, est président de la Chambre de commerce de Montréal en 1939.

en est le directeur général pendant que François-Albert Angers agit comme principal conseiller économique de l'organisation patronale. À cette époque, lorsque la Chambre de commerce prend position publiquement, ce sont les professeurs des HÉC qui tiennent le crayon[27]. Jacques Parizeau fréquente les HÉC à un moment où son influence et son nationalisme s'expriment clairement par l'intermédiaire de la Chambre de commerce de Montréal. Il voit ces professeurs échafauder l'une des grandes mesures économiques qui permettront au Québec d'avoir les moyens de réaliser son rêve autonomiste : l'impôt provincial. Dès 1947, en effet, la Chambre de commerce favorise ardemment la création d'un tel impôt. Les nombreux mémoires de la Chambre, pratiquement tous rédigés par la plume nationaliste de François-Albert Angers[28], font pression auprès du gouvernement de Maurice Duplessis pour qu'une entente délimitant les domaines fiscaux soit signée avec Ottawa. L'organisation patronale critique et dénonce vertement le gouvernement fédéral. Peu de temps avant la conférence fédérale-provinciale de 1950, un mémoire de la Chambre de commerce de la province de Québec, influencée par celle de Montréal, demande au premier ministre Duplessis de maintenir le cap sur l'autonomie provinciale. Les HÉC, les chambres de Montréal et du Québec exigent la création d'une commission d'enquête sur la question fiscale. Maurice Duplessis y répond favorablement en mettant sur pied la Commission Tremblay. Les audiences débutent à la fin de l'année 1953. Avant même que la commission ait pu remettre son rapport, Maurice Duplessis fait adopter le projet de loi instituant l'impôt provincial en 1954. Par ce geste historique, il

---

27. Les chambres de commerce francophones sont alors constituées de petits commerçants plutôt que de riches industriels. Le véritable pouvoir économique est entre les mains du Montreal Board of Trade, la Chambre de commerce anglophone.

28. *Un siècle à entreprendre, La Chambre de commerce de Montréal 1887-1987*, Montréal, Libre Expression, 1987, p. 111.

donne au Québec un nouveau pouvoir de taxation, considéré comme le début d'un véritable affranchissement fiscal. Sur la question des subventions fédérales versées aux universités, un autre dossier cher à Maurice Duplessis, les HÉC appuient encore une fois le premier ministre, qui repousse les subventions jugées inconstitutionnelles.

Dans les faits, si la Faculté des sciences sociales de l'Université Laval, dirigée à Québec par le père Georges-Henri Lévesque, favorise la bonne entente avec le gouvernement fédéral et se campe dans une virulente opposition à l'endroit de Maurice Duplessis, les HÉC et la Chambre de commerce de Montréal s'illustrent par leurs positions clairement autonomistes. Les travaux d'Angers et de Minville ont, sans contredit, apporté à ces débats la matière intellectuelle nécessaire à la plate-forme politique de Maurice Duplessis. Ajoutons que le directeur de l'école, Esdras Minville, est près du gouvernement de l'Union nationale. Quand il prend le pouvoir pour la première fois en 1936, Maurice Duplessis lui offre le poste de sous-ministre du Commerce et de l'Industrie. Minville, qui préfère l'enseignement, refuse [29]. Il devient tout de même conseiller technique du ministère [30]. L'école des HÉC compte dans ses rangs un autre grand leader nationaliste de son temps, le chanoine Lionel Groulx, engagé à temps plein comme professeur d'histoire. La liste serait incomplète si l'on oubliait de mentionner que c'est de son bureau des HÉC que Raymond Barbeau, professeur de lettres, fonde en 1957 l'Alliance laurentienne, le premier mouvement indépendantiste catholique à tendance corporatiste.

Rétrospectivement, Jacques Parizeau considère que « François-Albert Angers a eu un gros impact sur ma pensée. Il a joué un

---

29. Robert Rumilly, *Maurice Duplessis et son temps*, Tome I (1890-1944), Montréal, Fides, p. 274.
30. Selon Robert Rumilly, Esdras Minville est depuis longtemps un protégé d'Onésime Gagnon, ministre des Finances du Québec.

rôle dans le virage que j'ai pris en faveur des idées souverainistes. Ça a pris du temps. Au moment où j'ai effectué cette
volte-face, je ne travaillais déjà plus avec lui, mais son influence
s'était inscrite en moi[31].»

Dans les années quarante et cinquante, Jacques Parizeau est
toutefois incapable de s'identifier au courant nationaliste tel
qu'il est véhiculé par le premier ministre du temps. Il repousse
le régime de Maurice Duplessis, qu'il perçoit comme étouffant
par son conservatisme et déshonorant par la corruption qui
ronge tout l'appareil gouvernemental. Il est, comme son père,
un fédéraliste convaincu : «Duplessis est un monument de
niaiseries et il a habitué les Québécois à la niaiserie[32]!»

Un Jacques Parizeau tout à fait fédéraliste

L'année de ses dix-huit ans, Jacques Parizeau voit Maurice
Duplessis hisser au sommet de l'Assemblée nationale le fleurdelisé, la bannière à croix blanche sur champ d'azur. Avec ce
drapeau, le premier ministre donne au Québec un puissant
symbole identitaire. Jacques Parizeau n'en est nullement ému.
Il est plus stimulé par les récits de guerre des anciens combattants qu'il côtoie aux HÉC. Maintenu à distance des mines
poussiéreuses, le jeune intellectuel ne conserve aucun souvenir
des célèbres grèves de l'amiante à Thetford Mines et à Asbestos
en 1949. Au petit matin du 31 janvier 1951, un événement
inattendu vient bouleverser le Québec : le pont de Trois-
Rivières, situé dans le comté du premier ministre, s'effondre.
Maurice Duplessis avait largement publicisé la construction de
l'ouvrage et présenté les travaux comme une importante
réalisation de son gouvernement. Désemparé, le chef unioniste

---

31. Laurence Richard, *Jacques Parizeau, un bâtisseur*, Montréal, Les Éditions
    de l'Homme, 1992, p. 47.
32. Entrevue avec Jacques Parizeau, le 29 juillet 1997.

accuse les communistes d'avoir saboté son œuvre. «Manifestement, on confondait les communistes et la loi de la dilatation des corps[33]!», s'exclame en riant Jacques Parizeau. Pendant toute cette période, l'intellectuel n'aime pas beaucoup le milieu dans lequel il vit. Il affirme s'être lié d'amitié avec Jean-Jacques Thernynck parce qu'il est Français et non Québécois. Que pense-t-il de la société québécoise de l'époque? Son ami Thernynck répond : «Il s'en élève pour y tenir un rôle. Il domine et s'éloigne[34].»

«Duplessis, ça faisait trop moche et corrompu[35]», insiste Jacques Parizeau. Son nationalisme se résume à «l'autonomie prôôôvinciaale[36]», dit-il moqueur. Duplessis ne parle jamais d'État québécois et fait constamment référence à la province. Jacques Parizeau ne reconnaît aucun mérite au régime Duplessis et n'évoque que du bout des lèvres ses réalisations sur la question fiscale et celle des subventions aux universités considérées aujourd'hui par les nationalistes québécois comme de bons coups politiques. Sa mort marque la fin d'une trop longue époque selon lui. Il partage totalement la vision qu'en donnent les historiens de la génération des *baby-boomers*. Comme Denis Monière, il croit que le nationalisme de l'époque Duplessis se résume en ces mots : «L'essentiel c'est le ciel, nous sommes pauvres, nous sommes catholiques et français, l'Anglais exerce sur nous un pouvoir économique écrasant et est responsable de notre subordination et de notre déchéance nationale. Ce

---

33. *Idem.*
34. Entrevue téléphonique avec Jean-Jacques Thernynck, le 30 novembre 1997.
35. Entrevue avec Jacques Parizeau, le 6 octobre 1997.
36. Dans *Le Devoir* du 19 septembre 1949, Maurice Duplessis définit sa politique : «L'autonomie, c'est la sauvegarde des libertés et prérogatives provinciales, c'est le droit d'être maître chez soi, et le droit de légiférer de la manière qui nous convient et le pouvoir d'appliquer ces lois [...] c'est le respect des droits que nous avons conquis et que la constitution nous a reconnus.»

nationalisme est essentiellement négatif, tourné vers le passé. Son seul projet est de conserver l'ordre établi, c'est-à-dire la position privilégiée de l'élite clérico-petite-bourgeoise[37]. »

À cette interminable période de plaintes et de complaintes, doit succéder le mouvement. « Fini le chialage ! » s'écrie Jacques Parizeau. Il faut se mettre en marche. Le temps des réformes doit voir le jour. Il faut cesser de toujours radoter les mêmes mots. Parizeau s'exaspère : « Je considère alors le Québec comme une officine paroissiale de patronage. Québec me tape sur les nerfs. Je suis un peu un immigrant au Québec. Je les trouve, en raison de leurs politiciens et de leurs curés... je les trouve caves[38]. » L'intermède libéral laisse tout juste le temps au nouveau premier ministre, Adélard Godbout, de donner le droit de vote aux femmes... ce qui plaît beaucoup à Jacques Parizeau ainsi qu'à sa mère. « Le gouvernement sérieux, c'est Ottawa. Les vraies choses se font à Ottawa[39] », croit-il alors. Claude Painchaud, qui complète avec Jacques Parizeau sa dernière année d'études aux HÉC, le décrit comme un internationaliste aux idées ouvertes[40]. Jacques Parizeau trouve remarquable ce qu'Ottawa a fait sur le plan de la gestion de la guerre et de la sécurité sociale. « Au fédéral, il y a de l'effervescence avec la création des pensions de vieillesse, de l'assurance-chômage et des allocations familiales. Je suis tout à fait fédéraliste[41]. » Pendant ce temps, son maître François-Albert Angers, bien qu'il soit le père d'une famille nombreuse, refuse d'encaisser les chèques d'allocations familiales que lui envoie le gouvernement fédéral. Il considère cette mesure sociale comme une intrusion inacceptable dans un champ de compétence provinciale.

---

37. Denis Monière, *Le développement des idéologies au Québec – des origines à nos jours*, Montréal, Québec/Amérique, 1977, p. 290.
38. Entrevue avec Jacques Parizeau, le 27 juillet 1997.
39. *Idem.*
40. Entrevue avec Claude Painchaud, le 14 juillet 1997.
41. Entrevue avec Jacques Parizeau, le 27 juillet 1997.

Une jeune phalange d'économistes

En septembre 1949, Jacques Parizeau entreprend sa dernière année aux HÉC. Sur les soixante-quatorze étudiants de la promotion, seulement quatre s'orientent vers l'économie. Trois terminent avec succès. Claude Painchaud, Pierre-Paul Aubut et Jacques Parizeau sont parmi les premiers finissants de la section économique inaugurée l'année précédente. Les efforts de François-Albert Angers et d'Esdras Minville donnent leurs premiers résultats. Une jeune phalange d'économistes sort de l'école. Quelques années auparavant, Roland Parenteau puis Pierre Harvey avaient tracé le chemin. Jacques Parizeau s'ajoute à la brochette de talentueux économistes. D'autres suivront, dont Bernard Bonin, futur sous-gouverneur de la Banque du Canada.

Cadet de sa promotion, l'étudiant Parizeau complète avec éclat ses études aux HÉC. À la fin de sa première année, il termine au premier rang sur cent quatre étudiants. L'année suivante, il devance encore les soixante-dix-huit inscrits. En troisième année, il récolte la première place devant les deux autres finissants de la section économique. Il reçoit le prix des HÉC pour chacune de ces années. En mai 1950, l'école lui remet son diplôme de sciences commerciales avec la plus haute distinction. Il termine deuxième à la licence, devancé par Raymond Morcel en sciences comptables. Son seul rival est lauréat de la médaille du lieutenant-gouverneur de la province, tandis que Jacques Parizeau reçoit le prix de l'Alliance nationale pour sa seconde place. Sa performance en sciences économiques lui permet d'obtenir le prix Favreau-Vézina. En géographie politique, où il excelle, l'école lui remet enfin le prix Gérard-Parizeau, du nom de son père qui a eu l'idée de créer cette récompense et de la financer.

En mars 1950, Jacques Parizeau présente sa thèse intitulée *Le conflit des réalités subjectives et objectives de la théorie de la*

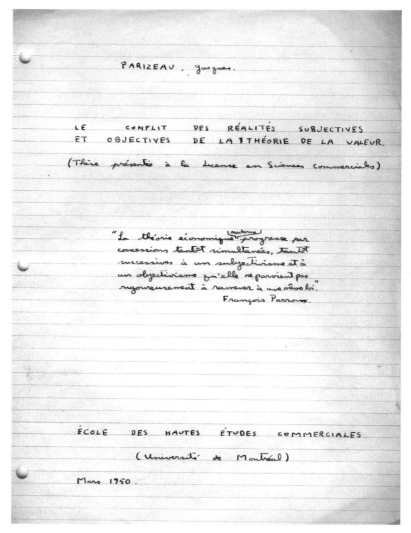

Première page manuscrite de la thèse de Jacques Parizeau présentée aux HÉC en mars 1950. Archives de Jacques Parizeau, ANQ.

valeur. La page titre est ornée d'une citation de l'économiste François Perroux, son futur professeur à Paris. L'ouvrage de cent dix pages est couronné du prix Webster pour la meilleure thèse présentée aux HÉC cette année-là. Ses deux frères, Michel et Robert, remporteront les mêmes honneurs plus tard.

Le premier signal

Pour les soixante-quatorze finissants de la promotion 1950, Jacques Parizeau affirme que seulement trois emplois sont offerts par l'entreprise privée. «Ça oriente bien des choses. Ma promotion a été sauvée par les bureaux de comptables, la taxe de vente et l'impôt sur le revenu. Les belles jobs dans le secteur privé, c'était McGill qui les avait. Ça a été pour moi le premier signal. Il y avait quelque chose de pourri au royaume du Danemark [42].» La rage au cœur, Jacques Parizeau découvre alors «comment le système fonctionnait. Nous étions des francos, donc des incompétents. Il n'était pas question que des entreprises viennent chercher des gens de chez nous [43].»

Ses premières fréquentations sérieuses d'une jeune femme se déroulent à l'été 1950. «Avant ça, je n'ai pas le temps [44]», dit-il. Cet été-là, le jeune homme de vingt ans sent le besoin de délaisser ses activités scolaires et de vivre un peu. Lâcher les études? Pas totalement. Il part au début de juillet, en compagnie de son ami Jean-Jacques Thernynck, suivre quelques cours à l'Université Harvard comme auditeur libre. Jacques Parizeau reprend ses vieilles habitudes de scout, mais sans l'uniforme et les bas de laine... Les deux amis se rendent en auto-stop à Boston.

Jean-Jacques Thernynck s'inscrit à la session d'été et suit un cours d'anglais et un cours de sociologie. Jacques Parizeau l'accompagne au cours de sociologie et ajoute la psychologie alors enseignée par Leo Postman. Il assiste également à un cours de métaphysique. «La métaphysique m'a toujours inté-ressé. *I'm a bloody intellectual* [45]!», ajoute-t-il comme pour

---

42. Entrevue avec Jacques Parizeau, le 29 juillet 1997.
43. *Idem.*
44. Entrevue avec Jacques Parizeau, le 15 septembre 1997.
45. Entrevue avec Jacques Parizeau, le 29 juillet 1997.

s'assurer qu'on le prend bien au sérieux. La société américaine de la Nouvelle-Angleterre va rapidement lui plaire.

C'est sur le campus de l'Université Harvard que Jacques Parizeau rencontre donc sa toute première compagne. Leurs regards amoureux se croisent au cours de sociologie donné par Talcott Parsons. Il s'éprend d'une jeune et grande Américaine d'origine allemande, Christine Kayser. Elle vient d'entreprendre ses études de doctorat en sociologie. Nullement en reste, Jean-Jacques Thernynck fait lui aussi la rencontre d'une jeune femme, une «petite violoncelliste» de l'Orchestre philharmonique de Boston. Thernynck n'apprécie pas beaucoup la compagnie de Christine Kayser. Il la trouve «plutôt masculine et sans grand intérêt[46]». Mais comme la musique semble unir le groupe, c'est dans la vieille voiture de celle-ci que le quatuor se rend au festival de musique classique de Tanglewood. Jacques Parizeau ne possède toujours pas de voiture et son intérêt pour le volant ne se développera pas davantage avec les années.

À la fin de l'été, Jacques Parizeau doit retourner à l'école des Hautes Études commerciales puisque François-Albert Angers l'a choisi comme assistant. Dans les mois qui suivent, Christine Kayser semble déterminée à maintenir les liens qu'elle a tissés avec le Canadien français. De Harvard, elle vient en visite au Québec où elle fait mauvaise impression sur les parents de Jacques. «Elle était américaine de naissance, explique Jacques Parizeau, et très conformiste. Chez les libéraux américains, il y a un conformisme de la pensée qui fait dogmatique. Mes parents n'ont pas apprécié. Puis elle parle anglais. La seule Anglaise que nous ayons dans la famille parle un français parfait. Elle est Irlandaise, c'est une de nos tantes du côté des Biron. Elle est rousse, belle et pétillante[47].» Mais ces propos ne

---

46. Entrevue téléphonique avec Jean-Jacques Thernynck, le 30 novembre 1997.
47. Entrevue avec Jacques Parizeau, le 6 octobre 1997.

nous éclairent pas beaucoup sur les raisons qui motivent l'opinion défavorable que se font les parents à l'égard de la jeune Américaine. Le père écrit dans ses mémoires : « Heureusement, les choses en restèrent là… Cette jeune Américaine trop délurée nous inquiétait[48]. » Après quelques recherches, le biographe a appris que la jeune fille était de religion bahá'ie. Dans le Québec catholique des années cinquante et compte tenu de l'attachement du père pour la religion catholique, on peut imaginer que ce culte d'origine perse était facilement associé à une anomalie. Malgré cette particularité, Christine Kayser plaît à ce point à Jacques Parizeau que l'été suivant, il traverse les États-Unis en autobus pour aller lui rendre visite chez ses parents près de Los Angeles. Ils se reverront plus tard, lors de ses études en Europe.

Le protégé

« Le jeune Parizeau est l'un des sujets les plus brillants qui soient passés par l'École et comme type de travailleur intellectuel, je ne crois pas avoir rencontré son égal depuis vingt-cinq ans que je suis dans l'enseignement. Aussi comprenez-vous que nous soyons intéressés à le faire entrer dans notre personnel[49]. » Les bons mots adressés à Jean Bruchési par Esdras Minville portent fruit : le 1er septembre 1950, Jacques Parizeau est engagé comme professeur à l'âge de vingt ans. Dès son entrée aux HÉC, François-Albert Angers avait remarqué le jeune homme au regard sévère. « Aux examens, c'était un étudiant extraordinairement brillant, le plus brillant que j'aie connu[50]. » Il

---

48. Gérard Parizeau, *Joies et deuils d'une famille bourgeoise…, op. cit.*, p. 286.
49. Lettre d'Esdras Minville à Jean Bruchési, sous-secrétaire de la province de Québec, le 23 mai 1950. Archives des HÉC.
50. Entrevue avec François-Albert Angers, novembre 1995. Et lettre de celui-ci, adressée à Jacques Parizeau, le 20 août 1969.

convainc donc le directeur de lui offrir « de devenir professeur à l'École. Et nous décidons entre nous que lui, on lui permettrait de faire des études très approfondies[51]. » Les années précédentes, Pierre Harvey et Roland Parenteau ont été choisis par les HÉC pour aller à Paris compléter leurs études, toutes dépenses payées par l'école. Cependant, aucun des étudiants sélectionnés n'a pu y faire un doctorat. L'Institut d'études politiques, qui s'appelait alors l'École libre des sciences politiques, refuse de reconnaître le diplôme des HÉC[52]. Dans le cas de Jacques Parizeau, François-Albert Angers est déterminé plus que jamais à faire de son poulain un docteur en économie. « Nous allons vraiment lui donner la chance de devenir un véritable économiste, et prendre le temps de lui donner une formation complète[53]. » Il écrit lettre sur lettre à la Faculté de droit de l'Université de Paris. En mars 1951, il communique d'abord avec le secrétaire de la faculté : « Nous aurons l'occasion d'envoyer à Paris l'an prochain [...] un candidat d'exceptionnelle valeur dont le nom est M. Jacques Parizeau. Pour songer au doctorat, il s'est toujours posé une question d'équivalence de titres à propos de laquelle nous avons déjà fait de timides approches, mais sans trop insister. Nous nous demandons si, cette fois-ci, il n'y aurait pas moyen d'en venir à un arrangement satisfaisant pour tout le monde[54]. » Le professeur Angers insiste : « Sans vouloir le moindrement déprécier des candidats comme les Canadiens qui ont été admis au doctorat l'an dernier chez vous, et qui provenaient de notre

---

51. *Idem.*
52. Édouard Montpetit a été le premier étudiant des HÉC à fréquenter l'École libre des sciences politiques. C'était avant la Première Guerre mondiale.
53. Entrevue avec François-Albert Angers, novembre 1995.
54. Lettre de François-Albert Angers adressée à Julliot de la Morandière, datée du 1er mars 1951. Fonds François-Albert Angers, Centre de recherche Lionel-Groulx.

La photo de finissant de Jacques Parizeau à l'école des HÉC en 1950.

Robert Parizeau au début des années cinquante.

faculté de droit, il n'y a pas de doute que du point de vue économique, Monsieur Parizeau est beaucoup plus avancé qu'ils ne l'étaient et beaucoup plus prêt à aborder des études économiques supérieures[55].» Un mois plus tard, le 7 avril 1951, le doyen Julliot de la Morandière répond : «Si Monsieur Parizeau voulait avoir le titre d'État de docteur ès sciences économiques [...] il faut être licencié en droit. Des équivalences ne peuvent être accordées qu'à titre individuel, par une décision du ministre. J'essaierais, dans ce cas, d'obtenir pour Monsieur Parizeau une décision favorable du Ministère, mais je ne suis pas absolument sûr de pouvoir y parvenir[56].» François-Albert Angers insiste : «Depuis trente-cinq ans, ou un peu plus, qu'existe notre École des Hautes Études commerciales [...] aucun de ceux qui ont tenu à aller parfaire leurs études en France – et ce fut mon cas, avec d'autres – n'ont pu arriver au grade de docteur; alors que tous ceux qui se dirigent vers les États-Unis en ont la possibilité. Nous aurions voulu mettre un terme à cette sorte d'infériorité qu'impose à nos candidats le séjour en France, au moins pour des candidats très soigneusement choisis. Et le cas se présentait bien avec Monsieur Parizeau. Je vous serais donc particulièrement reconnaissant que vous fassiez les démarches que vous m'offrez auprès de votre Ministre en lui exposant toute la situation[57].» François-Albert Angers est inquiet. Il aurait préféré recevoir une réponse affirmative des autorités françaises avant le départ de son protégé pour l'Europe, ce qui ne sera pas possible. Jacques Parizeau devra négocier seul à Paris. Il se fera ainsi le précurseur d'une

---

55. *Idem.*
56. Lettre de Julliot de la Morandière à François-Albert Angers, le 7 avril 1951. Fonds François-Albert Angers, Centre de recherche Lionel-Groulx.
57. Lettre de François-Albert Angers à Julliot de la Morandière, le 13 avril 1951. Fonds François-Albert Angers, Centre de recherche Lionel-Groulx.

nouvelle vague de jeunes économistes formés aux HÉC et reçus en France pour entreprendre un doctorat en économie.

Mais au moment où il fait des pieds et des mains pour faire admettre le brillant économiste en devenir, François-Albert Angers, ce catholique qui a en horreur les écrits de Marx et de Engels, ne se doute pas un instant que sa jeune recrue s'est laissé séduire par les sirènes du communisme...

Michel Parizeau à l'école navale de Royal Roads à Victoria, en Colombie-Britannique, vers 1948.

CHAPITRE 4

La tentation du communisme

> « *L'HOMO PARISENSIS : La propension des Parizeau à la réaction contre toute influence trop accentuée du milieu.* »
>
> Selon la définition donnée par
> Gérard Parizeau [1]

Un soir de 1947, Jacques Parizeau revient à la maison et dépose sur la table de la salle à manger une liasse de documents qui sèment aussitôt l'émoi chez son père. Bien qu'il ait toujours encouragé l'exploration intellectuelle, Gérard Parizeau est alarmé par ces discours de Lénine en plusieurs exemplaires. Une image de Maurice Richard est agrafée sur chacune des feuilles. Gérard Parizeau sait que la fougue du célèbre numéro 9 peut lui faire voir rouge, mais de là à ce que le joueur du Canadien milite pour le Parti communiste ! Le fils éclate de rire. « Non, père ! Il s'agit de tracts du Parti communiste que nous avons distribués à la sortie du Forum [2]. » Le père est sidéré. « Que vous avez distribués ? Mais de qui parles-tu ? » « De mes contacts dans le Parti communiste », répond

---

1. Gérard Parizeau, *Joies et deuils d'une famille bourgeoise 1867-1961*, Trois-Rivières, Les Éditions du Bien public, 1973, p. 311.
2. Entrevue avec Jacques Parizeau, le 29 juillet 1997.

placidement le jeune homme de dix-sept ans. «Vous savez, père, j'ai déjà fait quelques petits travaux d'économie pour eux.» Le père est sans voix, mais les nerfs de son cou, tendus comme des cordes de violon, trahissent son désarroi.

«Avant son départ pour l'Europe, écrit son père, Jacques était très attiré par la gauche et, critiquant le système, il affichait à l'occasion une incrédulité qui nous peinait, mais contre laquelle nous avons tenu à ne jamais aller. Nous le sentions tendu, décidé, prêt à toutes les négations, à toutes les discussions. C'était, déjà, cette contestation de tout : de l'être ou du non-être, de l'injustice de la société à la grandeur et à la générosité de certains idéaux politiques. J'étais un peu inquiet parfois[3].»

Peu de gens de son entourage sont au courant de ses activités pour le parti rouge. Au collège Stanislas, aucun de ses amis n'en est témoin. «La gauche, ça ne faisait pas très Stanislas[4]», diront les Boulizon. «Jacques Parizeau n'était pas du genre ouvrier gauchiste», ajoute Jeannette Boulizon. En classe de philosophie, il passe pourtant un temps appréciable à étudier Karl Marx. En dernière année de philo, le collège offre aux étudiants qui le désirent la possibilité de se concentrer sur un seul travail de recherche, ce qui les dispense d'un certain nombre de travaux et de dissertations pour le reste de l'année. Jacques Parizeau choisit cette voie. «Puisque je devais devenir économiste, j'aborde une tâche énorme et un peu risible à mon âge : la lecture du *Capital*[5].» Il avoue ne pas avoir lu l'ouvrage de Karl Marx en entier, mais s'être beaucoup penché sur la théorie de la valeur, exposée dans le premier tome de l'édition en trois volumes que son père possède. «Ces travaux ont d'ailleurs eu une influence importante sur ma thèse de licence

---

3. Gérard Parizeau, *Joies et deuils d'une famille bourgeoise...*, *op. cit.*, p. 286.
4. Entrevue avec Jeannette et Guy Boulizon, le 24 novembre 1997.
5. Entrevue avec Jacques Parizeau, le 29 juillet 1997.

Le salon du grand-père Télesphore au moment
où le jeune Parizeau fraie avec le Parti communiste.
L'endroit n'a rien à voir avec les milieux prolétaires.
Archives de Jacques Parizeau, ANQ.

aux HÉC. En fait, j'ai toujours été impressionné [par] la solidité de deux formations : la jésuite et la marxiste. Comme formation intellectuelle, c'est étonnant, indépendamment de toutes les horreurs qui, par la suite, vont en découler[6]. »

Jacques Parizeau situe son rapprochement avec le Parti communiste à la fin de ses études au collège Stanislas. Aux HÉC, Jean-Jacques Thernynck, son ami d'alors, le décrit comme « un aristocrate un peu rouge politiquement », mais il n'est nullement informé du flirt de son camarade avec le parti des prolétaires. Il se souvient cependant des longues discussions Chez Jo, le petit casse-croûte voisin des HÉC, passées à décortiquer la pensée de Karl Marx[7]. Robert, de cinq ans plus jeune que Jacques, n'a aucun souvenir à ce sujet. « Il faut dire que

---

6. *Idem.*
7. Entrevue téléphonique avec Jean-Jacques Thernynck, le 30 novembre 1997.

Jacques ne me tenait pas nécessairement informé de tout ce qu'il faisait[8].» En esprit curieux, il sonde et il cherche dans toutes les directions. Tel un prospecteur jaloux de ses découvertes, il affiche un certain quant-à-soi et prend plaisir à garder secrets certains aspects de son univers intellectuel. Discret et distant, Jacques Parizeau ne partage que peu d'expériences avec son entourage.

« La guerre vient de se terminer, rappelle Jacques Parizeau. Tout le monde est très conscient que sans les Russes, on l'aurait probablement perdue cette guerre-là. Ils ont résisté aux Allemands de façon extraordinaire. Ils viennent d'entrer aux Nations Unies. Ce sont les glorieux alliés. Les plus vieux dans nos familles disent : Attention ce sont les Bolcheviques ! Pour mon grand-père, tous ces gens-là sont des brutes redoutables. Pour les gens de mon âge, c'est tout à fait autre chose. Nous étions tous sympathiques aux discours des communistes[9].» Son intérêt pour le parti rouge se vérifie lorsqu'en janvier 1948, il prononce une conférence sur le communisme devant le Cercle Maisonneuve[10].

La naissance d'un monde bipolaire

À la sortie de la guerre, l'idéologie communiste est représentée à la Chambre des communes par le député d'origine polonaise, Fred Rose, du Parti ouvrier progressiste. Il est élu à deux reprises en 1943 et en 1945 dans le comté de Montréal-Cartier. Selon les souvenirs de Jacques Parizeau, le Parti communiste de l'époque est assez bien organisé. Il fonctionne sur le

---

8. Entrevue avec Robert Parizeau, le 4 juin 1999.
9. Entrevue avec Jacques Parizeau, le 29 juillet 1997.
10. Selon un curriculum vitae rédigé par Jacques Parizeau en mars 1949. Archives de Jacques Parizeau, ANQ. Le Cercle Maisonneuve, fondé en 1920, était un groupe nationaliste lié à l'Association canadienne de la jeunesse catholique (ACJC).

principe des cellules. « Il y a une cellule du Parti communiste à l'Université de Montréal et une ou deux à l'Université McGill. On a tous le goût d'être communiste. Je ne suis pas membre, bien sûr. D'abord, je suis trop jeune, je n'ai pas encore dix-huit ans et, d'autre part, je viens d'un milieu qui, comment dire, me rend suspect par définition. Tout ça, c'est peu de choses. C'est simplement charmant quand on est jeune [11]. » Mais les événements vont rapidement prendre un caractère dramatique et mettre fin à l'aventure du premier député communiste de l'histoire du Canada.

Le 5 septembre 1945, Igor Gouzenko, employé à l'ambassade soviétique à Ottawa, passe à l'Ouest. Il affirme détenir des preuves de l'existence d'un réseau d'espionnage canadien travaillant pour les Soviétiques. Le 15 février 1946, treize suspects communistes sont arrêtés. Les inculpés sont poursuivis en justice pour avoir transmis à une puissance étrangère des informations classées secrètes. Le 14 mars 1946, Fred Rose est arrêté et reconnu coupable. Il devra purger une peine de six ans.

Ces événements tragiques coïncident avec le grand réalignement mondial des alliances stratégiques qui va marquer le monde jusqu'à la fin du siècle. En février 1946, l'URSS utilise pour la première fois au Conseil de sécurité de l'ONU son droit de veto contre une proposition américaine. Le 5 mars 1946, Winston Churchill prononce un discours historique devant les étudiants du Westminster College de Fulton, au Missouri, où il reçoit un doctorat *honoris causa*. Il évoque, à cette occasion, l'image du rideau de fer qui tombe sur une Europe de l'Est dorénavant soumise à la tutelle de l'URSS. « Tel n'était pas l'objectif de la guerre », conclut Winston Churchill. S'inscrit alors dans l'histoire, la guerre froide. Pour les quarante prochaines années, le monde se scinde en deux. Il y aura l'Ouest et l'Est avec au centre, le gênant mur de Berlin.

---

11. Entrevues avec Jacques Parizeau, le 29 juillet 1997 et le 23 février 1998.

« Mon père, qui riait beaucoup de tout ça, la trouve moins drôle. Il me dit : Jacques, calme-toi un peu [12]. » Mais il suffit de demander à Jacques Parizeau de retraiter pour qu'il s'avance à découvert. Quelques connaissances à lui, des musiciens qui s'exécutent dans un petit café d'une rue en pente près de l'Université McGill, fréquentent une demi-douzaine d'anciens membres des brigades internationales. Volontaires dans le bataillon Papineau-Mackenzie, ces anglophones se sont battus aux côtés des Républicains lors de la guerre d'Espagne en 1936. Jacques Parizeau est fort impressionné par ceux qu'il qualifie de « grands témoins » de l'histoire. « Intellectuellement, c'est très satisfaisant d'être dans ce milieu-là. On s'installe avec un café et on écoute ces anciens de la guerre d'Espagne pendant des heures [13]. » C'est dans l'un de ces cafés, dit-il, qu'il est devenu amoureux de la fille de Fred Rose. « Elle avait des cheveux blonds comme les blés [14]. » Après vérifications, il semble que Jacques Parizeau confonde mademoiselle Rose avec une autre jeune femme. Laura Rose, la fille de Fred Rose, est née en 1936. Vers 1948, l'année où il affirme être tombé en amour avec elle, la fillette aux cheveux brun foncé n'a que douze ans. Et Fred Rose n'a qu'une seule fille [15].

« Tout ça pour dire que je commence à faire, pour ces gens-là, des petits travaux en économie dans les [domaines] qui m'intéressent. Mes premiers travaux d'économie, je les ai faits pour le Parti communiste [16] », proclame-t-il. Son contact avec le parti, un Bulgare dénommé Alfred ou Albert, lui demande de réaliser une étude de conjoncture économique. Le document de cinq ou six pages qu'il rédige porte sur la guerre de Corée.

---

12. Entrevue avec Jacques Parizeau, le 29 juillet 1997.
13. Entrevue avec Jacques Parizeau, le 23 février 1998.
14. Entrevue avec Jacques Parizeau, le 29 juillet 1997.
15. Jointe au téléphone en janvier 1998, Laura Rose affirme n'avoir jamais rencontré Jacques Parizeau.
16. Entrevue avec Jacques Parizeau, le 23 février 1998.

Selon la théorie marxiste, la Deuxième Guerre mondiale doit être suivie d'une récession grave. Or la première récession d'après-guerre ne survient qu'en 1949 et elle est de courte durée. La question posée au jeune étudiant consiste à déterminer si la conjoncture économique avait recommencé à s'améliorer avant la guerre de Corée ou était-ce cette guerre «impérialiste» menée par les capitalistes américains qui avait stimulé la relance économique? «C'est la première étude un peu organisée que j'ai faite en conjoncture [17].» Au grand dam des cadres du parti, les travaux de Parizeau démontrent noir sur blanc que la reprise économique avait débuté avant le conflit coréen.

Pour Jacques Parizeau, cette expérience n'est qu'un épisode de jeunesse. Après 1950, il ne reprendra plus jamais contact avec ce parti et son idéologie.

Ne jamais suivre le troupeau

Dès le début de la guerre d'Espagne en 1936, la mère de Jacques Parizeau prend fait et cause pour les Républicains. Les communistes se trouvent dans le même camp. Son mari hésite et demande plus de temps pour évaluer la situation. «Dieu sait comme il était difficile à l'époque de la guerre civile en Espagne de savoir où était la vérité et de quel côté se commettaient les pires abus [18].» Le choix de la mère est périlleux puisqu'à la même époque, à l'occasion de la fête du Christ-Roi, l'Église de Montréal lance une campagne en faveur du général Franco et de sa croisade contre les communistes. Près de cent mille personnes viennent entendre les autorités religieuses [19]. En

---

17. *Idem.*
18. Gérard Parizeau, *Pages de journal*, volume VII, Trois-Rivières, Les Éditions du Bien public, 1976, p. 142.
19. Selon Merrily Weisborg dans *Le rêve d'une génération – Les communistes canadiens, les procès d'espionnage et la guerre froide*, Montréal, Études québécoises, VLB Éditeur, 1988.

*Le jeune Parizeau se prépare-t-il à rencontrer
son contact au Parti communiste ?
Archives de Jacques Parizeau, ANQ.*

1937, le gouvernement de Maurice Duplessis fait adopter la loi
du cadenas qui rend illégale toute activité communiste et bolchevique au Québec. À la même époque, le médecin Norman
Bethune quitte Montréal pour l'Espagne. Il fonde une unité
sanitaire au sein des brigades internationales. Parmi les
multiples nations qui composent ces brigades, le Canada est
représenté par plus d'un millier de volontaires. Pour freiner le
mouvement, le gouvernement canadien vote en 1937 une loi
sur l'enrôlement à l'étranger qui rend illicite toute tentative
visant à joindre les brigades internationales en Espagne. C'est

donc à l'encontre des positions de Québec et d'Ottawa que les parents de Jacques Parizeau assistent à Montréal, en 1937, à une assemblée au cours de laquelle l'écrivain français André Malraux, en visite au Canada, vient «plaider pour la cause républicaine contre Franco et demande des fonds pour le service d'ambulances [20]». On peut présumer que Germaine Parizeau a insisté auprès de son mari pour qu'il l'accompagne.

En considérant l'influence familiale, l'attirance provisoire de Jacques Parizeau pour le Parti communiste n'est donc pas exceptionnelle ou inexplicable. L'influence de sa mère a pu favoriser indirectement la brève incursion du fils chez la gauche militante bien que madame Parizeau n'apprécie pas les remarques désobligeantes de son fils devenu plus critique à l'égard de son niveau de vie princier, se moquant de son manteau de fourrure [21]. Les activités féministes de Germaine Parizeau, ses fréquentations et l'amitié qui la lie à Thérèse Casgrain, permettent au jeune homme d'entrer directement en contact avec un milieu aux idées progressistes. Au cours des vacances estivales à Saint-Joseph-de-la-Rive, Jacques Parizeau rend régulièrement visite à Thérèse Casgrain qui réside aussi dans Charlevoix. Celle qui se déclare alors ouvertement socialiste habite au Manoir Forget à Saint-Irénée. À Montréal, elle forme un petit cercle de jeunes intellectuels qui débattent des questions de l'heure. Elle invite Jacques Parizeau à se joindre aux Pierre-Elliott Trudeau et Gérard Pelletier. «Thérèse invita Jacques chez elle quand il devint un brillant sujet d'avenir, écrit son père. Certains jours, elle appelait à la maison pour l'inviter, mais Sarah [22] ne lui faisait pas la commission parce que, pour elle, Thérèse – socialiste militante – ne pouvait être que quelque suppôt de Satan, dont il fallait protéger son fils. Thérèse a bien

20. Gérard Parizeau, *Pages de journal*, volume X, *op. cit.*, p. 84.
21. Entrevue avec Jacques Parizeau, le 5 septembre 2000.
22. La bonne de la maison.

ri quand nous lui avons expliqué pourquoi Jacques ne la rappelait pas [23]. »

Ce militantisme de gauche qui l'amène à s'éloigner des positions de son père et de son milieu scolaire s'explique beaucoup par ce trait de caractère qui pousse Jacques Parizeau à sortir du rang. En aucun moment il ne veut disparaître dans le troupeau qui, au moindre coup de fusil, s'affole et sans réfléchir se rue dans la direction opposée à la détonation. Tout mouvement de masse suscite la suspicion de Jacques Parizeau. Il craint l'unanimité et s'éloigne des modes passagères. « On n'aime pas se faire embrigader. On n'aime pas se faire dire quoi faire. On est très solitaire dans la famille et ça se transmet par osmose, assure Robert Parizeau. Se faire embrigader dans des mouvements, non [24] ! » Gérard et Germaine ont su inculquer très tôt à leurs enfants cette indépendance d'esprit. D'où le souci constant chez Jacques d'établir des contrepoids. À l'école des HÉC, s'estimant trop déporté du côté des affaires et de l'économie, il s'inscrit comme auditeur libre à nombre de cours donnés par le nouvel Institut de géographie de l'Université de Montréal. Lorsqu'il va étudier en France, dans un milieu très favorable aux idées de gauche, il recule et prend ses distances. Il est déjà loin du Parti communiste.

Jacques Parizeau ne se considère pas comme une simple tête de bétail. Il veille à demeurer hors du troupeau. C'est en s'éloignant du plus grand nombre, par ses prises de position souvent spectaculaires, par ses formules chocs, par son style et son intelligence hors du commun, qu'il s'exclut de la collectivité pour être mieux vu d'elle. Le futur premier ministre du Québec est ainsi persuadé que son individualité va s'inscrire dans le temps.

---

23. Gérard Parizeau, *Joies et deuils d'une famille bourgeoise...*, op. cit., p. 251.
24. Entrevue avec Robert Parizeau, le 4 juin 1999.

CHAPITRE 5

L'aventurier intellectuel
à l'œil de braise

*« Ça a été la beauté de cette amitié : d'ouvrir
les yeux ensemble et pour les mêmes intérêts. Cet
émerveillement de Jacques les yeux toujours aussi
brillants pour cette découverte permanente. On
avait l'impression que c'était l'aventurier intellectuel. »*

Jean-Jacques Thernynck

À travers une vitre malpropre, Jacques Parizeau voit défiler devant lui, comme dans un film dont la pellicule se déroulerait à vitesse rapide, le paysage à la fois urbain et rural du pays le plus riche au monde. Bercé par l'autobus depuis une dizaine heures, le jeune étudiant file en direction de Norfolk, en Virginie. De là, il s'embarquera pour l'Europe. Il songe à son grand-père, Télesphore Parizeau, qui a fait un voyage semblable le siècle précédent pour aller compléter ses études de médecine à Paris. Mais le petit-fils ne sera ni médecin, ni avocat ; il veut sortir du rang et pour ce faire, il va étudier l'économie dans les plus grandes écoles d'Europe. En cet été 1951, malgré l'ampleur du défi, Jacques Parizeau reste confiant.

À l'époque, on franchit plus fréquemment l'Atlantique en bateau qu'en avion, et Gérard Parizeau connaît bien l'armateur grec Papachristidis établi à Montréal. Il obtient facilement sa collaboration et celui-ci garantit une place à Jacques Parizeau sur l'un de ses navires. Toutefois, pour effectuer la traversée de l'océan, Jacques Parizeau doit d'abord se rendre à Norfolk, en Virginie, ce qui explique la longue route en autobus depuis Montréal. Arrivé à bon port et lesté de ses bagages, dont une lourde caisse remplie de livres, il se rapporte au capitaine du *Laflèche*. Cet ancien navire de la marine canadienne a été utilisé lors de la dernière guerre pour le transport des marchandises. Il fait maintenant le commerce du charbon entre les États-Unis et l'Europe. Le charbonnier, qui mouille dans les eaux du port depuis quelques jours, a tôt fait de larguer ses amarres. À bord, l'équipage se montre accueillant. Le capitaine installe le jeune voyageur dans la cabine du pilote. Il a droit à tous les égards d'un invité de marque, ce qui est plutôt rare sur ce type de navire. « Tout ce que j'aurai à payer, dit Jacques Parizeau, c'est le pourboire à celui qui me sert les repas au carré des officiers [1]. » Pendant les treize jours de la traversée, on le maintient à distance des matelots et du charbon, sauf à l'heure des repas, où il est alors témoin d'intrigantes discussions. Le capitaine, un Anglais, a vu son navire torpillé trois fois en deux guerres. Le premier lieutenant est un Écossais, l'ingénieur, un Gallois. Le plus jeune des officiers a été recruté autrefois par la marine de guerre allemande. Le capitaine anglais et l'Allemand s'échangent des regards froids en évoquant les guerres européennes. « À certains moments, ajoute Jacques Parizeau, j'avais toutefois l'impression que le Gallois et l'Écossais se détestaient plus que l'Anglais et l'Allemand [2] ! »

À la veille d'accoster en Europe, à quoi peut bien penser le finissant des HÉC ? Craint-il de ne pas faire bonne figure au sein du système d'enseignement français ? Pas le moins du

---

1. Entrevue avec Jacques Parizeau, le 15 septembre 1997.
2. *Idem.*

monde, prétend-il : « J'ai fait la majeure partie de mes études dans un collège français. Je prenais ce bateau pour poursuivre mes études. C'était dans la continuité des choses. Il y avait eu l'épisode HÉC, plus québécois, plus local. Maintenant, je reprenais le fil de Stanislas tout naturellement [3]. »

Une autre question importante le tenaille toutefois : où ce navire va-t-il donc aboutir ? Sur le charbonnier, personne ne semble être en mesure de répondre avec précision à cette question. Pour l'équipage et son capitaine, il semble courant sur ce bateau de recevoir les instructions tardivement. Le *Laflèche* entre finalement au milieu de la nuit dans le port d'Emden, dans le Nord de l'Allemagne. Voilà le jeune Parizeau, vêtu comme le fils d'un baron, qui débarque d'un navire à deux heures du matin du côté le plus malfamé du port. L'étrange passager a tôt fait d'être repéré par les gardes-frontières allemands. Il lui faut s'identifier et ouvrir ses bagages. Les douaniers sondent même ses chaussures. Ils exigent enfin qu'il se déshabille complètement et ils procèdent à une fouille à nu. C'est donc en tenue d'Adam que Jacques Parizeau salue l'Europe ! Il espérait bien y trouver le jardin d'Éden, mais de là à ne porter que la feuille de vigne…

Vite rhabillé, Jacques Parizeau prend le train pour Cologne. Le convoi arrive à destination vers six heures du matin. Sa prise de contact avec l'Allemagne d'après-guerre est brutale. Sur le sol dorment vieillards et enfants. Des familles entières de démunis occupent les bancs de la gare. Pour se frayer un passage, le jeune Parizeau doit enjamber des corps encore assoupis. Il mesure toute la gravité de la situation. Six ans après l'armistice, l'Allemagne en pleine reconstruction n'a toujours pas terminé d'effacer les ravages causés par le séisme de la guerre. La plate-forme de la gare débouche sur un corridor souterrain

---

3. *Idem.*

qu'il emprunte aussitôt. Encore sous le choc, notre voyageur atteint finalement le bout du tunnel et monte l'escalier qui s'y trouve. Relevant la tête, il aperçoit la lumière du jour. Sur la dernière marche, il scrute l'horizon et contemple le soleil qui se lève sur la place. Droit devant, la cathédrale gothique de Cologne s'impose à lui dans toute sa grandeur. « Peu de choses m'ont marqué autant que mon arrivée en Allemagne[4] », se souvient-il. Autour de lui, tout est en chantier. Dans un rayon de plus d'un kilomètre, aucun immeuble d'importance ne s'élève du sol. De 1941 à 1942, la ville a essuyé plus de deux mille bombardements alliés dont mille dans la seule nuit du 30 mai 1942. Seule, au milieu de ce désastre, se hisse l'incomparable cathédrale Saint-Pierre-et-Sainte-Marie de Cologne. Une œuvre architecturale de sept siècles, intacte, comme si Dieu l'avait délibérément préservée de la folie guerrière. Ses clochers qui s'élèvent pour toucher le ciel ont été miraculeusement épargnés par les bombes larguées par les bombardiers alliés.

La découverte de l'Allemagne permet à Jacques Parizeau d'élargir sa perspective européenne. Paris ne lui est pas étranger, ses études au collège Stanislas lui ont inoculé la culture française. De plus, les Parizeau côtoient des Français depuis des générations et la maison familiale a toujours été une sorte d'antichambre parisienne. Mais l'Allemagne... c'est différent. Aucun repère, peu de références sociales ou historiques. C'est dans ce pays qu'il revoit l'amie Christine Kayser dont il s'est épris à Harvard. Elle complète ses recherches pour sa thèse de sociologie. Jacques Parizeau en profite pour sillonner l'Allemagne en sa compagnie. Dès ses premiers mois en terre européenne, bien qu'il soit inscrit à l'Institut d'études politiques à Paris, il se fait touriste plutôt qu'étudiant. En marchant dans la ville de Stuttgart qui n'a pas encore été reconstruite,

---

4. *Idem.*

il découvre un peuple de dépossédés. Nombreux sont les Allemands qui, à défaut de pantalons, portent encore les tristement célèbres vareuses de l'armée allemande. À Francfort, Christine Kayser astreint Jacques Parizeau à se lever très tôt. Vers cinq heures trente du matin, la sociologue et l'économiste sont les témoins de l'arrivée des travailleurs. Au loin, ils entendent d'abord des voix d'hommes qui chantent en chœur. En rangs serrés, la troupe de travailleurs parade bientôt devant eux. Ils marchent d'un pas cadencé. Les trois cents travailleurs se dirigent vers le centre d'une ville en ruines. Ce sont les nouveaux conscrits du temps de paix. Les ouvriers ont accepté la semaine de travail de cinquante-quatre heures sans droit de grève. Ils ont convenu de reprendre la cadence régulière de travail seulement lorsque le bourgmestre de Francfort annoncera que la ville est totalement rebâtie !

Comme dans un rêve éveillé, Jacques Parizeau va parcourir l'Europe, y étudier, y vivre et y façonner sa conception du monde et des hommes. « Nous avions ensemble les yeux ouverts et pour les mêmes intérêts [5] », rappelle son grand ami Jean-Jacques Thernynck. Les deux complices des HÉC se retrouvent à Paris. Après s'être inscrit à l'Université de Paris, il loge à peine dix jours à la Maison des étudiants canadiens de la cité universitaire. Jean-Jacques Thernynck a tôt fait de lui dénicher un logement dans le 16e arrondissement. Les Collet, des proches de la famille Thernynck, lui ont offert d'occuper la chambre de bonne au sixième étage de leur appartement : le 104, rue de la Tour, dans Passy. Il partage le logis avec Marc Baudouin, son ami d'enfance du collège Stanislas. C'est un appartement de deux chambres, avec cuisine et salle de bains, « meublé en style indéfinissable, écrit-il dans une lettre à ses

---

5. Entrevue téléphonique avec Jean-Jacques Thernynck, le 30 novembre 1997.

parents, mais que Tolstoï appellerait probablement celui de l'éternel célibataire[6]. »

Les écoles de France : de la dispersion académique

Peu de temps après son arrivée à Paris, Jacques Parizeau se voit offrir un bureau par l'Institut national d'études démographiques (INÉD) dans un superbe immeuble près du rond-point des Champs-Élysées. Le secrétaire de l'Institut, monsieur Roger Peltier, connaît les HÉC pour y avoir déjà prononcé des conférences. Jacques Parizeau lui a alors été présenté par un François-Albert Angers pressé d'introduire son jeune poulain auprès des autorités de l'INÉD. La manœuvre n'a pas été vaine. Jacques Parizeau y occupe maintenant un poste de stagiaire, mais sans fonction précise. Il n'a pas de travail particulier à exécuter pour l'INÉD, « sauf dans le cas où je serais particulièrement intéressé à un moment donné par un projet quelconque, auquel cas on me permettra de travailler avec les gens de l'Institut dans la mesure que je déterminerai moi-même, de façon à ne pas gêner mes études[7] ». Le jeune Parizeau a donc à sa disposition un endroit calme pour étudier, tout en profitant des services d'une secrétaire, Huguette Vale. Pendant tout son séjour à Paris, celle-ci va dactylographier sa correspondance et ses travaux universitaires. « Une secrétaire modèle, stylée, pas encore grisonnante mais presque, écrit-il. Elle est méticuleuse, ordonnée. À quatre heures, elle prépare le café, prête ses cigarettes ; elle connaît suffisamment bien son boulot pour composer des lettres simples dont je lui donne le thème général. Si je dois partir du bureau et que je suis un peu pressé, elle vient me reconduire

---

6. Lettre de Jacques Parizeau à ses parents, envoyée depuis Paris, le 1er novembre 1951. Archives de Jacques Parizeau, ANQ.
7. Lettre de Jacques Parizeau à François-Albert Angers, le 23 novembre 1951. Archives des HÉC.

*L'étudiant Jacques Parizeau signe deux textes dans cet ouvrage
publié en France en 1956. L'expression «Tiers Monde»,
qui n'est pas encore connue, apparaît entre guillemets.*

dans la Peugeot qui lui appartient, car cette future matrone est la fille d'un riche industriel[8].»Trois ans plus tard, installé plus modestement à Londres et privé de secrétaire, Jacques Parizeau écrira à François-Albert Angers : «Vous m'excuserez de vous écrire à la main, mais une secrétaire bilingue est aussi rare à Londres qu'un bon repas[9].»

Jacques Parizeau fait bonne impression à l'INÉD. Le jeune étudiant participe à un ouvrage collectif publié par l'Institut en 1956 sous la direction de Georges Balandier et intitulé *Le « Tiers Monde» – Sous-développement et développement.* Il signe deux textes dont l'un porte sur le problème du financement intérieur et l'autre sur le problème de l'aide extérieure. Le directeur Alfred Sauvy vient bien près de lui dénicher un emploi, mais s'étant engagé auprès des HÉC, Jacques Parizeau repousse l'offre. À l'INÉD, deux autres Québécois travaillent aux côtés de Jacques Parizeau. Il s'agit de D'Iberville Fortier, qui sera avocat et commissaire aux langues officielles du Canada dans les années quatre-vingt, et de Jacques Henripin, qui enseignera à l'Université de Montréal à son retour de Paris et mettra sur pied le département de démographie. «Parizeau donnait l'impression de faire partie de l'aristocratie québécoise, raconte le démographe Jacques Henripin. Il était bien au-dessus de tout le monde. Je n'ai pas de souvenirs un tant soit peu chaleureux de Parizeau pour cette époque-là. Il était payé par les HÉC pour étudier en Europe, ce qui n'était pas le cas pour moi[10].» Issu d'un milieu plus modeste, Jacques Henripin doit trimer dur pour s'instruire en France. D'Iberville Fortier, pour sa part, est plus proche de Jacques Parizeau. Leurs parents

---

8. Lettre de Jacques Parizeau à ses parents, envoyée depuis Paris, le 15 décembre 1951. Archives de Jacques Parizeau, ANQ.

9. Lettre de Jacques Parizeau à François-Albert Angers, le 24 octobre 1953. Archives des HÉC.

10. Entrevue téléphonique avec Jacques Henripin, septembre 1998. À l'INÉD, Jacques Parizeau se lie d'amitié avec Frédéric Tabas.

se connaissent. « Parizeau, un homme brillant, non moins sûr de lui-même. Un esprit supérieur, caustique, volontiers amusant dans sa manière de s'exprimer. Il était truculent[11] », estime-t-il. Unis par leur rang social, les deux hommes s'apprécient.

À vingt et un ans, Jacques Parizeau n'a pas encore beaucoup de chair sur les os : « À ce moment-là, raconte le svelte Marc Baudouin, je lui passais mes chemises qui étaient trop grandes pour lui[12] ! » Malgré sa minceur, il fait tout son possible pour ne pas avoir une allure frêle. Il joue le grand jeu et fait montre d'une assurance propre aux grands monarques. Jacques Parizeau est déterminé à être le premier candidat des HÉC à accéder au grade de docteur et il sait que seule la signature du ministre français de l'Éducation peut lui permettre d'obtenir ce titre. Son maître François-Albert Angers lui apporte son soutien inébranlable : « Vous savez que j'ai toujours à cœur de vous donner la chance de faire les études les plus complètes qui n'auront jamais été faites encore par aucun des économistes canadiens-français, et probablement canadiens tout court[13]. »

Mais les jours et les semaines passent sans que rien ne bouge au cœur de la bureaucratie française. À la fin du mois de novembre 1951, Jacques Parizeau ne sait toujours pas s'il pourra entreprendre son doctorat. Entre-temps, il s'est inscrit comme étudiant régulier à l'Institut d'études politiques. Cela fait déjà plus de deux mois qu'il est à Paris et le doyen de la Faculté de droit, monsieur de la Morandière, tarde toujours à recevoir le jeune homme qui piaffe d'impatience : « Monsieur de la Morandière se moque du monde, écrit-il dans une lettre à François-Albert Angers. Et Maurice Allais qui est furieux parce que j'ai eu l'audace de me présenter à son cours de deuxième année en ayant l'air de dédaigner son cours de première[14]. »

---

11. Entrevue téléphonique avec D'Iberville Fortier, septembre 1998.
12. Entrevue avec Marc Baudouin, le 15 septembre 1997.
13. Lettre de François-Albert Angers, le 23 mars 1953. Archives des HÉC.
14. Lettre de Jacques Parizeau, le 23 novembre 1951. Archives des HÉC.

Maurice Allais recevra en 1988 le prix Nobel d'économie [15]. Toutes ces sommités sont loin de l'intimider. Il est robuste intellectuellement et cette force lui donne l'élan nécessaire pour avancer dans les milieux les plus fermés. En décembre 1951, au moment où un certain Félix Leclerc fait ses débuts à la salle de l'ABC avec son spectacle *Moi, mes souliers...*, Jacques Parizeau reçoit un avis favorable du doyen de la Faculté de droit pour commencer son doctorat. La réponse du ministère de l'Éducation nationale suivra. Jacques Parizeau entame donc deux diplômes, celui de l'Institut d'études politiques de Paris et le diplôme d'Études supérieures en sciences économiques de la Faculté de droit de l'Université de Paris. Comme ceux de Félix, ses souliers le porteront loin... Il fréquentera les meilleurs professeurs d'économie des plus grandes universités européennes et il y récoltera les diplômes les plus prestigieux.

Cette solidité dans l'action n'est que l'aspect le plus visible de son caractère. L'éclat qu'il donne à sa démarche et sa détermination camouflent des sentiments autres. Jacques Parizeau peut avoir peur et douter de ses capacités. Se gardant de manifester de tels sentiments à son entourage et à son maître François-Albert Angers, il l'exprime toutefois librement à ses parents dans une lettre datée du 3 septembre 1953 : « L'INÉD m'envoie représenter l'Institut à un Congrès à Lyon à la fin de septembre. Je ferai là-bas ma première communication et présenterai une partie de notre travail sur les pays sous-développés. Il n'est pas question d'être nerveux ou d'avoir le trac. Plus simplement, j'ai la frousse. Il y a de quoi avoir une sainte peur. Il reste trois semaines pour que cela me passe [16]. »

---

15. Autrefois de l'école ultralibérale, Maurice Allais est dorénavant dans le camp des économistes qui prônent une économie encadrée et réglementée qui s'oppose, par exemple, au libre-échange dans le domaine agricole.

16. Lettre à ses parents, depuis Paris, le 3 septembre 1953. Archives de Jacques Parizeau, ANQ.

Bien avant d'arriver en Europe, déjà aux HÉC, Jacques Parizeau appréciait les travaux de l'économiste français François Perroux qu'il considérait comme le seul véritable économiste français de ce siècle. Dès les premières rencontres avec l'homme, il le décrit comme un être «ombrageux, sourd comme un pot, et taciturne [17]», mais c'est un bon prof, ajoute-t-il. C'est donc avec fébrilité qu'il assiste à ses cours. «Perroux, c'était une étoile filante. Ce professeur mettait une sorte de doute dans tous les modèles économiques et probablement pour deux générations. Il était seul dans son coin avec de plus en plus d'étudiants autour de lui. Si tout le monde affirme la même chose, bon eh bien! Il faut regarder à côté [18].» Cet aspect de la pensée de Perroux convient tout à fait à l'*homo parisensis*, cette disposition des Parizeau à réagir contre toute influence trop pressante du milieu. Perroux ne croit pas en la concurrence pure et parfaite. Un État trop puissant qui exploite une nation pauvre et sans moyens vient détruire cette doctrine. Perroux surnomme le phénomène «les effets de domination». Pour ce professeur, le concept de la main invisible qui agit instinctivement dans l'économie n'est pas une théorie neutre quant à ses impacts sur le bien-être des nations. Il est profondément convaincu du caractère asymétrique de beaucoup de rapports économiques. L'intervention de l'État dans le domaine économique ne lui déplaît pas. Il parle aisément de concertation sociale. Bref, pour Perroux, une économie ne se laisse pas faire, elle se bâtit. C'est à partir de cette critique musclée du libre marché que Jacques Parizeau inscrira bientôt, au cœur d'une Révolution tranquille en marche, la marque de son credo interventionniste. La pensée de Perroux sera celle qui, dans l'action, l'influencera le plus [19].

---

17. Lettre à ses parents, depuis Paris, le 13 décembre 1951. Archives de Jacques Parizeau, ANQ.
18. Entrevue avec Jacques Parizeau, le 6 octobre 1997.
19. Selon les propos mêmes de Jacques Parizeau, lors de l'entrevue du 20 novembre 1997.

En plus de ses cours dans les universités, le professeur Perroux donne aussi des séminaires dans une petite pièce du boulevard des Capucines. Financé par une fondation américaine, l'obscur petit centre porte le nom d'Institut de science économique appliquée. Jacques Parizeau a tôt fait de découvrir l'endroit et de participer, chaque semaine, aux séances de formation. « Sur une quarantaine de sièges, vous aviez là réunies toutes les gloires de l'économie européenne avec des p'tits culs de mon genre qui venaient regarder et écouter [20] ! »

L'influence de François Perroux peut paraître démesurée, toutefois la plupart des autres cours d'économie donnés à l'Institut d'études politiques ne l'intéressent guère. « Je faisais le minimum », dira-t-il. C'était la seule voie possible vers le doctorat en sciences économiques. Heureusement que l'enseignement de Perroux existe, écrit-il à ses parents, « ce qui me redonne de l'espoir après le très gros désappointement [qu'a] été l'École des Sciences Politiques, boîte à snobs un peu superficielle et consciencieusement pédante, refuge des jeunes filles à marier, sanctuaire des forts en thème déjà inscrits ailleurs et à la recherche d'un diplôme supplémentaire [21]. »

Il n'a guère plus d'admiration pour les cours de la Faculté de droit. Pour décrire son attitude dans cette institution, Jacques Parizeau utilise cette image : il est comme les rivières, il suit les cours dans son lit. Quatre mille étudiants sont inscrits au programme. Les salles ne peuvent contenir qu'environ deux cents personnes. Sécher ses cours est une habitude répandue. Des sténographes prennent des notes, les transcrivent et distribuent des copies aux étudiants intéressés. On peut même obtenir les synthèses par courrier. En mai 1953, après ses examens écrits et à la veille de l'oral, il écrira à ses parents : « Je travaille

---

20. Entrevue avec Jacques Parizeau, le 6 octobre 1997.
21. Lettre à ses parents, depuis Paris, le 13 décembre 1951. Archives de Jacques Parizeau, ANQ.

pas mal mais les cours sont tellement stupides que je passe mes journées à arpenter ma chambre en gueulant contre telle erreur ou telle contradiction d'un des cours que j'étudie, c'est une façon comme une autre de l'apprendre [22]. » Jacques Parizeau considère ces deux premières années en Europe comme des années de « dispersion [23] » sur le plan des études. Il dispose donc de tout le temps voulu pour suivre les enseignements de Perroux de plus près.

« Être informé, c'est être riche. »

Toujours à l'affût des moindres renseignements à teneur économique, Jacques Parizeau constate très tôt qu'un important marché parallèle de devises fleurit à Paris. Pour un dollar canadien, le taux officiel est alors de trois cent cinquante francs anciens. Le marché parallèle, de son côté, offre toujours plus de francs. Le Parisien, le touriste ou le voyageur avisé ne change jamais ses devises au taux officiel à moins d'y être contraint. Les activités de ce marché noir ne sont nullement souterraines : le taux de change non officiel est publié chaque matin dans les journaux. Chacun a son changeur et Jacques Parizeau ne fait pas exception. Le sien s'appelle Chevalier. En début de journée, il lui laisse ses dollars canadiens et, vers les cinq heures de l'après-midi, Chevalier lui rapporte des francs français. À l'époque, la congrégation des Pères de la fraternité sacerdotale est le plus gros changeur de devises à Paris. D'après les souvenirs de Jacques Parizeau, ils étaient solides et puissants au point de déterminer eux-mêmes le taux de change ! En février 1952, le gouvernement français d'Edgar Faure tombe. Le gouverneur de

---

22. Lettre à ses parents, depuis Paris, le 15 mai 1953. Archives de Jacques Parizeau, ANQ.
23. Expression de Jacques Parizeau utilisée dans sa lettre à François-Albert Angers, le 24 octobre 1953. Archives des HÉC.

la Banque centrale vient de faire une déclaration fracassante : les coffres du pays sont vides. L'autorité bancaire refuse de consentir de nouveaux prêts au gouvernement. C'est la crise. Le taux de change monte en flèche. À ce moment-là, prévoyant déjà les effets d'une telle mesure, Jacques Parizeau marche d'un pas rapide d'une résidence étudiante à l'autre. Il rencontre tout ce qu'il connaît d'amis québécois. Il leur emprunte de l'argent : « Donnez-moi tout ce que vous avez en dollars canadiens, je vous rembourse ce soir. » Personne ne comprend au juste ce qui se passe. Parizeau refile le magot à Chevalier qui se met aussitôt en route pour transiger. Au milieu de cette bourrasque financière, le taux de change du marché parallèle va atteindre des sommets. À la fin de l'après-midi, Jacques Parizeau reçoit quatre cent quatre-vingts francs pour chaque dollar canadien. Par rapport au taux officiel de trois cent cinquante francs, il s'agit d'un bénéfice considérable. Le jeune spéculateur rembourse ses amis au taux convenu le matin. Les profits de cette seule journée lui permettent de constituer le fond de sa bibliothèque. Il s'offre également une croisière dans les îles grecques et en Turquie. « Être informé, c'est être libre », disait René Lévesque. Pour Jacques Parizeau, être informé, c'est d'abord être riche [24]…

À l'été 1952, il s'embarque donc pour Gênes à bord du *S.S. Agamemnon,* un luxueux navire de croisière pour clientèle prospère. Il fait le voyage en compagnie de son ami Jean-Jacques Thernynck et de trois jeunes filles dont Marie-France de la Pradelle « que Parizeau aimait bien [25] ». La liaison de Jacques avec Christine Kayser tire à sa fin. Et c'est tant mieux, estime l'ami Thernynck, qui n'apprécie toujours pas la compagnie de l'Allemande : « C'est une chance que Parizeau lui ait échappé

---

24. Cette anecdote fut racontée par Jacques Parizeau, lors de l'entrevue du 6 octobre 1997.
25. Entrevue téléphonique avec Jean-Jacques Thernynck, le 30 novembre 1997.

parce qu'elle était un oiseau de proie. Elle l'aurait dévoré[26]. »
Sur le bateau, les deux hommes sont bien entourés. En plus des
trois jeunes femmes, une princesse italienne du nom de Maria
Vinchintini se joint au groupe au milieu de la croisière. « Elle
était petite, absolument adorable, blonde avec d'immenses yeux
bleus », raconte Jean-Jacques Thernynck. De la Loire à la Médi-
terranée jusqu'à Istanbul, le voyage dure plusieurs jours.
Jacques Parizeau en garde d'excellents souvenirs. Cette escapade
ouvre une parenthèse dans un séjour européen habituellement
marqué par une certaine réclusion. Jean-Jacques Thernynck se
souvient de son ami Jacques comme d'un être habité par la
solitude et animé par une grande curiosité intellectuelle[27].
À Paris, au petit matin, il quitte sa chambre, avale son petit
déjeuner au pied de l'immeuble, puis file en direction de
l'INÉD. Il mène une vie très organisée. « Et puis, quelquefois,
d'ajouter Jean-Jacques Thernynck, il s'enfermait quatre jours
avec une fille dans sa chambre[28]. »

Les étudiants québécois qui fréquentent la Faculté de droit
de l'Université de Paris sont plus d'une dizaine. Ils se trou-
veront presque tous un emploi au ministère canadien des Affaires
étrangères. La moitié d'entre eux sont issus du collège Stanislas.
Tous les samedis, les Québécois se donnent rendez-vous à
la *Reine Penauque* pour savourer un gueuleton entre amis[29].
Parmi les D'Iberville Fortier, Pierre Dumas et Jérôme Choquette,
peu possèdent des souvenirs précis de l'étudiant Parizeau, à
l'exception de Michel Dupuis. Celui-ci habite une rue voisine et
il n'a pas la chance, comme son ami économiste, de profiter
d'une douche à l'étage. Aussi se rend-il souvent à l'appartement

---

26. *Idem.*
27. *Idem.*
28. Entrevue téléphonique avec Jean-Jacques Thernynck, le 30 novembre
    1997.
29. Selon les souvenirs de Jacques Parizeau, évoqués lors de l'entrevue du
    11 janvier 1998.

de Jacques Parizeau et de Marc Baudouin avec une serviette de bain sous le bras. Les trois jeunes gens dînent régulièrement ensemble. «Il y avait un petit bistro sur la rue de la Tour où nous allions manger [30]. » Au début, les gens des tables voisines, les habitués, les fournisseurs du quartier, les toisent d'un regard sévère. «Petit à petit, les conversations ont commencé à se nouer et un jour, quand nous sommes arrivés à notre table habituelle, nous avons aperçu nos serviettes entourées d'un anneau. C'était le signe, explique Michel Dupuis, que nous étions attendus, donc acceptés [31]. » Acceptés à tel point que le jour du départ de Jacques Parizeau, ce petit bistro lui organise un déjeuner d'adieu.

«Nous avions tous des vies amoureuses, affirme Michel Dupuis. Ça occupait une place importante dans nos conversations. J'étais le sentimental des trois. Marc était plus volage. Jacques était très rationnel, en ce sens que la priorité était accordée à son travail. Il n'était jamais avec nous dans les boîtes de nuit. Il était très ordonné, pas sentimental à l'époque, pas du tout [32]. » Jacques Parizeau entretient toutefois une relation avec une Polonaise de cinq ans son aînée. Elle se nomme Stéphanie [33] et elle est, au dire de Michel Dupuis, «très amoureuse de Jacques. Je crois qu'elle était trop envahissante pour lui. Finalement, ils se sont séparés. Leur relation a duré peut-être un an [34]. » Parallèlement à cette rencontre, Jacques Parizeau voit encore Christine Kayser qui poursuit en Allemagne ses travaux pour son doctorat de sociologie. Dans une lettre à ses

---

30. Entrevue avec Michel Dupuis, le 16 octobre 1998.
31. *Idem.*
32. *Idem.*
33. Wanda de Roussan, Polonaise d'origine qui vit au Québec et qui a étudié à Paris à la même époque, a connu la dénommée Stéphanie. Elle la décrit comme une éternelle étudiante. Madame de Roussan est l'amie intime d'Alicja Poznanska, future épouse de Jacques Parizeau.
34. Entrevue avec Michel Dupuis, le 16 octobre 1998.

parents datée de juillet 1953, il écrit que les relations entre elle et lui sont très bonnes. Il évoque même la possibilité de mettre fin à son statut de célibataire[35]. Puis, en août, après des vacances passées ensemble en Allemagne, il semble que les choses se soient gâtées : «Les barrières deviennent de plus en plus fortes entre Christine et moi. Comme je suis à peu près certain de retourner à l'Église, il n'y a, semble-t-il pas de solution. J'aurai retrouvé une religion, mais je ne vois pas très bien comment j'éviterai de perdre Christine[36].» Pourtant loin d'être un dévot, Jacques Parizeau ne revoit plus Christine Kayser. Le catholique et la bahá'ie mettent fin à leur relation.

Le Jacques Parizeau qui a flirté prudemment avec la gauche et le communisme dans le Québec des années quarante s'en écarte une fois arrivé en Europe. «Un homme de gauche qui a viré», observe l'ami Thernynck. «J'étais le contestataire, il était le réactionnaire, affirme Marc Baudouin. On ne pouvait pas être à Paris dans ces années-là sans être à gauche[37].» Dans les années cinquante, Paris devient le lieu de mille conversations. Les cafés sont le point de convergence de toutes les idéologies. «La France reprend sa place dans le monde international, c'est la liquidation de l'empire et l'instabilité politique de la IVe République; imaginez la richesse de ce terreau[38]», rappelle Michel Dupuis. Marc Baudouin confirme : «Tout était sujet à discussion. Sachant discuter et aimant discuter, Jacques Parizeau était un homme de lecture et de recherche[39].» Non sans une certaine nostalgie, Jean-Jacques Thernynck ajoute : «On ouvrait les yeux ensemble et pour les mêmes intérêts.»

---

35. Il en fait mention dans une lettre à ses parents, depuis l'Allemagne. Été 1953. Archives de Jacques Parizeau, ANQ.
36. Lettre à ses parents, depuis Paris, le 21 août 1953. Archives de Jacques Parizeau, ANQ.
37. Entrevue avec Marc Baudouin, le 15 septembre 1997.
38. Entrevue avec Michel Dupuis, le 16 octobre 1998.
39. Entrevue avec Marc Baudouin, le 15 septembre 1997.

Musique, sciences politiques, économie, philosophie, questions syndicales, le menu est copieux pour cet homme qui s'intéresse à tout ce qui est humain. Jacques Parizeau se comporte comme un «aventurier intellectuel à l'œil de braise[40]». Le continent européen est pour lui une découverte perpétuelle. Il lit Gide et palabre sur Sartre, mais il refuse d'adhérer au marxisme et à l'existentialisme, sources d'inspiration pour son ami Baudouin. «Nous avons eu de sérieuses discussions là-dessus.» Comme toujours, Jacques Parizeau prend ses distances et se distingue. Il refuse de se jeter dans la mêlée. Il observe à l'écart et pérore.

Un doctorat français ou anglais?

Pendant ce temps à Montréal, François-Albert Angers veille sur la destinée de son jeune protégé. Il tient à ce que le doctorat de Jacques Parizeau porte la marque de la France : «Nous voulons que le Canada français garde ses contacts avec la pensée économique française[41].» Après Paris, le maître prévoit pour lui un court séjour à Londres et à l'Université Harvard aux États-Unis. Cependant, Jacques Parizeau ne voit pas les choses de la même façon. Dans son esprit, c'est à Londres que la science économique est la plus avancée. Il a bien l'intention d'y réaliser l'essentiel de ses travaux universitaires. Le professeur et l'étudiant vont bientôt devoir s'expliquer sur ce différend, car un événement imprévu va forcer Jacques Parizeau à abattre ses cartes.

En février 1953, le professeur François Perroux accepte de diriger, à distance, la thèse de Jacques Parizeau pendant que ce

---

40. L'expression est de Jean-Jacques Thernynck.
41. Lettre au secrétaire de la Faculté de droit de l'Université de Paris le 13 avril 1951. Fonds François-Albert Angers, Centre de recherche Lionel-Groulx.

dernier entreprend des études complémentaires à la London School of Economics. En juin de la même année, Jacques Parizeau reçoit le diplôme d'Études supérieures d'économie politique et celui des Études supérieures de sciences économiques. Ce doublé lui permet enfin de réaliser en France ses études de doctorat en économie. Mais François Perroux change soudainement d'attitude. Pour diriger la thèse de Jacques Parizeau, il exige dorénavant que celui-ci réside à Paris. Son séjour à Londres est compromis. Pourquoi ce durcissement ? Pour le plus grand malheur du jeune homme, François Perroux a appris que Jacques Parizeau collabore étroitement avec l'Institut national d'études démographiques. Or une vieille querelle oppose Alfred Sauvy, directeur de l'INÉD, et François Perroux, et c'est ce qui nuit à notre étudiant. Celui-ci va toutefois habilement tirer parti de la situation.

Le prétexte idéal en main, Jacques Parizeau écrit à François-Albert Angers : « Je suis donc venu à Londres pour y voir si je ne pourrais présenter le Ph.D., c'est-à-dire le doctorat… Dans la mesure où vous et monsieur Minville accepteriez que je passe deux ans à Londres, serait-il possible de me faire parvenir une lettre me recommandant auprès de la London School[42] ? » Dans sa lettre, il s'excuse de présenter les choses de façon aussi brutale, mais l'attitude de Perroux le force à agir vite et avec détermination. À ses parents, il écrit au même moment : « Il est évidemment très beau de dire : il a été docteur à 21, 22, 23 ans, mais j'ai trop rencontré de ces enfants prodigues [sic] qui voient plutôt leur âge que leur travail et sabotent leurs études[43]. » Contrairement à François-Albert Angers qui désire que son poulain passe un an à Londres et une autre année à Harvard, Jacques Parizeau veut demeurer à Londres tout le

---

42. Lettre de Jacques Parizeau datée de juin 1953. Archives des HÉC.
43. Lettre à ses parents, depuis Paris, le 13 juin 1953. Archives de Jacques Parizeau, ANQ.

temps qu'il faut pour y terminer son doctorat. «Je ne vais pas à Londres pour qu'on puisse dire "Vous savez, le petit Parizeau, il a étudié à Londres", j'y vais pour me spécialiser en économétrie et en théorie mathématique : ça prendra le temps que ça prendra[44].»

On imagine la déception de François-Albert Angers lorsqu'il reçoit la nouvelle. Il tente alors de convaincre son protégé de demeurer à Paris : «Nous préférons de beaucoup vous voir revenir au Canada avec un doctorat parisien, insiste le mentor dans sa réponse à Jacques Parizeau. Même du point de vue des Anglo-Canadiens, j'ai l'impression que le doctorat de l'Université de Paris donne un reflet que n'a pas au même degré le Ph.D. de la London School. Nous ne voyons pas par conséquent qu'il y ait d'avantages particuliers pour vous à prendre le Ph.D. de Londres plutôt que le doctorat de Paris[45].» En réalité, depuis le moment où Jacques Parizeau s'est embarqué pour l'Europe, son idée était arrêtée. Il souhaite faire ses études supérieures à Londres. Il a même passé son premier Noël européen en Angleterre, à la London School of Economics et à la Royal Empire Society. «En France, faisait-il alors savoir au professeur Angers, la documentation n'est certainement pas suffisante. En Angleterre, elle est beaucoup plus considérable[46].» Déjà à cette époque, il prépare le terrain et il ouvre le chemin vers Londres.

L'école des HÉC, qui finance les études du talentueux étudiant, devrait avoir le dernier mot, mais le jeune étudiant de vingt-trois ans ne s'en laisse pas imposer. Il tient tête à son maître François-Albert Angers qui tente de le convaincre de la supériorité d'un doctorat français. Au cœur de ses démêlés avec son professeur, il écrit : «Quant à la valeur des deux diplômes,

44. *Idem.*
45. Lettre de François-Albert Angers, le 3 juillet 1953. Archives des HÉC.
46. Lettre de Jacques Parizeau, le 16 janvier 1952. Archives des HÉC.

j'ai pu me rendre compte aussi bien en Angleterre qu'aux États-Unis, du peu d'estime que l'on accorde au doctorat de Paris[47]. » Et v'lan ! Le professeur d'économie politique et chef du service de documentation économique des HÉC, François-Albert Angers n'a qu'à mieux se tenir. Le professeur Angers réplique et se fait plus clair : « Sans discuter des mérites respectifs du Ph.D. et du doctorat parisien, il reste que nous avons des intérêts généraux à briller davantage chez nous comme dans le reste du monde comme des représentants de la culture française plus que de la culture anglaise. Et c'est pourquoi une compétence fondée sur des diplômes français comporte toujours pour nous – et très spécialement dans notre milieu canadien-français où vous serez appelé à travailler – un prestige que ne comporte pas l'autre[48]. » Ironiquement, le fervent nationaliste et patriote qu'est François-Albert Angers essaye de convertir à ses positions un Jacques Parizeau alors fédéraliste et persuadé de l'excellence de la formation anglo-saxonne en économie.

François-Albert Angers lâche le morceau dans cette dernière lettre du 30 octobre 1953 : « Nous sommes tout disposés à endosser l'option que vous avez prise d'abandonner le doctorat de Paris et de prendre une chance sur le Ph.D. de Londres. » Il pose toutefois une condition : il faut que l'obtention du doctorat soit certaine et se fasse en deux ans. Son poulain ne peut revenir d'Europe sans doctorat. La pression est considérable. La voie qu'il vient de choisir sera plus laborieuse que celle de Paris : « Je risque, mais je crois que cela en vaut la peine[49]. » « On lui a permis d'aller à Londres, affirme François-Albert Angers. C'était la première fois que l'on gardait un étudiant pendant quatre ans sous régime d'emploi des HÉC pour lui permettre de compléter ses études[50]. »

---

47. *Idem.*
48. Lettre de François-Albert Angers, le 30 octobre 1953. Archives des HÉC.
49. Lettre de Jacques Parizeau, le 24 octobre 1953. Archives des HÉC.
50. Entrevue avec François-Albert Angers, novembre 1995.

Le gentleman anglais

Résolu, il se rend à Londres, au secrétariat de la London School of Economics. Ann Baum, la secrétaire presque perpétuelle de cette institution, le reçoit pour l'inscription. Jacques Parizeau se nomme. La secrétaire veut connaître sa nationalité.

— *Canadian*, répond Jacques Parizeau.

— *Canadian!?*, répète la secrétaire. *French Canadian?*, ajoute-t-elle.

— *Yes*, répond Jacques Parizeau.

— *You're the first!*, lui annonce alors la secrétaire toujours heureuse d'assister à une première à l'école où elle aime travailler.

La London School of Economics, qui a été fondée en 1895, accueille donc en 1953 le premier Canadien français à se qualifier aux études doctorales. Jacques Parizeau n'a que vingt-trois ans et il porte déjà en lui la marque de l'histoire. Mais celle-ci ne se vit pas qu'à travers des anecdotes heureuses et des situations commodes. À Londres, le temps des croisières et de la « dispersion » est bel et bien terminé. De l'autre côté de la Manche, l'exubérance parisienne semble chose du passé... Installé à Londres depuis quelques semaines dans un deux-pièces magnifiquement situé donnant sur Taviston Square, il commence ses cours le 9 octobre 1953 [51]. Le professeur James Meade l'accueille immédiatement dans son séminaire. « Intéressé par mon sujet de thèse, il accepte de diriger mes travaux [52] », écrit-il à François-Albert Angers. Premier choc : Jacques Parizeau, qui croyait maîtriser la langue anglaise à la perfection, se voit contraint par le professeur Meade de réécrire le premier chapitre de sa thèse à six reprises ! On lui fait

---

51. Tel qu'il l'écrit dans une lettre à ses parents depuis Londres, le 9 octobre 1953. Archives de Jacques Parizeau, ANQ.
52. Lettre de Jacques Parizeau, le 24 octobre 1953. Archives des HÉC.

*Pendant son séjour d'études en Europe, Jacques Parizeau
entretient une correspondance régulière avec ses parents.
Archives de Jacques Parizeau, ANQ.*

comprendre que son anglais n'est pas londonien. Besogneux, il consacre alors presque tout son temps à la rédaction de sa thèse. Le 11 février 1954, il écrit à ses parents : «Aujourd'hui est un jour célèbre, j'ai commencé la rédaction de ma thèse, posé le titre chapitre 1, ou plutôt chapter I et pondu trois pages. J'avais déjà plus de deux cents pages de notes, mémoires etc. sur la question[53].» Deux semaines plus tard, il avoue que «cette thèse devient d'ailleurs d'une difficulté rare. Six jours de calculs m'ont permis d'écrire bien exactement vingt lignes. Mais j'ai autant de patience devant ce boulot que d'impatience dans mes autres activités. C'est assez curieux d'ailleurs. Je peux rester des heures devant une série statistique sans savoir comment la

---

53. Lettre à ses parents, depuis Londres, le 9 février 1954. Archives de Jacques Parizeau, ANQ.

Reproduction d'une des lettres de Jacques Parizeau adressée à ses parents. Retranscrite à l'annexe B.

Po, la Faculté de Droit et l'INED cette année je n'ai que ma thèse. Cela me donne l'impression d'être en vacances, ce qui ne m'empêche pas, aujourd'hui samedi, d'être encore entouré par mes feuilles de calculs, à la grande indignation de mes amis anglais qui éprouvent devant cette profanation du congé sabbatique l'effarement d'un orthodontiste devant un morphinomane.

Cette thèse devient d'ailleurs d'une difficulté rare. 6 jours de calculs m'ont permis d'écrire bien exactement vingt lignes. Mais j'ai autant de patience devant ce boulot que d'impatience dans mes autres activités. C'est assez curieux d'ailleurs. Je peux rester des heures devant une série statistique sans savoir comment la prendre, mais je me mets en colère si ça me fait attendre cinq minutes au restaurant.

Michel s'intéresse de plus en plus à la musique et j'ai l'impression que Claude y est pour quelque chose. Nous sommes allés entendre la messe en si la semaine dernière, et ils ont achetés des billets pour l'Art de la Fugue la semaine prochaine. De quoi me faire passer pour un attardé, moi qui vais parfois écouter du Beethoven ou du Brahms. Il faut dire d'ailleurs que lorsque je retourne à mes amours (musicales), d'autant je m'achète, très cher, une place de la loge 16, juste au dessus de la tête du chef d'orchestre et je guette l'entrée du cor ou du basson avec le cynique plaisir de l'initié qui sait fort bien que tôt ou tard il va prendre quelqu'un en défaut.

Tout va bien,

Gaëtan.

prendre, mais je me mets en colère si on me fait attendre cinq minutes au restaurant[54]. »

En France, s'il a beaucoup débattu avec François Perroux, ce n'est plus le cas en Angleterre avec James Meade. Il « était l'homme des écritures. Après un certain moment à jaser, il disait : assez parlé, écrivons[55]. » La renommée de Meade, futur lauréat du prix Nobel d'économie en 1977, est déjà grande. Pendant la Deuxième Guerre mondiale, il a été membre de la section économique du cabinet de guerre présidé par Winston Churchill. En 1947, il est recruté par la London School of Economics à titre de professeur de commerce. Au moment où Jacques Parizeau étudie avec lui, James Meade enseigne l'économie internationale.

À son arrivée en Angleterre, sa connaissance de la société anglaise est plutôt mince. Toutefois, il se sent instantanément des affinités avec les Britanniques. Le « degré de civilisation » et les bonnes manières anglaises lui plaisent. Sur le plan de la culture, c'est un enchantement. « Dans le domaine du ballet, Londres peut offrir une variété étonnante de spectacles que l'on n'a pas à Paris[56]. » Il se souvient avec émotion d'un concert de Pâques où l'on joue la Passion selon saint Matthieu de Bach. Au moment des grands chœurs, le chef d'orchestre se tourne vers l'assistance. Le jeune Parizeau, émerveillé, entend alors toute la foule autour de lui entonner l'air en allemand. « C'est inimaginable ! Il y avait là trois mille personnes ! » Hormis la nourriture qu'il déteste, Jacques Parizeau éprouve un grand plaisir à vivre en Angleterre.

Les rares amis québécois qu'il se fait à Londres observent avec étonnement un Jacques Parizeau qui, contrairement à son

54. Lettre à ses parents, depuis Londres, le 27 février 1954. Archives de Jacques Parizeau, ANQ.
55. Entrevue avec Jacques Parizeau, le 11 janvier 1998.
56. Entrevue avec Jacques Parizeau, le 20 novembre 1997.

habitude, ne souhaite nullement se distinguer des Londoniens. Il devient caméléon et prend la couleur de la société ambiante. Il se fond à la culture anglaise, prenant l'accent britannique et endossant l'uniforme *british*. Il adopte même à l'occasion un ton méprisant à l'égard des Français, claironnant que les Anglais sont plus sérieux[57]. «Élégant, il porte déjà des complets trois-pièces et une montre avec chaîne. Il faisait très *city*[58]», se rappelle Paul Crépeau. Aujourd'hui professeur à la Faculté de droit de l'Université McGill, celui-ci étudiait en Angleterre au même moment que Jacques Parizeau. Il poursuivait ses études de droit à Oxford, mais il lui arrivait de faire de courts séjours à Londres. Jacques Parizeau lui offrait alors l'hospitalité. «Nous passions des soirées à discuter au pub voisin, à fumer des cigares et à boire du porto. Moi j'étais juriste, lui aimait donner des cours. Il a toujours aimé avoir un auditoire, souligne Paul Crépeau. Il transmettait sa passion de l'économie. C'était un monologue de sa part. Il avait une opinion très précise. J'avais l'impression qu'il testait sur moi ses idées et concepts[59].»

«Jacques faisait très *british* avec son long parapluie et je m'en moquais un peu[60]», raconte aussi Gilbert Choquette. Se définissant lui-même comme un vieux camarade de classe de Jacques Parizeau, ce réalisateur à l'Office national du film devenu écrivain passe ses vacances de Noël 1953 chez Jacques Parizeau. «Je me souviens surtout que, pris à goûter ou à souper chez des amies communes, je m'étais embarqué avec lui dans une discussion philosophique absolument démente sur, si je me souviens bien, l'existence du néant! [...] La discussion prit un tel tour qu'au bout d'une heure d'âpres échanges,

---

57. Pierre Renault en est témoin lors d'une visite chez lui vers 1953. Entrevue du 21 novembre 2000.
58. Entrevue téléphonique avec Paul Crépeau, le 7 octobre 1998.
59. *Idem.*
60. Extrait du livre écrit par Gilbert Choquette, *L'Europe-en-coup-de-vent*, Montréal, Humanitas, 1996, p. 71.

devant le flegme rationnel tout britannique de mon hôte et ami sur lequel mes arguments d'émotif à demi cinglé venaient se briser comme sur un rocher de placide impassibilité sans le faire bouger de ses positions du moindre pouce, je me levai bouleversé pour déclarer, en tremblant, que je n'allais pas rentrer chez lui pour y dormir ma dernière nuit à Londres, que son attitude "arrogante" me dégoûtait trop, etc. Une des filles voulant bien m'héberger ce soir-là, je retournai sur-le-champ chez Jacques ramasser mes effets et m'en fus chez la fille. L'affaire en resta là pour le moment. Quelques mois plus tard, quand je revis Jacques, il affirma ne se souvenir de rien ! Et je suis sûr que c'était vrai. Ma propre exaltation retombée, nous renouâmes comme si rien jamais ne s'était passé[61]. »

À Londres, Jacques Parizeau travaille ferme, mais cela ne l'empêche pas d'avoir certaines liaisons amoureuses. « Je ne vis pas en moine. Comme on est humain, on a des petites amies[62]. » L'une d'elles lui révèle un aspect plutôt noir de la société britannique. Cette jeune femme[63] prépare son doctorat en statistique. Il est alors très rare de voir une femme cheminer dans cette direction et atteindre un tel niveau. Brillante, elle devient *tutor*, ce qui signifie qu'elle est responsable d'un certain nombre d'étudiants de première année au baccalauréat. Lors des discussions qu'elle a avec Jacques Parizeau, elle manifeste chaque fois son profond désir de devenir professeur. Mais pour y arriver, la jeune femme doit auparavant franchir plusieurs étapes. Après le grade de *tutor*, elle doit obtenir le titre d'*assistant lecturer*. Elle se prépare pour l'examen. Des commentaires parfois désobligeants et des pressions répétées de certaines autorités de l'école finissent par lui faire comprendre qu'en raison de son accent du nord

---

61. *Idem*, p. 72.
62. Entrevue avec Jacques Parizeau, le 20 novembre 1997.
63. Jacques Parizeau préfère taire le nom de la jeune femme en question. Par ailleurs, les recherches du biographe n'ont pas permis d'identifier la personne.

trop prononcé, on ne lui permettra pas d'avoir accès au titre d'*assistant lecture*. La résistance à féminiser cette fonction n'est probablement pas étrangère non plus à la situation. Quoi qu'il en soit, ce refus lui ferme les portes de son rêve. La jeune femme est née à Newcastle. Elle a le parler des gens de sa ville. Cela est suffisant pour mettre fin à une prometteuse carrière d'enseignante universitaire. «C'est à ce moment-là, confie un Jacques Parizeau visiblement ému, que j'ai soudainement pris conscience de la cruauté d'une société de classe [64]. » Même s'il est issu d'un milieu bourgeois et clairement élitiste dans sa façon d'agir, Jacques Parizeau ne cautionne pas ce type d'injustice. Il préfère le *fair-play* et les règles claires.

L'assistant du prix Nobel d'économie

Ayant gagné très vite la confiance et l'estime de James Mead, Jacques Parizeau ne tarde pas à obtenir le poste de *tutor*. L'étudiant prometteur est emporté par ses études. Il vit une passion. Il participe activement au séminaire de son nouveau maître sur le sous-développement. «C'était fascinant. Nous étions entourés d'Indiens qui travaillaient alors sur le premier plan quinquennal de leur pays. » L'Inde vient en effet d'arracher son indépendance à l'Angleterre. Jacques Parizeau a l'impression d'être au centre de l'univers et de participer à l'avancement de la civilisation humaine. Il faut rappeler que si James Meade jouit à l'époque d'une réputation enviable dans les cercles économiques d'Europe, sa conception de la science économique est beaucoup plus traditionnelle que celle de François Perroux. Sans exclure totalement l'intervention étatique, il préfère laisser agir le jeu de la libre concurrence qui saura s'autodiscipliner. Jacques Parizeau ne partage pas cette vision des choses et c'est

---

64. Entrevue avec Jacques Parizeau, le 20 novembre 1997.

en bâtissant chaque soir une solide critique de cette approche qu'il forge son savoir. «J'ai présenté il y a une semaine, une conférence au séminaire de Meade, écrit-il à ses parents en décembre 1953. Les conférences sont extrêmement importantes. Ce sont elles qui déterminent notre cote et nos possibilités d'avancement. Je prépare quelque chose d'assez original en risquant le tout pour le tout. Le résultat est catastrophique. J'ai fait quelques erreurs en chemin et je dois défendre mes phrases une à une devant quinze bonshommes qui discutent ferme. Après trois heures de discussion, je reviens chez moi effondré. Dans les jours qui suivent, Meade me fait appeler chez lui, dans un style qui ne lui est pas coutumier. J'y vais en me disant que ça vient de tomber, et que je n'ai plus qu'à quitter Londres. Il me dit en substance à peu près ceci. "En gros, c'est un échec, mais l'idée m'intéresse, vous intéresse et intéresse les autres, pour moi c'est l'essentiel. Alors voyons comment on peut repartir." Et pendant une heure on discute de ce qui peut en être tiré pour ma thèse. Je suis sorti ravi et bouleversé : une largeur d'esprit aussi complète me surprendra toujours[65].»

Il affronte le futur prix Nobel d'économie à une autre occasion, raconte son père : «Après un exposé de Jacques au tableau, le maître avoue à sa classe : "*Another of my theoretical bubbles blowing in the air* – Encore une autre de mes lubies théoriques qui vole en éclats"[66].» «Comme d'habitude, je suis à peu près sans arrêt dans l'opposition, observe Jacques Parizeau, mais c'est un plaisir de se battre avec des types qui finissent par avoir raison avec de bons arguments, solides, bien bâtis. Je déborde d'idées pour le moment, il y en a même un peu trop et je finis parfois par parler à travers mon chapeau, à

---

65. Lettre à ses parents, depuis Londres, le 16 décembre 1953. Archives de Jacques Parizeau, ANQ.
66. Gérard Parizeau, *Pages de journal*, volume V, Trois-Rivières, Les Éditions du Bien public, 1976, p. 154. Textes parus dans la revue *Assurances*.

m'exciter un peu fort, mais cela se tassera et cela vaut mieux que de passer à travers les vides intellectuels de l'été dernier[67]. » Cette dernière confession confirme que malgré cette imparable confiance en lui-même qu'il affiche, il se sait vulnérable.

Jacques Parizeau qualifie par ailleurs de « légende canadienne » l'affirmation qui veut que la London School of Economics soit d'orientation socialiste. « Il y avait bien le professeur Harold Laski et son département de sciences politiques supposément socialiste », mais l'enseignement de la science économique « est à ce point conservateur que le plus ancien des professeurs d'économie, lord Robbins, a été conseiller de Churchill au moment de la guerre. Plus conservateur que ça, on meurt[68] ! » Selon le jeune étudiant d'économie, il était « très curieux d'entrer dans cette boîte où coexistaient deux groupes de professeurs : les uns en sciences politiques, les autres en sciences économiques. Les deux groupes [étaient] aux antipodes sur le plan des orientations politiques[69]. »

En sa qualité de *tutor*, Jacques Parizeau a sous sa responsabilité une quinzaine d'étudiants. Il est rémunéré pour chacun des étudiants dirigés. D'autre part, l'école des HÉC finance toujours son séjour à Londres à titre de professeur en formation à l'étranger. Contrairement à certains autres étudiants canadiens, il vit donc à l'aise dans la capitale britannique. Jacques Parizeau « avait l'argent et le raffinement, se rappelle Richard G. Lipsey, son confrère de classe. Moi j'étais pauvre et provincial[70]. » Richard G. Lipsey figure aujourd'hui parmi les gloires canadiennes en économie. Tout droit venu de la

---

67. Lettre à ses parents, depuis Londres, le 9 février 1954. Archives de Jacques Parizeau, ANQ.
68. Entrevue avec Jacques Parizeau, le 20 novembre 1997.
69. Laurence Richard, *Jacques Parizeau, un bâtisseur*, Montréal, Les Éditions de l'Homme, 1992, p. 51.
70. Richard G. Lipsey, *Macroeconomic Theory and Policy. The Selected Essays of Richard G. Lipsey*, volume 2, États-Unis, Edward Elgar, 1997, p. XVI.

Colombie-Britannique, il entreprend ses études supérieures au même moment que Jacques Parizeau. Le fils d'Outremont initie alors Richard G. Lipsey et son épouse à la cuisine et aux vins français. Il leur fait découvrir qu'outre le cheddar, il existe aussi d'autres types de fromages. Le couple Lipsey apprécie d'autant plus l'élégance de Jacques Parizeau que celui-ci leur apporte de la bière et des aliments à chaque visite dans leur modeste chambre. «Lorsqu'il s'en allait, raconte Richard G. Lipsey, nous retournions les bouteilles vides au pub le plus proche et avec l'argent du dépôt nous pouvions nous offrir un maigre repas constitué de pommes de terre et de tranches de bacon[71].» Dans le rôle du bourgeois, nous retrouvons donc le Canadien français Jacques Parizeau. Personnifiant l'étudiant provincial et pauvre, le Canadien anglais Richard G. Lipsey. Ce type de rapport, plutôt inhabituel en 1954, plaît à Jacques Parizeau. Il en est de même de la soirée mondaine donnée dans un comté huppé de la banlieue londonienne où il est reçu. Portant le smoking, il présente son carton d'invitation et est accueilli à la porte du manoir. On l'escorte vers une grande salle de réception où l'on danse la valse, quand tout à coup on le fait demander au cabinet de travail du vieux major de l'armée des Indes, l'hôte de la soirée. Celui-ci l'interroge sur la raison de sa venue à Londres. Apprenant qu'il est du Canada, le major fait alors savoir au jeune premier qu'au sein de l'Empire britannique, il s'intéresse particulièrement à deux groupes de blancs qui ne sont pas anglophones : les Boers d'Afrique du Sud et les Canadiens français. Au major qui lui demande plus de précisions sur le statut des Canadiens français, Jacques Parizeau brosse un tableau complet de la situation. Surpris par ce qu'il apprend, son hôte interrompt le jeune homme et lui demande pourquoi les Canadiens français tolèrent cet état de domination. Jacques

71. *Idem.*

Parizeau lui répond : « *Well, English Canadians wouldn't like it if we…* » Stupéfait, le major le regarde et se met à le sermonner : « *Do you give any importance at all to what these bloody colonials have to say!* » C'est une découverte pour Jacques Parizeau. « Là tout à coup, je me suis rendu compte que les *sahib*, ceux qui étaient considérés comme les maîtres au Québec, les Canadiens anglais, pour les gens comme lui, ces Canadiens anglais n'étaient que des " maudits habitants " ! Je vous dis, ça a changé ma perspective sur l'existence [72] ! » Parizeau éclate de rire. Que des Britanniques de la bonne société londonienne puissent avoir si peu d'estime pour les Canadiens anglais, cela le réconforte.

Par moments, le séjour de Jacques Parizeau à Londres ressemble à une entreprise d'exorcisation du complexe d'infériorité qui ronge alors la société canadienne-française. De par sa formation britannique, il croit pouvoir s'élever au-dessus des anglophones du Canada. À défaut de détenir le pouvoir économique pour les commander, il se voit les dominer par sa science économique. La rapidité avec laquelle il s'est intégré à la société anglaise et l'accent britannique qu'il cultivera avec délectation à son retour au Québec témoignent de sa volonté de s'identifier au dominant pour mieux s'arracher à son rôle de dominé. S'exprimer avec l'accent britannique peut intimider les Canadiens anglais et Jacques Parizeau le sait très bien. Jean-Jacques Thernynck abonde dans le même sens et prétend que la ferveur qui accompagne son ami dans la poursuite de ses études en Angleterre « est la résultante d'un complexe très ancien de Canadien français qui a été un peu martyrisé. Il a essayé d'obtenir une espèce de revanche psychologique en allant chercher à Londres, à l'université, dans un cénacle très *british*, le diplôme qui le libérera de ce complexe d'infériorité. C'est un phénomène de compensation [73]. »

---

72. Entrevue avec Jacques Parizeau, le 20 juillet 1999.
73. Entrevue téléphonique avec Jean-Jacques Thernynck, le 30 novembre 1997.

En 1955, deux ans après son entrée à la London School of Economics, Jacques Parizeau présente avec succès sa thèse intitulée *The Terms of Trade of Canada – Les termes d'échanges au Canada.* « Il serait acceptable que vous sacrifiiez, s'il le faut, le doctorat de Paris, à condition que vous puissiez obtenir le doctorat de Londres en deux ans [74]... » L'exigence formulée à l'été 1953 par le professeur François-Albert Angers est honorée. Mission accomplie pour Jacques Parizeau. Le voilà détenteur d'un Ph.D. de la London School of Economics. Après un séjour de quatre ans en Europe, il récolte trois diplômes d'études supérieures et le titre de docteur en économie. Et il n'a que vingt-quatre ans.

L'économiste Pierre Fortin constate l'incroyable distance qui sépare la thèse de doctorat présentée à Londres de celle qu'il a présentée aux HÉC quelques années auparavant [75]. Ce que Jacques Parizeau a présenté à Montréal lui « semble produit à partir de sa formation classique reçue aux HÉC qui est plutôt de style philosophico-littéraire, comme c'était enseigné par Angers et Minville dans les années 1930 et 1940. Très bien écrit, ça dénote à vingt ans une maturité exceptionnelle, mais ce qui transparaît de sa thèse de doctorat de Londres est très différent. Entre la thèse des HÉC et celle de Londres, il n'y a pas juste une différence de niveau, mais une différence de nature qui est fondamentale, note Pierre Fortin. Parizeau fait une analyse détaillée d'un phénomène économique important, mais il ne remonte pas aux anciens philosophes français. C'est le discours d'un chercheur qui scrute la réalité, qui essaie de comprendre les causes d'un phénomène qu'il observe. Bien documenté et doté d'une argumentation logique, il établit clairement la

---

74. Lettre de François-Albert Angers, le 3 juillet 1953. Archives des HÉC.
75. À la demande du biographe, l'économiste Pierre Fortin a bien voulu lire, afin d'en faire l'analyse et les comparer entre elles, la thèse présentée par Jacques Parizeau aux HÉC de même que sa thèse de doctorat de Londres.

preuve que le prix des matières premières au Canada est une source importante de fluctuation dans son économie. » Pierre Fortin soutient que si Jacques Parizeau était resté en France pour terminer son doctorat, « on peut raisonnablement prétendre qu'il n'aurait eu ni l'influence ni la carrière qu'il a connue par la suite. Et ce, en raison même de la nature de l'enseignement économique en France. La science économique en France, c'était un discours plus philosophique et très descriptif par opposition à l'analyse factuelle et quantitative de l'école anglaise. À la London School ou à Harvard, la méthode s'apparente à une approche scientifique. Londres a dû lui mettre les deux pieds sur terre[76]. » Jacques Parizeau affirme pour sa part que « Meade m'a appris à travailler et Perroux m'a donné une sorte de curiosité intellectuelle[77] ».

Comme *tutor*, Jacques Parizeau a le pied dans l'étrier et il a bien l'intention de continuer son ascension à l'intérieur des murs de la renommée London School of Economics. Le concours pour le titre d'*assistant lecture* est finalement annoncé. « J'étais un poulain de Meade, j'étais certain d'occuper le poste. » Il voit s'ouvrir devant lui une belle carrière d'enseignant universitaire. Il dirigera une prestigieuse chaire d'étude. Il entreprendra les travaux de recherche les plus compliqués, mais porteurs d'avenir. Il voyagera dans toutes les capitales du monde. Il sera le plus convoité des conférenciers, recevant les plus gros cachets. Mais voilà... il a un engagement envers l'école des Hautes Études commerciales et son maître François-Albert Angers se charge bien de le lui rappeler : « Il n'y a pas de doute qu'après vous avoir maintenu aux études pendant quatre ans, l'École comptera que vous lui consacrerez un minimum des années de votre vie, disons une dizaine, avec l'espoir d'ailleurs que vous y prendrez goût et que vous finirez par

---

76. Entrevue avec Pierre Fortin, le 1er mai 2000.
77. Entrevue avec Jacques Parizeau, le 20 novembre 1997.

préférer y faire votre vie plutôt que d'aller ailleurs[78]. » François-Albert Angers insiste, ne cédant en rien. «Je voulais le maudire!», se rappelle Jacques Parizeau. «Pour moi, c'était épouvantable. J'étais un des deux "doctorisants" qui travaillaient avec Meade[79]. » L'autre, c'était Richard G. Lipsey. Quelle eût été la carrière de Jacques Parizeau s'il avait obtenu le titre d'*assistant lecture* à la London School of Economics? «Celle de Richard G. Lipsey», répond-il invariablement. La trajectoire de son confrère de classe est exemplaire. Ce Canadien anglais passe rapidement du poste d'*assistant lecture* à celui de professeur dans une petite université de province en Angleterre. Quelques années plus tard, il devient conseiller du Parti social libéral anglais. Il publie un manuel d'économie qui le rend célèbre. Au Canada, on lui offre avec empressement un poste de professeur à l'Université Queen's en Ontario. L'Institut C.D. Howe le recrute ensuite comme économiste principal. Connu internationalement, il termine sa carrière chez lui en Colombie-Britannique comme professeur titulaire à l'Université Simon Fraser et membre associé de la Canadian Institute for Advanced Research.

De son côté, Jacques Parizeau doit revenir au Québec et compromettre ainsi le brillant avenir que lui promet la London School of Economics. «Il aurait pu rester à Londres, avoue François-Albert Angers. Il pouvait rembourser les frais occasionnés par son séjour d'études, son père avait les moyens. Nous n'aurions pas été très heureux, mais c'était son droit[80]. » Pourquoi donc est-il revenu? «Bien… il avait le sens de l'honneur, n'est-ce pas? Je pense que ça comptait, explique François-Albert Angers. Dans cette famille, il y avait ça : une culture, une

---

78. Lettre de François-Albert Angers, le 30 octobre 1953. Archives des HÉC.
79. Entrevue avec Jacques Parizeau, le 6 octobre 1997.
80. Entrevue avec François-Albert Angers, novembre 1995.

dignité. Alors pour lui, nous rembourser c'était pas très chic [81]. »
« Si j'avais dit je reste en Angleterre, affirme Jacques Parizeau,
personne n'aurait pu faire quoi que ce soit contre moi, mais
moi j'aurais pu avoir de la difficulté à me regarder dans le
miroir. C'est là que j'ai compris qu'une dette morale est bien
plus exigeante qu'une dette écrite [82]. » Mais au-delà de l'engagement moral, il faut ajouter l'influence du professeur François-
Albert Angers. Dès ses premières années aux HÉC, Jacques
Parizeau a ressenti une grande admiration pour son maître.
Peu de temps après que François-Albert Angers lui eut permis
d'entreprendre son doctorat à Londres, il disait à son sujet :
« Quel homme ! On a beau le discuter, je n'ai jamais rencontré
un professeur qui manifeste une compréhension et une tolérance
semblable, écrit-il à ses parents. J'espère seulement pouvoir lui
ressembler sur ce point ; Il n'est peut-être pas le meilleur
économiste que je connaisse mais certainement le meilleur
"patron" [83]. » Son rapatriement au Québec est essentiellement
redevable à cette emprise de François-Albert Angers sur le
jeune étudiant. Sans cette relation et les bons mots de son père,
Jacques Parizeau serait possiblement resté à Londres, ce qui, on
le devine, n'aurait pas été sans conséquence pour la suite de
l'histoire québécoise et canadienne.

Anticipant sur l'avenir, François-Albert Angers écrit à son
poulain : « Laissez donc chanter les sirènes. Prenez, si vous
voulez, un certain plaisir à les écouter. Mais n'y cherchez pas
d'autre satisfaction pour le moment que celle de pouvoir faire
confiance à l'avenir [84]. » Angers se fait ici étonnamment pro-
phétique : « Les années que vous passerez à l'École ne feront

---

81. *Idem.*
82. Entrevue avec Jacques Parizeau, le 6 octobre 1997.
83. Lettre à ses parents, depuis Londres, le 14 janvier 1954. Archives de
    Jacques Parizeau, ANQ.
84. Lettre de François-Albert Angers, le 30 octobre 1953. Archives des HÉC.

que vous aider à vous bâtir définitivement une réputation personnelle. Et à ce moment-là, des occasions encore plus intéressantes que celles qui se présentent aujourd'hui d'étendre votre influence ne manqueront pas de se présenter [85]. » Ce que le vieux professeur ignore encore, c'est qu'il fait rentrer au pays l'étudiant qui deviendra le plus célèbre de l'histoire des HÉC : c'est le seul diplômé de l'école à avoir à ce jour accédé au poste de premier ministre.

Jacques Parizeau se convainc finalement de revenir au pays et fait ses valises. Pendant ces quatre années passées en Europe, il n'a jamais eu le mal du pays. Le Québec des années cinquante ne lui a pas manqué. En lui offrant l'Europe comme terrain d'étude, François-Albert Angers lui avait ouvert les portes du jardin d'Éden. Revenant au pays en 1955, Jacques Parizeau a la désagréable impression de replonger dans un purgatoire : le Québec brumeux et sclérosé de Maurice Duplessis. Un Québec qu'il n'aime pas. Pas encore...

---

85. *Idem.*

CHAPITRE 6

Retour au royaume des dominés

« Il faut que vous mesuriez davantage l'espèce de haut-le-cœur, de répugnance que des gens de mon âge ont à l'égard de ce qu'a été le régime de Duplessis. À quel point on vomit le système de patronage et le copinage avec les intérêts privés qu'on a connus sous Duplessis. Et d'autre part, l'admiration que nous avons sur la façon dont le gouvernement d'Ottawa est devenu rapidement un vrai bon gouvernement. Les idées de Keynes nous manquent et on a l'impression que quand on n'est pas trop bête et qu'on a un certain dévouement pour la cause publique, on peut, et à l'égard de l'économie et à l'égard de la société, changer les choses! »

Jacques Parizeau [1]

P arti quatre ans auparavant à bord d'un vieux charbonnier naviguant vers l'Europe, Jacques Parizeau revient cette fois en Amérique à bord d'un étincelant aéroplane. Pénétré de modernité, il a bien l'intention d'utiliser son savoir pour illuminer cette sombre société dans laquelle il s'apprête à vivre. Par

---

1. Entrevue avec Jacques Parizeau, le 18 janvier 1999.

le hublot de l'appareil, il pose son regard sur Montréal. La métropole du Canada lui semble bien minuscule du haut des airs. Puis l'avion amorce sa descente. Pourtant, depuis le décollage de l'appareil à Londres, il a l'impression paradoxale de vivre une descente vers d'obscures profondeurs. Serait-ce que l'avion s'enfonce sous terre au lieu de s'élever vers le ciel ? Non, c'est qu'il considère son retour au Québec comme un grand pas en arrière. L'avion touche le sol. Les immeubles, les voitures et les gens reprennent leurs proportions normales, mais dans l'esprit de Jacques Parizeau, tout demeure aussi minuscule que lorsqu'il était au-dessus des nuages. Le voilà au cœur du royaume des dominés où il ne croit pas avoir sa place. « Quand je suis revenu, je retrouvais une société de Québécois encore plus complexée que la société actuelle. C'était effrayant. Des *loosers*, des pas bons à leurs propres yeux[2]. »

Lorsqu'il assiste à l'inauguration de l'hôpital Sainte-Justine[3] aménagé dans un immeuble tout neuf sur le chemin de la Côte-Sainte-Catherine, Jacques Parizeau est témoin d'une scène qui le trouble. Justine Lacoste-Beaubien, fondatrice de l'institution[4], préside l'événement en présence du premier ministre du Québec, Maurice Duplessis, et du maire de Montréal, Sarto Fournier. Le cardinal Paul-Émile Léger bénit les lieux. Devant un chapelet de personnalités politiques et religieuses, Duplessis fait alors une de ses sorties mémorables sur les évêques en affirmant qu'ils mangent tous dans sa main. Jacques Parizeau ne peut retenir son envie de grimacer. Il aperçoit Mgr Irénée Lussier, recteur de l'Université de Montréal, qu'il connaît bien. Appuyé

---

2. Entrevue avec Jacques Parizeau, le 6 octobre 1997.
3. L'inauguration se déroule le 9 novembre 1957. Jacques Parizeau est présent à la demande de sa mère qui est alors membre du conseil d'administration de l'hôpital.
4. Madame Justine Lacoste-Beaubien est l'épouse de Louis de Gaspé-Beaubien, fondateur et président de la maison L.G. Beaubien.

à une colonne, l'homme d'Église baisse la tête en signe de soumission. Le mépris de Maurice Duplessis envers tout ce monde le dérange. «Mais dans quelle république de fruits et légumes suis-je tombé[5]?!» Cette bourgeoisie résignée et tout un clergé soumis devant un avocat de Trois-Rivières qui rit à gorge déployée ont de quoi lui donner la nausée.

Jacques Parizeau se réfugie alors au sein de ce havre que constitue pour lui le milieu universitaire. Dès son arrivée à Montréal, il prend du service sous la gouverne de Francois-Albert Angers. Celui-ci lui confie la responsabilité de la revue *L'Actualité économique*, organe officiel de l'école des HÉC. Jacques Parizeau prend sa tâche au sérieux. À titre de secrétaire général, il se met en tête d'assurer à la revue une distribution aussi large que possible. Toutefois, il bute rapidement contre l'indifférence totale des autorités de l'Université McGill qui refusent de s'abonner. Comme si un souvenir désagréable revenait le hanter, Jacques Parizeau grimace à nouveau. Il avait oublié le mépris que bien des anglophones manifestent envers les siens... la réalité se charge soudainement de le lui rappeler. Avec le *Canadian Journal of Political and Economic Science*, *L'Actualité économique* est alors la seule revue scientifique au Canada à traiter de ces questions. Jacques Parizeau insiste et offre à l'Université McGill un abonnement gratuit. McGill refuse, alléguant ne plus avoir d'espace sur ses tablettes! Il confie alors à son père toute son exaspération.

— Père, c'est un mépris complet pour tout ce qui est français!

— Je sais, répond calmement Gérard Parizeau.

— On ne se rend pas compte du mépris!

— Je sais.

— J'ai plus d'abonnés pour cette revue en Russie et en Pologne qu'au Canada.

---

5. Entrevue avec Jacques Parizeau, le 31 octobre 2000.

À la fin des années cinquante, Jacques Parizeau,
pensif, se demande ce qu'il peut bien faire au Québec.
Archives de Jacques Parizeau, ANQ.

— Ah oui !

— Ce sont les *sahib* et nous sommes les *natives* comme en Inde, ajoute un Jacques Parizeau furieux !

Son père lui pose alors une question : « Sais-tu pourquoi j'ai tenu à ce que tu étudies à Londres ? » Surpris, Jacques Parizeau reste sans voix. « Pour t'immuniser contre ce genre d'attitude. » Le fils est estomaqué : « Au fond, la seule raison pour laquelle tu tiens à envoyer tes trois fils à Londres, c'est parce que comme ça, personne ici dans ce milieu ne pourra nous considérer comme des incompétents. Vu que nous avons été formés par des Britanniques, les Canadiens anglais se nieraient eux-mêmes. Ils peuvent se dire : ils sont nous-mêmes, ils doivent donc être bons[6]. » Gérard Parizeau regarde son fils et lui dit : « Tu en as mis du temps à comprendre. »

---

6. Ce dialogue provient des souvenirs de Jacques Parizeau, évoqués durant l'entrevue du 6 octobre 1997.

Gérard Parizeau avait vu loin pour ses trois fils : dès la maternelle, l'offensive pour l'apprentissage de la langue anglaise était lancée ; elle devait culminer par un séjour d'études à Londres pour chacun d'eux. D'abord parce que, historiquement, l'expertise dans l'assurance s'est développée en Angleterre, puis parce qu'il espère que cette expérience affranchira ses fils aux yeux de la société canadienne-anglaise. Ainsi, pendant que Jacques commençait son doctorat à la London School of Economics, son père envoyait Michel chez le courtier londonien Laurence Philipps & Co. Ltd. Après un stage de plus d'un an, ce dernier est allé parfaire sa formation à Paris à la Compagnie La Paix. De son côté, Robert se rend à New York où il passe une année à The School of Insurance. Le soir, il fait un stage chez America Fore Loyalty Group puis se retrouve à son tour à Londres chez Laurence Philipps & Co. Ltd. Il fait ensuite des stages chez Steward-Smith, à la maison Price Forbes et finalement à la compagnie Phoenix de Londres. Robert Parizeau terminera son périple à Paris à la maison de réassurance Le Blanc et de Nicolay et à la compagnie La Paix.

Tous ces efforts du père sont grandement appréciés par son fils Jacques Parizeau. Très tôt, il a exprimé sa gratitude à l'égard de ses parents. Pendant qu'il était en Europe, c'est avec beaucoup de tendresse qu'il écrivait à ses parents : « J'ai déjà dit à deux ou trois personnes qui m'en parlaient que le plus clair de ma formation je vous le dois. Je crois que la meilleure éducation que nous puissions donner à nos enfants est celle que vous nous avez donné. C'est une chose que, malgré mes sautes d'humeur et mes irrégularités, je n'oublie jamais. Ça, je vous demande d'en être aussi persuadés que je le suis. Nous ne pouvons que vous remercier de ce que vous nous avez donné, d'autant plus facilement que nous ne l'avions pas seulement reçu comme un don, mais comme un exemple [7]. »

---

7. Lettre à ses parents, depuis Paris, le 26 septembre 1953. Archives de Jacques Parizeau, ANQ.

L'affranchissement de Gérard Parizeau

Il semble bien que le père n'ait pas eu la même chance que ses fils. Bien qu'issu d'une famille bourgeoise, il doit lutter ferme au début de sa carrière pour maintenir le niveau de vie dans lequel il a été élevé. Une fois terminées ses études aux HÉC en 1920, il est d'abord engagé par Lomer Gouin comme secrétaire particulier du nouveau ministre fédéral de la Justice[8]. C'est à ce même titre qu'il accompagne ensuite Édouard Montpetit à la Conférence internationale de Gênes en 1922. Il retourne en France l'année suivante comme trésorier de la délégation canadienne qui, à bord d'un train-exposition, fait la promotion des produits canadiens en Europe. Au même moment, Gérard Parizeau pose sa candidature comme commissaire stagiaire au ministère fédéral du Commerce et y est engagé. «Il y avait un milieu francophone relié au fonctionnarisme qui groupait des gens aimables, polis, cultivés, mais qui avaient des fonctions bien limitées, observe Gérard Parizeau. Ils n'allaient pas bien loin, parce que le milieu leur était hostile[9].» Pour des raisons demeurées obscures, peu de temps après son recrutement, on évoque un surplus d'effectifs pour le congédier. Il quitte définitivement Ottawa. Pendant neuf mois, il occupe un poste à la Banque de Montréal. En 1925, il fonde la revue *L'Actualité économique* avec Jean Nolin, Valmore Gratton, François Vézina et Esdras Minville. En 1927, cette publication devient la revue des HÉC. C'est à ce moment-là que Gérard Parizeau abandonne le groupe de direction.

Après cinq années de butinage professionnel, Gérard Parizeau se fixe et entre chez Irish & Maulson, «les grands courtiers

---

8. Après avoir été premier ministre du Québec de 1905 à 1920, Lomer Gouin devient ministre de la Justice à Ottawa.
9. Gérard Parizeau, *Pages de journal*, volume II, Trois-Rivières, Les Éditions du Bien public, 1976, p. 162. Textes parus dans la revue *Assurances*.

d'assurances de l'époque[10]». Nous sommes en 1925. «Au début, je ne comprenais pas grand-chose à l'assurance, n'ayant jamais ouvert une police, avoue Gérard Parizeau. Puis le métier est venu petit à petit avec les affaires que j'avais à traiter[11].» Tous les matins, pendant quatorze ans, il se rend au bureau de Irish & Maulson situé dans l'immeuble de la Canada Cement qui donne sur le square Phillips. Le mandat que lui confie la direction du bureau est rempli d'embûches. Étant «le seul parlant français au bureau», Gérard Parizeau est chargé du recrutement des clients francophones. La tâche est ardue. Les francophones hésitent à prendre une police d'assurance d'une maison anglophone. Sa clientèle se constitue très lentement, d'autant plus lentement que les associés anglophones du bureau ne respectent pas les règles établies lors de l'engagement de leur collègue. «Normalement, on aurait dû me passer tout ce qui venait des clients francophones, mais on ne le faisait pas[12].» La délicatesse exprimée ici par Gérard Parizeau camoufle en fait le peu d'esprit de camaraderie manifesté à son endroit. «D'ailleurs, on ne m'a rien enseigné. J'ai dû tout apprendre. *The hard way*, comme disent les anglophones. Aussi me sentais-je bien isolé à certains moments face à des gens qui se laissaient convaincre bien lentement que je pouvais leur être utile[13].» Dans ce milieu qui lui est hostile, il trime dur. Malgré les conseils de ses amis qui l'encouragent à quitter le bureau, il fait preuve de ténacité et demeure à son poste. Son entourage le lui reproche. Puis arrive la Grande Dépression en 1929. «La crise s'accompagna pour moi d'une diminution de revenu impor-tante. [...] Pourquoi avoir accepté une réduction de salaire de quinze pour cent? Pourquoi ne pas être allé ailleurs? Mais c'est

---

10. Gérard Parizeau, *Joies et deuils d'une famille bourgeoise 1867-1961*, Trois-Rivières, Les Éditions du Bien public, 1973, p. 110.
11. *Idem*, p. 212.
12. *Idem*.
13. *Idem*.

À sa sortie des HÉC, Gérard Parizeau a dû lutter ferme pour maintenir son statut social de bourgeois. Photo prise en 1929. Archives de Jacques Parizeau, ANQ.

qu'en 1929 et en 1930, on n'allait pas ailleurs. Quand on avait une situation, une place, on la gardait ; on ne la quittait pas [14]. » Pour compenser cette diminution de revenu et assurer à sa famille un niveau de vie digne du rang social des Parizeau, il rédige pendant deux ans et demi les textes de *L'Économiste canadien,* revue dirigée par Olivar Asselin et publiée par la maison L.G. Beaubien. À la même époque, il enseigne l'histoire du commerce et l'histoire économique du Canada à l'école des HÉC. En 1931, il assume la direction de la chaire d'assurance et il conçoit un cours portant sur le même sujet. Professeur émérite, il enseignera aux HÉC de 1928 à 1965. Sans formation particulière dans le domaine de l'assurance au départ, Gérard Parizeau se découvre un intérêt croissant pour cette activité. À force d'y mettre temps et énergie, il finit par acquérir, en autodidacte, un grand savoir et par développer une expertise professionnelle. En 1932, il crée sa propre revue, *Assurances,* dans laquelle il signera plus de quatre cents articles. En décembre 1935, le catalogue des Éditions Albert Lévesque présente ses grands succès de librairie dans l'*Almanach de la langue française.* Parmi les œuvres d'Édouard Montpetit et Henry Laureys, figure l'ouvrage de Gérard Parizeau intitulé *L'assurance contre l'incendie au Canada.*

Pendant toutes ces années chez Irish & Maulson, l'activité professionnelle intense déployée par Gérard Parizeau révèle en fait qu'un seul salaire ne suffit pas. La condition de bourgeois exige que ses enfants fréquentent les meilleures écoles, mais il faut y mettre le prix et faire des sacrifices. « Revenu du bureau vers sept heures, chaque soir, je dînais avec Germaine, puis j'allais marcher dans le quartier et je me remettais au travail jusqu'à onze heures. Pour ma femme, ce n'aurait pas été bien drôle si elle n'avait pas un goût insatiable de lecture, qui nous permettait de rester ensemble [15]. » Avant 1938, il est tenté de

---

14. *Idem,* p. 192.
15. *Idem,* p. 200.

quitter Irish & Maulson. Son ami Jean Désy lui suggère de devenir le secrétaire français de Mackenzie King. Il songe aussi à prendre la direction de *La Prévoyance*, une compagnie d'assurance, mais il n'en fait rien [16].

Ce n'est qu'à sa troisième année chez Irish & Maulson qu'il commence à faire un peu d'argent. «Mais le directeur du bureau de Montréal était désappointé, écrit Gérard Parizeau. Il trouvait que je n'avançais pas bien vite. Était-il conscient de mes difficultés? Je crois que cela lui était égal et que, pourvu que je ne coûtasse rien au bureau, il était satisfait. Je pense qu'il ne croyait pas beaucoup à mon utilité et à mes capacités [17].»

Le père de Jacques Parizeau vit-il alors personnellement la frustration transmise par plusieurs générations de Canadiens français? Celui qui rédige, vers 1957, un lexique technique de l'assurance en français et qui insistera pour traduire dans la langue de Molière les premières polices d'assurances, peut-il accepter sans réagir que sa langue maternelle soit le passeport assuré vers la médiocrité et la soumission? Comment Gérard Parizeau, homme cultivé, bourgeois canadien-français, voit-il les siens, considérés par la classe d'affaires anglophone comme des sous-hommes? Accepte-t-il facilement d'être condamné à un statut de petit manœuvre servile? Si cette condition réservée à l'ensemble des Canadiens français lui est intolérable, il l'exprime à sa manière, c'est-à-dire avec douceur. Il est plus patriote que nationaliste. Dans l'action, il demeure prudent et effacé. Un jour, au beau milieu d'une de ses innombrables négociations avec le directeur Walter Miller à qui il demande une augmentation de salaire, Gérard Parizeau dit: «Mais monsieur Miller, j'ai trois enfants, c'est-à-dire plus que tout le bureau réuni.» Sourire aux lèvres, Walter Miller lui répond: «Mais, Monsieur Parizeau, nous n'y sommes pour rien.»

---

16. *Idem*, p. 194.
17. *Idem*, p. 213.

Parizeau ne répond pas à l'insolence : « Je ris tout simplement, mais c'est de ce jour-là que date ma décision de fonder ailleurs ma propre affaire [18]. »

Malgré toutes ces années de frustrations à côtoyer des associés qui ne lui refilent pas les clients francophones comme convenu, qui n'ont envers lui que bien peu de considération, qui ne l'encouragent pas et l'abandonnent à son sort, Gérard Parizeau, toujours courtois, écrit : « Si dans l'ensemble on m'avait bien traité, sauf pour le salaire, je ressentais [tout de même] le besoin d'être autre chose qu'un employé. D'autant plus que, de 1932 à 1938, ma rémunération dépassait bien légèrement ce qu'elle était au moment de la crise. » Or, selon ses propres souvenirs, il a accusé pendant cette période une baisse de salaire de quinze pour cent. « Je voyais les autres passer devant moi. Je savais qu'ils étaient dignes d'entrer dans la maison comme associés, mais on me laissait à la porte [19]. » C'est à trente-huit ans qu'il prend finalement la décision de faire concurrence à l'une des plus influentes maisons d'assurances de Montréal. Sa secrétaire, Aurette Piquette, le suit dans l'aventure. « C'est en 1938 que j'osai me séparer de Irish & Maulson. Ils étaient tous persuadés que je ne m'en tirerais pas, tant était puissante l'emprise de leur maison sur sa clientèle. Ils avaient oublié que je m'étais fait des amis des clients dont j'administrais les affaires [20]. » Le premier janvier 1939, il ouvre son propre bureau grand comme un mouchoir de poche. Au cours de l'année qui suit, Walter Miller, directeur montréalais de Irish & Maulson, va tout faire pour l'empêcher de réussir, mais en vain. « Le démarrage fut foudroyant. Au point qu'un an plus tard, à Sainte-Adèle, dans la grande salle du Chantecler, Walter Miller traversa la pièce et vint me serrer la main en disant :

---

18. *Idem.*
19. *Idem*, p. 245-246.
20. *Idem*, p. 214.

Gérard Parizeau, choisi l'homme du mois par la revue Commerce, *en mai 1963.*

" *Congratulations, old man, you win.* " Il avait fait tout ce qu'il avait pu pour m'en empêcher[21]. »

En 1950, Gérard Parizeau s'associe à d'anciens rivaux du milieu francophone de l'assurance et met sur pied le bureau Dupuis, Parizeau, Tremblay. Il a tôt fait de constater que trois hommes de cinquante ans ayant déjà une carrière et des habitudes peuvent difficilement fonctionner ensemble. Le 1er mars 1955, il rompt cette association pour créer, avec ses fils Michel et Robert ainsi que cinq autres personnes, la Société Gérard Parizeau inc. Celui que l'on qualifie volontiers de conservateur pose ce geste à l'âge de cinquante-cinq ans. Robert Parizeau demeure convaincu que si son père n'avait pas senti la présence de ses fils derrière lui, il serait retourné à l'enseignement à temps plein aux HÉC. Il est aussi raisonnable de croire que

---

21. *Idem,* p. 246.

Gérard Parizeau a voulu éviter à ses fils le parcours sinueux qui avait été le sien.

C'est au cours de cette même année 1955, quand l'entreprise familiale vient à peine d'être constituée, que Jacques Parizeau rentre d'Europe. Du Québec des années cinquante, il ne perçoit que les ombres. Pourtant, la lumière est déjà là qui scintille. D'abord, le geste posé par son père. Puis le 17 mars, quelques mois avant son arrivée au Québec, une émeute a éclaté dans les rues de Montréal. Comme s'il se réveillait après un long sommeil, le peuple québécois semble vouloir se redresser. Une foule considérable manifeste sur la rue Sainte-Catherine aux abords du Forum de Montréal. Elle réclame la fin de l'injustice commise à l'endroit d'un francophone, Maurice Richard. En effet, le joueur étoile du Canadien de Montréal, considéré à l'époque comme le meilleur joueur de hockey de tous les temps, vient d'être écarté des séries éliminatoires par Clarence Campbell, président de la ligue et figure emblématique de la société anglophone montréalaise. Depuis le débat sur la conscription en 1942, c'est l'une des plus importantes manifestations politiques. Ce soir de mars 1955, la tranquille société francophone exige à haute voix la fin de la domination anglo-saxonne. En se battant contre «l'Anglais» et en inscrivant à répétition plus de buts que quiconque dans cette ligue unilingue anglaise, Maurice Richard incarne inconsciemment l'espoir de tout un peuple. Jacques Parizeau ne les a pas vus manifester. Il arrive de Londres l'été suivant. Il n'a pas non plus participé à la naissance de l'entreprise familiale. Il ne sait pas encore que son frère Michel réalisera en 1962 la première étude sérieuse relevant l'ensemble des besoins d'assurances de la société d'État Hydro-Québec. Il est loin de se douter que son autre frère, Robert, sera bientôt surnommé «*The Red Menace*» par les dirigeants des grandes sociétés anglo-canadiennes de Toronto qui en viennent à le craindre. Il ignore que son père achètera dans quelques années des sociétés rivales au Canada

179

anglais. La lumière pointe déjà à l'horizon, mais pour l'instant Jacques Parizeau ne la voit pas. Il se consacre plutôt à sa nouvelle carrière d'enseignant, une passion qu'il chérit plus que tout.

Un professeur magistral

C'est le premier cours de l'année. Un étudiant accourt dans l'amphithéâtre : « Voilà le docteur en économie de Londres qui arrive ! » Les élèves se taisent presque instantanément. L'écho des pas du professeur dans le couloir, tout comme sa réputation, précèdent son entrée en classe. Aux HÉC, tout le monde est impatient de voir celui à qui revient l'insigne honneur d'être le premier Canadien français à détenir un doctorat de Londres. On le dit doté d'une rare intelligence. Jacques Parizeau fait son entrée dans la salle. Tous les étudiants se lèvent respectueusement. Il salue alors son auditoire : « Mesdames, Messieurs, bienvenue au cours de commerce international de l'école des Hautes Études commerciales que j'ai l'honneur de vous enseigner cette année. » Les étudiants sont stupéfaits. Grand et mince, le visage sévère, le docteur en économie est à peine plus âgé qu'eux. Il n'a que vingt-cinq ans ! Il porte toutefois un costume qui n'est pas de son âge. Tout comme Victor Barbeau, le vieux professeur de l'école, il est vêtu d'un sombre complet trois-pièces. Il chausse de gros souliers noirs en cuir. Très fier de cette acquisition qu'il a faite à Londres, le nouveau venu s'est d'ailleurs empressé de les exhiber à ses collègues professeurs avant le cours : « Regardez ! Le motif spécial qui apparaît sur le dessus des chaussures est réservé aux officiers de la RAF britannique. »

Ne laissant rien paraître de sa nervosité, Jacques Parizeau commence son cours. Une question ayant été posée par un étudiant, il réfléchit longuement, lisse instinctivement ses moustaches de la main droite et, après un silence, se lance dans un long exposé des plus spéculatif, introduit par un « comment dire...» rapidement prononcé. Il répond à la question de l'étudiant en soulevant une multitude d'autres questions. Puis il inonde son auditoire de statistiques. Comme s'il s'agissait d'un jeu, il fait virevolter l'une après l'autre toutes les hypothèses possibles. Il s'amuse et démontre que le professeur en sait beaucoup et que c'est sans péril qu'il peut réfléchir à haute voix. À la fin de l'exercice, il résume en trois phrases toutes simples l'idée qu'il vient longuement d'exposer. La réponse donnée, les feux d'artifices s'éteignent et le silence retombe. Les étudiants, trop absorbés par la démonstration, n'ont pas eu le temps de prendre la moindre note. L'allure britannique et le rire étudié, le professeur Parizeau vient de donner naissance au personnage qu'il se plaira à parfaire pendant des décennies[22].

Muni d'un robuste cartable noir qu'il dépose sur son bureau au début de chaque cours, il tient en haleine ses étudiants trois heures durant, sans jamais consulter ses notes, marchant de long en large, inlassablement. «Il donnait son cours avec beaucoup de brio, se rappelle François-Albert Angers. Un professeur qui connaît sa matière et n'a pas besoin d'avoir constamment son nez dans son livre, les étudiants apprécient ça énormément! Ils aiment un professeur comme ça[23]!» Selon Pierre Harvey, «la pédagogie c'est beaucoup du spectacle et Parizeau l'avait très bien saisi. Il n'était pas ennuyant[24].» Un autre enseignant des HÉC, Jean Deschamps, atteste qu'il est un «professeur-né dont le but est d'éclairer l'esprit. Posez-lui une question, il va immédiatement être capable de faire une présentation exposant tous les aspects[25].» Bernard

---

22. De son allure britannique, il faut souligner la moustache qu'il a d'ailleurs laissée pousser à Londres. Il fait cette confidence à sa mère dans une lettre à ses parents, depuis Londres, le 14 janvier 1954. Archives de Jacques Parizeau, ANQ.
23. Entrevue avec François-Albert Angers, novembre 1995.
24. Entrevue avec Pierre Harvey, le 27 juillet 1997.
25. Entrevue avec Jean Deschamps, décembre 1998.

Bonin[26], nommé plus tard premier sous-gouverneur de la Banque du Canada, fut l'un des étudiants de Jacques Parizeau, avant de devenir lui-même professeur. «Il m'enseignait alors le cours de relations économiques internationales. Il notait à l'européenne, de façon extrêmement sévère, explique Bernard Bonin. Dix-huit sur vingt c'était la note que seul le bon Dieu méritait. Un jour, au moment de mon examen oral, il m'accoste et me dit : "Ah Bonin! Vous avez une excellente copie, une excellente copie!" Satisfait, je prends ma feuille et regarde la note. J'avais autour de douze sur vingt[27]!»

Unanimement respecté au sein du corps professoral des HÉC, Jacques Parizeau l'était encore davantage de ses étudiants. «Tout ce qu'il disait était pris comme parole d'évangile, soutient Bernard Bonin. Aucun étudiant n'aurait mis en doute ce que Parizeau disait. La caractéristique de tous les gens brillants, à un moment donné, c'est qu'ils se laissent aller quelquefois à la facilité. Il a lancé des gens sur des fausses pistes. Le désir d'être original et de pouvoir dire "Je suis hétérodoxe à l'encontre des orthodoxes". Le prix à payer de temps en temps pour ce sentiment d'originalité, c'est d'être quelquefois dans l'erreur. Il avait un tel souci de se démarquer... si le courant était de droite, il allait à gauche[28].»

---

26. Bernard Bonin devient professeur des HÉC, puis directeur de l'Institut d'économie appliquée en 1972. Il est par la suite nommé sous-ministre adjoint de l'Immigration dans le gouvernement de Robert Bourassa et devient en 1977, sous-ministre adjoint des Affaires intergouvernementales, cette fois sous le gouvernement Lévesque. Après un séjour à l'ÉNAP, il est nommé sous-gouverneur de la Banque du Canada en 1988, puis premier sous-gouverneur de la même institution en 1994 avant de prendre sa retraite. Il est le premier francophone à avoir occupé un poste aussi élevé à la Banque du Canada.
27. Entrevue avec Bernard Bonin, le 27 septembre 1999.
28. *Idem.*

Le jeune docteur en économie en vacances,
à la fin des années cinquante.
Archives de Jacques Parizeau, ANQ.

À proximité des HÉC, sur la rue Saint-Hubert, le casse-croûte Chez Jo offre sandwichs et boissons gazeuses à sa jeune clientèle. Situé au sous-sol d'un immeuble des plus modeste, l'endroit déborde d'étudiants des HÉC. C'est le *milieu*. Si à l'occasion quelques professeurs s'y rendent, Jacques Parizeau, lui, est un habitué de la place. Dès qu'il met les pieds dans le restaurant, le maître est entouré par un groupe d'étudiants. Toute sa cour s'y trouve. Un cola dans une main, un hot-dog dans l'autre, il tient des discours sur l'économie et sur les décisions qui guettent les grands de ce monde responsables d'assurer un développement économique soutenu à la civilisation. «Tous les étudiants l'aimaient et il aimait les étudiants, affirme Maurice Lanoix, professeur des HÉC. Il les survoltait [29].»

29. Entrevue avec Maurice Lanoix, le 9 juin 1997.

Assister à un cours donné par Jacques Parizeau devient vite un privilège. Certains professeurs des HÉC demandent à consulter ses notes de cours, fort convoitées. D'autres n'hésitent pas à assister à ses cours comme auditeurs libres. Flatté, Jacques Parizeau y consent volontiers. Lorsqu'il met les pieds dans la salle des profs, toute l'attention se dirige vers sa personne. Nombreux sont ceux qui cessent alors de boire leur café. « C'était alors le temps des discussions sérieuses, raconte le professeur Roland Côté. Les collègues lui posaient une multitude de questions. Approche-t-on d'une récession sérieuse ? Le taux d'intérêt va-t-il monter ? » Londres avait fait de lui un maître à penser de la science économique et il en était fort heureux.

Pierre Harvey, qui a bien connu Jacques Parizeau pendant toutes ces années, souligne que son collègue n'avait pas de difficulté à travailler avec ceux qu'il considérait comme étant ses supérieurs ou inférieurs à lui. Là où il pouvait y avoir des zones de turbulence, c'était avec les rares professeurs qui osaient se comporter comme lui. « Parizeau se reconnaissait peu de gens capables de rivaliser avec lui sur un pied d'égalité[30]. » Pierre Harvey, qui deviendra plus tard directeur des HÉC et, par conséquent, le supérieur de Jacques Parizeau, parle en connaissance de cause. Le personnage impressionne le plus grand nombre, mais indispose aussi plusieurs professeurs qui digèrent mal sa façon de déclamer tout haut son savoir et de proférer *ex cathedra* de grandes vérités économiques. Maurice Lanoix, qui apprécie Jacques Parizeau, se souvient de toutes les séances de travail informelles qu'ils ont tenues dans des restaurants : « Parizeau arrivait en plein été avec ses gants qu'il portait comme un Anglais de Londres ! » Pour Bernard Bonin, « il fallait vraiment qu'il exerce un magnétisme très grand pour que les gens acceptent de lui pardonner certains traits de son

---

30. Entrevue avec Pierre Harvey, novembre 1995.

caractère. Mais quel brio ! Que ce soit devant ses étudiants, les chambres de commerce ou les associations syndicales [31]. »

Le seul supérieur que Jacques Parizeau reconnaît alors c'est François-Albert Angers. Celui-ci dirige le service économique des HÉC. Sa grande influence sur l'équipe des professeurs s'exerce tout de même dans un climat de liberté où les idées les plus diverses peuvent circuler sans restriction. « Nous étions un petit groupe compact, nous vivions littéralement ensemble », se souvient Maurice Lanoix. Roland Parenteau garde un souvenir durable de ces interminables débats de couloir avec François-Albert Angers, débats qui pouvaient durer jusque tard le soir. « Nos femmes étaient toutes en colère parce que nous étions absents au souper [32]. » La cohésion entre eux est exemplaire. Bernard Bonin, plus jeune que les Parizeau, Parenteau et Harvey, peut en témoigner. « On sentait la fierté d'Angers d'appartenir, comme directeur des études économiques, à une institution comme les HÉC. Même si, à l'interne, il pouvait débattre avec nous avec une vigueur extrême et nous contredire, il nous prenait sous son aile et était prêt à nous défendre sur toutes les tribunes [33]. » Promoteur peut-être trop discret du corporatisme, François-Albert Angers ne réussit pas à convaincre cette génération montante de jeunes économistes d'adhérer à cette école de pensée. Jacques Parizeau penche plutôt en faveur d'une économie centralisée où le gouvernement fédéral doit faire preuve d'un certain dirigisme. François-Albert Angers reconnaît que Jacques Parizeau était keynésien, « ce que je n'étais pas ». Au sujet du rôle que doit jouer le maître, François-Albert Angers explique que celui-ci doit éviter d'embrigader son protégé et lui laisser l'espace nécessaire pour émettre ses idées. « Parce qu'il y a entre lui et moi cette situation où j'étais son patron, j'avais à respecter sa liberté de pensée. Puis il ne

31. Entrevue avec Bernard Bonin, le 27 septembre 1999.
32. Entrevue avec Roland Parenteau, le 3 décembre 1997.
33. Entrevue avec Bernard Bonin, le 27 septembre 1999.

fallait pas que je le heurte non plus pour essayer de changer ses convictions. Un collègue peut faire ça, mais comme je n'étais pas un collègue, que j'étais un patron, cela a toujours maintenu entre lui et moi une réserve dans l'abord des problèmes. Je ne souhaitais pas avoir l'air de l'homme qui veut imposer ses idées. Ça, je ne l'ai jamais fait avec aucun des professeurs de l'école. C'est exclu, à mon sens, de l'attitude de celui qui dirige un service [34]. »

À titre de docteur en économie, Jacques Parizeau se voit confier un premier travail de recherche par le gouvernement de Maurice Duplessis. À l'été 1955, quelques semaines après son retour de Londres, il est accosté par François-Albert Angers qui lui demande :

— Parizeau, ces travaux sur l'impôt provincial, ça vous intéresse ?

— Si l'on veut.

« À vrai dire, ça me [laissait] froid, confie Jacques Parizeau. Il ne faut pas oublier que je suis un gars de commerce international. » Sans grand enthousiasme, il accepte toutefois de faire ce travail.

Pour mettre fin à l'impasse fiscale qui oppose la province de Québec au gouvernement d'Ottawa, Maurice Duplessis a accepté, en 1953, de mettre sur pied une commission d'enquête sur les problèmes constitutionnels. Celle-ci a comme président le juge Thomas Tremblay et Esdras Minville, qui est demeuré proche de l'Union nationale, est l'un des cinq commissaires qui siègent à la commission. La Chambre de commerce du district de Montréal a convaincu Maurice Duplessis de prendre François-Albert Angers comme expert économique. « Lors de la Commission Tremblay, se souvient Roland Parenteau, Angers travaillait comme un fou, jour et nuit. On le trouvait le matin avec une boîte de *Corn Flakes* sur son bureau. Il avait rédigé toute la

---

34. Entrevue avec François-Albert Angers, novembre 1995.

nuit[35]. » La commission remet son volumineux rapport de près de deux mille pages en quatre volumes et onze annexes le 15 février 1956. Résolument autonomiste, la Commission Tremblay « souhaite l'autonomie dans la Confédération[36] ». Pour rédiger l'ouvrage, François-Albert Angers, chef du Service de documentation économique des HÉC, a mis à contribution quelques-uns de ses plus fidèles collaborateurs en échange d'une maigre rémunération[37]. La participation de Jacques Parizeau se limite à la rédaction de l'appendice 2 de l'annexe 11 écrite par François-Albert Angers[38]. Pour leur part, Pierre Harvey et Roland Parenteau ont collaboré de façon plus intensive. Mais l'empreinte laissée par le vieux maître sur ces travaux est considérable. « Comme on pouvait s'y attendre, écrit Robert Rumilly, François-Albert Angers secondé par son équipe de l'École des Hautes Études, a abattu la plus grosse besogne. Il a fourni les études clés sur les questions de sécurité sociale et de fiscalité[39]. » Dans ce débat qui aura un impact déterminant sur l'histoire du Québec, car il mènera à la création de l'impôt provincial grâce auquel le gouvernement provincial pourra amasser davantage de revenus, ce qui lui permettra d'instaurer un véritable rapport de force avec Ottawa, Jacques Parizeau a été plus ou moins présent. Il avoue d'ailleurs avoir été tout à fait indifférent à la question. Il a collaboré aux travaux uniquement parce que son maître le lui avait demandé. Pour

---

35. Entrevue avec Roland Parenteau, le 3 décembre 1997.
36. Robert Rumilly, *Maurice Duplessis et son temps*, Tome II : 1944-1959, Montréal, Fides, 1973, p. 556.
37. François-Albert Angers ne reçoit lui-même qu'un modeste cachet quand on considère l'importance de sa contribution aux travaux de la Commission Tremblay.
38. L'annexe de François-Albert Angers porte sur « La centralisation et les relations fédérales-provinciales ». Jacques Parizeau est l'auteur de l'appendice 2, « Note sur les post-keynésiens et la politique économique contemporaine », qui compte dix-sept pages.
39. Robert Rumilly, *Maurice Duplessis et son temps*, *op. cit.*, p. 556.

lui, le Québec de Maurice Duplessis «c'était de la pourriture! Dans ces conditions-là, pour moi, il n'y avait vraiment qu'un seul gouvernement, c'était à Ottawa [40]. »

Le salaire d'un journalier

Après avoir poursuivi avec succès des études supérieures dans trois universités, le docteur en économie ne reçoit, en 1955, que quarante dollars par semaine. «C'est moins que le journalier qui travaille à Montréal [41] », lance Jacques Parizeau. Ses souvenirs sont assez justes. Au début de l'année 1955, les archives des HÉC révèlent en effet que le talentueux professeur était payé cinquante et un dollars par semaine. Quelques mois après son retour au Québec, il se fait offrir un autre emploi ailleurs. Léon Lorrain, un ami de son père, prend sa retraite et lui réserve son poste de secrétaire général à la Banque canadienne nationale. Jacques Parizeau refuse. Il s'est engagé auprès de François-Albert Angers à donner plusieurs années aux HÉC et il le fera malgré le salaire de misère qu'il reçoit. C'est toutefois lors de cette visite au bureau de Léon Lorrain qu'il rencontre Alicja Poznanska, une Polonaise du même âge que lui. Ils se marieront quelques mois plus tard. Le couple aura deux enfants : un garçon et une fille [42]. Il est devenu père de famille, quand une seconde offre lui est présentée en 1958. Plus alléchante cette fois, la proposition de la Banque de Paris et des Pays-Bas consiste en un poste au siège montréalais de l'entreprise avec la possibilité de voyager autour du monde. Il pourrait gagner neuf mille dollars par année, soit deux mille de plus qu'aux HÉC. Cette fois, c'est la passion de l'enseignement qui l'emporte. Jacques Parizeau refuse, il aime trop sa profession.

---

40. Entrevue avec Jacques Parizeau, le 1er décembre 1997.
41. Entrevue avec Jacques Parizeau, le 20 novembre 1997.
42. Pour plus de détails sur Alice Parizeau, voir le chapitre 16.

Certificate of Marriage

✝

Church of
Saint Raphael the Archangel
Outremont, Montreal, Quebec

This is to Certify

That Joseph Jacques Leon Parizeau

and Alice Poznanska

were lawfully **Married**

on the Second day of April 19 56

According to the Rite of the Roman Catholic Church

and in conformity with the laws of the Province of Quebec,

Rev. John L.O'Rourke,P.P.

officiating, in the presence of Gerard Parizeau,father,

and Thaddeus Poznanski,uncle, Witnesses

as appears from the Marriage Register of this Church.

Dated April 2nd,1956

[signature] Pastor

Le certificat de mariage du couple Parizeau, en anglais...
Archives de Jacques Parizeau, ANQ.

Le jour du mariage. Archives de Jacques Parizeau, ANQ.

Jusqu'en 1957, l'école des Hautes Études commerciales dépend, au plan administratif, du gouvernement du Québec[43]. La Commission du service civil détermine et attribue les salaires à chaque professeur. En 1955, Roch Bolduc, jeune inspecteur de la Commission, persuade le président J. Ernest Laforce de l'engager pour classer les postes de la fonction publique[44]. Roch Bolduc impressionne le commissaire. Le finissant de l'Université de Chicago connaît la valeur d'un diplôme universitaire, il insiste auprès de son patron pour qu'on augmente les salaires de Jacques Parizeau, Roland Parenteau

---

43. En 1957, une nouvelle loi confère aux HÉC leur pleine indépendance administrative et pédagogique. Le gouvernement ne nomme plus que trois des neuf membres de la corporation. Les salaires explosent pour combler l'immense retard accumulé.
44. Entrevue avec Roch Bolduc, le 8 décembre 1997.

longue et solide complicité dans l'action va se forger entre ces deux hommes et s'inscrire pour toujours dans l'histoire politique du Québec.

À l'été 1956, Jacques Parizeau loue une maison dans le quartier de la Côte-de-Sable à Ottawa. Il participe à un programme de formation offert par la Banque du Canada à de jeunes professeurs. Gerry Bouey, qui deviendra plus tard gouverneur de cette banque, parraine le jeune économiste. D'une durée de trois mois, le stage consiste à établir quels sont les instruments de la politique monétaire susceptibles de faire varier les réserves bancaires. Dans une étude comparative, le stagiaire décrit comment certaines banques centrales exercent le contrôle sur leur réserve.

Vers les années 1956-1957, Jacques Parizeau réalise sa première étude antidumping pour le compte de la CSN. Ses travaux portent sur l'industrie du textile primaire. À l'été 1958, il entreprend un second stage à l'Université Queen's à Kingston. Ces trois mois à l'Institute for Economic Research lui permettent d'en apprendre beaucoup sur les lois antitrust et de tisser des liens avec le monde économique et financier du reste du Canada[48].

L'écurie Parizeau

Jacques Parizeau adore s'entretenir d'économie avec ses étudiants. Et les plus vifs regrets du professeur concernent certains des plus beaux cerveaux qu'il aurait aimé voir se destiner à l'enseignement et qu'il estime avoir perdus parce que la profession était mal payée. Il cite le cas d'un étudiant brillant à qui il avait offert de faire des études supérieures en Europe après lui avoir déniché une bourse d'étude. « Mais le jeune

---

48. Entrevue avec Jacques Parizeau, le 1ᵉʳ décembre 1997.

homme voulait une auto à tout prix. Pour se la payer, il [a accepté] le premier emploi offert et [il est devenu] vendeur de papier de toilette pour Kimberly-Clark. Il l'a eue sa grosse voiture familiale[49]!», raconte-t-il, déçu.

Tout comme son maître François-Albert Angers, Jacques Parizeau est soucieux de façonner une nouvelle génération d'économistes canadiens-français. Pour propulser ses étudiants les plus brillants vers les sommets, il use d'un stratagème. À la fin des années cinquante, les postes les plus prometteurs se trouvent à la Banque du Canada et au ministère fédéral des Finances. Or le professeur Parizeau connaît bien le niveau de résistance du Canada anglais face à tous les francophones désireux d'occuper un poste au sein de ces deux institutions. «On ne se rend pas compte du mépris pour tout ce qu'il y avait de francophone[50].» Il va donc habilement miser sur le prestige que lui donne son doctorat de la London School of Economics pour établir des passerelles stratégiques avec le Canada anglais. À ses poulains, qu'il choisit avec discernement, il propose de pénétrer la «filière écossaise». «Au début des années cinquante et soixante, affirme-t-il, vous ne pouviez pas entrer aux finances à Ottawa. Il fallait être Écossais et du groupe de MacIntosh et de J.A. Corry de l'Université Queen's. J'ai utilisé comme porte d'entrée le jeune professeur David Slater, un assistant de MacIntosh. On s'est entendu pour qu'il transforme mes diplômés des HÉC en Écossais honoraires. Après un an à l'Université Queen's, ils pouvaient aller à la Banque du Canada ou aux finances. Si je poussais un poulain, il était entendu que David Slater le prenait pour une période d'incubation[51].»

Michel Caron, futur sous-ministre des Finances à Québec et à Ottawa, est l'un des poulains de l'écurie Parizeau à être

49. Entrevue avec Jacques Parizeau, le 11 janvier 1998.
50. Entrevue avec Jacques Parizeau, le 25 janvier 2000.
51. Entrevue avec Jacques Parizeau, le 11 janvier 1998.

passé par la filière écossaise. Il en est de même pour Maurice Jodoin, qui travaillera à la Banque du Canada et deviendra président du Trust Général. «Il n'y avait pas d'autres professeurs au Québec qui faisaient cela, rappelle Jacques Parizeau. J'étais dans leur club à cause du doctorat de Londres», soutient-il.

Jean Labrecque, étudiant doué, est rapidement repéré par Jacques Parizeau. «Nous sommes en 1959 et Parizeau est déjà un des pontes du département, raconte Jean Labrecque. Assister à ses cours relève du spectacle. Jacques Parizeau s'applique à faire de l'effet. Il est très scénique et ses envolées oratoires font déjà partie de la légende des HÉC[52].» Jean Labrecque termine sa licence avec éclat. Jacques Parizeau l'embauche comme assistant de recherche. «Parizeau était dur avec ses poulains. Il nous confiait beaucoup de tâches techniques, de longs travaux manuels [...] et de courtes échéances pour réaliser le tout. Cela faisait partie de l'apprentissage[53].» Le professeur lui trouve ensuite une bourse. En 1962, Jean Labrecque est âgé de vingt-trois ans. Jacques Parizeau, qui entrevoit un avenir prometteur pour le jeune homme, lui demande :

— Vous voulez aller en finance ?

— Oui.

— Voulez-vous aller travailler au ministère des Finances à Ottawa ?

— Oui.

— Est-ce que ça vous intéresserait d'aller à Queen's ?

C'est le genre de question qui n'appelle qu'une réponse positive. Michel Caron est déjà là-bas. Jean Labrecque entre donc à Queen's en septembre 1962. Cependant, maîtrisant mal l'anglais, il se sent exclu du groupe. Il n'a que trois amis à l'université de Kingston : un Juif de Winnipeg, un Chinois de

---

52. Entrevue avec Jean Labrecque, le 9 novembre 1998.
53. *Idem*.

Toronto et un Noir de la Jamaïque. En tant que Canadien français, il fait partie de la minorité mal aimée. Forte tête, Jean Labrecque emmagasine rage et dépit. C'est à l'Université Queen's qu'il devient souverainiste : « Ben raide !, ajoute-t-il. Point final ! C'est à Kingston que je deviens indépendantiste, point final ! Ce n'était pas mon pays et ils me le disaient [54]. » En avril 1963, il abandonne ses études en Ontario. « C'est mon premier échec personnel, confie-t-il. Avant cette expérience, j'étais un très bon étudiant [55]. »

De retour à Montréal, Jean Labrecque se présente aux HÉC pour discuter de sa situation. Jacques Parizeau est tellement ulcéré par la nouvelle qu'il refuse de lui serrer la main. Il avait conclu une entente avec lui et il n'a pas tenu parole. Parizeau n'accepte pas qu'un de ses poulains ne termine pas la course. « Je [devins] un pas bon à ses yeux, explique Jean Labrecque. J'étais celui qui l'avait laissé tomber et qui avait terni sa réputation [56]. » Jacques Parizeau ne veut plus le voir. Ils se quittent en très mauvais termes. Six ans plus tard, à la fin de la décennie, ils se croiseront pourtant dans l'escalier d'un bungalow de banlieue à Montréal, où ils ont été conviés tous les deux à la même réunion d'un parti politique naissant : le Parti québécois.

Un corps étranger au Canadian Club

En train de lire dans son salon, confortablement calé dans un bon fauteuil, Claude Ryan se laisse tout à coup distraire par le son qui s'échappe du téléviseur. Un débat fort intéressant semble s'y dérouler. Maurice Lamontagne, économiste de l'Université Laval, discute en compagnie d'un jeune homme

---

54. *Idem.*
55. *Idem.*
56. *Idem.*

qu'il ne connaît pas. Récemment nommé conseiller économique au Conseil privé à Ottawa, Maurice Lamontagne semble avoir trouvé ce soir-là un adversaire de taille pour débattre de questions économiques. Claude Ryan met son livre de côté pour se concentrer sur la joute oratoire qui se déroule sous ses yeux : « Parizeau l'a tenu d'une manière astucieuse tout au long de la discussion[57]. » Il sourit. « Je me suis dit, c'est une future étoile celui-là. Tout de suite, je me suis dit, il va aller loin. On voyait que c'était un esprit supérieur[58]. »

Michel Dupuis, dont la carrière débute aussi au Conseil privé, raconte à Maurice Lamontagne après une réunion : « J'ai découvert un type formidable ! J'ai rencontré Jacques Parizeau dans un colloque. Je suis fier. On a quand même de bonnes têtes au Québec[59]. » C'est ainsi que Maurice Lamontagne et Jacques Parizeau sont mis en relation. « Maurice Lamontagne a été pour moi un phare, insiste Jacques Parizeau qui est alors fédéraliste. Son ouvrage *Le fédéralisme canadien* marque la première intrusion des idées keynésiennes chez les francophones du Québec. D'ailleurs, la première formule de péréquation en 1952, c'est à Maurice Lamontagne que nous la devons. C'est un esprit de premier ordre[60]. »

À cette époque, Jacques Parizeau est à ce point fédéraliste, se souvient Roland Parenteau, qu'il en est même impérialiste, défendant à tout moment les agissements de l'Empire britannique. « Mais son fédéralisme pâlit à la suite de son expérience de travail à la Banque du Canada[61]. » C'est l'interprétation qu'en fait Roland Parenteau, qui a lui aussi passé un été à

---

57. Entrevue avec Claude Ryan, le 14 juin 2000.
58. *Idem.*
59. Entrevue avec Michel Dupuis, le 16 octobre 1998.
60. Entrevue avec Jacques Parizeau, le 11 janvier 1998.
61. Entrevue avec Roland Parenteau, le 3 décembre 1997.

travailler pour une commission d'enquête à Ottawa[62]. « On avait l'impression d'être le francophone de service. Il n'y avait pas de conflit, les gens étaient très gentils, mais personne ne tenait compte de ce qu'on disait[63]. » Le sourire vide et offensant de celui qui vous ignore. En fait, à cette époque, tout le milieu financier public et privé est fermé aux francophones et aux Juifs. Pour les Juifs, c'est systématique jusqu'au tout début des années soixante. Les banques du Canada anglais refusent de leur faire une place à leurs conseils d'administration tandis que l'Université McGill expulse les étudiants juifs qui essaient de s'y inscrire. Sam Bronfman tente de devenir sénateur, mais sans succès. Il semble que la richesse d'un Juif n'apporte pas les mêmes privilèges que garantit la fortune d'un Anglo-Saxon.

À la Banque du Canada, Juifs et francophones sont sur le même pied, c'est-à-dire exclus du plus influent centre de décision économique du pays. Jacques Parizeau voit tout cela. Après qu'il eut fait un court stage dans les murs de cette banque, on le recrute pour traduire les rapports annuels de l'institution. À la fin des années cinquante, c'est tout ce que la direction de la Banque du Canada peut offrir à un docteur en économie de la London School of Economics. « C'était très payant, explique Jacques Parizeau, mais c'était essentiellement alimentaire[64]. » Le défi intellectuel est limité et l'analyse financière complètement absente. Pendant plusieurs années, la même routine s'installe. Pour quelques jours, le temps de remplir ses contrats de traduction, il réserve une chambre au Château Laurier, son endroit de prédilection à Ottawa. Après des heures de travail, il retourne à la fin de la journée à sa chambre d'hôtel. Là, sa

---

62. Il passe un temps fou à réaliser une étude détaillée sur les écarts de prix des denrées alimentaires. Lors du dépôt du rapport, Roland Parenteau réalise que les commissaires n'en ont pas tenu compte. Les résultats ne seront jamais publiés.
63. Entrevue avec Roland Parenteau, le 3 décembre 1997.
64. Entrevue avec Jacques Parizeau, le 1er décembre 1997.

femme lui amène une bassine d'eau chaude pour qu'il y trempe ses mains et ses poignets endoloris. À l'époque, le poste le plus élevé occupé par un francophone est celui de sous-gouverneur[65]. Le titre est toutefois trompeur. «Le sous-gouverneur francophone d'alors est gérant des bâtisses, c'est vous dire!», commente Jacques Parizeau. Pendant ces quelques jours où il traduit les rapports annuels de la Banque du Canada, on lui permet de travailler le soir au quatrième étage de l'institution, là où se trouvent les bureaux de la haute direction. Jacques Parizeau est en plein travail, un certain soir, quand une équipe de concierges francophones vient faire le ménage. «Tiens, une tête carrée qui travaille encore!», dit l'un des manœuvres convaincu qu'il s'agit d'un anglophone qui ne peut comprendre la langue des concierges. L'autre ajoute : «Maudits Anglais! Ils savent pas s'habiller, regarde-le avec son complet trois-pièces.» Les rires fusent. Parizeau s'en souvient comme si c'était hier : «Les manœuvres se fichent de moi, ils croient que je suis anglophone. À un moment je leur dis : "Ça va faire!" "Oups! disent-ils, un Canadien français au quatrième, on aura tout vu"[66]!» Jacques Parizeau éclate de rire.

À défaut de pouvoir réaliser des travaux d'une réelle importance pour le gouvernement fédéral, le jeune professeur est recruté par Lucien Rolland pour agir comme consultant auprès de la compagnie de papier Rolland. Tout comme la famille Parizeau, les Rolland constituent l'une des grandes familles bourgeoises du Canada français. Au milieu des années cinquante, Lucien Rolland et Jacques Parizeau brillent comme deux étoiles dans le firmament canadien-français si peu lumineux. La famille Rolland est en affaires depuis 1842 et a fondé l'entreprise de papiers fins en 1882. Jeune, dans la mi-trentaine,

---

65. Il s'agit de monsieur Hervé Saint-Amour.
66. Entrevue avec Jacques Parizeau, le 1er décembre 1997.

199

*Lucien Rolland choisi l'homme du mois
par la revue* Commerce, *en janvier 1957.*

Lucien Rolland a repris le contrôle de l'entreprise familiale qui risquait de passer aux mains d'anglophones. «Les femmes des Rolland donnaient leurs bijoux à leurs maris et à Lucien Rolland pour s'assurer de pouvoir acheter suffisamment d'actions pour éviter la perte de contrôle [67]», raconte Jacques Parizeau dans son style toujours fort imagé. L'industrie canadienne des pâtes et papiers est dirigée depuis toujours par un establishment anglo-saxon solidement enraciné. Les rares francophones qui ont tenté de s'y faire une place, comme Alfred Dubuc au début du siècle, ont tous été écrasés. Lucien Rolland, fin renard, a choisi de frayer avec l'élite dirigeante du papier. Il fuit la confrontation et s'assimile aux pratiques du milieu anglo-saxon. Il évite de se faire remarquer et cette discrétion, doublée

---

67. Entrevue avec Jacques Parizeau, le 6 octobre 1997.

d'un redoutable sens des affaires, lui assure un espace suffisant pour évoluer à l'aise dans le domaine du papier fin.

En 1956, la compagnie Rolland procède à l'achat d'une nouvelle machine à papier pour son usine de Saint-Jérôme dans les Laurentides. Les plans de cette imposante machine ont été réalisés aux États-Unis selon les souvenirs de Jacques Parizeau. Le coût : plus de cinq millions de dollars... de 1956 ! Comme pour tout démarrage d'équipement lourd, il faut un certain temps de rodage avant que la nouvelle machine donne son plein rendement. C'est la raison pour laquelle le président de la compagnie confie au jeune Parizeau la tâche de réaliser une étude sur les coûts de démarrage de l'équipement neuf[68]. «À mon retour d'Europe, c'est mon premier cas de consultant[69]», dit-il. Le jeune économiste démontre pour la première fois qu'il peut aisément s'éloigner des salles de cours pour atterrir sur le plancher d'une usine et rendre compte des problèmes de production. Satisfait de ses travaux, Lucien Rolland lui confie un autre mandat le 21 juillet 1959[70], soit rédiger un mémoire sur les conséquences d'une éventuelle élimination des tarifs douaniers sur le papier fin vendu aux États-Unis. Le document est remis le 30 août. La principale recommandation se résume à la phrase suivante : de façon générale, il n'y a pas d'intérêt soudain pour que la compagnie Rolland modifie le statu quo. Mais s'il y avait libre-échange, la compagnie devrait se spécialiser dans certains créneaux. En 1960, les tarifs douaniers sur le papier fin sont de vingt-deux pour cent. Mais le Kennedy Round va bientôt débuter et Lucien Rolland veut maintenir cette protection. Il est à la recherche d'un économiste protectionniste capable de promouvoir cette idée auprès des instances internationales. «La plupart des

---

68. Entrevue avec Lucien Rolland, le 21 novembre 1997. La machine 7 sera mise en marche en 1957.
69. Entrevue avec Jacques Parizeau, le 6 octobre 1997.
70. Archives de la compagnie Rolland.

économistes avec lesquels je pouvais être en contact n'étaient pas des protectionnistes[71]», rappelle Lucien Rolland. «Le seul que j'ai trouvé est Jacques Parizeau.» Le 13 mai 1960, le jeune professeur accepte d'agir comme consultant sur une base permanente. À raison de cent dollars par mois[72], il doit travailler à bâtir une solide argumentation contre la libéralisation des tarifs douaniers. Lucien Rolland va présenter à la Canadian Pulp and Paper Association (CPPA) le document rédigé par son conseiller économique. «Le mémoire de Parizeau a ensuite servi à Genève pour attaquer les libres-échangistes, mais on n'a pas gagné[73].»

Lucien Rolland, fédéraliste convaincu et ami de Pierre Elliott Trudeau, a alors l'impression que Jacques Parizeau peut défendre avec le même brio une position ou son contraire. Toutefois, il n'apprécie guère que le professeur des HÉC utilise l'information qui provient de sa compagnie pour en faire des études de cas dans ses cours. «J'avais l'impression que les secrets de la compagnie se faisaient publiciser[74].»

La compagnie Rolland est alors la seule entreprise francophone membre de la Canadian Pulp and Paper Association. C'est aussi la plus petite. Son président désigne Jacques Parizeau pour représenter l'entreprise au comité du commerce et des tarifs de la CPPA. Ce dernier s'en souvient très bien : «J'étais le seul francophone du groupe[75].» Le comité tient plusieurs réunions, habituellement à l'édifice de la Sun Life à Montréal. L'une de ces rencontres est inscrite à jamais, claire comme du cristal, dans la mémoire de Jacques Parizeau. Cette fois-là, tout le groupe s'est déplacé à Toronto. Trente personnes assistent à la réunion. À la suite d'une séance de discussion, la délégation

---

71. Entrevue avec Lucien Rolland, le 21 novembre 1997.
72. Archives de la compagnie Rolland.
73. Entrevue avec Lucien Rolland, le 21 novembre 1997.
74. *Idem.*
75. Entrevue avec Jacques Parizeau, le 6 octobre 1997.

Jacques Parizeau regardant peut-être en direction de Québec, dans l'attente qu'éclate enfin la Révolution tranquille. Archives de Jacques Parizeau, ANQ.

se dirige vers le bar du Canadian Club. « On prend un verre tous ensemble », relate Jacques Parizeau. C'est à ce moment-là que J.M. Thompson, de la Dominion Tar & Coal Company, se met à expliquer fièrement, en détail et avec enthousiasme, comment leur filiale Howard Smith, installée au Québec par l'intermédiaire de Domtar, manœuvre pour s'assurer qu'il n'y ait aucun Canadien français au-dessus du grade de contre-maître à la compagnie. Ravi et triomphant, Thompson rencontre tout à coup le visage fermé de Jacques Parizeau. Les allures de Britannique du représentant de la Rolland ont fait oublier à Thompson que Jacques Parizeau est un digne représentant de la minorité canadienne-française. Réalisant l'impair qu'il vient de commettre, l'Anglais lui adresse ses excuses : « Oh Jacques! Oh Jacques!… *I'm sorry.* » « Je n'ai jamais autant eu l'impression d'être un corps étranger qu'au Canadian Club ce soir-là[76]. » Jacques Parizeau ne répond pas aux excuses du maladroit

---

76. Entrevue avec Jacques Parizeau, le 1er décembre 1997.

203

personnage. Il hausse les épaules en signe d'exaspération, puis va s'asseoir seul au bar [77].

À mariner trop longtemps dans la marmite du mépris et de l'exclusion, le nationalisme de Jacques Parizeau va lentement mais irrémédiablement changer d'allégeance. La victoire de Jean Lesage et dix ans de Révolution tranquille vont terminer le travail et anéantir chez lui toute forme d'engagement envers le Canada.

---

77. Il affirme qu'il repensera longuement à cet épisode lorsque l'État québé-cois prendra le contrôle de Domtar en 1981.

DEUXIÈME PARTIE

LE NOUVEAU QUÉBÉCOIS

CHAPITRE 7

La détonation du 22 juin 1960

« *En somme, la Révolution tranquille, c'était les
positions de Duplessis, mais à la moderne. On ne
faisait pas juste réclamer, nous agissions.* »

Claude Morin [1]

Le 22 juin 1960, la victoire électorale de Jean Lesage résonne
dans tous les coins du Québec comme le début d'une
formidable avancée. Si la force du changement fait trembler les
esprits les plus conservateurs, chez Jacques Parizeau, ce renver-
sement prend la forme d'une apaisante bourrasque de vent
frais, annonciatrice d'une ondée de réformes capables d'irriguer
la province. Il veut en être. L'économiste désire s'associer aux
réformistes qui ont pris le pouvoir à Québec. En cet été de
grande éclaircie, il vient d'avoir trente ans. Marié, père de deux
jeunes enfants et propriétaire depuis peu d'une magnifique
résidence, rue Robert à Outremont, Jacques Parizeau est en
pleine possession de ses moyens. Il s'empresse d'endosser
l'uniforme des révolutionnaires tranquilles en s'engageant auprès
de l'équipe du tonnerre de Jean Lesage, puis plus tard avec celle
de Daniel Johnson. Il va consacrer toute sa trentaine à ériger,

---

1. Entrevue avec Claude Morin, le 9 février 1998.

avec un commando de hauts gradés de la fonction publique, un nouvel État québécois, puissant, capable de mener de grandes opérations dans les champs économique, social et constitutionnel.

« L'État québécois est le point d'appui collectif de la communauté canadienne-française, déclare Jean Lesage, devenu premier ministre. L'État québécois n'est pas un étranger parmi nous. Allons-nous le comprendre! C'est à nous! Il est à nous. Il nous appartient et il émane de nous[2]. » Deux ans plus tard, Jean Lesage complète sa pensée : « Comme toute entreprise dynamique, le Québec doit augmenter ses revenus et même emprunter. C'est là la condition d'un progrès ultérieur[3]. » Il faut prendre avantage du crédit de la province et agir dans le domaine du développement économique. Voilà une idéologie qui sied comme un gant à Jacques Parizeau. Mais si cette révolution est qualifiée de « tranquille », c'est qu'elle s'inscrit dans la poursuite d'un certain passé. En juillet 1960, la première rencontre fédérale-provinciale qui porte sur le partage fiscal fournit une occasion de le remarquer. Claude Morin, qui rédige alors plusieurs discours pour Jean Lesage, constate que l'attitude du nouveau gouvernement à l'égard du gouvernement fédéral n'est pas très différente de celle de Maurice Duplessis. « Non seulement ne contredisait-il pas Duplessis mais, au contraire, il se situait, par rapport à lui, dans une continuité certaine. Au moment de la conférence, il fit même distribuer un exemplaire en anglais du rapport très autonomiste de la Commission Tremblay[4]. » Pour Jean Deschamps, professeur aux HÉC devenu sous-ministre de l'Industrie et du Commerce en août 1963,

---

2. Extrait du discours de Jean Lesage devant des enseignants, le 25 mars 1961.
3. Cité par le journaliste Jacques Monnier dans *La Presse* du 6 avril 1963, lors de son discours du budget.
4. Claude Morin, *Mes premiers ministres, Lesage, Johnson, Bertrand, Bourassa et Lévesque*, Montréal, Les Éditions du Boréal, 1991, p. 6.

Le premier ministre Jean Lesage accueillant Jacques Parizeau,
sa nouvelle recrue, en 1962. Paul Comtois, lieutenant-gouverneur
du Québec, apparaît à l'arrière-plan. ANQ.

avec la Révolution tranquille, «tout éclatait avec force de chaleur et de pluie. Avec les fonds de Duplessis, tout était possible, il n'y avait pas de dettes. On pouvait lancer n'importe quel programme, s'embarquer dans tout. Il y avait toujours des fonds[5].»

En cette époque de grandes réformes, Jacques Parizeau insiste pour dire que Jean Lesage a joué un rôle central mais «pas spectaculaire[6]». Sur ce point, il partage l'opinion de Claude Morin qui prétend lui aussi que le grand mérite de Jean

5. Entrevue avec Jean Deschamps, décembre 1998.
6. Série radiophonique de Radio-Canada sur la Révolution tranquille, animée par Pierre de Bellefeuille et Jean-Pierre Bergeron, épisode 11, diffusé le 28 août 1971.

Lesage a été de permettre la Révolution tranquille, mais non de l'inventer[7]. Plutôt conservateur, Jean Lesage était «entouré de gens qui voulaient tout casser tout de suite, comme Paul Gérin-Lajoie, Lévesque et Kierans[8]», soutient Jacques Parizeau. Sans l'influence de ces quelques ministres, il est convaincu que la Révolution tranquille serait demeurée une expression sans signification pour les historiens. «Nous avons été menacés par le risque terrible de rater le XXe siècle.» Mais voilà, l'explosion a eu lieu et pour Jacques Parizeau, toutes ces années d'effervescence ont donné lieu à bien peu de bêtises et à de nombreux coups fumants[9]. Il aime répéter que la Révolution tranquille a été faite par une demi-douzaine d'hommes politiques, une douzaine de fonctionnaires et une cinquantaine de chansonniers et de poètes[10]. La réalité est évidemment plus complexe. Compte tenu de l'enseignement qu'il a reçu en Europe, le technocrate en devenir souhaite bâtir une armature étatique qui permettra aux Canadiens français de terminer le siècle au rang des nations les plus développées du monde. Il favorise «l'installation d'une caravane de sociétés d'État qui collaborent entre elles dans l'atteinte d'objectifs très précis[11]». En 1961, le secteur public québécois se limite au «crédit agricole, à un bout d'Hydro-Québec puis à la Commission des liqueurs. C'est ça le secteur public québécois[12]», dit-il avec dépit. Avec l'arrivée de Jean Lesage, l'obsession du jeune docteur en économie va consister à élargir le champ d'intervention du secteur public et à lui donner du prestige et du pouvoir.

---

7. Entrevue avec Claude Morin, le 9 février 1998.
8. Entrevue avec Jacques Parizeau, le 18 janvier 1999.
9. Entrevue avec Jacques Parizeau, le 29 juin 1999.
10. Série radiophonique de Radio-Canada..., épisode 3, diffusé le 3 juillet 1971.
11. Entrevue avec Jacques Parizeau, le 27 avril 1998.
12. Entrevue avec Jacques Parizeau, janvier 1999.

Dans l'esprit de Jacques Parizeau, cependant, le véritable initiateur de la Révolution tranquille n'est ni Jean Lesage, ni Georges-Émile Lapalme, mais bien Paul Sauvé. Ce vent de changement apporté par l'équipe du tonnerre, il l'a senti dès septembre 1959 lors du court intérim de Paul Sauvé, devenu premier ministre du Québec au lendemain de la mort de Maurice Duplessis. Or seulement cent jours après sa venue au pouvoir, le premier ministre Sauvé meurt subitement d'une crise cardiaque. Dans l'intervalle, l'un de ses premiers discours met en évidence le mot « désormais » qui donne le ton aux premières réformes. Les journalistes s'emparent du terme. « Il y a un souffle dans ces discours-là, se souvient Jacques Parizeau. Pour nous, fatigués du duplessisme, nous prenions ça comme un courant d'air extraordinaire. Moi je vous le dis, c'est une impression que l'on avait à cette époque-là. Si Sauvé restait en vie, il gagnait les élections en 1960 [13]. » En dépit de la brièveté de son passage au pouvoir, il est remarquable d'observer que c'est sous son administration que se règle la question des subventions fédérales versées aux universités par une formule innovatrice d'*opting out* dont s'inspireront par la suite Jean Lesage et Daniel Johnson. C'est aussi Paul Sauvé qui fait adopter la loi sur les relations ouvrières permettant à tout fonctionnaire, suspendu pour des activités syndicales, de réintégrer ses fonctions [14]. Il encourage la constitution d'une première commission scolaire régionale et étend les subventions aux collèges classiques féminins, privés jusque-là de tous crédits gouvernementaux [15].

Par la suite, lors du court règne d'Antonio Barrette qui succède à Paul Sauvé, Jacques Parizeau siège au Conseil supérieur

---

13. Entrevue avec Jacques Parizeau, le 28 juin 2000.
14. Il faut consulter à ce sujet la thèse de maîtrise de Denise Bombardier portant sur « Les cent jours du gouvernement Sauvé », soutenue à l'Université de Montréal en août 1971.
15. Lysiane Gagnon, *Une certaine révolution tranquille – 22 juin 1960-1975*, chapitre : « Branle-bas à l'école », Montréal, La Presse, 1975, p. 216.

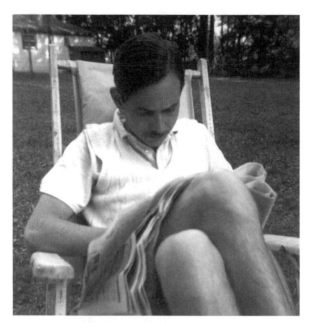

Le jeune père de famille qui se prépare
pour la Révolution tranquille vers 1958.
Archives de Jacques Parizeau, ANQ.

du travail qui donnera plus tard le droit de grève aux employés du secteur public. Quelques semaines avant l'élection du 22 juin 1960, le Parti libéral du Québec sollicite les économistes des HÉC sur la question du développement économique de Montréal. Ces consultations serviront à enrichir le programme du parti. Jacques Parizeau et Pierre Harvey écrivent quelques lignes. Se remémorant cette période, Jacques Parizeau éclate de rire. « J'étais jeune, dit-il. Pour résoudre le problème du logement, je suggère alors de passer une partie de l'Est de Montréal au bulldozer [16]. » Si les libéraux ne retiennent heureusement pas les idées du bouillant économiste, il en sera tout autrement du gouvernement Lesage une fois que celui-ci sera porté au pouvoir.

---

16. Entrevue avec Jacques Parizeau, le 2 février 1998.

Le groupe d'intervention rapide

Peu après son arrivée au pouvoir, Jean Lesage ranime le Conseil d'orientation économique du Québec qui avait été institué en 1943 sous l'ancien gouvernement libéral d'Adélard Godbout. Composé d'acteurs issus du monde économique et de représentants de la société civile, ce Conseil de quinze membres constitue en quelque sorte l'organe de pensée économique du gouvernement. René Paré, qui dirige la société d'assurances Les Artisans, est président de l'organisme. Pour mener à bien sa mission première qui porte sur la planification de l'économie, le Conseil peut former et mandater un nombre illimité de comités et de groupes de réflexion. C'est d'ailleurs dans la définition fine de certaines politiques sectorielles que le Conseil deviendra indispensable. Quant à son mandat de planification globale et régionale de l'économie, il connaîtra un échec cuisant. Il suffit ici d'évoquer le Bureau d'aménagement de l'Est du Québec (BAEQ). Agissant comme de petits ventricules, les divers groupes et comités formés selon les nécessités du moment se rapportent au Conseil qui, comme une pompe à idées, alimente le premier ministre. Jacques Parizeau a tôt fait de repérer l'organisme et de l'investir. Dès avril 1961, soit moins d'un an après l'élection du nouveau gouvernement à Québec, il siège au comité de sidérurgie du Conseil d'orientation économique. Le Conseil lui offre un accès rapide aux multiples couloirs du pouvoir, bien qu'il n'occupe encore aucune fonction officielle. Simple consultant, il est membre d'une foule de comités qui produisent rapports et mémos. Les propositions atterrissent sur le bureau du premier ministre Lesage qui a la réputation de tout lire. En octobre 1961, l'économiste Parizeau est recruté par le bureau du premier ministre pour joindre les rangs d'un comité restreint dont le mandat consiste à mettre sur pied la Société générale de financement. Le mois suivant, en novembre 1961, il devient conseiller économique pour l'un des sous-comités de la Commission Parent sur l'éducation. En 1962, il occupe le poste de rapporteur pour le groupe de financement du Conseil d'orientation économique d'où germeront les premiers mémorandums porteurs de l'idée lumineuse de la Caisse de dépôt et placement du Québec.

Jacques Parizeau témoigne de l'activisme fébrile de toute cette période : « Nous étions une dizaine de personnes appartenant à une quinzaine d'organismes. Personne n'avait vraiment de poste officiel, sauf d'avoir un doigt dans toutes les tartes et puis de se réfugier, tout le temps, sous le parapluie accueillant du Conseil d'orientation économique qui nous prenait tous sous son aile [17]. » Les mêmes têtes se rencontrent et discutent des heures durant des réformes sociales et économiques. Parmi eux, Arthur Tremblay, premier sous-ministre du ministère de l'Éducation, Claude Morin, conseiller économique du premier ministre, Michel Bélanger et André Marier, du ministère des Richesses naturelles de René Lévesque, Roch Bolduc, engagé sous Maurice Duplessis et chargé de la réforme de la fonction publique, Yves Martin, bientôt à l'éducation, et Yves Pratte, jeune adjoint de Louis-Philippe Pigeon. Les lieux de rencontres sont choisis avec soin. Le groupe se réunit pour des lunchs qui se transforment souvent en séances de travail informelles. Le lundi, Jacques Parizeau dîne avec Arthur Tremblay au George V, le restaurant du Château Laurier sur la Grande Allée. Le mercredi ou le jeudi, il est au restaurant le Kerhulu, avec des professeurs de l'Université Laval. Le restaurant Le Chalet suisse, surnommé l'aquarium, est aussi l'un des quartiers généraux de ce commando de hauts fonctionnaires auquel se joignent parfois des politiciens. « On mange ensemble, on s'invente des comités quand c'est commode, on en abolit quand c'est plus utile. » Jacques Parizeau fait partie de ces aiguilleurs de la pensée et de l'action gouvernementale. « Être membre du

---

17. Entrevue avec Jacques Parizeau, janvier 1999.

groupe veut dire que vous avez accès à tout le monde, donc une vingtaine de personnes [18]. » Menées à toute vitesse, ces discussions fragmentaires mais concertées se métamorphosent en politiques gouvernementales structurantes. Ces réformistes ont l'appui de certains ministres qui, au sein de l'équipe ministérielle de Jean Lesage, sont d'authentiques générateurs d'énergie. Parmi eux et au premier plan, René Lévesque, alors ministre des Richesses naturelles. À ses côtés, pour l'appuyer dans toutes ces réformes, Eric Kierans, qui devient ministre du Revenu en 1963. On ne peut évidemment pas oublier Paul Gérin-Lajoie, instaurateur du ministère de l'Éducation.

Les médias ne tardent pas à constater que « la nouvelle puissance du Québec tient pour une grande part à ses hauts fonctionnaires [19] ». Un article de Normand Girard du journal *Le Soleil* du 17 décembre 1965, accompagné d'une quinzaine de photographies dont celle de Jacques Parizeau, se lit ainsi : « Voici donc ceux que l'on peut, à un titre ou à un autre, qualifier de véritables architectes de la société nouvelle qui s'édifie depuis quelques années dans le Québec sous l'impulsion de ce *brain trust* nationaliste et convaincu que le socialisme, à un certain degré, demeure l'outil par excellence pour procurer le bien-être à une population assoiffée de justice et d'émancipation [20]. »

---

18. Entrevue avec Jacques Parizeau, le 27 avril 1998.
19. Manchette du journal *Le Soleil* du 17 décembre 1965.
20. Un an auparavant, en octobre 1964, Louis Martin écrit également un article sur le même phénomène dans la revue *Maclean*. Le texte débute par le titre suivant : « Les hommes derrière le pouvoir à Québec, une nouvelle génération de hauts fonctionnaires élabore la "révolution tranquille" : LES TECHNOCRATES. » Dale C. Thomson, auteur d'un livre sur la Révolution tranquille, décrit de son côté l'escadron de jeunes technocrates de la Révolution tranquille comme un véritable groupe de pression au sein du gouvernement : « Leur influence s'étendait à l'ensemble du gouvernement, écrit-il. Ils devinrent peut-être la force la plus dynamique qui anima la Révolution tranquille. » *Jean Lesage et la Révolution tranquille*, Montréal, Les Éditions du Trécarré, 1984, p. 253.

Le journal Le Soleil du 17 décembre 1965 et l'article
de Normand Girard sur les technocrates de la Révolution tranquille.

Jean Deschamps, sous-ministre de l'Industrie et du Commerce de 1963 à 1966, atteste que Jacques Parizeau «était de tous les comités et de tous les dossiers. Quand il apprenait qu'une affaire était pour se discuter à quelque part, invité ou pas, il s'amenait[21].» Même si, au sens strict, il n'est qu'un simple conseiller, dans les faits, il a déjà pris l'allure d'un mandarin. Sa principale préoccupation consiste à se servir de l'État comme levier économique pour affranchir la nation canadienne-française de son état de dominé. En 1961, il faut le rappeler, le revenu moyen du Canadien français au Québec est de trente-cinq pour cent inférieur à celui du Canadien anglais[22].

Mais avec toutes les réformes qui sont annoncées et qui se mettent simultanément en marche, il faut déployer au sol une armée de professionnels et de fantassins. Or les révolutionnaires tranquilles craignent de manquer d'effectifs qualifiés. L'État doit absolument se doter d'un ministère de l'Éducation.

Pour assurer la modernité du Québec

En 1962, le recensement du taux de scolarité au Québec offre à ceux qui s'y intéressent de noires statistiques. Cinquante-quatre pour cent des adultes de plus de vingt-cinq ans n'ont pas dépassé la sixième année. «La panique nous saisit», raconte Jacques Parizeau. Cette prise de conscience et le frisson qu'elle génère sonnent la charge des grandes actions. Dès 1961, Paul Gérin-Lajoie, ministre de la Jeunesse et responsable de l'Instruction publique, fait adopter par l'Assemblée législative un train de mesures. L'éducation devient obligatoire jusqu'à l'âge

---

21. Entrevue avec Jean Deschamps, décembre 1998.
22. Chiffres provenant d'un rapport de recherche préparé en 1966 pour le compte de la Commission royale d'enquête sur le bilinguisme et le biculturalisme et compilés par trois économistes, André Raynault, Gérald Marion et Richard Béland.

*Assermentation d'Arthur Tremblay comme sous-ministre
de l'Éducation en présence du premier ministre Jean Lesage, à droite,
et de Paul Gérin-Lajoie, à gauche.*

de seize ans et la gratuité des manuels scolaires est assurée. Le ministre annonce la création d'une commission royale d'enquête sur l'enseignement dont Mgr Alphonse-Marie Parent est le président. Ses travaux déboucheront en 1964 sur la création du ministère de l'Éducation.

Selon Jacques Parizeau, le véritable artisan de la réforme scolaire est Arthur Tremblay. Véritable dynamogène, ce dernier laisse son poste de professeur aux Sciences de l'éducation de l'Université Laval pour se mettre au service du ministre Paul Gérin-Lajoie en qualité de conseiller principal. Lors de la création du ministère de l'Éducation, il y sera promu sous-ministre. Arthur Tremblay commence ses recherches sur la question bien avant la formation de la Commission Parent.

Dès l'automne 1960, il met sur pied un bouquet de comités chargés de mener divers travaux techniques[23]. «C'était le chaos complet», se rappelle Jacques Parizeau. Un chaos constructif toutefois. «L'ordre était maintenu par le fait qu'on était peut-être vingt-cinq à faire des recherches, que chacun avait en même temps trois ou quatre fers au feu et qu'on se voyait souvent[24].»

Confiné à un rôle de second plan dans le chantier de formation du ministère de l'Éducation, Jacques Parizeau ne contribue pas moins, à titre de consultant économique de la Commission Parent, à recueillir nombre de statistiques. Il dirige un obscur sous-comité baptisé Groupe de recherches financières[25]. Avec sa petite équipe des HÉC, il réalise des études sur le coût de l'éducation par niveaux d'enseignement. Pour ce faire, il doit établir la liste des établissements scolaires. Composée de moins de cinq personnes[26], l'équipe technique compile tous les états financiers des écoles primaires, collèges classiques et universités. La première réunion se déroule le 22 novembre 1961 à la résidence de Jacques Parizeau[27]. Le groupe sera démantelé à la fin de l'année 1962.

C'est au cours de ces travaux qu'il apprend qu'en 1946, dans le diocèse de Montréal, sur près de deux millions d'habitants, on comptait moins de cinq cents bacheliers francophones[28]. Jacques Parizeau est estomaqué. 1946, c'est l'année même où il entreprenait le dernier semestre de son baccalauréat français au collège Stanislas. «Il faut bien comprendre que les

23. Selon Dale C. Thompson, *Jean Lesage...*, *op. cit.*, p. 366.
24. Entrevue avec Jacques Parizeau, le 27 avril 1998.
25. Il réalisera aussi des travaux sur la formation des commissions scolaires.
26. Roland Parenteau participe à certaines réunions. Jean Mehling, professeur invité aux HÉC, est le secrétaire du groupe de recherche. Parmi eux, des assistants de recherche dont Jean Lotte, Jean Labrecque et M. Durocher.
27. Procès-verbal de la première réunion. Archives de Jacques Parizeau, ANQ.
28. Entrevue avec Jacques Parizeau, le 29 juillet 1997.

Québécois avaient alors le taux le plus bas de scolarisation parmi les pays de race blanche aux côtés des Portugais. »

Jean Labrecque, qui vient de terminer ses études aux HÉC, devient l'assistant de recherche de Jacques Parizeau. Celui qui va bientôt décevoir Jacques Parizeau en ne terminant pas ses études supérieures à l'Université Queen's, travaille tout l'été 1962 pour la Commission Parent. Le professeur exige de lui le relevé de tous les rapports financiers des maisons d'enseignement au Québec. L'assistant de recherche communique aussitôt avec les fonctionnaires responsables de la question. Ceux-ci lui répondent qu'un tel classement n'existe pas et qu'il faudra au moins trois mois avant de retrouver les documents nécessaires. « Cela prendra plutôt trois semaines, monsieur Labrecque! », lui ordonne Jacques Parizeau. Jean Labrecque se résout donc à partir en mission commandée pour Québec. Dans les voûtes poussiéreuses du secrétariat à l'Instruction publique, il retrouve, bien souvent à quatre pattes, les fameux rapports administratifs enfouis dans de vieilles boîtes de carton et de bois. Satisfait de ses découvertes, il produit un rapport consolidé des états financiers de tous les collèges classiques du Québec. Il trime dur et conçoit un énorme tableau avec tous les chiffres. La dimension de l'ouvrage l'oblige à coller plusieurs feuilles les unes aux autres. Satisfait, il présente le résultat de son labeur au professeur Parizeau. Quelques secondes à peine suffisent pour que ce dernier pointe du doigt l'une des cases et dise : « Ça, ce n'est pas bon. Reprenez vos chiffres. » Le jeune assistant est décontenancé. « C'est du théâtre », se dit-il. Comment peut-il trouver si rapidement une donnée erronée au milieu d'une telle mosaïque de nombres? « J'ai tout repris mon tableau et effectivement il y avait une erreur. J'ai compris ce jour-là qu'avec Jacques Parizeau, qu'il t'aime ou ne t'aime pas, que tu sois bon ou non, avec lui c'est l'efficacité d'abord[29]. »

---

29. Entrevue avec Jean Labrecque, le 9 novembre 1998.

La révolution scolaire

Quelle a été la plus grande réalisation de la Révolution tranquille? À cette question, Jacques Parizeau répond invariablement : la création du ministère de l'Éducation. « Là, on a fait des choses folles, mais extraordinaires en même temps. On a triplé le nombre d'élèves au secondaire en cinq ans. On a loué des cinémas désaffectés, des entrepôts, n'importe quoi[30]. » Il faut loger les étudiants qui affluent! Avec le nombre d'étudiants qui augmente aussi rapidement, les professeurs ne suffisent plus à la demande. « On a embauché beaucoup de vieux ouvriers », raconte Jacques Parizeau. D'ailleurs, pour concevoir puis appliquer une première convention collective dans le secteur réformé de l'éducation, les défis ne manquent pas. « Comment payer un soudeur qui a vingt ans d'expérience, mais n'a qu'une troisième année forte[31]?! » C'est ce genre de problème que l'économiste est alors appelé à résoudre. Pour les artisans de ces changements radicaux, c'est dans le domaine de l'éducation que le vocable « révolution » prend réellement tout son sens. « À Trois-Rivières, il y avait une grosse demande pour les soudeurs, relate Jacques Parizeau. Il y avait des cours de soudure qui se donnaient à partir de minuit le soir parce que les hommes travaillaient le jour. C'était le seul moment que l'on avait pour leur donner des cours! Ça a été fou, mais extraordinaire en même temps. Je crois que l'on a sauvé la modernité du Québec pendant ces années-là[32]. »

Quelques années plus tard, sous le gouvernement de Daniel Johnson, Jacques Parizeau deviendra l'un des hauts fonctionnaires associés à la rédaction des budgets provinciaux. Discutant de crédits budgétaires avec Arthur Tremblay, sous-ministre de

---

30. Entrevue avec Jacques Parizeau, le 29 juin 1999.
31. *Idem.*
32. *Idem.*

l'éducation, il n'hésitera pas à lui dire à chaque fois : « Tant que je serai là, tu ne manqueras jamais d'argent pour l'éducation, mais ne me force pas à envoyer mes enfants dans ton système [33]. » Son libéralisme ne peut lui faire renoncer à ses propres positions élitistes. Par conséquent, ses deux enfants iront à l'école privée.

Au début de la Révolution tranquille, Jacques Parizeau se souvient des vives discussions qu'il a eues avec les membres du Board of Trade, la chambre de commerce anglophone de Montréal. Le professeur des HÉC les accuse alors d'être irresponsables en donnant à vingt pour cent de la population de Montréal, exclusivement anglaise, quatre-vingts pour cent des emplois de cadres et de direction. « Cela tiendra tant que les Québécois seront sous-scolarisés, prévient-il. Le jour où le peuple d'ici ne sera plus sous-scolarisé, ça va sauter [34]. » Reconnaissant l'importance stratégique d'une refonte du système scolaire, c'est toutefois dans les dossiers économiques que l'influence de Jacques Parizeau sera la plus déterminante. Par son action éclairée au cœur de cette machine à réformes, il va donner au Québec une nouvelle vague d'administrateurs, de financiers et d'entrepreneurs compétents. Le professeur Parizeau va bâtir un autre type d'école : les sociétés d'État.

---

33. Entrevue avec Arthur Tremblay, novembre 1995, et avec Jacques Parizeau, le 8 décembre 1997.
34. Entrevue avec Jacques Parizeau, le 29 juillet 1997.

*Le jeune technocrate, prêt pour le combat,
se joint aux révolutionnaires tranquilles.
Archives de Jacques Parizeau, ANQ.*

CHAPITRE 8

Du minerai de fer catholique
et canadien-français

« *Je ne sais pas où on s'en va, mais ça va vite en
maudit!* »

René Lévesque [1],
à propos de la Révolution tranquille

Jacques Parizeau est aspiré par le souffle de la Révolution
tranquille grâce au dossier de l'acier qui lui ouvre grandes
les portes de la haute fonction publique. Cette volonté ferme,
chez les nouveaux élus, de doter la nation d'une sidérurgie
proprement québécoise permet au jeune économiste d'occuper
une place parmi les grands commis de l'État, ce qu'il désirait
profondément. Le technocrate de trente ans va contribuer à
l'édification d'un rêve : celui de Sidbec [2].

Ce mardi 23 mai 1961, Georges-Émile Lapalme, procureur
général et ministre intérimaire de l'Industrie et du Commerce,

---

1. Propos attribués à René Lévesque et rapportés par Jacques Parizeau.
   Entrevue du 27 avril 1998.
2. Jacques Parizeau prétend pour sa part que l'élément déclencheur qui l'a
   projeté au cœur de la Révolution tranquille a été la nationalisation de
   l'électricité. Les recherches du biographe et les traces laissées par les
   archives de cette époque présentent une version différente, bien que le
   dossier de la nationalisation de l'électricité soit appelé à devenir, par la
   suite, une réalisation qui lui assure une place parmi les révolutionnaires
   tranquilles.

et René Lévesque, ministre des Richesses naturelles, reçoivent dans la Vieille Capitale une importante délégation d'hommes d'affaires de la Chambre de commerce du Québec dont le président est Gérard Letendre. Jacques Parizeau fait partie du groupe à titre de consultant pour la Chambre de commerce de Montréal. La présence de l'ancien chef du Parti libéral, Georges-Émile Lapalme, une figure légendaire, impressionne fortement le jeune économiste[3]. Il a par ailleurs déjà rencontré René Lévesque pour avoir participé à une émission de *Point de mire*.

En sa qualité de président de la Chambre de commerce du Québec et de directeur du comité de sidérurgie, l'ingénieur Gérard Letendre présente aux deux ministres un mémoire d'une vingtaine de pages qui conclut à la nécessité de doter la province d'une industrie sidérurgique. « Nos gens craignent tellement la finance industrielle, explique Gérard Letendre, qu'il faudrait que le gouvernement de la province de Québec, si nous voulons que cette usine soit aux mains des nôtres, apporte son aide directement, suivant en cela l'exemple de la plupart des pays où des aciéries se sont construites depuis 1945[4]. » Nous sommes à une époque où l'industrie de l'acier, comme un symbole, prétend à elle seule pouvoir assurer le développement et la libération économique de toutes les nations. « L'installation d'une grande usine sidérurgique apparaît vraiment comme une œuvre d'utilité publique, car c'est l'industrie de base qui manque au Québec pour y mettre l'industrie secondaire sur un pied d'égalité avec celle des autres régions industrielles[5]. » René Lévesque est très intéressé par les conclusions du mémoire. Il demande immédiatement à son conseiller

---

3. Entrevue avec Jacques Parizeau, le 7 septembre 1998.
4. Mémoire du comité de sidérurgie de la Chambre de commerce de la province de Québec. Rédigé par Gérard Letendre, président du comité, assisté d'Étienne Spire et de Charles G. Dupriez. Le 23 mai 1961, p. 10.
5. *Idem*, p. 13.

économique, Michel Bélanger, d'étudier la question et de lui donner rapidement un avis. Quarante-huit heures plus tard, dans un premier mémorandum de cinq pages, Michel Bélanger propose que le gouvernement du Québec s'engage dans le financement et la création d'une industrie sidérurgique « pour assurer une présence du Québec, de sa langue, de ses techniciens, dans le secteur de l'industrie lourde [6] ».

Les artisans de la Révolution tranquille vont donc se mettre en mouvement et agir de façon concertée. Le Conseil d'orientation économique (COÉQ) a déjà été saisi de cette question à sa deuxième réunion, le 14 octobre 1960. Quelques mois plus tard, le 21 avril 1961 [7], l'organisme propose la formation d'un sous-comité de sidérurgie afin d'explorer les avenues qui s'offrent au Québec dans ce domaine. Pour y siéger, Roland Parenteau, membre du Conseil et professeur aux HÉC, propose la candidature de son collègue enseignant, Jacques Parizeau. Encore un illustre inconnu aux yeux de la plupart des membres du Conseil, l'ambitieux personnage, par sa présence fort remarquée à cette table de discussion, fait son entrée dans le cercle des révolutionnaires tranquilles. En s'intégrant au COÉQ, il se joint également à l'une des ailes les plus progressistes du gouvernement.

Dirigé par René Tremblay, sous-ministre à l'Industrie et au Commerce, le sous-comité de sidérurgie est formé de Jacques Parizeau, d'Arthur Dubé et de Marc Masson-Bienvenu. Ce dernier sera rapidement remplacé par Roland Giroux, président de la maison de courtage L.G. Beaubien [8]. Dans le cadre de son mandat, le groupe est appelé à rencontrer la plupart des

---

6. Mémorandum de Michel Bélanger sur la sidérurgie. Le 25 mai 1961. Archives de Roland Parenteau.
7. Procès-verbal du COÉQ du 21 avril 1961. Archives de Roland Parenteau.
8. Le sous-comité de sidérurgie tient sa première réunion le 4 mai 1961. Archives de Roland Parenteau.

dirigeants des aciéries canadiennes et étrangères. Au petit matin du 14 juillet, le groupe dépose son rapport devant le COÉQ. Arthur Dubé et Roland Giroux confient à Jacques Parizeau, principal rédacteur du document, la tâche de le présenter. Il est dix heures trente. Avec brio, Jacques Parizeau « détaille chaque point du rapport et commente les conclusions auxquelles le comité en est arrivé[9] ». Après avoir étudié les différents projets connus, le comité de sidérurgie en est arrivé à la conclusion suivante : l'établissement d'une industrie sidérurgique intégrée permettrait « d'élargir la base de l'industrie secondaire dans la province de Québec[10] ». Le projet industriel devra toutefois demeurer sous le contrôle de l'État par l'intermédiaire d'une société de financement. René Paré, alors président du COÉQ, se montre fort satisfait du rapport ainsi que de la présentation qui en a été faite par la nouvelle recrue. Jacques Parizeau a réussi à faire de l'effet. Quelque temps après, René Paré informe le jeune économiste que le premier ministre du Québec a accepté de recevoir les membres du sous-comité. Jacques Parizeau ne sourit pas mais, intérieurement, c'est tout son être qui s'embrase. Du seuil d'un petit sous-comité, le voilà transporté au cœur même du pouvoir. Pour la première fois, il va rencontrer le premier ministre. Le 18 juillet 1961 au matin, il serre la main de Jean Lesage.

Tête baissée dans le brouillard

Le dossier de la sidérurgie « est très typique de notre audace de l'époque, raconte Jacques Parizeau. Nous n'avions peur de

---

9. Procès-verbal du COÉQ. Le 14 juillet 1961. Archives de Roland Parenteau.
10. Rapport du comité de sidérurgie du COÉQ, p. 17. Archives de Roland Parenteau.

rien. On rentrait dans des dossiers cosmiques. On ne connaissait rien du tout [11] !» «Nous n'avons pas trouvé de Québécois capables de mener la barque, explique Roland Parenteau. Dès le début, on s'est tourné vers l'Europe, mais les Européens n'ont jamais voulu s'impliquer [12].» À titre de directeur général de la Société générale de financement (SGF), Gérard Filion ira en France rencontrer des sidérurgistes [13]. «On m'a reçu avec beaucoup d'égards et de politesse, commente-t-il. Mais ils n'ont pas déposé un seul franc sur la table [14].» Pour ce qui est de faire appel à des Américains ou à des Canadiens, Roland Parenteau rappelle que les révolutionnaires tranquilles les excluent dès le départ. «On craignait qu'ils dominent. On se savait ignorants dans ce domaine-là et nous ne voulions pas qu'une fois présents, ils nous excluent. L'idée était de permettre à des francophones de gravir des échelons dans la hiérarchie administrative et ce, jusqu'au sommet [15].»

À cette volonté de donner aux francophones la propriété et la gestion d'une industrie structurante pour l'économie du Québec, il faut ajouter les motifs de Jacques Parizeau. L'économiste souhaite faire éclater le cartel de l'acier concentré en Ontario et dans la zone du lac Supérieur. Dès le départ, son rôle consiste à expliquer comment s'établit le prix du minerai de fer. «À ma connaissance, raconte Roland Parenteau, c'est le premier qui a exposé ça [16].» Par une brillante démonstration, Jacques Parizeau montre d'abord comment le prix de l'acier est déterminé, aux abords du lac Érié, non par le jeu de la concurrence,

---

11. Entrevue avec Jacques Parizeau, le 7 septembre 1998.
12. Entrevue avec Roland Parenteau, le 24 août 1998.
13. Gérard Filion est alors directeur du journal *Le Devoir* et vice-président de la Commission Parent sur l'éducation.
14. Entrevue téléphonique avec Gérard Filion, le 20 mars 2000.
15. Entrevue avec Roland Parenteau, le 24 août 1998.
16. *Idem.*

mais bien par la puissance d'une poignée de joueurs qui imposent leurs règles et leurs prix. C'est ce qu'il appelle les points de base du minerai de fer. Le professeur dessine ensuite un triangle sur une feuille. Les trois pointes du triangle sont représentées par Oshawa, avec son industrie automobile, Windsor et Sault-Sainte-Marie, avec Algoma Steel. À l'intérieur de cette zone, le produit plat (la tôle d'acier) est vendu au même prix. À l'extérieur du triangle, à Montréal par exemple, on paie le prix déterminé en Ontario, plus le coût du transport. Le marché étant contrôlé par quelques géants de l'acier, personne au Canada ne conteste cette frontière arbitraire et ne se risque à abaisser le prix de l'acier. L'endroit le moins cher au Canada pour la tôle d'acier est donc situé au cœur industriel de l'Ontario. Ce n'est pas un hasard si, par conséquent, les usines pour appareils électro-ménagers sont toutes concentrées dans cette zone et si l'industrie automobile s'est développée là, conclut un Jacques Parizeau plutôt fier de son exposé. « Il faut casser ça [17] », dit-il. Le rôle de Sidbec, ce sera justement de mettre fin au monopole des grands. Une aciérie à Montréal « nous permettrait normalement de voir apparaître, dans la région, une industrie aussi développée que celle de l'Ontario, en y mettant le temps [18]. »

Dans ce dossier, deux ministres sont passablement actifs et se distinguent par leurs interventions en faveur d'une aciérie d'État. Ce sont Eric Kierans [19], ministre du Revenu, et de René Lévesque, ministre des Richesses naturelles. En appui, derrière

---

17. Entrevue avec Jacques Parizeau, le 7 septembre 1998.
18. *Idem.*
19. Déjà en septembre 1963, tentant de se faire élire dans le comté de Notre-Dame-de-Grâce lors d'une élection partielle, Eric Kierans affirme au journaliste de *La Presse*, Michel Van Schendel : « Je ne crains pas l'investissement gouvernemental. » Il milite alors en faveur d'une aciérie d'État si les capitaux privés tardent à se manifester.

eux, on retrouve les hauts fonctionnaires Michel Bélanger, devenu sous-ministre adjoint des Richesses naturelles, et Jean Deschamps, sous-ministre de l'Industrie et du Commerce ainsi que président du nouveau comité de sidérurgie. Pendant ce temps, Jacques Parizeau prend rapidement du gallon aux yeux de Jean Lesage. En septembre 1962, il est appelé à siéger au conseil d'administration de la nouvelle Société générale de financement [20] récemment créée. Or Sidbec constitue l'un des premiers investissements de la SGF. C'est donc en tant qu'administrateur de cette société que Jacques Parizeau prend part aux discussions sur la sidérurgie. Gérard Filion, directeur général de la SGF, croit déceler chez Jean Lesage de fortes hésitations sur le dossier de l'acier. Mais il est aussi témoin de toute la complicité qui est en train de se forger entre le ministre Lévesque et le conseiller Parizeau sur la question. Il raconte d'ailleurs qu'un jour, au sortir d'une réunion, il entend Jacques Parizeau affirmer : « Si Lesage ne veut pas nationaliser la sidérurgie, Lévesque va le faire [21]. » « Lévesque et Parizeau étaient des gars qui jouaient dans le dos de tout le monde, soutient Gérard Filion. Ils ont leurs propres politiques à eux. Ils embêtent ceux qui ne sont pas de leur avis et essaient d'imposer leurs solutions. Je suis pas toujours sûr de la loyauté de ces gars-là vis-à-vis de Lesage [22]. » Le franc-parler de Gérard Filion s'explique. Tout au long des discussions qui mèneront à la création de Sidbec, Parizeau et Lévesque, partisans d'une aciérie d'État, s'opposeront à Gérard Filion, tenant d'une société mixte.

À la fin de l'année 1963, les opposants à une intervention de l'État dans le domaine de la sidérurgie se manifestent plus

---

20. Nous reparlerons de la création de la SGF au chapitre suivant.
21. Entrevue téléphonique avec Gérard Filion, le 20 mars 2000.
22. *Idem.*

ouvertement[23]. Le 19 novembre 1963, Louis-Philippe Pigeon, conseiller juridique du premier ministre, affirme dans une lettre à Jean Lesage qu'il ne faut pas nécessairement écarter l'entreprise privée du projet. Lors de la séance du Conseil des ministres du 20 novembre 1963, George Marler, représentant officieux de la communauté financière et membre du Conseil législatif[24] du Québec, affirme : « Si cette industrie est rentable, il ne voit pas pourquoi le gouvernement s'immiscerait dans ce domaine[25]. » L'année suivante, le comité de sidérurgie, dirigé par Jean Deschamps, fait contrepoids au clan des conservateurs et propose une usine intégrée dont le coût est estimé à près de deux cent vingt millions de dollars avec l'État comme principal actionnaire. Dans un mémoire adressé au premier ministre, Gérard Filion réplique que le mode de financement proposé est irréaliste. Si le gouvernement est le principal actionnaire, affirme-t-il, il doute fort que les autres groupes d'actionnaires soient intéressés à souscrire des montants aussi élevés. « Il faut que le gouvernement soit derrière et non devant le projet de sidérurgie[26]. »

Le journaliste de l'acier

Le lundi 19 octobre 1964, dans une déclaration publique, le premier ministre, ne tenant pas compte de l'avis exprimé par Gérard Filion, annonce que le gouvernement confie à la SGF le

---

23. À l'été 1963, Jacques Parizeau revient d'une tournée européenne où il a observé les liens qui unissent les complexes sidérurgiques aux gouvernements belge, français et italien. Il produit un rapport pour le premier ministre sur le financement du complexe sidérurgique.

24. Le défunt sénat provincial, composé de non-élus.

25. Extrait des délibérations du Conseil exécutif du gouvernement du Québec, séance du 20 novembre 1963. Archives nationales du Québec.

26. Mémoire signé par Gérard Filion et adressé au premier ministre, le 3 août 1964.

mandat de mettre en œuvre le projet de sidérurgie au coût de deux cent vingt-cinq millions. Un mois plus tard, Sidbec est créée par lettres patentes. En mars 1965, l'influence de Gérard Filion s'accroît quand il est nommé président de la nouvelle Sidbec en plus d'occuper le poste de directeur général de la SGF, qui finance toute l'opération. Jacques Parizeau, partisan d'une aciérie d'État, doit dorénavant tenir compte de la fonction de Gérard Filion lorsqu'il expose ses idées. Journaliste avant tout et directeur du journal *Le Devoir*, Gérard Filion orchestre la mise sur pied d'un vaste chantier, mais il ne connaît rien à la sidérurgie. Pour Roland Parenteau, la nomination de Filion vient compliquer un jeu déjà fort complexe. « C'était un amateur – un amateur éclairé, disons. Un gars spécialiste en rien. Intelligent, c'était un homme assez directif et qui parlait avec une certaine autorité. Quand il avait une idée à exprimer, c'était un coup de massue[27]. » Gérard Filion le concède : « Comme journaliste, je pouvais en une heure ou deux bâtir une belle sidérurgie toute neuve et hautement rentable. Mais comme président de la SGF, je dus avouer que je n'y connaissais rien[28]. » Si Jacques Parizeau parle plus ouvertement de « la catastrophe Filion[29] », Gérard Filion, pour sa part, lui rend bien la monnaie de sa pièce dans ses mémoires : « [Jacques Parizeau] sait tout, et ce qu'il ne sait pas, il l'invente ; ce qu'il invente est aussi plausible que ce qu'il sait. Sa force réside dans son pouvoir d'affirmation. Il affirme tout avec une telle conviction que ses auditeurs finissent par le croire. Non seulement il sait, mais il laisse entendre qu'il est seul à savoir. Car il laisse planer un nuage de mystère sur ce qu'il dit et ce qu'il fait. Une seule chose l'intéresse, l'avenir de Jacques Parizeau, au-delà de ceux

---

27. Entrevue avec Roland Parenteau, le 24 août 1998.
28. Gérard Filion, *Fais ce que peux – En guise de mémoire*, Montréal, Les Éditions du Boréal, 1989, p. 298.
29. Entrevue avec Jacques Parizeau, le 7 septembre 1998.

qui temporairement lui barrent le chemin. Sous ce rapport, on peut lui faire confiance : il ne s'oublie jamais [30]. »

Le 15 mai 1965, afin de contrer l'influence de Gérard Filion et des éléments conservateurs dans l'entourage du premier ministre Lesage, Jacques Parizeau adresse à ce dernier une note où il conclut que l'option d'une société mixte n'est plus possible. « La nationalisation complète, c'est indiscutablement la formule qui permettrait à Sidbec de se financer initialement le plus rapidement et de se développer le plus rapidement aussi [31]. » En outre, se plaint Jacques Parizeau, le conseil d'administration de Sidbec n'est plus contrôlé par le gouvernement. Sur cette question, il sait qu'il peut compter sur l'appui indéfectible du ministre du Revenu, Eric Kierans. Deux jours plus tard, lors du Conseil des ministres, Jean Lesage tient compte de l'avis rédigé par Jacques Parizeau et retarde sa décision sur la question du financement de Sidbec. Il attend un rapport complet de Filion sur « ses approches avec le capital privé ». Il annonce à ses ministres qu'il désire « également rencontrer monsieur Jacques Parizeau avant de trancher le problème [32] ». L'influence du jeune économiste dans le dossier s'étend.

Les événements se bousculent. Le 20 mai 1965, Gérard Filion discute avec Jean Lesage au téléphone. Il informe le premier ministre des décisions prises par le conseil d'administration de Sidbec. Les administrateurs croient que l'entreprise privée va acheter très bientôt des actions de Sidbec, prétend-il. Le ministre Eric Kierans n'y croit pas, il l'a dit et répété au Conseil des ministres. Gérard Filion ne bronche pas et ajoute : « Il paraît assez évident, sans qu'ils l'aient exprimé d'une façon brutale, que les administrateurs actuels de Sidbec ne sont pas intéressés à administrer une corporation de la Couronne [33]. » Le

---

30. Gérard Filion, *Fais ce que peux…*, *op. cit.*, p. 303.
31. Lettre à Jean Lesage, signée par Jacques Parizeau, le 15 mai 1965.
32. Mémoire du Conseil exécutif, séance du 18 mai 1965.
33. Lettre de Gérard Filion à Jean Lesage, le 20 mai 1965.

journaliste veut à tout prix une participation de l'entreprise privée, mais son influence s'amenuise. Le lendemain, le COÉQ adopte une résolution en faveur d'une société de la Couronne et la fait parvenir au premier ministre. Quelques semaines plus tard, réagissant favorablement aux conseils de Jacques Parizeau, Jean Lesage propose d'élargir la composition du conseil d'administration et suggère les candidatures de Jean Deschamps et de Jacques Parizeau dans le but d'accroître le pouvoir du gouvernement sur Sidbec. Gérard Filion s'oppose vivement à la candidature de Jacques Parizeau qu'il déteste. Michel Bélanger est nommé à sa place, mais c'est peine perdue pour le président de Sidbec. En choisissant Deschamps et Bélanger, Jean Lesage insère dans le conseil d'administration de Sidbec deux farouches alliés de René Lévesque, lesquels n'auront de cesse de parler d'une sidérurgie d'État.

L'année 1966 va consacrer la victoire des interventionnistes et de Jacques Parizeau et amener l'expulsion de Gérard Filion. Édouard-Paul Bonaure, sidérurgiste français et spécialiste des hauts-fourneaux, convainc Gérard Filion de modifier le projet initial et de faire passer le total de un million de tonnes par année à quatre millions de tonnes, dans le scénario le plus optimiste[34]. Les coûts grimpent à près d'un demi-milliard de dollars. Nous sommes loin du projet original qui évaluait la facture à un peu plus de deux cents millions de dollars. Gérard Filion présente une proposition à peine plus modeste au premier ministre. Lors de la réunion du Conseil des ministres du 5 janvier 1966, « Jean Lesage informe ses collègues qu'il a reçu un long mémoire de Gérard Filion portant le coût de Sidbec à quatre cents millions de dollars[35]. » Jacques Parizeau se souvient

---

34. Louis Rochette collabore aussi à ce nouveau rapport. Roland Parenteau confirme les chiffres de un et de quatre millions de tonnes lancés par Gérard Filion.
35. Entrevue avec Eric Kierans, le 22 mars 2000.

de la rougeur qui colore le visage de Lesage lorsqu'il réalise que le coût du projet de sidérurgie atteint celui de la nationalisation des huit compagnies d'électricité en 1962. Loin de chercher à atténuer l'impact de sa nouvelle proposition, Gérard Filion en rajoute en faisant remarquer que ces nouveaux investissements représentent presque, à eux seuls, l'équivalent du budget de la province[36]. La crédibilité de Gérard Filion en souffrira.

Pendant que le premier ministre continue de tergiverser à savoir si cette sidérurgie en sera une d'État ou mixte, Gérard Filion tente sans succès d'y intéresser l'entreprise privée. La position de René Lévesque et d'Eric Kierans qui répètent que l'aciérie doit appartenir à l'État, se durcit. Lors de cette même séance du Conseil des ministres du 5 janvier 1966, « Jean Lesage informe ses collègues que Jacques Parizeau[37] croit à une entreprise d'État[38]. » Le 11 janvier, le conseiller économique va plus loin en proposant une méthode de financement par étapes. « L'État fournirait initialement la totalité d'un capital-actions de cent millions à raison de dix millions par trimestre, du dernier trimestre de 1966 jusqu'au premier trimestre de 1969[39]. » À ces cent millions s'ajouterait un montant de deux cents millions sous forme d'obligations à émettre.

Les centaines de millions de Jacques Parizeau passent mieux que ceux de Gérard Filion. La cote de ce dernier auprès du premier ministre est au plus bas. « Gérard Filion a la folie des grandeurs[40] », tonne Eric Kierans. Il annonce à un moment

---

36. Dale C. Thomson, *Jean Lesage et la Révolution tranquille*, Montréal, Les Éditions du Trécarré, 1984, p. 281.
37. Il faut noter que Jacques Parizeau est devenu conseiller économique et financier du Conseil des ministres à l'été 1965.
38. Mémoire du Conseil exécutif, séance du 5 janvier 1966.
39. Mémoire de Jacques Parizeau pour le premier ministre : Note sur l'état général des finances du Québec, p. 14. Archives de Jacques Parizeau, ANQ.
40. Entrevue avec Eric Kierans, le 22 mars 2000.

qu'il faut engager mille cinq cents ingénieurs. «C'est là où on se dit que Filion est parti pour la gloire, profère Jacques Parizeau. Quelqu'un, quelque part, va devoir l'arrêter, parce que là, ce n'est plus dans nos moyens[41].» L'influent économiste est celui qui va freiner les ambitions démesurées du journaliste qui s'improvise spécialiste de l'acier. Quand il est convaincu de poser un geste commandé par le devoir, nulle tâche difficile ne rebute Jacques Parizeau. Il s'apprête à mettre Gérard Filion en échec.

Entre-temps, pour mettre fin à l'impasse, le premier ministre propose la formation d'un comité d'étude sur le statut de Sidbec. Ce comité sera composé de Douglas H. Fullerton, Jacques Parizeau, Michel Bélanger, Louis-Philippe Pigeon et Marcel Casavant. La composition même du comité indique que le premier ministre Lesage a pris sa décision et qu'il encouragera la formation d'une entreprise d'État[42]. «Je n'ai rien eu à voir avec ce comité, se souvient Gérard Filion. Ça a été fait sans que j'en sois partie prenante. Je ne l'ai su qu'après mon départ. Je pense qu'ils commençaient à me jouer dans le dos. Lesage trouvait que j'avais la nuque dure. Il préparait mon exil[43].» À la mi-janvier 1966, sentant les loups rôder, Gérard Filion écrit une lettre à Jean Lesage dans laquelle il se plaint que le statut de Sidbec n'est toujours pas défini. Il offre alors de démissionner de son poste de directeur général de Sidbec, avec les membres du bureau de direction, avant le 31 mars suivant. L'éventualité d'une telle démission est discutée lors de la séance du Conseil des ministres du 19 janvier 1966. Présent à cette réunion, Jacques Parizeau considère que l'heure de Gérard

---

41. Entrevue avec Jacques Parizeau, le 21 septembre 1998. René Lévesque tient des propos identiques lors de la diffusion de l'émission *Aujour-d'hui* de la télévision de Radio-Canada, le 18 août 1966.
42. Mémoire du Conseil exécutif, séance du 13 janvier 1966.
43. Entrevue téléphonique avec Gérard Filion, le 20 mars 2000.

Filion n'a pas encore sonné. S'il souhaite que son rival demeure à la direction de Sidbec, Jacques Parizeau suggère néanmoins aux ministres de lui demander de retirer son deuxième mémoire qui propulse les coûts du financement de Sidbec à des sommets jugés déraisonnables. Le cabinet mandate Louis-Philippe Pigeon pour rencontrer Gérard Filion afin qu'il retire son offre de démission [44]. Il ne sera plus question de démission jusqu'au 26 avril 1966.

Pendant ce temps, Jacques Parizeau attend encore le moment propice à l'expulsion de Gérard Filion. Or, par un incroyable faux pas que commet lui-même Gérard Filion, le travail va s'en trouver facilité. Devant la Chambre de commerce de Montréal, le 26 avril 1966, dans une étonnante sortie contre le gouvernement de Jean Lesage, Gérard Filion, président de Sidbec et directeur général de la SGF, déclare que le projet d'aciérie avance trop lentement. « Je me permets simplement d'ajouter qu'à ce niveau, Sidbec n'est plus maître de son destin, mais qu'elle doit se borner à faire des actes de foi et d'espérance en Dieu le père qui siège à Québec. » Dans ses mémoires, Gérard Filion explique que depuis des mois « la Chambre de commerce de Montréal me harcelait pour une causerie sur Sidbec. Je remettais l'échéance sous prétexte que le projet n'était pas mûr. Finalement, je prends un engagement ferme pour le 26 avril. Le texte est modéré, juge-t-il. Il contient toutefois une toute petite phrase qui rendra Lesage furieux [45] », concède Gérard Filion. Son discours fait effectivement bondir Jean Lesage. Le « Dieu le père qui siège à Québec » est prêt à envoyer Gérard Filion en enfer ! Peu de temps après cette déclaration incendiaire, le Conseil des ministres tient une réunion. Celle-ci donne lieu à une virulente séance de règlement de comptes. Jacques Parizeau et Louis-Philippe Pigeon sont invités dans la salle du Conseil.

44. Mémoire du Conseil exécutif, séance du 19 janvier 1966.
45. Gérard Filion, *Fais ce que peux...*, *op. cit.*, p. 304.

«C'est la plus tendue des réunions du Conseil des ministres à laquelle j'ai participé[46]», confirme Jacques Parizeau. Devenu conseiller économique et financier du premier ministre, il a fait sa petite enquête sur les événements à la Chambre de commerce de Montréal. Pour ce genre d'exercice qu'est la collecte de renseignements, Jacques Parizeau se découvre un talent particulier qu'il cultivera une fois engagé en politique active. Avec tout le décorum possible et un sens de la mise en scène des plus hollywoodien, il présente les résultats de son investigation au Conseil des ministres. Comme il est exceptionnel que l'on donne la parole aux hauts fonctionnaires lors des séances du Cabinet, Jacques Parizeau a amené avec lui sa réserve de pétards et de feux de Bengale. D'entrée de jeu, d'un ton dramatique, il révèle avec éclat que vingt-quatre heures avant son discours à la Chambre de commerce de Montréal, Gérard Filion a été nommé directeur de Marine Industries. Le président de cette compagnie, Ludger Simard, est décédé le 17 avril. Les obsèques ont eu lieu le 21 avril et Arthur Simard, président du conseil d'administration, a confirmé le nom de Gérard Filion lors de la réunion du 26 avril. «On ne sait pas à quel traitement», ajoute Jacques Parizeau. Il enchaîne : «Peu après, Filion fait un discours devant la Chambre de commerce au cours duquel il a déclaré que l'État du Québec n'aura jamais les ressources néces-saires pour rendre le projet Sidbec rentable. Faut-il ajouter que les directeurs de Sidbec ont été surpris de la nomination de Gérard Filion à Marine Industries[47].» Gérard Filion connais-sait la famille Simard puisqu'au début de l'année, il a lui-même négocié l'achat de Marine Industries pour la SGF. Ayant fait éclater ces révélations les unes après les autres, Jacques Parizeau termine en affirmant d'un ton déterminé qu'il faut que Gérard Filion soit immédiatement remplacé à la tête de Sidbec. Le

---

46. Entrevue avec Jacques Parizeau, le 7 septembre 1998.
47. Mémoire du Conseil exécutif, séance du 4 mai 1966.

conseiller économique regarde en direction de Jean Lesage. Il a l'impression que les joues du premier ministre passent du rouge vif au bleu violacé. Jean Lesage se contient difficilement. D'abord, se faire traiter par Gérard Filion de « Dieu le père », puis découvrir que le président de Sidbec a préparé sa sortie en acceptant un poste à Marine Industries... C'en est trop! Le Conseil des ministres convient qu'il faut remplacer Gérard Filion[48]. Le nom de Jean-Paul Gignac, un protégé de René Lévesque, vient rapidement sur la table. Jacques Parizeau appuie sa candidature[49]. Pour ne pas précipiter les choses et compte tenu de l'émotion qui prend décidément beaucoup de place ce jour-là dans la salle du Conseil, un comité est formé pour suggérer des noms au gouvernement. Jacques Parizeau en est membre.

Pendant ce temps, au conseil d'administration de Sidbec, l'étonnement fait craquer les murs. Selon les souvenirs de Jean Deschamps, membre de ce conseil et sous-ministre de l'Industrie et du Commerce, c'est lorsque Gérard Filion affirme du haut de sa tribune que le projet va coûter quatre cents millions qu'il crée un malaise certain au sein des administrateurs de Sidbec. « Nous, du conseil, on envisageait un projet de deux cent cinquante millions. Il présentait un autre projet que nous n'avions pas encore sanctionné[50]. » Le lendemain du discours controversé de Gérard Filion et en son absence, le conseil d'administration de Sidbec tient une réunion spéciale où il est décidé d'exclure Gérard Filion du conseil.

---

48. *Idem.*
49. Jacques Parizeau admire les efforts de Jean-Paul Gignac qui, à titre de commissaire à Hydro-Québec, met en place une énergique politique d'achat préférentielle encourageant les produits et services québécois. Jean-Paul Gignac fait aussi du français la langue de travail dans les bureaux de la société d'État.
50. Entrevue avec Jean Deschamps, décembre 1998.

Jacques Parizeau ne se salit pas les mains. C'est Jean Deschamps qui terminera la besogne. Le 19 mai, il téléphone à Gérard Filion et le rencontre le jour même. «Lesage était fâché noir, insiste Gérard Filion. Peu après, je reçois une visite de l'émissaire du premier ministre en la personne de Jean Deschamps[51].» Ce dernier lui demande de choisir entre Marine Industries et Sidbec. Le choix n'en est plus un pour Gérard Filion qui se replie dans une retraite dorée chez Marine Industries. La population apprend la démission de Gérard Filion comme président de Sidbec le 24 mai. Le lendemain, Jean-Paul Gignac s'assoit dans un fauteuil encore chaud. «J'ai fait un maudit fou de moi cette fois-là[52]!», concède aujourd'hui Gérard Filion.

De l'acier oxydé

Après cinq années d'une spirale d'études, de discussions et de projets divers, le complexe intégré de sidérurgie québécoise n'existe toujours pas. C'est l'un des rares dossiers laissés en plan par le gouvernement de Jean Lesage quand il perd le pouvoir le 5 juin 1966.

Avec la nouvelle administration, on n'écarte plus du revers de la main l'achat d'installations déjà existantes. C'est ainsi que le 27 décembre 1968, le gouvernement de Daniel Johnson fait l'acquisition de l'aciérie de Dosco à Contrecœur, abandonnant par conséquent l'idée de bâtir un nouveau complexe sidérurgique à Bécancour comme l'avait annoncé auparavant Jean Lesage.

«L'objectif reste ce qu'il a toujours été, répète Jacques Parizeau, soit celui de fournir au centre industriel du Québec

---

51. Entrevue téléphonique avec Gérard Filion, le 20 mars 2000.
52. *Idem.*

des produits sidérurgiques et, en particulier, des produits plats à un prix aussi bas et avec des délais de livraison aussi courts que ceux dont dispose le centre industriel de l'Ontario. Il y a là une des conditions d'une transformation de notre structure industrielle dans le sens, en particulier, de la construction mécanique[53]. »

Plus tard, en 1975, le gouvernement de Robert Bourassa permet à Sidbec de signer une entente avec la Québec Cartier Mining Company et avec la British Steel Corporation pour exploiter le minerai de fer du nord. Sidbec-Normines est créée et la ville de Gagnon peut prospérer. En 1975, Jacques Parizeau croit toujours au projet. « Enlever l'appui du gouvernement de Québec, et rien n'était possible. C'est à cela qu'il faut penser lorsque l'on a, comme c'est souvent le cas à l'heure actuelle, l'impression qu'il n'y a pas de défense possible contre les multinationales. C'est à cela qu'il faut penser aussi lorsque l'on a la tentation de considérer que le capitalisme d'État est un concept dépassé et trop technocratique[54]. » Ce qui est alors dépassé, et Jacques Parizeau n'insiste pas là-dessus, c'est le rôle structurant de l'acier dans l'économie nationale. En 1975, « c'était déjà fini l'ère d'une économie basée essentiellement sur l'acier[55] », souligne Roland Parenteau. Jacques Parizeau reconnaît « qu'il n'y a pas [eu] beaucoup d'années profitables dans l'histoire de Sidbec, mais ça a joué son rôle[56] ».

Quand on lui rappelle qu'avec le temps, les prix fixés par les grands de l'acier auraient éclaté en raison du libre-échange, Jacques Parizeau fait oui de la tête. Il se sent contraint de faire

---

53. Extrait d'une causerie prononcée par Jacques Parizeau le 2 décembre 1969 devant la Chambre de commerce de Montréal et reproduit dans le journal *Le Devoir*, le 4 décembre 1969.
54. Jacques Parizeau, *Le Jour*, le 21 juin 1975.
55. Entrevue avec Roland Parenteau, le 24 août 1998.
56. Entrevue avec Jacques Parizeau, le 7 septembre 1998.

la synthèse de l'histoire : «On a fait rêver une génération sur quelque chose qui a abouti à une erreur parce qu'au bout du compte, ce qu'on a voulu faire, c'est traiter du minerai de fer catholique et canadien-français. On était tellement pris par nos affaires qu'au moment où on a commencé à traiter ce minerai-là, il y avait du minerai de fer non catholique et non canadien-français qui se vendait bien meilleur marché partout dans le monde. À l'origine, ajoute-t-il, on voulait casser le cartel de l'acier, mais le cartel n'a pas résisté à l'arrivée du minerai de fer brésilien [57].»

«Quand on ne sait pas exactement où on va, parce qu'on ne connaît pas ça, on se trompe, c'est-à-dire que l'on perd du temps, conclut Jacques Parizeau. Ça a coûté cher cette aventure en termes de temps, en termes de minutes-ministres et de minutes-premier ministre. Finalement, ça a été une sorte de grand détour psychologique.» Après une courte pause, il ajoute : «On n'a pas fait que des bons coups tout au cours de cette Révolution tranquille [58]!»

Le 6 juillet 1994, la société d'État Sidbec est vendue à l'entreprise mexicaine ISPAT Mexicana au coût de quarante-cinq millions. La dette de Sidbec est alors de deux cent quatre-vingts millions. C'est la fin de l'acier canadien-français. La ville de Schefferville est devenue une ville fantôme en 1982, puis vient le tour de Gagnon qui ferme en 1985. «Sans doute bien des cathédrales ont demandé plus de temps, mais peu d'entreprises auront connu autant de péripéties avant d'atteindre leur consistance essentielle», écrit Jacques Parizeau en 1975. Mais la consistance d'un rêve demeure toujours difficile à palper. La sidérurgie québécoise s'est finalement résumée à des investissements gouvernementaux de plus de un milliard et demi de dollars, jamais rentabilisés.

---

57. Entrevue avec Jacques Parizeau, le 21 septembre 1998.
58. *Idem.*

CHAPITRE 9

La charpente financière
d'un État canadien-français

> « *Si nous voulons que le groupe (canadien-*
> *français) ait sa civilisation et sa culture propres,*
> *il est extrêmement important qu'il se donne ses*
> *propres sociétés économiques, conduites par les*
> *siens et menées à la française. La SGF n'a pas*
> *d'autre raison d'être.* »
>
> René Paré[1],
> président de la Société des Artisans,
> coopérative d'assurance

L e comité constitutif de la Société générale de financement (SGF) dépose son rapport au Conseil d'orientation économique du Québec (COÉQ), le 14 juillet 1961[2]. Signe avant-coureur, Jean Marchand propose alors que l'expression « Canadien français » que l'on retrouve partout dans le texte, soit remplacée par celle de « Québécois »[3]. La proposition est adoptée. À la fin des années soixante, le nouveau vocable sera entré dans les mœurs.

---

1. Lettre envoyée au premier ministre Jean Lesage, le 5 juillet 1962. Archives nationales du Québec.
2. Le comité a été mis sur pied le 16 juin 1961.
3. Procès-verbal du COÉQ, réunion du 14 juillet 1961. Archives de Roland Parenteau.

Le comité qui donne naissance à la SGF est composé de René Paré, président du COÉQ, qui dirige aussi la compagnie d'assurance la Société des Artisans, de Roland Parenteau, professeur aux HÉC, de Cyril James et de Frank Spénard. Le 18 juillet, le premier ministre rencontre le comité de la SGF puis celui de la sidérurgie, dont fait partie Jacques Parizeau.

Sous l'impulsion de René Paré, le COÉQ est incontestablement en faveur d'une intervention plus grande de l'État dans les affaires économiques. Une résolution est adoptée le 18 août 1961 priant « le gouvernement d'annoncer immédiatement son projet d'établissement d'une SGF, dont l'une des premières tâches sera l'établissement d'une industrie sidérurgique intégrée dans la province[4] ». La résolution est transmise sur-le-champ au premier ministre.

Deux semaines plus tard, le jour de la fête du Travail, Jean Lesage annonce la création de la SGF pour le début de l'année 1962. Afin de ne pas s'attirer les foudres des milieux financiers, le premier ministre rappelle « que nous vivons dans un pays de libre entreprise où l'État compte jouer soit un rôle supplétif, soit un rôle d'avant-garde, sans avoir à prendre celui de contrôleur ni d'accapareur[5] ». Pour confirmer ce principe, la SGF veut permettre la participation du grand public sous forme d'achat d'actions et elle s'attend à ce que les caisses populaires et les banques du Québec y investissent aussi des sommes d'argent. Dans le projet initial, la participation du gouvernement doit demeurer minoritaire.

Le 20 octobre 1961, un comité de cinq personnes est formé par le COÉQ pour élaborer la loi qui donnera naissance à la SGF.

---

4. Procès-verbal du COÉQ, réunion du 18 août 1961. Archives de Roland Parenteau.
5. Déclaration de l'honorable Jean Lesage, communiqué du 1er septembre 1961. Fonds Jean Lesage, Archives nationales du Québec.

Jacques Parizeau en fait partie[6]. Pour René Paré, qui dirige ce comité, la SGF « doit être une société nettement canadienne-française et dans ses fins et dans sa composition[7] ». Le mémoire qui est déposé au bureau du premier ministre au début de décembre et qui constitue les assises de la SGF est donc fortement inspiré par cette vision. Deux jours avant le réveillon de Noël, Jacques Parizeau reçoit un appel de René Paré, affolé. Louis-Philippe Pigeon, conseiller juridique du premier ministre, a pris connaissance du rapport et l'a passablement modifié. Aux yeux de René Paré, les scribouillages de l'avocat dénaturent l'esprit même de la SGF. Il demande à Jacques Parizeau d'étudier les observations de Pigeon et de lui faire rapport rapidement. Le 4 janvier 1962, la dinde du jour de l'An à peine digérée, René Paré le convie à une réunion pour discuter « du problème Pigeon[8] ». La cinquantaine avancée, Louis-Philippe Pigeon est considéré par l'aile nationaliste du gouvernement et par les jeunes technocrates qui bourdonnent autour de Jean Lesage comme un homme d'une autre époque. Jacques Parizeau n'est pas le seul à considérer ses idées économiques et sociales comme dépassées[9]. Face à ce commando dont la moyenne d'âge se situe dans la jeune trentaine, Louis-Philippe Pigeon peut opposer plus de trente ans de services au cours desquels il a rédigé et scruté tous les projets de loi pour les trois derniers chefs du Parti libéral.

---

6. Jacques Parizeau a beaucoup discuté de la création d'une telle société avec François-Albert Angers. Son maître en aurait fait mention pour la première fois en 1939 dans l'un de ses discours publics.
7. Lettre de René Paré à Jean Lesage, le 5 juillet 1962. Archives nationales du Québec.
8. Lettre de René Paré à Jacques Parizeau, le 22 décembre 1961. Archives de Jacques Parizeau, ANQ.
9. Louis Martin, « Les hommes derrière le pouvoir – À Québec, une nouvelle génération de hauts fonctionnaires élabore la Révolution tranquille : Les technocrates », *Maclean*, octobre 1964.

Conservateur, Louis-Philippe Pigeon tient à ce que l'on ne fasse pas mention dans le projet de loi de l'un des objectifs de la SGF qui prévoit l'achat d'entreprises en difficulté. Il préfère, à cet égard, l'imprécision. Jacques Parizeau réagit plutôt bien à cette proposition. De toute façon, croit-il, la SGF achètera de telles entreprises. Louis-Philippe Pigeon veut aussi limiter les participations de la SGF aux seules entreprises industrielles. Là-dessus, il rencontre l'opposition ferme du jeune économiste pour qui tous les types d'entreprises doivent pouvoir profiter d'une aide de la SGF [10]. Pendant que René Paré et Jacques Parizeau tentent de rassurer le bureau du premier ministre, George Marler, ministre sans portefeuille du cabinet Lesage et porte-parole de la communauté financière anglophone de Montréal, écrit à Jean Lesage pour le dissuader de fonder la SGF. « Ce n'est pas aux investisseurs à lancer des entreprises, explique-t-il. C'est l'affaire d'entrepreneurs et d'individus qualifiés en la matière [11]. » Jean Lesage tient bon. Quand la SGF sera créée, il n'hésitera plus à déclarer publiquement que la SGF « ne se contentera pas d'avancer des fonds à ceux qui en auront besoin, elle participera à la gestion même des entreprises en souscrivant au capital actions de celles-ci [12] ». Mais avant de pouvoir affirmer si librement de telles choses, le premier ministre doit apaiser le marché. Au début de février, il rencontre, à l'occasion d'un discret voyage d'affaires, les agents financiers de New York. À la séance du Conseil des ministres qui suit son retour, il informe ses collègues ministres du contenu de la

---

10. Ces prises de position sont évoquées dans une lettre que Jacques Parizeau rédige en prévision de la rencontre du 4 janvier 1962 et qui est adressée à René Paré. Archives de Jacques Parizeau, ANQ.

11. Lettre de George Marler du 4 janvier 1962, telle qu'on l'a citée dans l'ouvrage de Dale C. Thomson, *Jean Lesage et la Révolution tranquille*, Montréal, Les Éditions du Trécarré, 1984, p. 263.

12. Discours sur la politique économique du Québec prononcé à l'Assemblée législative, le 3 avril 1963, p. 11. Archives d'André Marier.

rencontre. Ils « ont semblé trouver bonne la situation financière de la province et approuver le projet de la SGF, mais que, par contre, l'établissement pour le gouvernement d'une industrie sidérurgique ne leur semblait pas un projet rentable pour le gouvernement [13] ».

Jean Lesage fait ensuite le tour des milieux financiers de Montréal. Le 19 mars 1962, il convoque les gens d'affaires à l'hôtel Reine-Élisabeth afin de leur expliquer le rôle économique que va jouer la SGF. Le projet original parle toujours d'une société mixte où l'État n'est qu'un partenaire. Un tiers des actions sera détenu par le public, un tiers par des institutions financières et le reste par l'État. Malgré ces garanties, certaines institutions financières anglophones maintiennent une ferme opposition au projet. En tant que membre du comité de la SGF, Jacques Parizeau assiste à cette réunion : « Je m'en souviens bien de cette réunion-là. De l'atmosphère de cette réunion. C'était pénible. On attaquait Lesage pour tout ce qu'on voudra, sauf pour ce qu'il était. On l'accusait de pratiquer le socialisme. On sait pourtant qu'il n'était pas très porté là-dessus [14]... » Bien que la réunion se tienne à huis clos, le journal *La Presse* en parle en première page le lendemain : « Monsieur Lesage consulte les financiers de Montréal. » Dans un court article, le journaliste Laurent Lauzier écrit : « La réunion s'est tenue dans une atmosphère prometteuse. On a cependant signalé que certaines entreprises bancaires, dont l'influence sur le marché et l'organisation des finances de la province reste toujours considérable, avaient formulé des demandes assez précises concernant le contrôle de la future société de financement [15]. » On peut aisément penser qu'il s'agit de la Banque

---

13. Jean Lesage fait mention de son voyage à ses collègues ministres le 13 février 1962. Mémoire du Conseil exécutif, séance du 13 février 1962. Archives nationales du Québec.
14. Entrevue avec Jacques Parizeau, avril 1999.
15. Laurent Lauzier, *La Presse*, le 20 mars 1962.

CABINET DU PREMIER MINISTRE

PROVINCE DE QUÉBEC

Le 7 mars 1962

<u>Personnel</u>

Monsieur Jacques Parizeau
Ecole des Hautes Etudes Commerciales
535, avenue Viger
Montréal (24), P. Q.

Cher monsieur Parizeau,

　　　　Avant de présenter à l'Assemblée législative un projet de loi concernant une Société Générale de Financement, il me semble important de consulter un groupe représentatif des hommes d'affaires les plus en vue de la province.

　　　　J'apprécierais grandement que vous acceptiez de participer à cette réunion qui aura lieu à Montréal le lundi, 19 mars, à 3 heures 30 p.m., dans la Salle St-Laurent de l'Hôtel Reine Elizabeth.

　　　　Il est entendu que la rencontre ne sera l'objet d'aucune publicité.

　　　　Je vous remercie à l'avance de votre collaboration et vous prie de croire toujours à l'assurance de mes meilleurs sentiments.

Jean Lesage

Preuve de la considération que porte le premier ministre à l'endroit du jeune économiste de trente et un ans, Jean Lesage invite personnellement Jacques Parizeau à faire partie de la délégation qui accompagnera le premier ministre pour affronter le cercle financier de Montréal. Archives de Jacques Parizeau, ANQ.

LA CHARPENTE FINANCIÈRE D'UN ÉTAT CANADIEN-FRANÇAIS

de Montréal et du courtier A.E. Ames & Co., les maîtres du jeu financier à Montréal dont on parlera abondamment dans le chapitre consacré à la création de la Caisse de dépôt et placement du Québec.

Les suites de la rencontre de Montréal inquiètent Jacques Parizeau et René Paré. L'économiste des HÉC écrit le 21 mars au premier ministre « qu'une certaine ambiguïté n'avait pas été éclaircie à l'égard du mode d'élection des membres du conseil d'administration de la Société générale de financement [16] ». René Paré exprime à son tour ses craintes à Claude Morin, conseiller économique qu'il sait proche de Jean Lesage : « La rue Saint-Jacques est loin d'avoir abandonné son projet de neutraliser la Société générale de financement [17]. » Il lui explique que les attaques contre la SGF sont nombreuses et sournoises. Claude Morin comprend vite. Comme il en a pris l'habitude, il rédige aussitôt un court mémorandum à l'endroit du premier ministre. « Les partisans de la rue Saint-Jacques ne s'estiment pas pour battus [18] », écrit-il. Les milieux financiers font pression pour que le gouvernement et les caisses populaires ne comptent que trois représentants chacun. Même en tenant pour acquis que les caisses populaires voteront toujours du côté gouvernemental, cela ne fera qu'un total de six sièges sur quinze sous l'influence de l'État, ce qui pourrait lui faire perdre le contrôle effectif de la société. René Paré souffle à l'oreille de Claude Morin que quatre sièges pour le gouvernement et quatre pour les caisses populaires assureraient le contrôle de la SGF. « Il faut absolument que la SGF ne soit pas du type rue Saint-Jacques et c'est ce qu'on essaie

---

16. Lettre à Jean Lesage, le 21 mars 1962. Archives de Jacques Parizeau, ANQ.
17. Mémo de Claude Morin pour le premier ministre, le 20 avril 1962. Fonds Claude Morin, Archives nationales du Québec.
18. *Idem.*

et qu'on essaiera d'empêcher [19] », écrit encore Claude Morin à Jean Lesage.

René Paré s'étonne de la forte résistance des milieux financiers qui « s'efforcent de ruiner, dès le départ, les possibles retombées du projet [20] ». Pour Jacques Parizeau, c'est le grand éveil. Le jeu qui se déploie sous ses yeux capte toute son attention. Il assimile à grande vitesse. Pour la première fois, il distingue les contours funestes du chantage financier qui prend forme autour de lui. Il observe les puissances de l'argent manœuvrer dans l'ombre afin de maintenir leurs privilèges. Il sent que le pouvoir politique est en mouvement pour éviter l'encerclement. Son père lui avait parlé de ce spectre pour la première fois quand il était encore tout jeune, mais son engagement dans le dossier de la SGF lui permet de saisir une réalité qui demeurait pour lui théorique. Même s'il détestait Maurice Duplessis, Gérard Parizeau avait exprimé à son fils toute l'indignation qu'il avait ressentie quand il avait étudié la façon dont les banques montréalaises avaient coupé les vivres à la province, à la ville de Montréal et à l'Union nationale. Il devint alors impossible d'emprunter. Maurice Duplessis avait été contraint de déclencher des élections un an avant la fin de son mandat. En 1939, plongeant dans une campagne électorale sans les fonds nécessaires, il avait perdu aux mains d'Adélard Godbout. Ce fut une exécution politique magnifiquement réussie, lui raconta son père, mais ô combien disgracieuse. « Mon père n'était pas du tout Union nationale, insiste Jacques Parizeau, mais c'était une question de fierté pour lui. Il n'était pas question de se faire traiter comme des petits gars [21]. » L'enseignement du père est demeuré imprégné dans l'esprit du fils.

---

19. Mémo de Claude Morin pour le premier ministre, le 20 avril 1962. Fonds Claude Morin, Archives nationales du Québec.
20. *Idem.*
21. Entrevue avec Jacques Parizeau, le 15 décembre 1997.

Le 7 mai 1962, Jean Lesage écrit une lettre à René Paré, dans laquelle il réagit au mémoire concernant la question des sièges sous contrôle gouvernemental. Le premier ministre rassure le président du Conseil d'orientation économique. Le Conseil des ministres accepte que trois administrateurs soient nommés par le gouvernement et trois par les caisses populaires. Mais il n'y aura plus que six autres représentants, détenteurs des actions ordinaires. Jean Lesage a donc habilement fait passer le nombre des membres du conseil d'administration de quinze à douze. Assuré de l'appui d'au moins six administrateurs, il peut raisonnablement espérer contrôler le conseil d'administration. Dans le même élan, il propose de réserver un siège à la Société Saint-Jean-Baptiste [22]. À cette époque, la force de ralliement de cette organisation, présente dans toutes les régions du Québec, en fait une institution à laquelle il est préférable de s'allier.

Le projet de loi est déposé en Chambre le 12 juin 1962. Après s'être assurés du contrôle du conseil d'administration de la SGF, les révolutionnaires tranquilles vont tout faire pour que les administrateurs qui y siégeront soient canadiens-français. Le 29 juin, Claude Morin rencontre René Paré. Tous deux conviennent qu'il faut « orienter la société de telle sorte qu'elle ne ressemble pas aux institutions de la rue Saint-Jacques. Il lui faut obligatoirement un air nationaliste [23]. » Claude Morin fait parvenir un mémo au premier ministre pour lui rappeler cette volonté. « Il ne faut pas agir dans le seul but de ne pas effrayer la rue Saint-Jacques. De toutes façons, quoi qu'on fasse, elle

---

22. Il faut rappeler que quelques jours avant la victoire du Parti libéral, le Congrès provincial des Sociétés Saint-Jean-Baptiste du Québec avait proposé avec insistance la création d'un « organisme financier suffisamment puissant au service de la nationalité. Les Canadiens français seront maîtres de leur économie ou ils disparaîtront. » Extrait du rapport de la Commission des finances au Congrès provincial des SSJB du Québec, Chicoutimi, le 5 juin 1960.

23. Mémo de Claude Morin au premier ministre, le 29 juin 1962. Fonds Claude Morin, Archives nationales du Québec.

n'aime pas la SGF. Aussi bien alors lui donner un caractère très net [24]. »

René Paré, qui n'est toujours pas certain que les ennemis de la SGF ont baissé la garde, écrit lui aussi au premier ministre : « Nos compatriotes anglo-saxons doivent comprendre et accepter, de cœur, cette manière de voir et, même, nous aider à réaliser ces objectifs. Je reste convaincu que c'est dans leur propre intérêt [25]. » René Paré insiste : il faut nommer des gens qui reflètent l'orientation nationaliste du gouvernement. Les Canadiens français qui ne partagent pas cette optique doivent même être exclus du conseil d'administration. René Paré fournit une liste de candidats au premier ministre. Le nom de Jacques Parizeau apparaît parmi les personnalités proposées. S'adressant au premier ministre, René Paré décrit Jacques Parizeau comme « un économiste de grande réputation et qui a prouvé être un de ceux qui comprennent le mieux le sens que vous donnez à la SGF. Son seul handicap, c'est son jeune âge, mais je crois que, particulièrement dans une fondation de cette sorte, il ne faut pas avoir peur de la jeunesse, bien au contraire [26] ! »

La loi d'incorporation de la SGF est sanctionnée le 6 juillet 1962. René Paré y est nommé président. Peu de temps après sa nomination, il conseille au premier ministre « de ne nommer qu'une seule personne de langue anglaise dès le début [27] ». Le 22 août 1962, le premier ministre présente la liste des directeurs potentiels au Conseil des ministres. Par un arrêté ministériel daté du 12 septembre 1962, Jacques Parizeau est désigné administrateur de la SGF [28].

---

24. *Idem.*
25. Lettre de René Paré au premier ministre, le 5 juillet 1962.
26. *Idem.*
27. Mémoire du Conseil exécutif, séance du 26 juillet 1962. Archives nationales du Québec.
28. Lettre du sous-secrétaire de la province, Raymond Douville, à Jacques Parizeau, le 24 septembre 1962. Archives de Jacques Parizeau, ANQ.

La première réunion du conseil d'administration se tient à l'hôtel Windsor, le 27 septembre 1962. Jacques Parizeau rédige le procès-verbal. René Paré est confirmé à la tête de la SGF et le directeur général de la société, Gérard Filion, entre en fonction à l'inauguration des nouveaux bureaux, le 4 février 1963. Aux séances du conseil, Jacques Parizeau intervient beaucoup. « Il était brillant, reconnaît Gérard Filion. Les gens l'écoutaient. Il donnait l'impression de tout savoir et d'avoir des solutions à tous les problèmes. Il reste toutefois très théorique dans ses exposés, il est peu pratique [29] », juge Gérard Filion. Le conseil d'administration salue tout de même le talent de Jacques Parizeau qui, six mois plus tard, est nommé membre du comité exécutif de la SGF [30].

Jacques Parizeau a la confiance du premier ministre. « Les relations entre lui et Jean Lesage, je ne les connais pas, mais il est très près du bureau du premier ministre, atteste Gérard Filion. Je suis allé voir Lesage trois ou quatre fois de 1963 à 1966 et Parizeau était toujours dans les corridors. Il avait l'oreille du premier ministre et il se tenait physiquement autour du pouvoir [31]. » Compte tenu de sa participation à de multiples dossiers gouvernementaux, Jean Lesage offre à Jacques Parizeau vers 1964 un bureau situé en face de celui de Claude Morin. « Mon bureau se trouvait à une trentaine de pieds de la salle de réunion du Conseil des ministres et à moins d'une minute de celui de Lesage [32] », raconte Jacques Parizeau. À la SGF, on voit en Jacques Parizeau le représentant des intérêts du premier ministre. « C'est l'impression que j'ai toujours eue, évoque le ministre du Revenu de l'époque, Eric Kierans. Parizeau parlait pour le premier ministre. Je crois qu'il était fidèle aux désirs de Lesage [33]. »

---

29. Entrevue téléphonique avec Gérard Filion, le 20 mars 2000.
30. Le 6 juin 1963.
31. *Idem.*
32. Entrevue avec Jacques Parizeau, le 18 janvier 1999.
33. Entrevue avec Eric Kierans, le 22 mars 2000.

Gérard Filion partage cette opinion. « Déjà en 1963, Parizeau était une forme de conseiller spécial de Lesage. C'est un type qui s'agitait beaucoup, il était très actif. Il préparait des mémoires. Il était capable de vous pondre un mémoire de trente ou quarante pages dans une soirée ou dans une nuit. Il s'agitait beaucoup[34] », répète-t-il. Quand on demande au directeur général de la SGF, rival de Jacques Parizeau dans le dossier de la sidérurgie, si les rapports de ce dernier étaient bien documentés, il répond d'un ton badin : « Ah ! Le contenu. Il savait tout. C'est le gars qui doutait de rien. Il avait la science infuse[35]. »

Six mois après sa création, la SGF procède enfin à ses premières acquisitions. Le 6 juin 1963, elle achète les actions de la société Forano. Puis les parts de Sogefor et de Volcano viennent s'ajouter à son maigre tableau de chasse. À l'été 1963, la SGF possède un compte en banque d'à peine vingt et un millions de dollars. La vente d'actions dans le public a été un échec. Les caisses populaires ont investi cinq millions de dollars, les banques ont suivi de façon plus discrète encore et le gouvernement a fait un premier versement de cinq millions. Jacques Parizeau se souvient avec ironie d'avoir craint une présence trop active d'intérêts étrangers dans la SGF. « Pas besoin de vous dire qu'il n'y a jamais eu d'investisseurs étrangers qui se sont intéressés à la SGF[36]. » Des années plus tard, le gouvernement rachètera les deux tiers des actions restantes de la Société pour en faire une authentique société d'État. Le rêve d'une société mixte se sera évanoui.

Raymond Garneau, un moment secrétaire au bureau de Jean Lesage et plus tard ministre des Finances sous le gouvernement de Robert Bourassa, souligne qu'à sa naissance, la SGF « règle des problèmes de successions familiales, plus que

34. Entrevue téléphonique avec Gérard Filion, le 20 mars 2000.
35. *Idem.*
36. Entrevue avec Jacques Parizeau, le 18 janvier 1999.

jamais [37] ». Lesage le reconnaît d'ailleurs dans l'un de ses discours en Chambre : « Nous avons par exemple dans notre province un grand nombre d'entreprises de type familial qui pourraient, si les conditions étaient favorables, se transformer en entreprises se situant à l'échelle de la province entière et même à l'échelle du pays ou de l'étranger. Dans ce secteur, la Société générale de financement peut accorder un appui remarquable à certaines de ces entreprises [38]. »

La faible quantité d'entreprises canadiennes-françaises actives au Québec oblige la SGF à intervenir dans un milieu restreint où tout le monde se connaît. Avec l'acquisition des actions de Volcano de Saint-Hyacinthe, Marcel Pepin, secrétaire général de la CSN et membre du conseil d'administration de la SGF, soulève une irrégularité. Selon lui, cette transaction place la SGF en conflit d'intérêts. En effet, Fernand Girouard se retrouve à la fois membre du conseil d'administration de la SGF et président de la compagnie Volcano. Marcel Pepin vote contre la résolution et prévient que si la SGF se retrouve un jour devant une situation semblable, il démissionne et rend publique la combine. Avec l'affaire Girouard, Jacques Parizeau réalise une chose. « Des années plus tard, je comprendrai que tous ces gens-là viennent de la *Patente* [39] et que Gérard Filion est un officier de cette organisation secrète liée à l'Ordre de Jacques-Cartier [40]. » Pour sa part, Gérard Filion affirme ne plus être membre de la *Patente* à partir des années soixante. De toute façon, prétend-il, cette organisation n'exerce plus aucune

---

37. Entrevue avec Raymond Garneau, le 4 avril 2000.
38. Discours écrit du premier ministre Lesage intitulé : *La politique économique du Québec*, prononcé à l'Assemblée législative, le 3 avril 1963, p. 11. Archives d'André Marier.
39. La *Patente* fut une organisation secrète composée de nationalistes canadiens-français très proche de l'Église catholique. Ils étaient les « Chevaliers de Colomb » du monde politique et économique.
40. Entrevue avec Jacques Parizeau, le 7 septembre 1998.

influence au moment de la Révolution tranquille. Il reconnaît toutefois que René Paré fut un membre actif de cette organisation secrète dans les années cinquante. «À ma courte honte d'administrateur de la compagnie, soutient Jacques Parizeau, ils s'étaient rachetés les uns les autres avec l'argent du gouvernement[41].» «C'est faux!, répète Gérard Filion, la *Patente* n'a rien à faire dans les dossiers de Volcano et Forano[42].»

Force est de constater, cependant, que les premières interventions de la SGF n'ont pas été glorieuses. Dans le désastreux dossier de Marine Industries, la SGF perd quatre-vingts millions de dollars. Avec Sidbec, elle connaît un solde négatif de quarante millions. L'injection de capital dans la Soma, la Société de montage automobile, qui devait donner naissance, avec l'aide de la France, à une véritable industrie automobile au Québec, ne se concrétisera pas. Dans les faits, les fruits de la SGF ne mûriront que beaucoup plus tard, après la Révolution tranquille[43].

Pour Jacques Parizeau, la mise au monde de la SGF constitue avant tout une plate-forme d'observation idéale d'où il peut assister au déploiement des forces obscures qui s'opposent à la création de sociétés d'État québécoises. Avec la nationalisation de l'électricité qui s'annonce, il va compléter son

---

41. Entrevue avec Jacques Parizeau, le 18 janvier 1999.
42. Entrevue téléphonique avec Gérard Filion, le 20 mars 2000.
43. Dans les années quatre-vingt, les investissements de la SGF dans NOVERCO (Gaz Métropolitain) et dans l'Aluminerie de Bécancour lui donneront un nouvel élan. Au tournant du siècle, la SGF aura délaissé les entreprises familiales. En trente-huit ans d'existence, elle aura investi 1 milliard 280 millions dans une panoplie de projets économiques, pour un retour de 1 milliard 230 millions. En l'an 2000, la facture gouvernementale pour la SGF ne s'élève donc, sous cet unique aspect, qu'à 50 millions de dollars. SOURCE : Hélène Baril, «La SGF a fait presque autant de bons coups que de mauvais.», *Le Devoir*, 21 avril 2000. On peut aussi consulter les données présentées par le président de la SGF, Claude Blanchet, lors de son allocution devant la Commission des finances publiques de l'Assemblée nationale du Québec, le 20 avril 2000.

apprentissage et s'instruire sur la façon de neutraliser un puissant monopole financier qui se dresse contre un gouvernement déterminé à agir.

CHAPITRE 10

La fin des principautés

« Notre clef, au Québec, c'est l'électricité. Notre province est immensément riche en pouvoir électrique. Nous possédons, comme territoire, une puissance énorme. J'ai dit comme territoire parce que comme peuple, nous sommes bien pauvres… Celui qui est pour le trust est contre le peuple du Québec. L'époque du colonialisme économique est révolue. Nous marchons vers la libération! C'est maintenant ou jamais. Soyons maîtres chez nous! »

Jean Lesage [1]

Au lendemain du coup de tonnerre du 22 juin 1960 qui couronnait Jean Lesage premier ministre, Jacques Parizeau s'est senti bien loin de la pluie de réformes que promettait de mettre en branle l'équipe de Jean Lesage. Ne se doutant pas encore que c'est par le dossier de la sidérurgie qu'il se rapprocherait de l'action gouvernementale, il va tirer le maximum de sa présence au sein du comité du commerce et des tarifs de l'Association canadienne de l'industrie des pâtes et papiers dans le but de pénétrer les hautes sphères du pouvoir politique.

---

1. Discours prononcé lors d'un dîner organisé par la Fédération libérale du Québec, le 30 septembre 1962.

René Lévesque, alors ministre des Ressources hydrauliques et des Travaux publics, veut créer un nouveau ministère qui portera le nom de Richesses naturelles. Il réclame auprès de Jean Lesage l'eau, la forêt et l'agriculture. Informée de cette éventualité, l'industrie papetière s'alarme. Troquer le débonnaire Bona Arsenault, ministre des Terres et Forêts, pour le fougueux René Lévesque? Voilà qui ne dit rien qui vaille à l'establishment anglo-saxon. Flairant l'occasion de côtoyer de plus près le pouvoir, Jacques Parizeau propose d'aller rencontrer René Lévesque à Québec, afin de s'enquérir de la situation au nom de l'Association. L'idée étant acceptée, Jacques Parizeau se retrouve dans la Vieille Capitale.

René Lévesque ne peut pas le recevoir, mais le dirige vers Éric Gourdeau, économiste et ingénieur forestier chargé de concevoir le nouveau ministère. « Monsieur Lévesque m'a dit de venir vous voir. Je représente la compagnie Rolland, mais aussi toutes les compagnies forestières de la province à titre de membre d'un comité de l'association papetière [2]. » Il était en mission, se souvient Éric Gourdeau. Jacques Parizeau tente de le faire réagir et d'en savoir plus sur les orientations futures du ministère. Il laisse entendre à son interlocuteur que les compagnies partagent l'avis du gouvernement et qu'elles sont prêtes à collaborer avec lui pour établir une planification qui remportera l'adhésion de toutes les parties. Éric Gourdeau ne comprend pas très bien où le jeune émissaire veut en venir. Jacques Parizeau est, quant à lui, plutôt mal à l'aise dans cette fonction improvisée de lobbyiste. L'épisode se termine en mars 1961, lorsque Jean Lesage confirme Bona Arsenault dans ses fonctions ministérielles et maintient les forêts sous sa responsabilité. Les craintes du puissant club des pâtes et papiers sont dès lors dissipées. René Lévesque, de son côté, ne perd pas tout. Il récupère les mines pour son tout nouveau ministère des Richesses naturelles.

---

2. Propos attribués à Jacques Parizeau et rapportés par Éric Gourdeau. Entrevue du 20 avril 1998.

Avant de cerner les arcanes politiques, Jacques Parizeau doit encore patienter quelques mois. Comme nous l'avons expliqué précédemment, c'est vers le milieu de l'année 1961, à titre de membre du Comité de sidérurgie du Conseil d'orientation économique, qu'il fait son entrée dans la Révolution tranquille. Mais c'est la nationalisation de l'électricité, en 1962, qui lui permet d'inaugurer une longue et tumultueuse association avec René Lévesque. De ces premiers combats au coude à coude, Jacques Parizeau garde un très vif souvenir.

Le pouvoir électrique

Le 11 novembre 1962, pour la première fois de l'histoire du Canada, deux chefs politiques s'affrontent dans un débat en direct à la télévision. L'événement se déroule au Québec lors d'une campagne électorale. Jean Lesage et Daniel Johnson s'affrontent peu avant les élections qui doivent se tenir trois jours plus tard. Pour tout l'or du monde, Jacques Parizeau n'aurait voulu manquer cette émission. Le voici bien installé devant son téléviseur en compagnie de son épouse Alice. Le moment est solennel. Le hasard a voulu que ce soit Jean Lesage qui s'adresse d'abord à la population. «La clef de la libération économique, c'est la nationalisation des compagnies privées d'électricité», proclame-t-il. Affirmant que le Québec accuse un retard de cinquante ans sur l'Ontario, qui a déjà nationalisé cette industrie en 1906, il aborde ensuite la question du coût de la nationalisation qu'il dit estimer à six cents millions de dollars. Le premier ministre, qui demande à la population un renouvellement de son mandat, ne dispose que de sept minutes pour convaincre son auditoire du bien-fondé d'une telle réforme. À la fin de son envolée oratoire, Jean Lesage conclut en lançant : «Je suis prêt à me battre pour ce chiffre de six cents millions de dollars qui est celui qui a été calculé par les experts, après des

études approfondies au ministère des Richesses naturelles. »
D'un geste théâtral, le premier ministre présente alors aux
téléspectateurs un premier document. « Ceci est un rapport du
ministère des Richesses naturelles au Conseil d'orientation
économique. » Puis il agite un deuxième rapport, présenté dans
un cartable noir, « et celui-ci est un long rapport d'économistes,
d'économistes réputés du Québec [présenté] également au
Conseil d'orientation économique. Il nous faut nationaliser,
c'est maintenant qu'il faut le faire parce que plus nous retar-
dons, plus ça peut être dispendieux. C'est essentiel, il faut que
nous y allions dès maintenant ! » Jacques Parizeau sursaute, se
redresse et bondit de son fauteuil. « Mais Grand Dieu, Alice,
c'est mon étude ! C'est mon étude qu'il vient d'agiter devant la
population du Québec tout entier ! » En un peu moins d'un an,
Jacques Parizeau est passé de lobbyiste manqué à auteur d'une
étude destinée au premier ministre. Voici comment l'histoire
s'est déroulée.

Au début des années trente, la Commission fédérale du
commerce de Washington présente au public américain les
conclusions d'une enquête menée pendant cinq ans et portant
sur les abus des trusts de l'électricité. Les soixante-dix volumes
du rapport révèlent des faits troublants sur les comportements
de l'industrie, laquelle est regroupée sous le parapluie de la
National Electric Light Association. Au Québec, les résultats
de cette enquête sont rendus publics par le docteur Philippe
Hamel, futur député de la région de Québec, et par Télesphore-
Damien Bouchard, président de l'Assemblée législative, qui
tentent alors de sensibiliser la population à la question [3].

Dans les voûtes de la Société Hydro-Québec, on peut
retrouver un livre publié en 1957 par les Presses de l'Université

---

3. Marcel Dubé, « Le Dr Hamel et Damien Bouchard produisent le premier
choc », *Perspectives*, n° 7, 16 février 1963, p. 2.

Harvard de Boston. Cet ouvrage savant est consacré à l'industrie hydroélectrique du Québec ainsi qu'à son impact sur le développement économique de la province de 1898 à 1940. L'auteur du livre, John H. Dales, conclut sa longue étude sur le comportement de cette industrie au Québec, en montrant de façon éclatante que ces entreprises ont eu tendance à gonfler le prix de détail de l'électricité. « Il était déraisonnablement élevé comparé aux taux de l'Ontario[4] », écrit-il. Ce qui a pour effet de freiner le développement économique de la province de Québec. L'auteur avance même que, pendant la Grande Dépression des années trente, au moment où la baisse de consommation *per capita* provoquée par l'ampleur de la crise économique aurait dû entraîner une diminution des tarifs, l'industrie a profité au contraire de la situation pour les majorer. John H. Dales observe que, pour la période étudiée, la structure des prix favorise avant tout la grande entreprise de propriété étrangère ou canadienne-anglaise. « Une politique de tarifs réduits pour la grande entreprise et des tarifs élevés pour les consommateurs et la petite entreprise, voilà ce qui explique en partie le type de développement économique qu'a connu le Québec, de même que l'existence d'une structure industrielle déséquilibrée : d'un côté, une poignée de grandes industries et, de l'autre, une foule de petites entreprises. Les tarifs domestiques élevés ont favorisé un faible niveau de vie. Or un faible niveau de vie engendre à son tour une main-d'œuvre bon marché pour la grande industrie[5]. » L'auteur termine son ouvrage en constatant que « l'industrie hydroélectrique au Québec n'a pas su profiter des avantages inhérents au potentiel de développement économique provenant de cette forme d'énergie[6] ». L'observation sera lourde de conséquences...

---

4. John H. Dales, *Hydroelectricity and Industrial Development – Quebec 1898-1940*, Cambridge, Mass., Harvard University Press, 1957, p. 179.
5. *Idem, p. 180.*
6. *Idem, p. 290.*

Très tôt, lorsqu'il est encore ministre responsable de l'énergie hydroélectrique, René Lévesque qualifie de « principautés » au comportement féodal la douzaine de compagnies d'électricité qui desservent le territoire de la province. Après avoir pris connaissance d'un mémoire fort convaincant rédigé par André Marier sur cette question, il confie à Michel Bélanger, son conseiller économique, la tâche de monter un dossier complet sur la situation de l'électricité au Québec. Directeur général de la planification au ministère des Richesses naturelles, ce dernier devra analyser les arguments favorables ou non à la nationalisation de cette industrie. Nous sommes à la mi-juin 1961.

Lors de son séjour à Ottawa quelques années auparavant, Michel Bélanger a acquis une telle connaissance des rouages de l'État qu'à Québec, il en impose à son nouvel entourage. Le journaliste Michel Van Schendel de *La Presse*, spécialiste à l'époque de l'analyse des dossiers économiques, affirme que lorsque « les solutions techniques avaient été envisagées, Michel Bélanger était l'homme des réalisations. À partir de cet instant, il marchait et il marchait à fond, souligne-t-il. C'était une redoutable machine[7]. » Mandaté par René Lévesque, Michel Bélanger va donc mettre en marche l'« opération nationalisation ». Fruit d'un travail intellectuel et technique remarquable, le rapport du ministère des Richesses naturelles est présenté à la fin de l'année 1961 au Conseil d'orientation économique. L'étude conclut à la nécessité de nationaliser l'électricité. Le rapport est reçu favorablement par le Conseil. Fort de ces appuis, René Lévesque défend l'idée de la nationalisation devant le Conseil des ministres. Jean Lesage hésite. Le chef du Parti libéral sait bien que parmi la dizaine d'entreprises qui doivent être nationalisées figure la Shawinigan Water & Power Company, dont le président est Jack Fuller. Le premier ministre sait de plus que l'actionnaire principal de la Shawinigan est nul

---

7. Entrevue avec Michel Van Schendel, janvier 1999.

autre que Peter Nesbitt Thomson de Power Corporation, qui gère aussi la caisse électorale du Parti libéral.

René Lévesque, qui travaille comme un forçat pour faire avaliser son rapport, est incapable d'arracher un consensus politique auprès de ses collègues ministres. Lors de la réunion du 29 mai 1962, Jean Lesage fait remarquer aux membres du Conseil des ministres qu'il n'y a presque pas d'activité sur le marché des obligations. Voilà qui démontre, selon lui, les difficultés que peut connaître la province si elle cherche à emprunter. Il conseille à son bouillant ministre des Richesses naturelles de s'abstenir de faire des déclarations publiques sur la nationalisation possible de la Shawinigan Water & Power Company. De façon à peine voilée, Jean Lesage recommande aussi la plus grande discrétion à tous les autres ministres et met en garde ceux qui seraient tentés d'appuyer trop rapidement le projet de nationalisation. Il se fait ainsi l'écho de George Marler, qui croit que le déséquilibre financier pourrait hanter bien des ministères si le gouvernement empruntait deux cent cinquante millions pour la nationalisation de la Shawinigan[8]. Jean Lesage est alors très sensible aux nombreux appels à la prudence lancés par ce membre du Conseil législatif, ce sénat québécois aujourd'hui aboli. George Marler est un ministre non élu mais fort influent. Il a été ministre fédéral des Transports dans les années cinquante et a temporairement été chef de l'opposition libérale à Québec, à la suite de la démission d'Adélard Godbout, jusqu'à l'entrée à l'Assemblée législative de Georges-Émile Lapalme. Au Conseil des ministres et dans l'entourage de Jean Lesage, George Marler est le porte-parole non officiel de la rue Saint-Jacques.

C'est dans ce contexte qu'un René Lévesque fulminant demande à son personnel : « Qui est actuellement le meilleur

---

8. Mémoire du Conseil exécutif, séance du 29 mai 1962. Archives nationales du Québec.

économiste au Québec? Qui a la meilleure réputation?» Les collègues se regardent. «Jacques Parizeau», s'exclame spontanément André Marier. Lévesque hoche la tête. «Ils vont bien voir ces gens de l'électricité, se dit René Lévesque. Nous ne resterons pas éternellement les commis des autres chez nous[9]!» Le voilà plus que jamais déterminé à savoir si oui ou non le Québec peut se permettre d'emprunter les montants nécessaires à la nationalisation de l'électricité et ainsi faire éclater l'*imposture.*

Deux hommes liés par le destin

Par un beau dimanche ensoleillé d'avril 1962, de sa maison de Côte-des-Neiges, René Lévesque prend le combiné du téléphone et compose le numéro qu'on lui a donné au bureau : «Jacques Parizeau est-il là[10]?» Jacques Parizeau répond : «Je suis Jacques Parizeau.» Lévesque va droit au but : «Monsieur Parizeau... ici René Lévesque. Dites-moi, pensez-vous que l'on peut nationaliser les compagnies d'électricité?» Jacques Parizeau est quelque peu ébranlé par l'intrusion soudaine de René Lévesque au cœur de sa journée. «Comment dirais-je, c'est possible en tenant compte de certains facteurs bien précis, mais écoutez, Monsieur Lévesque, avant de me prononcer avec plus de précision sur cette question, il faudrait que je consulte les dossiers plus en détail.» Or comme Jacques Parizeau habite rue Robert et que la maison de René Lévesque donne sur la rue Woodbury, ils ne sont qu'à quelques pâtés de maisons l'un de

---

9. Selon les souvenirs d'André Marier, évoqués en entrevue le 20 avril 1998, et le témoignage de René Lévesque à la radio de Radio-Canada au cours d'une série d'émissions portant sur la Révolution tranquille, animée par Pierre de Bellefeuille et Jean-Pierre Bergeron, épisode 10, diffusé le 21 août 1971.
10. Selon les souvenirs de Jacques Parizeau, entrevue du 15 août 2000.

l'autre. René Lévesque l'invite donc à passer chez lui : «Bon bien faites donc cela. Écoutez, venez chez moi, nous sommes voisins, j'ai le dossier en question. Vous pourrez le regarder.»

Quelques instants plus tard, Jacques Parizeau marche en direction de la rue Woodbury. Le soleil lui paraît briller d'un éclat particulier. Il a l'impression que le moment à venir sera historique. Cette fois, loin de traduire les rapports annuels de la Banque du Canada, il aura à évaluer le coût de la nationalisation des compagnies d'électricité du Québec. Pour un économiste de la London School of Economics, voilà enfin une problématique à la mesure de ses capacités! Il frappe à la porte. René Lévesque l'accueille. «Bonjour, Monsieur Parizeau, entrez.» Les voilà dans le salon. Jacques Parizeau s'assoit. Une table basse sépare les deux hommes. René Lévesque y dépose une liasse de papiers et la pousse vers Jacques Parizeau : «Voilà! C'est le dossier», dit-il. «Bon bien écoutez, je vais regarder ça. Je dispose de combien de temps?», demande Jacques Parizeau. «Bof! Prenez le temps que vous voulez», répond Lévesque. «Oui, combien?» «Trois jours.»

Jacques Parizeau repart avec le lourd dossier sous le bras. L'entretien entre les deux hommes, qui n'a duré que quelques minutes, marque le début d'une association qui s'étendra sur vingt-deux années fort tumultueuses, mais combien fructueuses politiquement.

Quelque temps après, Jacques Parizeau communique avec René Lévesque : «Monsieur Lévesque, j'ai étudié la question et je peux vous donner un avis favorable. Oui, la nationalisation est possible.» Le ministre des Richesses naturelles lui demande alors de préparer pour le premier ministre une étude sur les coûts de la nationalisation et de son financement. Celle-ci est menée dans la plus grande discrétion, si bien qu'Éric Gourdeau et André Marier, pourtant proches conseillers de René Lévesque, ne seront jamais informés de l'existence d'une telle étude. René Lévesque n'en parle qu'à Michel Bélanger.

De son bureau des HÉC, Jacques Parizeau demande à voir les professeurs Maurice Lanoix et Roland Côté. Il parvient sans peine à convaincre ses deux collègues de travailler sous sa direction à la réalisation de l'étude que lui a commandée René Lévesque. Le trio va s'activer dans le plus grand secret, besognant pendant deux semaines à un rythme fou, les fins de semaine et jusque tard dans la nuit. « C'était excitant et pressant », se souvient Roland Côté [11]. Le 20 mai 1962, le *Rapport sur la nationalisation des réseaux privés d'électricité* [12] est remis au premier ministre. René Lévesque a reçu la première version le 15 mai. Le document d'une cinquantaine de pages détermine, dans un premier temps, la valeur des actions des entreprises visées par la nationalisation et les sommes qu'Hydro-Québec devra emprunter pour les acheter. L'étude se penche sur la Shawinigan Water & Power Company qui détient la Quebec Power Company et la Southern Canada Power Company. Elle évalue aussi les actions de la Gatineau Power Company, de la Northern Quebec Power Company Limited et de la Compagnie de pouvoir du Bas-Saint-Laurent.

Roland Côté, responsable de l'analyse financière, détermine la juste valeur marchande, la « *fair market value* », des compagnies. Tout au long de l'exercice, sachant fort bien que cet aspect constitue la base de l'étude, Côté sent le souffle de Jacques Parizeau sur son cou tellement l'économiste suit ses travaux de près. Jacques Parizeau révise tout. Il corrige les notes de Maurice Lanoix et de Roland Côté et se charge ensuite de la présentation générale et fait la synthèse. « Vous ne devez garder aucun exemplaire de vos travaux, exige Jacques Parizeau. C'est trop secret [13]. » Pour cette étude déterminante, les chercheurs ne sont payés

---

11. Entrevue téléphonique avec Roland Côté, le vendredi 8 mai 1998.
12. L'étude se trouve dans le fonds Jean Lesage aux Archives nationales du Québec.
13. Entrevue téléphonique avec Roland Côté, le vendredi 8 mai 1998.

que huit à dix dollars l'heure [14]. Jacques Parizeau reçoit, pour sa part, un salaire de dix dollars l'heure. Se plaignant d'un si modeste traitement, Roland Côté se fait répondre par Jacques Parizeau : « Monsieur Côté, il y a des projets que l'on entreprend et ce n'est pas seulement pour l'argent [15]. » Cette première étude sur le coût et le financement de la nationalisation de l'électricité aura coûté mil huit cent cinquante dollars à l'État québécois...

Dans la deuxième partie de l'étude, Jacques Parizeau et ses collaborateurs se penchent sur la façon de financer l'opération. On y évoque largement la possibilité d'aller sur le marché américain. On prévoit que l'emprunt nécessaire à la nationalisation de la Shawinigan constituera une opération corsée « en raison même de la résistance des milieux financiers dont les liens avec la Shawinigan Water & Power sont nombreux et parfois directs. Pour faire face à cette difficulté, il n'est guère possible de songer à établir à Montréal un autre syndicat que celui qui existe déjà, et dont l'influence sur le marché des titres d'État est déterminante et à peu près exclusive. Dans ces conditions, il semble infiniment préférable de se tourner vers le marché américain où la somme cherchée peut se trouver avec moins de difficultés et où il est possible d'organiser un groupe financier différent de celui qui, traditionnellement, sert d'appui américain au syndicat canadien de Montréal [16]. »

Jacques Parizeau va beaucoup plus loin en indiquant que le président de la maison de courtage L.G. Beaubien, Roland Giroux, a déjà contacté un groupe de New York qui accepterait de prendre en charge « une première émission d'obligations à

---

14. Selon les notes d'honoraires, Maurice Lanoix est payé dix dollars/l'heure tandis que Roland Coté reçoit un salaire de huit dollars/l'heure. Archives de Jacques Parizeau, ANQ.
15. Entrevue téléphonique avec Roland Côté, le vendredi 8 mai 1998.
16. *Rapport sur la nationalisation des réseaux privés d'électricité*, p. 39-40. Fonds Jean Lesage, Archives nationales du Québec.

long terme de l'Hydro-Québec d'un montant de cinquante millions de dollars de façon à établir le marché, puis une seconde émission de deux cents millions d'obligations à plus court terme [17]. » L'information peut sembler technique, mais elle annonce en fait la stratégie qu'utilisera dans six mois le gouvernement Lesage pour contrer les milieux financiers du Canada.

Pour Roland Côté, professeur aux HÉC depuis 1958, travailler avec Jacques Parizeau est une révélation. Il avait déjà largement eu l'occasion d'observer auparavant les « sparages » de Jacques Parizeau, devenu la star de l'institution. Il percevait alors son collègue comme un rêveur. Après l'étude sur les coûts de la nationalisation, son opinion change : « Parizeau, au contraire, est des plus pragmatique, c'est le grand technocrate à l'œuvre [18]. »

Dans cette étude de mai 1962, Jacques Parizeau propose de débourser vingt-sept dollars par action ordinaire pour l'achat des actions de la Shawinigan Water & Power. Il établit le coût de la nationalisation des cinq compagnies à trois cent vingt-quatre millions de dollars, sans compter la prise en charge des dettes. En décembre 1962, le gouvernement nationalise six compagnies d'électricité pour un coût global d'environ trois cent cinquante millions. Si l'on inclut les dettes des entreprises, ce coût grimpe à six cent quatre millions de dollars. Jean Lesage offre trente dollars l'action pour la Shawinigan Water & Power Company. « Grâce au ciel, nos chiffres étaient bons parce que les calculs avaient été bien faits [19] », soulignera René Lévesque des années plus tard. « Parmi les gars qui avaient réussi à faire les calculs, il y avait Parizeau, Michel Bélanger,

---

17. *Idem*, p. 40.
18. Entrevue téléphonique avec Roland Côté, le vendredi 8 mai 1998.
19. Propos tirés de l'entrevue accordée par René Lévesque et diffusée à la radio de Radio-Canada lors de la série d'émissions portant sur la Révolution tranquille, animée par Pierre de Bellefeuille et Jean-Pierre Bergeron, épisode 4, diffusé le 10 juillet 1971.

puis monsieur Roland Giroux et évidemment un bon nombre d'autres [20]. »

Les « principautés » de l'électricité vont être bousculées par le *bum* de New Carlisle. Jacques Parizeau garde un bon souvenir des magnifiques moments passés aux côtés d'un René Lévesque présentant l'épée pour un duel avec le cartel de l'électricité. C'est le début de l'admiration intense que Jacques Parizeau vouera à René Lévesque. Un jour, Jacques Parizeau et Michel Bélanger, qu'on prend pour les gardes du corps du ministre, accompagnent René Lévesque à la splendide réception organisée par la Northern Power. Les dirigeants et les actionnaires de la compagnie veulent s'entretenir de leur situation avec le politicien, au moment où l'on parle beaucoup de nationalisation. La Northern Power alimente en électricité la région de l'Abitibi. C'est l'une des régions les plus mal desservies par les compagnies anglophones d'électricité. Le courant électrique est sous basse tension et si irrégulier qu'il est difficile de lire dans les maisons la nuit venue. La Northern Power offre depuis des années un service déficient et l'Abitibi doit tolérer la lumière papillonnante du vingt-cinq cycles [21].

La rencontre se déroule dans le luxueux hôtel Windsor. Les responsables du protocole de l'hôtel ont prévu un dîner ponctué de nombreux services. C'est avec faste que la compagnie s'apprête à recevoir, à ses frais, le Canadien français qui souhaite les acheter. Jacques Parizeau décrit la scène : « Nous escortons Ti-poil qui fait particulièrement Ti-poil (rires) avec ses cheveux en broussaille et l'imperméable abondamment froissé. Les valets ouvrent les deux portes devant nous. Lévesque ne pose pas son manteau. Il ne se détourne pas pour regarder l'imposant buffet. Il ne parle pas. Il marche. Il traverse une première,

---

20. *Idem.*
21. Tel que confirmé dans le discours d'André Marier prononcé lors du colloque de l'UQÀM sur Jean Lesage, le 16 avril 1988.

une deuxième, puis une troisième pièce. Au fond, il aperçoit un divan, il s'assoit et se retourne. Accourent vers lui, au trot, les valets et les officiels de l'électricité qui ne comprennent pas. Lévesque les regarde sans sourire et dit : « *How much*[22] ?!!! » Le ministre est déterminé à payer son repas. « Il les avait toujours parce qu'il rompait avec tous les usages et toutes les conventions. Il les tenait constamment déstabilisés[23]. »

Le professeur Giroux

C'est Jacques Parizeau qui présente Roland Giroux à René Lévesque. Président de la maison de courtage L.G. Beaubien, Roland Giroux est l'un des rares Canadiens français à avoir pénétré le milieu canadien de la finance. Il connaît le métier. Il a commencé à bâtir sa fortune en conseillant les ordres religieux relativement à leurs placements financiers. « C'était l'homme des obligations de sœurs », confirme Jacques Parizeau. Roland Giroux possède un impressionnant réseau de contacts dont certains à Manhattan. Même s'il est près de l'Union nationale, Roland Giroux est d'abord et avant tout un nationaliste. Comme il apprécie beaucoup René Lévesque et Jacques Parizeau, il accepte de devenir leur entraîneur financier. « Il faut savoir, ajoute Jacques Parizeau, que Lévesque, dans ses tractations avec les entreprises d'électricité, ne connaît rien. Alors, pendant cette période-là, tous les soirs ou tous les deux soirs, on prend, au bureau de René Lévesque à Montréal, un sandwich et un lait ensemble[24]. » C'est le début des séances d'information technique de Roland Giroux. Pendant trente à quarante-cinq minutes, le vieux routier révèle au ministre apprenti économiste les secrets de la finance canadienne. « Nous sommes deux

---

22. Entrevue avec Jacques Parizeau, le 27 avril 1998.
23. *Idem.*
24. *Idem.*

ou trois, raconte Jacques Parizeau. Michel Bélanger est parfois avec nous. Ce sont les leçons à Giroux. Là, il apprend à Lévesque la différence entre une action et une obligation. Qu'est-ce que l'écart dans les obligations du Québec et de l'Ontario[25]? » Les mécanismes de base du fonctionnement de l'univers financier lui sont enseignés.

René Lévesque n'interrompt jamais Roland Giroux qui ponctue chaque phrase d'un juron. « Lévesque, ce gars-là qui parlait sans arrêt et coupait tout le monde… C'est un spectacle magnifique. Il ne l'interrompt que pour lui dire : Là je n'ai pas compris, reprenez[26]. » Jacques Parizeau en est le témoin privilégié. René Lévesque, l'esprit ouvert et éveillé, saisit très vite ce qu'on lui explique et cela ne fait qu'accroître le respect que lui porte Jacques Parizeau, qui se délecte de ces séances d'information.

Roland Giroux, infatigable, décrit dans le menu détail à ses deux illustres élèves ce qu'est un syndicat financier. « J'ai appris de Roland Giroux le métier, dit-il. Et c'est là que Giroux est devenu l'homme irremplaçable[27]. » Il leur explique que pour emprunter sur les marchés financiers, le gouvernement d'une province doit obligatoirement passer par un groupe d'institutions financières constitué de banques et de courtiers. Le groupe vend sous forme d'obligations les sommes que le gouvernement désire emprunter. Ce syndicat financier est habituellement dirigé par une maison de courtage qui s'appuie sur les liquidités d'une banque. Dans le cas du Québec, la direction du syndicat est assurée par la maison de courtage A.E. Ames & Co., elle-même soutenue par la Banque de Montréal. Le syndicat est unilingue anglais et ce n'est qu'aux échelons inférieurs que l'on retrouve de petites boîtes francophones à qui le directeur du syndicat peut concéder un ou deux pour cent de l'émission

---

25. *Idem.*
26. *Idem.*
27. *Idem.*

gouvernementale. Le syndicat financier est constitué depuis des décennies et le gouvernement s'est engagé à passer par lui et par lui seul pour vendre ses obligations. C'est un monopole. Lorsqu'il s'agit de montants très importants, comme c'est le cas pour la nationalisation de l'électricité, le syndicat financier du Québec peut demander de l'aide au syndicat canadien ou à un syndicat américain. Lorsqu'il s'agit de faire des emprunts aux États-Unis, la Maison A.E. Ames & Co. est liée par une entente à la First Boston.

Les crocs du syndicat financier

Le samedi 23 juin 1962, Jean Lesage confie à Claude Morin que la province éprouve des difficultés à financer ses emprunts. Dans un mémo qu'il adresse au premier ministre, Claude Morin estime que « les conditions posées par la First Boston m'apparaissent personnellement comme une illustration frappante d'un circuit financier qui n'a pas intérêt à faciliter au gouvernement québécois la poursuite de son programme de nationalisation de l'électricité, parce que cela ne lui plaît pas [28] ». La veille, Jean Lesage a informé son Conseil des ministres qu'un groupe financier l'a menacé de ne pas réaliser un emprunt de soixante-quinze millions du gouvernement du Québec, tant que la possibilité de nationaliser la Shawinigan Water & Power sera dans l'air [29].

Bien que les représentants du milieu financier montrent leurs crocs au premier ministre, Jean Lesage, après maintes hésitations, se décide à agir contre leur volonté. Son Cabinet s'est finalement entendu lors de la réunion tenue au lac à

---

28. Mémo de Claude Morin au premier ministre, le 29 juin 1962. Fonds Claude Morin, Archives nationales du Québec.
29. Mémoire du Conseil exécutif, séance du 22 juin 1962. Archives nationales du Québec.

l'Épaule et le premier ministre ne craint plus l'électrocution par les forces du marché. Le 19 septembre 1962, devant une gerbe de micros, il annonce l'intention de son gouvernement de nationaliser les compagnies d'électricité. Une élection générale portera sur ce thème le 14 novembre. Il déclare alors vouloir « un mandat péremptoire pour unifier les réseaux d'électricité de la province ». Or l'unification exige « la nationalisation de toute société commerciale dont la fin propre est de produire et de distribuer de l'électricité ». Puis il énumère à haute voix le nom des onze compagnies. Pour chacune d'entre elles, Jean Lesage pose le geste politique de franciser la raison commerciale des sociétés unilingues anglaises. L'écho des cris et des applaudissements des ministres et des députés de son parti se fera entendre jusqu'à la deuxième victoire électorale de son gouvernement deux mois plus tard. Une seconde vague d'enthousiasme vient de se soulever.

Pendant tout ce temps, George Marler, l'émissaire de la haute finance, ne cesse d'user ses plaques de freins à trop conseiller la prudence à Jean Lesage. Lors de la réunion cruciale tenue au chalet du lac à l'Épaule au début de septembre 1962, George Marler apprend à René Lévesque qu'il songe à démissionner pour signifier son désaccord[30]. En octobre, constatant qu'il ne peut plus contrer la volonté gouvernementale de nationaliser, il écrit à Jean Lesage une lettre qui le met en garde contre une nationalisation qui se ferait sans offrir de compensation raisonnable aux compagnies Shawinigan et Gatineau : « Ce dont je suis le plus anxieux, c'est de m'assurer que l'excellente réputation de la province soit maintenue et que sa capacité d'emprunt soit préservée pour que le financement de cette grande opération puisse se faire au coût le plus bas possible[31]. »

---

30. René Lévesque, *Attendez que je me rappelle*, Montréal, Québec/Amérique, 1986, p. 236.
31. Lettre de George Marler à Jean Lesage, le 23 octobre 1962. Fonds Jean Lesage, Archives nationales du Québec.

Jacques Parizeau a déjà vu les dents du milieu financier dans le dossier de la SGF. Avec celui de la nationalisation de l'électricité, où la même machine montre encore les crocs, il a l'impression de mieux connaître la dentition des gens de la rue Saint-Jacques. Ce dont il est encore loin de se douter, c'est que les mêmes canines le serreront à nouveau de près lors de la création de la Caisse de dépôt et placement du Québec. Entre-temps, la victoire des libéraux donne peu de garanties addition-nelles au gouvernement en ce qui a trait au financement de la nationalisation. Le syndicat financier laisse sous-entendre qu'il ne pourra peut-être pas trouver les trois cents millions néces-saires à l'opération. « On a peur, avoue Jacques Parizeau. C'est nos premières armes. Lesage a aussi peur que nous, peut-être plus encore [32]. » Le marché est fermé et les robinets ne coulent plus. « On va voir le père Giroux, raconte Jacques Parizeau, et on lui demande : qu'est-ce qu'on fait [33] ? » Roland Giroux réagit instantanément : « Ah ben, tabarna…! Je vais te trouver ça moi host… C'est pas vrai que Fuller, l'enfant de chienne…» Giroux demande à Lévesque de lui passer deux de ses *gars* pour mener une opération aux États-Unis. Celui-ci lui envoie Michel Bélanger et Jacques Parizeau.

Sept jours après la réélection du gouvernement de Jean Lesage, le 21 novembre 1962, Roland Giroux et un dénommé Johnson de la maison L.G. Beaubien sont à bord d'un avion pour New York en compagnie de Michel Bélanger et de Jacques Parizeau [34]. Roland Giroux a des amis chez Halsey Stuart. Cette institution new-yorkaise ne fait pas partie du syndicat financier américain autorisé à vendre les titres du gouvernement du

---

32. Entrevue avec Jacques Parizeau, le 27 avril 1998.
33. *Idem.*
34. Selon le relevé du Conseil de la trésorerie de l'époque, Michel Bélanger demande et reçoit une autorisation pour effectuer un voyage à New York, les 20 et 21 novembre 1962, pour les besoins de la nationalisation de l'électricité. La demande est approuvée et signée par René Lévesque.

Québec, mais elle aimerait bien en faire partie ou même constituer un autre syndicat financier et le diriger. L'avion touche le sol américain et nos quatre compères se retrouvent bientôt sur l'île de Manhattan devant un gratte-ciel gigantesque. La petite délégation se glisse dans l'ascenseur. La cabine s'élève, elle monte et monte… à n'en plus finir. «Giroux a déjà mobilisé trois de ses amis de chez Halsey Stuart[35]», témoigne Jacques Parizeau. Ils sont accueillis avec beaucoup d'égards. Les voilà dans une pièce en compagnie de certains représentants de la maison. Roland Giroux part le bal et explique que la province doit nationaliser onze compagnies d'électricité et que, pour mener cette opération, elle a besoin d'argent. Le gouvernement est prêt à envisager un emprunt à New York. Au moment de parler de la somme, Roland Giroux s'arrête et dit : «Parizeau va vous expliquer ça.» Jacques Parizeau vient d'avoir trente-deux ans. Il doit expliquer à une importante société américaine pourquoi le Québec doit emprunter une somme qui équivaudrait aujourd'hui à plus de un milliard de dollars! Il amorce son exposé en insistant sur le fait que les entreprises ne seront pas expropriées et qu'elles seront justement compensées. Il ajoute que le gouvernement regrette d'avoir à procéder de la sorte. Après dix minutes, l'un des représentants de la maison l'interrompt : «*All right*! Vous ne serez pas exactement les premiers à faire cela, souligne-t-il. Les Ontariens l'ont fait au début du siècle. Combien vous faut-il? Dans combien de temps?» Ébahi, Jacques Parizeau raconte : «On s'est retrouvés sur le trottoir, quinze minutes après, en se demandant ce qui nous était arrivé!»

De retour au Québec, Jacques Parizeau écrit tout de suite à René Lévesque pour lui annoncer la bonne nouvelle : «Il est entendu qu'une ouverture de crédit serait initialement obtenue

---

35. Le dialogue qui suit est inspiré des souvenirs de Jacques Parizeau. Entrevue du 27 avril 1998.

d'un groupe de banques américaines pour un montant total de trois cent cinquante millions de dollars […] Il est convenu que Halsey Stuart fera entrer, dans son syndicat d'émission, un certain nombre de courtiers canadiens-français, et se débrouillera pour limiter au minimum la participation des courtiers de Toronto. En particulier, il a été admis que Nesbitt Thompson ne fera pas partie du syndicat original d'émission, en raison de ses liens avec Power Corporation [36]. »

Le résultat de cette rencontre va éclater comme un coup de tonnerre sur la rue Saint-Jacques. Constatant qu'un groupe concurrent risque de rafler l'important contrat d'émissions et, par conséquent, les commissions qui s'y rattachent, le syndicat financier de Montréal se dit prêt tout à coup à accommoder l'État québécois et fait une proposition. Trois jours plus tard, le syndicat ouvre le marché. Ames & Co. contracte un emprunt avec la Banque de Montréal et la First Boston [37]. Quarante-cinq institutions financières américaines, dont Halsey Stuart de New York, souscrivent un emprunt pour Hydro-Québec au montant de trois cents millions pour vingt-cinq ans, à un taux de cinq pour cent. C'est l'emprunt le plus considérable effectué aux États-Unis par un gouvernement étranger depuis 1955 [38]. La transaction est à ce point importante qu'à la demande du gouvernement américain, le versement de ces trois cents millions sera étalé sur une période de quinze mois, afin d'en diminuer l'impact sur la balance des paiements des États-Unis.

En fait, le climat économique de l'époque est favorable à une telle opération. Les grandes compagnies d'assurances et les banques d'investissements américaines détiennent beaucoup de liquidités dans leurs coffres. À preuve, le jour même de l'élection de Jean Lesage, le président de la maison W.E. Hutton de

---

36. Lettre à René Lévesque, le 23 novembre 1962. Archives de Jacques Parizeau, ANQ.
37. Entrevue avec Jacques Parizeau, le 27 avril 1998.
38. Discours sur le budget de Jean Lesage, le vendredi 5 avril 1963.

New York écrit au sénateur Thomas Vien pour qu'il intervienne auprès du premier ministre Jean Lesage, à qui il offre ses services. Ce n'est que le 4 décembre que Thomas Vien écrit à Jean Lesage pour lui signifier qu'il « est toujours sage d'avoir deux cordes à son arc. C'est surtout dans la finance que la concurrence joue un rôle utile et nous protège contre une exploitation possible par nos meilleurs banquiers [39]. »

Quelques jours plus tard, les héros revenus de New York rencontrent René Lévesque et lui relatent dans le détail l'histoire abracadabrante. Du corridor, on entend le petit groupe rire aux éclats. Le ministre des Richesses naturelles, fort satisfait, appelle Douglas H. Fullerton qui dirige sa propre agence financière. Celui-ci a déjà offert ses services au gouvernement Lesage s'il en avait un jour besoin. René Lévesque lui propose de faire partie d'un comité chargé de préparer la nationalisation. Douglas H. Fullerton s'empresse d'accepter : « J'attendais ce moment depuis le printemps [40]! », écrit-il. Le ministre des Richesses naturelles lui suggère de rencontrer Jacques Parizeau avant de s'envoler pour Québec et de rencontrer Louis-Philippe Pigeon, le conseiller juridique de Lesage, qui supervise le comité. René Lévesque tient à ce que Douglas H. Fullerton prenne connaissance du rapport rédigé par l'économiste des HÉC portant sur les coûts de la nationalisation. Les calculs que remettra en décembre Douglas H. Fullerton s'éloignent peu de ceux qu'a présentés Jacques Parizeau sept mois plus tôt. Le 24 décembre, une troisième étude de Samson, Bélair, Côté, Lacasse & Associés confirme la justesse des travaux précédents.

Le 28 décembre 1962, Jean Lesage offre six cent quatre millions à huit des onze sociétés d'électricité. La direction de la

---

39. Lettre de Thomas Vien à Jean Lesage, le 4 décembre 1962, p. 2. Fonds Jean Lesage, Archives nationales du Québec.

40. Douglas H. Fullerton, *The Dangerous Delusion – Quebec's Independence Obsession as seen by a Former Adviser to René Lévesque and Jean Lesage*, Toronto, McClelland and Stewart, 1978, p. 46.

Shawinigan Water & Power tente de faire pression sur le gouvernement en exigeant quarante dollars l'action, mais Jean Lesage ne bouge pas et dénonce un tel chantage. Le 30 avril 1963, les paiements sont effectués et Hydro-Québec prend possession des huit compagnies. En mai, les journaux présentent à la une les photos des sept Canadiens français nommés à la présidence des compagnies étatisées. Le président de la Shawinigan Water & Power Company, Jack Fuller, cède son fauteuil de cuir à Léon Royé. Et Jacques Parizeau de dire : « Tous ces Canadiens français qu'on disait incompétents à la Shawinigan Power devenaient tout à coup très compétents à l'Hydro. Tous ces Canadiens français qui étaient introuvables dans les compagnies privées, on en trouvait tant qu'on en voulait à l'Hydro. Et ça rentrait à pleine porte [41]... »

Désormais, le syndicat financier dirigé par la société A.E. Ames & Co. est dans la mire de Jacques Parizeau. Persévérant à souhait, ce dernier va traquer la bête en attendant de trouver l'arme capable de la neutraliser.

---

41. Collectif, *Une certaine révolution tranquille – 22 juin 1960-1975*, Montréal, *La Presse*, 1975. Citation extraite du chapitre écrit par Pierre-Paul Gagné, « L'Hydro : grandeur et... déchéance ? », p. 167.

La banque du Québec

« *La puissance d'un gouvernement (celui de Québec) possédant autant d'argent serait effarante. En contrôlant les capitaux d'investissement, il serait en position de dominer les affaires. On risquerait de déboucher sur une sorte de national-socialisme, tel qu'il s'exerçait dans l'Allemagne nazie.* »

Judy LaMarsh [1],
ministre du gouvernement Pearson,
à propos du projet de Caisse
de dépôt et placement

F ort occupé à cause du temps qu'il accorde à la Commission Parent, aux réunions du Conseil d'orientation économique (COÉQ), aux mémoires qu'il rédige dans le dossier de la sidérurgie et à l'étude sur la nationalisation de l'électricité qu'il a supervisée, Jacques Parizeau se donne néanmoins un moment de répit et s'assoit quelques instants dans l'un des bureaux de la nouvelle SGF qu'il a aussi contribué à mettre sur pied. Malgré toute cette effervescence, il demeure un solitaire et c'est seul,

---

1. Ministre fédérale de la Santé et du Bien-être social. Citation tirée de l'édition du 27 septembre 1963 du *Globe & Mail*. Ces propos ont été reproduits dans le journal *Le Devoir*, le lendemain.

dans un endroit calme, qu'il aime réfléchir. Levant la tête, il aperçoit par la fenêtre un rideau de neige qui tombe sur la ville de Québec. En cette fin d'année 1962, alors que la démarche de nationalisation de l'électricité est bien engagée, il fait l'analyse de ce dernier combat. Il se questionne intérieurement : la prochaine fois que le gouvernement voudra mettre en branle une réforme inacceptable aux yeux des milieux financiers, comment s'assurer d'avoir les coudées franches ? Il faut trouver un moyen de ne plus jamais être à leur merci, se dit-il. Il se lève d'un bloc, boutonne sa veste, s'assure que son mouchoir de poche est bien en place et se dirige d'un pas assuré vers le ministère des Finances.

À l'époque, la majorité du personnel de direction de ce ministère est encore composée de cadres unilingues anglais. Mais quand Jacques Parizeau demande à consulter la liste des fonds gérés par le gouvernement, il s'adresse à un simple employé et tout se déroule en français. « Mon pauvre ami, lui répond le responsable. Une telle liste n'existe pas. Il vous faut la constituer. Tout ce que nous pouvons vous offrir, ce sont des renseignements sur les fonds d'investissement du gouvernement. » Jacques Parizeau se met donc au travail et retrouve dans les comptes publics de l'État une masse composite de soldes allant de l'ancestral fonds sur le rachat des rentes seigneuriales à celui des mariages protestants. Il regroupe les fonds de la Curatelle publique, ceux de la Commission des accidents du travail et bien d'autres encore. L'idée lumineuse qui motive Jacques Parizeau consiste à fusionner ces fonds, qui n'ont pas d'impact sur le plan économique parce qu'ils sont dispersés, afin de former une masse critique qui permettrait au ministère des Finances d'acheter lui-même des obligations, de s'activer sur le marché financier et d'orienter le développement économique de la province. Cela permettrait surtout de contrer le monopole du syndicat financier anglo-saxon. Ce regroupement de fonds pourrait être géré par une

« caisse centrale de l'État et être rattaché administrativement au ministère des Finances[2] ». Voilà comment a germé, dans la tête de Jacques Parizeau, l'idée de la Caisse de dépôt et placement[3].

Il faut mentionner que dix ans auparavant, François-Albert Angers suggérait déjà de donner au Québec « une institution de crédit capable d'utiliser les épargnes des Canadiens français et de les orienter vers notre développement économique[4] ». C'était lors du XXᵉ Congrès annuel de la Chambre de commerce de la province de Québec à Rouyn-Noranda. L'idée de Jacques Parizeau constitue, en quelque sorte, le prolongement de cette suggestion. Après avoir constitué sa liste de fonds, il en fait l'addition et réalise que le magot n'est pas suffisamment important. L'impact d'un tel montant sur le marché serait dérisoire. Déçu, Jacques Parizeau continue de réfléchir… Il lui faudra attendre quelques mois pour qu'un second élan soit donné à l'idée de créer une caisse de dépôt et placement.

L'une des promesses du Parti libéral élu en 1960 est de veiller à la création d'un fonds de retraite auquel contribueront les employeurs et les salariés. Conformément à ce qui est écrit dans le programme du parti, « Ce fonds ne supprimera pas les fonds existants mais viendra soit les compléter, soit garantir à un employé qui quitte son emploi la continuation de son fonds de pension dans le nouvel emploi qu'il occupera[5]. » Il s'agit

---

2. Extrait du mémoire du groupe de financement du COÉQ, dirigé par Jacques Parizeau, le 8 août 1963. Archives d'André Marier.
3. Jacques Parizeau se rappelle avoir rédigé un premier papier sur le regroupement des fonds publics vers la fin de l'année 1962. L'auteur n'a pas retrouvé de document papier pouvant valider cette affirmation. Toutefois, André Marier, alors au cœur de l'opération, confirme avoir discuté avec Jacques Parizeau de cette question à la fin de l'année 1962 et que celui-ci lui aurait parlé de cette idée.
4. *Le Devoir*, le 24 septembre 1955.
5. 1960 – *Le programme politique du parti libéral du Québec*, Article 35 – Création d'un fonds de retraite, p. 18.

donc uniquement d'offrir un filet de protection transitoire aux travailleurs qui changent d'emploi. Nous sommes loin d'un régime de pension géré par l'État. Pour donner suite à cette promesse, le premier ministre Jean Lesage forme un comité dont le mandat est d'étudier le projet ontarien de régime de retraite. Le comité est dirigé par Wheeler Dupont, un vieux routier, actif dans le domaine de l'assurance depuis 1939. Ce mandat apparemment inoffensif lui est confié, mais le pauvre n'a ni budget ni personnel pour le réaliser. Après une période de recrutement plutôt difficile, il finit par former, en novembre 1962, un comité composé de l'économiste Émilien Landry, du statisticien Gérald Alain, de l'actuaire-conseil Thaddée Poznanski, cousin d'Alice Parizeau, et d'Édouard Laurent, l'homme de confiance de Maurice Duplessis qui a implanté l'impôt provincial sur le revenu.

Quand le groupe d'équilibre[6] du COÉQ apprend l'existence du comité, il mesure très bien les potentialités d'un tel chantier de réflexion. Si les travaux sont bien menés, ils peuvent conduire à une transformation radicale du rôle de l'État dans l'économie. Or l'un des objectifs principaux du COÉQ consiste justement à bâtir un programme de planification économique. Ce groupe, dont fait partie Jacques Parizeau, convient donc d'orienter les travaux de ce comité vers quelque chose de plus substantiel. Il ne s'agit plus simplement d'assurer aux employés changeant d'emploi le maintien d'un régime privé de retraite : le groupe d'équilibre désire que l'État se dote de son propre régime de retraite pour assurer à tous les travailleurs une protection pour leurs vieux jours. Ce régime permettrait la création d'une caisse nationale qui pourrait, entre-temps, orienter le développement économique.

---

6. Ce groupe de tête supervise les autres sous-comités et groupes de travail du COÉQ.

Michel Bélanger, Claude Morin, Jacques Parizeau, Jean-Baptiste Bergevin, André Marier, tous membres du groupe d'équilibre du COÉQ, décident de nommer un des leurs au comité dirigé par Wheeler Dupont. En secret, ils s'entendent pour choisir André Marier comme l'émissaire du groupe. « Mes collègues du comité Dupont n'ont jamais été informés du mandat que me confiait le Conseil d'orientation économique, révèle André Marier. Ils ne se sont jamais doutés que je n'étais pas apparu là par hasard [7]. » De tout ce commando d'aiguilleurs, Jacques Parizeau est certainement celui qui est le plus familier et le plus doué pour peaufiner cette idée qui consiste à créer une caisse d'État. Tel est, du moins, le sentiment d'André Marier qui assiste alors aux discussions du groupe d'équilibre : « Pour moi, celui auquel on peut attribuer l'idée de mettre sur pied une caisse de dépôt et placement, c'est bien Jacques Parizeau [8]. » En effet, le jeune économiste qui a déjà exploré la voie du regroupement de fonds considère qu'il ne faut pas louper l'occasion « de mettre sur pied une caisse universelle de retraite, d'une part, et, d'autre part, de canaliser vers le secteur public une partie de la masse énorme des capitaux qui s'en dégageraient [9] ».

La dynamo de la Régie des rentes

Le parachute s'ouvre et voici qu'André Marier touche le sol, celui des petits locaux du comité Dupont. Il est affecté au dossier juste à temps pour participer à la première séance de travail du Comité d'étude sur les caisses de retraite obligatoires

---

7. Souvenirs d'André Marier, *Transcript pour une histoire de la régie.* Intervieweurs : Marc Vallière et Marc-André Bluteau. 1er octobre 1979, p. 34-35.
8. *Idem*, p. 8, 9 et 10.
9. *Idem.*

André Marier, homme de confiance
de René Lévesque et complice
de Jacques Parizeau, l'un des plus efficaces
et des plus discrets technocrates
de la Révolution tranquille.

et transférables qui débute le 12 décembre 1962. Le comité va tenir plus de cent cinquante réunions et audiences [10]. Malgré ses modestes moyens, il réalise un travail considérable de débroussaillage. En 1963, la petite équipe commence à faire l'objet d'une certaine reconnaissance et porte le nom de Comité interministériel sur le régime des rentes du Québec.

---

10. Une note de Gérard Alain du 17 décembre 1962, retrouvée dans les archives d'André Marier, mentionne son arrivée en rappelant que monsieur Émilien Landry ne pourra consacrer qu'une faible partie de son temps au comité. C'est pourquoi «M. André Marier, économiste au ministère des Richesses naturelles, a été attaché au projet à plein temps».

En sa qualité de nouvel agent de liaison du COÉQ, André Marier «met beaucoup d'huile dans tous les engrenages, observe Jacques Parizeau. Sous Wheeler Dupont, c'est lui la dynamo dans la préparation de la Régie des rentes[11].» Parizeau le décrit comme «le gars à idées du comité[12]». Il doit toutefois trimer dur pour amener le comité à partager les idées des révolutionnaires tranquilles. «Cela m'a pris énormément de temps, de salive, d'efforts puis d'écriture avant d'arriver à convaincre mes collègues qu'au bout, il y avait un régime de rentes puis ensuite, une caisse de dépôt[13].»

Wheeler Dupont confirme qu'au «cours des premières semaines, l'équipe nourrissait un fort préjugé favorable au plan ontarien[14]». Or la proposition ontarienne ne prévoit qu'un léger mécanisme de protection dans le cadre d'un régime privé. «Nous avons été, en toute bonne foi, poussés à envisager une solution carrément nouvelle dans notre pays, écrit encore Wheeler Dupont dans un mémoire adressé au premier ministre. Nos travaux nous ont conduits directement et inéluctablement à la Caisse publique de retraite[15].»

Dans ce dossier de la Caisse de dépôt et placement, il importe de souligner la complicité dans l'action qu'établissent André Marier et Jacques Parizeau. Aujourd'hui échevin à la ville de Québec, André Marier a donné pas moins de trente-cinq ans de services publics au Québec. En 1956, à la fin de ses études de commerce à l'Université Laval, le jeune économiste décroche un emploi au bureau du trésorier de la compagnie Canadian

---

11. Entrevue avec Jacques Parizeau, janvier 1999.
12. *Idem.*
13. Souvenirs d'André Marier, *Transcript pour une histoire de la régie, op. cit.*, p. 34-35.
14. Extrait du mémoire rédigé par Wheeler Dupont et remis à Jean Lesage le 8 juillet 1963, p. 2.
15. *Idem.*

Industries Limited (CIL) à Montréal. Le directeur de l'usine est un unilingue anglais. « De toute façon, lui dit-il, dans quinze ans, ça ne parlera plus français au Québec. » Deux ans plus tard, à Ottawa cette fois, Marier est embauché par la Société canadienne d'hypothèques et de logement du Canada. Un jour, il rédige un mémoire dans lequel il propose d'intervenir dans le domaine de l'habitation en fonction des caractéristiques culturelles des milieux dans lesquels la Société agit. Il souligne alors que la Société canadienne d'hypothèques et de logement construit au Québec de grands ensembles de cinquante ou cent logements plutôt que des duplex. Pourtant, des études statistiques démontrent qu'au Québec les francophones préfèrent résider dans des duplex. Jugeant la question délicate, son patron lui retourne le document et lui suggère de ne plus faire de telles analyses : c'est plus prudent, lui dit-il. Cette année-là, André Marier devient indépendantiste.

Il est l'un des premiers membres de la cellule du RIN [16] dans la ville de Québec. Le 17 juin 1960, la Quebec Power Company lui offre un emploi à ses bureaux dans la Vieille Capitale. Marier refuse net. S'il retourne à Québec, ce sera justement pour diminuer l'influence de ces compagnies d'électricité. En septembre 1960, lors d'un cocktail, il rencontre Michel Bélanger qui lui apprend qu'il quitte son poste au ministère fédéral des Finances à Ottawa pour aller travailler auprès de René Lévesque à Québec. Michel Bélanger lui offre sa place. André Marier repousse l'offre. Il en a marre de travailler pour des administrations unilingues anglaises. « N'y a-t-il pas de place pour moi au ministère des Ressources hydrauliques ? », demande-t-il à Michel Bélanger. « Je vais voir », répond celui-ci.

---

16. Le Rassemblement pour l'indépendance nationale est fondé par André D'Allemagne et Marcel Chaput en septembre 1960. D'abord un mouvement, il devient le premier parti politique à prôner l'indépendance politique et économique du Québec.

L'efficace Michel Bélanger aura tôt fait d'ouvrir le chemin à son collègue malheureux à Ottawa.

En mars 1961, André Marier fait son entrée au nouveau ministère des Richesses naturelles au sein de l'équipe de René Lévesque. Ce sera un redoutable travailleur. Claude Morin dit de lui : « Avant d'écrire quoi que ce soit, quand il proposait quelque chose, c'était pensé à la troisième décimale [17]. » André Marier entre rapidement en contact avec Jacques Parizeau. Et, contrairement à Michel Bélanger et à Jean-Baptiste Bergevin [18] qui détestent les grands airs que se donne Jacques Parizeau, il travaille en constante synergie avec l'économiste des HÉC. Dans le bureau de René Lévesque, André Marier entend les réflexions amères de Michel Bélanger à l'égard du style Parizeau. Comment Jacques Parizeau réagit-il à de tels propos? « Il survolait ces choses-là, estime André Marier. Il passait à travers les personnes. Il les traversait, quelle qu'ait été la position des gens, sans s'apercevoir qu'il pouvait les indisposer [19]. » Le conflit entre Jacques Parizeau et Michel Bélanger se fera plus ouvert à partir de 1963-1964. Les deux conseillers économiques « se contestaient mutuellement. Ils étaient en conflit structurel, constate André Marier. Ils souhaitaient l'un et l'autre être au premier rang [20]. »

André Marier, lui, fait plutôt avancer ses dossiers à pas feutrés, en véritable technocrate. Homme des coulisses, il ne prend pas ombrage des gestes et du style de Jacques Parizeau. « Je n'ai jamais été un carriériste. Si j'avais voulu prendre tout l'espace et tout le crédit… mes idées n'auraient pas passé. Les réformes que j'ai proposées se sont réalisées parce que chaque

17. Entrevue avec Claude Morin, le 28 juin 1999.
18. Jean-Baptiste Bergevin est alors sous-ministre adjoint au ministère de l'Industrie et du Commerce.
19. Entrevue avec André Marier, le 20 avril 1998.
20. *Idem.*

paragraphe est serré et que les arguments étaient là, sur le plan technique. Mais je reconnaissais que Parizeau était infiniment mieux placé que je ne l'étais pour être écouté par Lesage et ensuite par Johnson. Sa voix était épatante. Ce qui est important, c'est que le projet passe et non pas que je me projette à l'avant-scène pour essayer de faire passer l'idée. Il n'était pas le seul à avoir le mal de l'ambition. Moi, ça ne me gênait pas ; malgré ses défauts, c'est un bonhomme pour lequel j'avais de l'admiration. J'étais bien conscient qu'il avait ses grands défauts et que souvent, quand il prenait position dans certains dossiers, il pouvait carrément dérailler. Ça été le cas quand il s'est mis à défendre le nucléaire. Il l'a défendu tant qu'il a pu. Il était parti sur le nucléaire… Par la suite, il a eu la même attitude à l'égard de l'amiante [21]. »

La Révolution tranquille est bel et bien en marche et il serait difficile de lui trouver un seul meneur. Cependant, en ce qui concerne l'idée de la Caisse de dépôt et placement, André Marier n'est pas le seul à en accorder la paternité à Jacques Parizeau. Arthur Tremblay partage aussi cet avis. Il n'hésite d'ailleurs pas à affirmer que Jacques Parizeau était « l'un des principaux moteurs du projet [22] ». Une autre des turbines qui font avancer l'idée serait la CSN alors dirigée par Jean Marchand assisté de son secrétaire général, Marcel Pepin. La fouille approfondie de documents d'archives révèle en effet que, lors de son congrès d'octobre 1962, un comité de la centrale syndicale a rédigé un rapport fort détaillé sur ce que devrait être un régime général de retraite. Le document rejette la solution ontarienne qui confie à l'entreprise privée la gestion d'une telle caisse. En fait, le comité de la CSN rivalise d'audace avec l'équipe volante des révolutionnaires tranquilles : « La libération économique du Québec

---

21. Entrevue avec André Marier, le 12 avril 1999.
22. Citation dans un article de Denis Lessard, « "Monsieur", premier ministre », *La Presse*, le 17 septembre 1994.

va exiger des sommes énormes et la Caisse pourrait en fournir bien plus que la Société générale de financement. Cette Caisse pourrait en quelques années constituer le plus bel instrument de planification économique dont une collectivité puisse rêver[23].» Le rapport tente de démontrer que «l'épargne des travailleurs qui s'en va aujourd'hui dans les compagnies d'assurances sur lesquelles ils n'ont aucun contrôle contribuent [sic] à l'asservissement économique des Canadiens français et des travailleurs du Québec en particulier[24].»

L'antidote au chantage financier

Une fois l'idée éclose, l'étape de sa floraison doit suivre dans l'esprit de celui qui décide. Il faut donc maintenant convaincre le premier ministre Jean Lesage de la pertinence de créer une caisse de dépôt et placement. Or, pour ce faire, André Marier sait bien que Jacques Parizeau est le plus efficace promoteur de ce concept audacieux : «Il s'exprimait de façon bien plus claire que les autres collègues[25].» Claude Morin, alors plus près de Jean Lesage que Jacques Parizeau, soutient que les qualités théâtrales de l'économiste de la London School of Economics tombaient dans un milieu où il en manquait[26]. L'homme de théâtre se met donc à l'œuvre. Une fois de plus, c'est le COÉQ qui lui offre une certaine visibilité pour faire la promotion de ses idées en le nommant rapporteur du groupe de financement. Cette nomination le propulse vers d'autres comités encore plus pointus.

---

23. Extrait du rapport du Comité sur les pensions reportables (portatives), présenté lors du Congrès de la CSN en octobre 1962, p. 9.
24. *Idem.*
25. Entrevue avec André Marier, le 12 avril 1999.
26. Entrevue avec Claude Morin, le 9 février 1998.

« Il semble que la difficulté fondamentale éprouvée par les milieux financiers canadiens-français a toujours été une absence de coordination et d'intégration entre les sociétés, écrit Jacques Parizeau au premier ministre. Il ne s'est pas créé de circuits financiers véritables, où des institutions, de types différents, s'appuient les unes les autres et offrent à tour de rôle les services financiers dont l'État et les entreprises peuvent avoir besoin[27]. » En ce début d'année 1963, Jacques Parizeau cherche inlassablement les outils qui permettront à l'État québécois, de plus en plus gourmand dans ses emprunts, de se libérer du monopole du syndicat financier. « En fait, un grand nombre de sociétés financières canadiennes-françaises ont habituellement fonctionné dans une dépendance plus ou moins étroite de circuits financiers extérieurs à la collectivité canadienne-française[28] », écrit-il encore.

Telles sont les idées que Jacques Parizeau défend auprès de Jean Lesage et c'est dans cet esprit qu'il participe à la première réunion du comité chargé par le premier ministre de « mettre au point l'émission d'obligations d'épargne[29] ». Il est essentiel d'« associer le petit épargnant au développement de la province, écrit-il, et de trouver des sommes supplémentaires au moment où le budget d'emprunt est particulièrement important[30] ». Il faut offrir ces obligations aux individus et aux caisses populaires. Dans le rapport qu'il présente au COÉQ le 18 janvier 1963[31], Jacques Parizeau souligne que la Colombie-Britannique

---

27. Lettre de Jacques Parizeau à Jean Lesage, le 25 janvier 1963.
28. *Idem.*
29. Le 14 août 1962, Jacques Parizeau a déjà rédigé, pour le groupe de financement du COÉQ, un mémoire à ce sujet. Archives de Jacques Parizeau, ANQ.
30. Extrait du document sur les obligations d'épargne présenté au COÉQ le 18 janvier 1963. Archives de Roland Parenteau.
31. Jacques Parizeau, « Note sur l'émission par la province de Québec d'obligations d'épargne ». Il agit alors comme rapporteur du groupe de financement au COÉQ.

a réalisé une première émission de bons d'épargne en 1959. Une seconde émission a été offerte en 1961, afin de financer en partie la nationalisation de la BC Electric. L'Alberta et la Saskatchewan ont aussi émis des obligations d'épargne dans le grand public[32]. Une semaine plus tard, un projet de loi sur les syndicats coopératifs est déposé à l'Assemblée législative. Les caisses populaires demandent le droit d'acheter des actions, en particulier des actions de banques ou de compagnies de fiducie. Depuis les HÉC, Jacques Parizeau écrit à Jean Lesage le 25 janvier 1963 pour lui exprimer sa totale adhésion à une telle idée. Pour lui, c'est une autre façon de contourner le syndicat financier. « En raison de leur développement et des responsabilités qu'elles acceptent graduellement de prendre en charge à l'égard de leur milieu, les Caisses populaires sont maintenant en mesure de servir d'amorce à l'établissement d'un tel circuit. Permettre aux Caisses populaires d'étendre leurs activités, c'est permettre l'organisation d'un réseau d'institutions financières largement indépendant des circuits traditionnels et dont les intérêts coïncident étroitement avec ceux de la collectivité où elles opèrent. L'État lui-même peut éventuellement en arriver à considérer cette concentration comme un avantage appréciable dans la mesure même où un tel circuit lui offrirait une source alternative de fonds, la possibilité de diversifier ses appuis financiers[33]. » Maître de la haute voltige, Jacques Parizeau joue tout de même de prudence en fabriquant, avec force d'âme, le filet de sécurité qui soutiendrait l'État s'il devait perdre pied dans son combat contre le monopole financier et risquer une chute.

L'année 1963 sera celle du grand combat pour l'existence ou non d'une caisse publique de retraite. Dès le 9 janvier,

---

32. Dans ce dossier, encore une fois, l'expertise de Douglas H. Fullerton sera fort précieuse.
33. Lettre de Jacques Parizeau à Jean Lesage, le 25 janvier 1963.

E.A. Rieder, président de la Canadian Life Insurance Officers Association, déclenche les hostilités : «Les Canadiens bénéficient présentement du système de retraite le plus simple et le plus équitable qui soit [34]», tonne-t-il. Les compagnies privées d'assurance s'opposent à toute nationalisation de l'épargne. Elles craignent la menace du gouvernement fédéral qui a annoncé son intention d'agir également dans ce champ d'intervention. Pendant ce temps, le 22 mars, l'énergique comité Dupont adopte unanimement l'appellation «Caisse de consignation» pour décrire l'agence centrale qui serait chargée, au Québec, de gérer les fonds de la caisse de retraite [35]. Ici encore, l'influence de Jacques Parizeau est indéniable. Lors de son séjour à Paris, il avait découvert, par l'existence de la Caisse des dépôts et consignations de France, un instrument financier imparable. Fondée en 1816 à l'époque napoléonienne, cette institution française a joué un rôle considérable au lendemain du deuxième conflit mondial pour relever une France brisée économiquement par les calamités de la guerre. L'information sera communiquée au comité Dupont et promue par André Marier. On confie à Édouard Laurent le mandat d'étudier de près la loi de cette caisse française.

Le 8 avril 1963, c'est l'élection à Ottawa d'un troisième gouvernement minoritaire en six ans. Lester B. Pearson dirige l'équipe libérale avec cent vingt-huit sièges. Il lui en aurait fallu cent trente-trois pour obtenir la majorité. À l'époque, le Québec représente près de trente-trois pour cent de la population du Canada. L'appui de la province francophone est important pour maintenir un si fragile gouvernement. Lors de la campagne électorale, Lester B. Pearson a promis d'instituer une caisse fédérale de retraite, projet qui entre directement en

---

34. *La Presse*, le 9 janvier 1963.
35. Procès-verbal du comité Dupont. Archives d'André Marier.

collision avec celui du Québec. Sur ce dossier, le frêle gouvernement minoritaire d'Ottawa va se cogner au solide gouvernement provincial de Jean Lesage, réélu triomphalement en 1962.

À Québec, les travaux du comité Dupont avancent. Le groupe est désormais convaincu que la loi ontarienne sur les fonds de pension n'est plus l'exemple à suivre. «Québec doit faire concurrence à l'entreprise privée ou abandonner ceux qui doivent être protégés[36].» En étudiant la situation des travailleurs dans le domaine industriel, où à peine cinquante pour cent d'entre eux profitent d'un régime de retraite, André Marier a l'intime conviction de s'attaquer maintenant au cœur du problème. Et dans bien des cas, observe André Marier, les règles d'attribution de ces régimes sont ingrates. La plume acérée d'André Marier souhaite redresser les torts : «Rien n'est offert à la masse de petites gens, trop fiers pour être des nécessiteux, trop habitués à se priver pour se plaindre, mais de si faibles moyens[37].»

Dans le cadre des audiences du comité Dupont, l'administrateur de la caisse de retraite de l'Alcan vient témoigner. Il représente alors la Canadian Manufacturers Association. Quand André Marier lui demande s'il a l'intention d'investir une partie des épargnes des ouvriers québécois dans la SGF, l'administrateur demeure un moment sans voix. «Je ne peux qualifier de sourire le rictus que ce monsieur a eu tout en répondant non, se souvient André Marier. Ce ne sont certes pas ces gens-là qui contribueront à la naissance d'une authentique économie canadienne-française, en manipulant à leurs fins l'épargne des ouvriers canadiens-français[38]», profère-t-il. Simultanément et sur un autre front, Jacques Parizeau mène aussi la charge.

---

36. Procès-verbal du comité Dupont, le 18 avril 1963.
37. Extrait du document synthèse écrit par André Marier, «Vers une politique de la vieillesse», le 5 juillet 1963, p. 9.
38. *Idem, p.* 8 et 9.

Une course folle en voiture

Pour Jacques Parizeau, le programme fédéral de pensions, tel qu'il a été annoncé, ne présente aucun intérêt pour le Québec, puisqu'il n'implique aucune accumulation de l'épargne. De plus, ce programme prive le gouvernement québécois d'importantes sommes d'argent dont il pourrait disposer pour domestiquer les marchés financiers.

En avril 1963, Jean Lesage semble gagné à l'idée d'une caisse publique. Le 19 avril, à l'émission *Le Québec en marche* de la télévision de Radio-Canada, il annonce que son gouvernement est en train de mettre sur pied une caisse générale de retraite pour protéger les salariés qui ne peuvent profiter d'un régime de ce genre. Il n'est aucunement fait mention de l'aspect des dépôts et placements de cette caisse publique. Mais l'attitude du gouvernement fédéral va précipiter les choses.

Le mercredi 15 mai, Jean Lesage rentre d'une tournée européenne au cours de laquelle il a inauguré la Maison du Québec à Londres et rencontré le président Charles de Gaulle à Paris. Le lendemain, tout le monde sait que le premier ministre du Canada, Lester B. Pearson, va annoncer dans le discours du trône son intention de créer un régime des rentes fédéral. Judy LaMarsh, ministre fédérale de la Santé et du Bien-être social, est pressée d'agir. Or, si la constitution canadienne n'empêche pas clairement le gouvernement fédéral de légiférer dans ce domaine, l'article 94a, négocié par Maurice Duplessis en 1951, dit « que le Parlement du Canada peut, à l'occasion, légiférer sur les pensions de vieillesse au Canada, mais aucune loi édictée par le Parlement du Canada, à l'égard de la pension de vieillesse ne doit atteindre l'application de quelque loi présente ou future d'une législature provinciale relativement à la pension de vieillesse. » Bien que les provinces semblent détenir le pouvoir de légiférer dans ce domaine, il est toutefois clair que si le gouvernement fédéral met sur pied un régime de retraite avant que les provinces n'agissent, Ottawa puisera dans une manne d'épargnes que les provinces retardataires ne pourront cueillir à leur tour puisqu'elle sera épuisée.

Jacques Parizeau s'emporte : «Nous voulions garder le contrôle sur l'argent et le placement de l'argent au Québec. Lesage parlait constamment d'État québécois. Or l'État du Québec ne fait pas gérer son argent par d'autres [39].» Que ce soit le comité Dupont, avec André Marier, ou le groupe de financement du COÉQ, dirigé par Jacques Parizeau, toutes les cellules de réflexion carburent déjà au quart de tour. L'annonce du gouvernement fédéral prévue dans le discours du trône va amener la fusion de deux idées : celle du regroupement de fonds pour agir sur le marché qui a germé dans l'esprit de Jacques Parizeau, et le concept de régime public des rentes, moussé par André Marier au sein du comité Dupont. Les sommes ainsi amassées seront considérables. Elles devront être capitalisées, c'est-à-dire investies dans l'économie québécoise afin de stimuler son développement tout en faisant fructifier les épargnes des futurs rentiers. L'approche québécoise se distingue ainsi du projet fédéral qui ne prévoit pas d'accumulation de fonds.

Au moment où cette fusion d'idées vient irradier les esprits de la Vieille Capitale, Jean Lesage est au-dessus de l'océan Atlantique à bord de l'avion qui le ramène du continent européen. Au même moment, à Ottawa, les presses de la colline parlementaire impriment le discours du trône qui sera lu dans quelques heures et confirmera l'intention fédérale de pénétrer dans le champ provincial. Jacques Parizeau, trop souvent décrit comme un être froid, s'agite. Il sent l'urgence d'agir. Le premier ministre du Québec doit se compromettre sur la question de la caisse de retraite, de peur de se faire devancer par le fédéral.

---

39. Entrevue avec Jacques Parizeau, le 27 avril 1998.

L'économiste s'embrase. Jean Lesage doit planter son drapeau dès son arrivée en terre québécoise. Jacques Parizeau convoque précipitamment le groupe de financement. Claude Morin, Michel Bélanger et Jean-Baptiste Bergevin se rendent aussitôt au bureau du COÉQ sur la Grande Allée à Québec. Nous sommes en fin d'après-midi. « Il faut absolument rédiger un mémo à ce sujet pour le premier ministre, c'est impératif[40]! » Le plan de Jacques Parizeau est quelque peu rocambolesque. Il s'agit de remettre au premier ministre le mémo du groupe de financement dès son arrivée à Québec, avant même sa descente d'avion si possible, de façon à ce qu'il informe la presse tout entière de la décision du Québec de doter la province de son propre régime de pension. À l'heure où le petit groupe décide de rédiger le mémoire, il ne reste plus aucune secrétaire au bureau du COÉQ. Claude Morin s'improvise alors dactylographe et tape avec un seul doigt le fameux mémorandum. Jacques Parizeau marche de long en large dans le bureau et suggère quelques phrases. Jean-Baptiste Bergevin et Michel Bélanger, quelque peu étonnés de l'agitation de leur collègue, collaborent volontiers[41]. Dans ses propos, Jacques Parizeau fusionne la caisse publique et l'accumulation de fonds. « Il est important de canaliser vers les autorités politiques la plus grande partie possible de l'épargne[42] », répète-t-il. Claude Morin, fébrilement, tape maladroitement sur la machine : « Tous les fonds ainsi canalisés vers l'État se prêteront d'autant mieux aux objectifs du Plan, qu'ils seront versés à une Caisse centrale qui en assurera le placement[43]. » Dans l'esprit de Jacques Parizeau,

---

40. *Idem.*
41. Jean-Baptiste Bergevin confirme cet épisode dans l'entrevue du 3 février 2000. Claude Morin ne nie pas.
42. Extrait de : « Note au sujet du rapport préliminaire du groupe de financement ». Ce papier sera présenté le 17 mai 1963 au COÉQ. Archives d'André Marier.
43. *Idem.*

il faut mettre fin à l'éparpillement des fonds afin que la caisse centrale devienne «rapidement l'un des rouages essentiels du marché financier dont l'équilibre actuel serait ainsi modifié[44]».

Avec une heure de retard, Jean Lesage atterrit à Montréal, ce mercredi 15 mai, vers 21h00. L'équipe d'intervention rapide se prépare pour l'arrivée du premier ministre dans la capitale. Les technocrates Jacques Parizeau et Jean-Baptiste Bergevin montent dans une voiture, tandis que Claude Morin et Michel Bélanger s'engouffrent dans une autre. Il faut absolument que l'un des deux véhicules arrive à temps à l'aéroport de L'Ancienne-Lorette. L'avion du premier ministre se pose avec un peu de retard. Des mesures de sécurité exceptionnelles rendent l'accès au premier ministre difficile. La raison en est fort simple : le Front de libération du Québec a fait sa première victime le 22 avril dernier, quand une bombe a explosé devant la Canadian Army Recruting Station près de l'Université McGill, tuant un militaire de soixante-cinq ans. Georges-Émile Lapalme, procureur du Québec, attend Jean Lesage en compagnie d'autres ministres. L'escouade légère du COÉQ arrive elle aussi à l'aéroport. Ses quatre membres conviennent que, pour simplifier l'opération, il revient à Claude Morin de parler au premier ministre. Mais Morin doit auparavant se frayer un chemin parmi les deux cents personnes qui attendent Jean Lesage, dont une centaine de femmes libérales, fort exubérantes, du comté de Champlain. Claude Morin se présente auprès des policiers. On lui permet de traverser le cordon de sécurité. «Il doit monter dans l'avion avant que Lesage ne descende et aille à la rencontre des journalistes[45]», se souvient Jacques Parizeau. Avec difficulté, Claude Morin réussit à pénétrer dans l'avion du premier ministre. «Monsieur Lesage! J'ai

---

44. *Idem.*
45. Entrevue avec Jacques Parizeau, le 27 avril 1998.

quelque chose pour vous [46] », lui dit Claude Morin. Fort surpris de voir apparaître son conseiller économique, Jean Lesage le reçoit plutôt cavalièrement : « C'est quoi ça encore ? C'est urgent ? » Jean Lesage est plutôt de mauvaise humeur. Il est exténué, il est presque minuit. Il a déjà tenu une conférence de presse à Montréal et, comble de malheur pour Claude Morin, le premier ministre a attrapé un mauvais rhume à Anvers, dernière étape de son voyage en Europe.

— Est-ce si important ? répète avec impatience Jean Lesage.

— Je crois que oui, Monsieur Lesage. Demain dans le discours du trône…

— Bon ça va, montrez-moi ça.

Jean Lesage a pleinement confiance en Claude Morin. Il prend connaissance du mémo pendant que son conseiller l'informe des dernières déclarations de Judy LaMarsh. Jean Lesage semble satisfait du texte.

—Bon, allons-y, dit-il.

À sa descente d'avion, les journalistes accourent. Bien des questions sont posées au premier ministre. Quand l'un des reporters aborde le sujet du régime de retraite, Jean Lesage prend une grande respiration et déclare : « Messieurs, à propos de la Caisse de retraite, je vais vous expliquer… » Un peu en retrait, Jacques Parizeau tend l'oreille. Un petit sourire vient éclairer son visage. Il redresse la tête, soulève les yeux et regarde le ciel étoilé de Québec. « Enfin ! se dit-il. Pour la première fois, nous avons devancé et battu George Marler ! Quel visage affichera-t-il demain en constatant que le premier ministre s'est déjà compromis sur cette importante question [47] ! » Extrêmement froid selon les souvenirs mêmes de Jacques Parizeau, George

---

46. Le dialogue qui suit entre Claude Morin et Jean Lesage est rapporté par Jacques Parizeau, le 27 avril 1998. Claude Morin considère cette version des faits crédible.

47. Entrevue avec Jacques Parizeau, le 27 avril 1998.

Marler n'en est pas moins très respectueux, raffiné et courtois. Il est surtout terriblement efficace et réaliste, affirme Jacques Parizeau à son sujet [48]. Il est la voix du syndicat financier et, par conséquent, celle de la rue Saint-Jacques et de tout le milieu canadien-anglais. Il représente celui que certains décrivent comme le « tranquille » de la révolution en cours au Québec. « Parce que c'est l'Anglais, il sait, explique Jacques Parizeau. Un Anglais, ça connaît ces affaires-là [49] », laisse-t-on circuler à l'époque.

Comme prévu, le lendemain à trois heures de l'après-midi, le discours du trône est lu en Chambre à Ottawa. Le gouvernement fédéral annonce l'extension des allocations familiales aux enfants de seize à dix-sept ans, ce que le Québec couvrait déjà, la création de bourses aux étudiants, que la province de Québec considère relever de son autorité, ainsi qu'un régime de retraite obligatoire et universel à implanter « le plus tôt possible. » Pour le commando de révolutionnaires tranquilles, le discours fédéral, malgré son offensive dans certains champs de compétence provinciale, comporte un grand avantage sur lequel ils pourront miser. Il vient désamorcer certaines critiques contre le projet québécois. Si le Canada, qui n'est pas socialiste, peut proposer un régime public, obligatoire et universel, le Québec se trouve dorénavant justifié d'utiliser un tel véhicule considéré comme légitime par le gouvernement central. Le lobby des compagnies d'assurance n'a qu'à bien se tenir…

Tout au long de cette journée, Jacques Parizeau, survolté, cueille toute l'information possible sur le contenu du discours du trône. Pendant que cinq boîtes aux lettres de la ville de Westmount explosent à la suite d'actions du Front de libération du Québec, il réécrit le mémo de la veille qui a été remis à Jean Lesage et en fait une note « strictement confidentielle » qu'il adresse au COÉQ.

---

48. Entrevue avec Jacques Parizeau, janvier 1999.
49. Entrevue avec Jacques Parizeau, le 15 décembre 1997.

André Marier, Wheeler Dupont et Claude Castonguay, membres
du discret comité interministériel sur le Régime des rentes du Québec.

Dans les semaines qui suivent, au Québec, les pressions politiques en faveur d'une caisse de retraite se multiplient. Le 6 juin, Daniel Johnson, chef de l'opposition, présente à l'Assemblée législative une motion pressant le Cabinet d'agir et le met en garde « contre l'intention avouée d'Ottawa d'intervenir dans le champ des pensions ». La motion est rejetée, mais Jean Lesage sent la marmite chaude. Deux jours plus tard, Judy LaMarsh, dans un discours devant l'Association libérale du Sud de l'Ontario, dévoile que le projet de loi fédéral sur la caisse de retraite sera présenté en Chambre dans les prochaines semaines. Le 17 juin, Claude Morin est nommé sous-ministre des Relations fédérales-provinciales. Il s'occupera dorénavant de ce dossier lors des rencontres avec les partenaires canadiens.

Le souffle persistant des réformateurs

Le 21 juin 1963, Jacques Parizeau revient à la charge. Comme rapporteur du groupe de financement, il dépose une note de huit pages sur l'établissement d'une caisse publique. Alors que le comité Dupont s'intéresse aux dimensions sociales du problème, soutient Jacques Parizeau, le groupe de financement, lui, s'attarde plus précisément à l'aspect financier. « Le gouvernement trouverait dans la Caisse une entrée régulière et permanente de fonds, d'une stabilité que les marchés financiers ne pourraient jamais lui assurer. » C'est la première fois qu'un document issu d'un groupe de réflexion gouvernemental va aussi loin dans la définition des placements financiers : « Ses placements ne seraient pas nécessairement limités à des obligations du gouvernement, des entreprises d'État ou des municipalités et commissions scolaires. La Caisse pourrait aussi placer son argent dans des obligations industrielles et même dans des actions industrielles [50]. »

Ce même jour, le COÉQ fait siennes les audacieuses recommandations du groupe de financement [51]. Le texte est ensuite soumis au comité ministériel de planification le 27 juin. René Lévesque appuie cette mouvance. Grâce au souffle puissant de quelques technocrates persistants, l'idée pénètre peu à peu les hautes sphères du pouvoir. Claude Morin, qui a accès au premier ministre, ne cesse de parler en faveur de ce projet.

Le fameux texte du groupe de financement sur l'établissement d'une caisse publique de retraite prend la forme d'un mémoire parrainé par le COÉQ. Le ministre de l'Industrie et du Commerce, Gérard D. Lévesque, prend à son tour le document sous son aile et présente le texte au Conseil des ministres lors de la séance du jeudi 4 juillet 1963. René Lévesque se dit tout de suite favorable au projet de création de la Caisse. Le premier

---

50. « Notes sur l'établissement d'une caisse publique de retraite », le 21 juin 1963, p. 6. Archives d'André Marier.
51. Archives du Conseil d'orientation économique du Québec. Archives nationales du Québec.

ministre réagit froidement. « Il ne digère pas toutes les recommandations. Il attend d'autres rapports à ce sujet[52]. » Jean Lesage fait parvenir à Wheeler Dupont le mémo du COÉQ pour obtenir son avis. Le premier ministre ignore à quel point le Conseil d'orientation économique et le comité Dupont travaillent de concert. André Marier et Jacques Parizeau sont du même orchestre et jouent sur le même papier à musique.

Wheeler Dupont ne met que cinq jours à répondre au premier ministre. Il lui remet un rapport préliminaire qui n'est que l'écho des propositions du COÉQ. En lever de rideau, Wheeler Dupont déclare : « Nos travaux nous ont conduits directement et inéluctablement à la Caisse publique de retraite. » En recevant le mémorandum du COÉQ, Wheeler Dupont parle d'une étrange coïncidence, « puisqu'au même moment, l'équipe de travail était à préparer, en collaboration, un rapport à vous être soumis[53] ». En réalité, la coïncidence n'existe pas. La concertation et la conjonction dans l'action seraient plutôt les termes appropriés. Wheeler Dupont et Jean Lesage n'ont aucune idée du niveau de collaboration qui lie André Marier, Jacques Parizeau, Claude Morin, Michel Bélanger ainsi que tout le commando de révolutionnaires tranquilles qui, sans occuper de sièges de députés ou de ministres, vont orienter l'État québécois vers un rôle nettement plus interventionniste qui se perpétuera jusqu'à la fin du siècle.

Wheeler Dupont donne finalement son avis au premier ministre : « Tous les membres de l'équipe acceptent, à part entière, les conclusions du rapport du COÉQ, en date du 21 juin 1963, et les font leurs[54]. » L'union des forces vives en faveur de la Caisse de dépôt et placement encercle Jean Lesage. Selon

---

52. Mémoire du Conseil exécutif, réunion du 4 juillet 1963. Archives nationales du Québec.
53. Mémoire adressé à Jean Lesage, signé par Wheeler Dupont, le 8 juillet 1963, p. 1. Archives d'André Marier.
54. *Idem.*

André Marier, le premier ministre a été surpris par la tournure des événements. Il n'en avait pas prévu la finalité. «J'ai l'impression qu'il voulait simplement régler un problème, celui du transfert des fonds de pension. Monsieur Lesage n'était pas un homme de grand plan, c'était un homme qui réglait des problèmes [55]. »

À qui la caisse?

À la réunion du Conseil des ministres du 25 juin, les appuis à la création d'une caisse québécoise s'additionnent. Jean Lesage informe ses collègues qu'il a reçu une lettre du premier ministre du Canada dans laquelle ce dernier le met au courant de la mise en œuvre d'un régime fédéral de retraite. Louis-Philippe Pigeon émet l'opinion que la juridiction primaire sur les pensions appartient aux provinces. Le ministre René Hamel, devenu procureur général, affirme que cette législation serait «une nouvelle puissance financière mise entre les mains du fédéral [56]». Georges-Émile Lapalme craint, pour sa part, qu'après l'adoption d'un tel projet, le gouvernement central ne s'infiltre dans d'autres domaines de juridiction provinciale. Le premier ministre Lesage convient alors de dire aux autorités fédérales «qu'il n'est pas d'accord et répondra à Pearson d'attendre à la prochaine conférence fédérale-provinciale avant de faire quoi que ce soit [57]».

Judy LaMarsh, ministre fédérale de la Santé et du Bien-être social, ne semble pas tenir compte des avis du premier ministre

---

55. Souvenirs d'André Marier, *Transcript pour une histoire de la régie*. Intervieweurs : Marc Vallière et Marc-André Bluteau. 1er octobre 1979, p. 41.
56. Mémoire du Conseil exécutif, séance du 25 juin 1963. Archives nationales du Québec.
57. *Idem.*

du Québec. Le 18 juillet, elle soumet aux Communes le projet de résolution d'une caisse de retraite fédérale. Jean Lesage est outré. Le lendemain, René Lévesque lui suggère de se hâter et de présenter un projet de loi dès le début de l'automne. Le premier ministre fait preuve d'une détermination nouvelle et annonce son intention de convoquer «les Chambres vers le 15 septembre, et de faire inscrire cette législation dès le début de la session [58]». Quelques jours plus tard, Jean Lesage rencontre à sa résidence d'été les ministres fédéraux du Québec pour leur signifier que le projet de caisse publique est en voie d'être adopté et « que la province entend conserver ses prérogatives dans ce domaine [59]». Du lac Beauport, il espère que le message se rendra à Ottawa.

Jean Lesage prend maintenant conscience des dimensions considérables du projet de caisse de retraite. Il s'inquiète alors du peu de connaissances que possède Wheeler Dupont quant aux aspects actuariels du projet. Saura-t-il mesurer avec justesse les montants qu'il faudra percevoir pour assurer une capitalisation suffisante et une réserve assez élevée pour répondre aux besoins des futurs retraités? Selon les souvenirs de Claude Morin, c'est George Marler et Louis-Philippe Pigeon qui suggèrent au premier ministre de profiter de l'expertise de la société Touche, Ross & Associates. Claude Morin, inquiet, use de son influence auprès du premier ministre. Il détient assez d'informations pour voir se profiler derrière cette proposition l'ombre inquiétante du syndicat financier et de la société A.E. Ames & Co. Il craint que le bureau anglophone en vienne à proposer que la gestion des fonds soit confiée à des compagnies privées d'assurance. «Nous soupçonnions que la société

---

58. Mémoire du Conseil exécutif, séance du 19 juillet 1963. Archives nationales du Québec.
59. La rencontre se tient le 21 juillet 1963. Jean Lesage en parle auparavant lors du Conseil des ministres du 19 juillet 1963.

Touche, Ross & Associates avait été proposée à Jean Lesage précisément pour cette raison[60]», raconte Claude Morin. Il présente une contre-proposition où il fait l'éloge, auprès de Jean Lesage, du jeune actuaire Claude Castonguay. Dans la mi-trentaine, celui-ci dirige le premier bureau d'actuaires-conseils géré par des Canadiens français. Le bureau Castonguay, Lemay & associés collabore déjà aux travaux du comité Dupont à titre de consultant éloigné. Le 31 juillet, Jean Lesage manifeste toute sa confiance à Claude Castonguay en le nommant actuaire au comité Dupont. C'est à lui que l'on doit les calculs initiaux qui permettront au Québec de se doter d'un régime des rentes capitalisé.

Le 13 septembre, la compagnie La Laurentienne inaugure avec faste son nouveau siège social à Québec. Pour souligner l'événement, le premier ministre Lesage fait une visite de cette institution bien québécoise. La beauté et la grandeur des lieux l'inspirent. Il y va d'une déclaration au ton nettement nationaliste : «Notre entreprise de libération économique ne peut s'accomplir vraiment si le peuple du Québec demeure étranger aux choix qui orientent l'utilisation de ses épargnes[61].» La voix de Jean Lesage résonne : «Les épargnes ne doivent pas être drainées vers des centres où les décisions ne sont pas prises en fonction des intérêts économiques des nôtres[62].» Un avertissement vient d'être envoyé à la rue Saint-Jacques. Dans sa volonté déclarée de créer une caisse de retraite publique et universelle, le gouvernement se trouve maintenant engagé dans une bataille où il affronte à la fois les milieux financiers et le gouvernement fédéral. L'Assemblée législative a adopté à l'unanimité une motion en ce sens à la fin août. La collision

60. Entrevue avec Claude Morin, le 3 mai 2000.
61. Tiré d'un article de Jacques Monnier, «Lesage : Notre libération économique ne viendra pas de l'extérieur. À nous d'utiliser l'épargne.» *La Presse*, le 14 septembre 1963.
62. *Idem.*

semble inévitable. Lors de la conférence des ministres de la Santé tenue à Ottawa les 9 et 10 septembre 1963, le ministre québécois du Travail, Carrier Fortin, réaffirme les positions du gouvernement du Québec. L'entourage de Lester B. Pearson soutient alors que le gouvernement fédéral laissera Québec agir seul. Mais la confusion la plus totale subsiste sur les intentions réelles du gouvernement Pearson. Et la ministre fédérale de la Santé et du Bien-être social ne fait rien pour dissiper les doutes quand elle déclare que l'éventuelle caisse fédérale pourrait même chiper des épargnants au Québec qui ne contribueraient pas à la caisse provinciale. Sur le ton du défi, Judy LaMarsh prétend que cent mille Québécois pourraient adhérer au régime fédéral, soit les trente mille fonctionnaires fédéraux résidant au Québec ainsi que les soixante mille employés de la Couronne. Un peu plus tard, elle porte le nombre à un quart de million, incluant tous les travailleurs québécois employés par des entreprises détenant une charte fédérale. Certains journalistes de la presse francophone favorables au projet québécois de caisse de retraite n'hésitent pas à traiter la ministre LaMarsh de « braconneuse ».

Au même moment, l'Association canadienne des compagnies d'assurance se lance dans une belliqueuse campagne médiatique contre les projets canadien et québécois de régime de retraite. Ces administrateurs mesurent le nombre de cotisations qui leur glisseraient des mains en cas de concrétisation de tels projets. Au Québec, le déclenchement des hostilités a lieu le 2 octobre par une déclaration du président du conseil d'administration de la North American Life Assurance Company. À l'occasion d'une conférence de presse, monsieur W.N. Anderson affirme que le projet de caisse de retraite du Québec se compare aisément au projet de Bismarck qui emplissait la caisse du roi de Prusse afin d'armer son pays en prévision de la guerre. Quelques jours auparavant, au cours d'une longue entrevue accordée au journal *The Globe & Mail*, la ministre Judy LaMarsh s'est permis de dire que le projet québécois de caisse de retraite était d'inspiration nazie[63]. Le monde était à la veille de souligner le vingt-cinquième anniversaire des accords de Munich. De là à laisser sous-entendre que le gouvernement fédéral, en négociant avec le Québec, pactiserait avec le diable, il n'y avait qu'un pas à franchir... *Le Devoir* reprend et traduit la déclaration de Judy LaMarsh : « La puissance d'un gouvernement (celui de Québec) possédant autant d'argent serait effarante. En contrôlant les capitaux d'investissement, il serait en position de dominer les affaires. On risquerait de déboucher sur une sorte de national-socialisme, tel qu'il s'exerçait dans l'Allemagne nazie. » Cette déclaration excessive donne lieu à un éditorial sévère d'André Laurendeau. Intitulé « Madame LaMarsh et la voix de la raison », le texte se conclut sur ces mots : « N'oublions pas que l'excitation trahit souvent une grande faiblesse, et que la vraie modération naît de l'assurance et du courage[64]. »

La violence des attaques contre le projet québécois s'explique par l'importance des sommes en jeu. Le premier rapport actuariel de Claude Castonguay le démontre bien : « Au point de vue politique, l'on ne peut ignorer le contrôle sur la population que le gouvernement central peut exercer avec un tel système[65]. » Claude Castonguay explique ensuite que la proposition québécoise entraîne une accumulation de fonds beaucoup plus importante que le système proposé par le gouvernement fédéral. Selon le mode de financement fédéral, « les cotisations perçues au cours d'une année sont immédiatement affectées au paiement des prestations versées au cours de la même année. La réserve accumulée est donc relativement faible[66] », écrit Claude Castonguay. Dans le cas du Québec, la réserve, considérable,

---

63. L'article est publié dans *The Globe and Mail*, le 27 septembre 1963.
64. Éditorial d'André Laurenteau, *Le Devoir*, le 1er octobre 1963.
65. Premier rapport des actuaires consultants Castonguay, Lemay & associés, déposé au comité Dupont le 25 juin 1963.
66. Analyse actuarielle du projet de Régime des rentes du Québec présenté au comité Dupont le 3 septembre 1963.

permettrait de dégager des sommes pouvant être injectées pour stimuler le développement économique de la province.

L'empire financier

L'économiste de la London School of Economics décode très bien l'agitation qui trouble le paysage financier canadien. Il a aperçu le même spectre envahir les couloirs du parlement de Québec lors de la création de la SGF, puis quand fut nationalisée l'électricité. Cette fois, il a bien l'intention de déstabiliser au maximum la machine de l'adversaire. Et c'est au Canada anglais, à l'Université Western Ontario, que Jacques Parizeau prononce en septembre 1963 un discours prémonitoire. Le professeur participe alors au Canadian Investment Seminar organisé par le Montreal Institute of Investment Analysts et la Toronto Society of Financial Analysts. Jacques Parizeau tient à faire savoir aux membres de ce club sélect qu'il fait désormais partie, qu'ils le veuillent ou non, du cercle des initiés. L'establishment financier du Canada est en effet au courant que, depuis 1962, le professeur des HÉC à l'allure britannique collabore aux travaux de recherche entrepris par la Commission royale d'enquête sur le système bancaire et financier. Présidée par le juge en chef de l'Ontario, Dana Harris Porter, la commission fédérale a pour mandat de présenter au ministre des Finances du Canada des recommandations qui permettront de réviser et d'améliorer la Loi canadienne sur les banques. Parmi les dix-sept recherchistes de la Commission, on ne compte qu'un seul francophone et il se nomme Jacques Parizeau. Auteur d'une étude confidentielle sur la gestion de la dette par les banques centrales des pays développés [67], le Canadien français a pénétré

67. Rapport de la Commission royale d'enquête sur le système bancaire et financier, nº de catalogue z1-1961/2f, Ottawa, Canada. Voir l'appendice 6, p. 657, où l'on mentionne l'étude confidentielle du professeur Jacques Parizeau sur la gestion de la dette.

*La rue Saint-Jacques à Montréal, alors appelée St. James Street.
L'empire financier du Canada y a longtemps établi
ses quartiers généraux.*

dans le ventre du dragon. C'est donc de l'intérieur qu'il peut voir les colonnes du temple soutenir tout le système financier.

Lors de cette conférence, c'est avec l'étoffe d'un docteur en économie que Jacques Parizeau fait une démonstration magistrale du système nerveux central de la finance canadienne. Devant la brochette d'analystes financiers qui l'écoutent en silence, il leur raconte l'origine d'un empire. En lever de rideau et dans un anglais impeccable, il rappelle à son auditoire que le premier cercle d'influence au Canada, le plus puissant de l'histoire du pays, a d'abord rayonné depuis la rue Saint-Jacques, alors appelée St. James Street, à Montréal. L'empire reposait alors sur les fondations de la Banque de Montréal. Sa puissance était telle qu'avant 1935 elle émettait ses propres billets de banque et administrait les comptes du gouvernement fédéral et des gouvernements provinciaux.

Si le gouvernement fédéral peut compter sur la Banque du Canada comme prêteur de dernier recours, les provinces, elles, n'ont pas accès à une banque centrale pour financer leurs emprunts. Elles doivent s'assurer de la collaboration de ce que l'on appelle un syndicat financier composé de maisons de courtage qui assurent ensuite le lien avec les investisseurs. Ce syndicat achète les obligations des provinces et les revend aussitôt aux investisseurs. Toutefois, c'est lui qui oriente de façon déterminante le taux d'intérêt lors de la vente et qui récolte les commissions une fois la transaction effectuée. Or, depuis les années vingt, une entente non écrite entre la Dominion Securities, Wood Gundy et A.E. Ames & Co. écarte toute concurrence entre les trois joueurs. Ces maisons de courtage forment un cartel et se partagent les marchés obligataires des neuf provinces [68]. Dans le cas du Québec, la maison Ames & Co. s'appuie sur l'influence imparable de la Banque de Montréal pour diriger le syndicat financier de la province. Depuis plus de quatre décennies, le même groupe représente le gouvernement du Québec et vend ses obligations après en avoir déterminé le prix et la commission qu'il retire de la vente. C'est aussi le même argent qui nourrit les partis politiques. Le *bagman* (cueilleur de fonds) du parti au pouvoir doit alors être un proche de la Banque de Montréal. À l'époque, les dépenses du premier ministre sont entièrement payées par son parti et non par l'Assemblée législative. Le parti reçoit son financement des mêmes agents financiers qui prennent en charge la dette du gouvernement. Pour un premier ministre, éviter ou contrer le

---

68. Confirmé par les gens du milieu dont Jack Piper qui a travaillé pour Ames & Co. Il l'explique à James Swift, auteur du livre *Odd Man Out – The life and times of Eric Kierans*, Vancouver et Toronto, Douglas & McIntyre, 1988.

syndicat financier mène inévitablement à une défaite électorale. Le jour où vous cognez sur un de ces piliers, tous les autres font bloc autour et vous attaquent, semble dire Jacques Parizeau à son auditoire médusé. « J'avais donné la liste de tous les *managers* des syndicats des provinces [69] », rappelle Jacques Parizeau, enthousiaste.

Le professeur évoque ensuite, devant les invités du Canadian Investment Seminar, la délicate question du premier gouvernement socialiste élu en Amérique du Nord. Le 15 juin 1944, Tommy Douglas dirige le gouvernement de la province de Saskatchewan à titre de chef de la Cooperative Commonwealth Federation (CCF). Celui qui demeure au pouvoir jusqu'en 1961 éprouvera aussi des problèmes avec le syndicat financier. Le syndicat a tout bloqué, affirme Jacques Parizeau. Le gouvernement Douglas a été sauvé par les banques d'investissements des États-Unis, soutient-il. Al Johnson [70], sous-ministre des finances dans le gouvernement Douglas, affirme pour sa part que la Saskatchewan n'a pas connu, avec le syndicat financier, le même genre de problèmes que ceux qu'a connus le Québec lors de la nationalisation de l'électricité en 1962 [71]. Il reconnaît cependant que sa province a eu de la difficulté, à un moment donné, à vendre ses obligations sur le marché. Les *CCF bonds* étaient devenus des *socialist bonds*. Al Johnson raconte que « le premier ministre du Manitoba, Duff Roblin, était un social-démocrate et ses vues n'étaient pas très éloignées des nôtres. Mais parce qu'il était du Parti conservateur, il

---

69. Entrevue avec Jacques Parizeau, janvier 1999.
70. Al Johnson fut sous-ministre des finances de la Saskatchewan de 1952 à 1964. À partir de 1964, il va travailler pour la fonction publique fédérale en tant que sous-ministre adjoint aux finances.
71. En Saskatchewan, le syndicat est dirigé par la Dominion Securities. Al Johnson affirme que c'est plutôt avec le gouvernement fédéral que les négociations furent complexes, car Ottawa finance alors le développement agricole par des emprunts à la province. Entrevue téléphonique avec Al Johnson, le 2 août 2000.

empruntait à un quart de point moins cher que nous. Or nous n'avons jamais eu de déficit. Le Manitoba a eu, lui, un déficit. Nous n'avions pas de dettes, les autres provinces avaient des dettes[72]. »

Jacques Parizeau indispose son auditoire. Les analystes financiers détectent dans le ton du conférencier une pointe d'arrogance. Au lieu de faire une apologie du monopole financier et de souligner le génie d'une telle organisation, les révélations du jeune économiste canadien-français prennent la forme d'une mise en accusation. En parlant de la situation québécoise, il insiste sur la mainmise de A.E. Ames & Co. et de la Banque de Montréal qui constituent les maillons les plus forts de cette chaîne du capital composée, entre autres, de la Sun Life, du Canadien Pacifique et du Royal Trust. Tous les conseils d'administration sont liés. Les mêmes administrateurs circulent d'un siège à l'autre. Comme une cote de maille, l'armure du syndicat financier est si solide qu'elle peut étouffer tous les gouvernements élus au Canada. Ces barons de la finance excluent de leur cour ceux qui leur sont étrangers, particulièrement les Juifs et les francophones. Ils se servent par contre des politiciens pour accroître leurs profits. En grand seigneur, Jacques Parizeau vient de prévenir ses adversaires. Il a l'intention de briser ce système. Ses propos sont un outrage. Il provoque presque son auditoire en duel. Et duel il y aura. Il va mettre aux prises un gouvernement francophone et un syndicat financier très majoritairement anglophone.

La bataille du syndicat financier

À la fin de l'été 1963, les pressions du syndicat financier sur certaines organisations francophones sont à ce point insistantes que la Chambre de commerce du Québec prend position en

---

72. Entrevue avec Al Johnson, le 27 septembre 1999.

*Issu de la communauté anglophone
de Montréal, Eric Kierans quitte
la présidence de la Bourse de Montréal
et devient ministre du Revenu
dans le gouvernement Lesage.
Il souhaite donner aux francophones
un plus grand accès au pouvoir
économique.*

faveur d'une caisse de retraite administrée par l'entreprise privée. Toutefois, un décès inattendu va propulser au Conseil des ministres l'un des plus ardents défenseurs de l'idée d'une caisse publique de retraite.

Le 23 mai 1963, le ministre québécois du Revenu, Paul Earl, meurt au cours d'un voyage en Irlande. Comme il était le seul ministre anglophone du cabinet Lesage, sa disparition contraint le premier ministre à recruter une nouvelle personnalité anglophone hors des rangs de son caucus. Eric Kierans, président de la Bourse de Montréal et de la Bourse canadienne, accepte de se joindre à l'équipe du tonnerre à titre de ministre du Revenu. Avec René Lévesque et Paul Gérin-Lajoie, il vient s'ajouter aux ministres réformistes sur lesquels le commando de jeunes technocrates peut s'appuyer. Le 25 septembre, Eric Kierans se fait élire dans le comté de Notre-Dame-de-Grâce, à la faveur d'élections partielles.

Sa présence au Conseil des ministres modifie le rapport de force au sein du gouvernement. «Kierans va nous ouvrir les portes, raconte Jacques Parizeau. Pour nous, les petits et les sans-grade, nous avions enfin la possibilité de victoires plus fréquentes. Avant son arrivée, on se décourageait quand Marler avait gagné trois fois sur trois[73].» George Marler est protestant, Eric Kierans, d'origine irlandaise et catholique. Rappelons que la religion est d'une grande importance à cette époque. Le monde des affaires est essentiellement de confession protestante et le syndicat financier est dirigé par des WASP (White-Anglo-Saxon-Protestant). En plus d'exclure les Juifs et les franco-phones, le cartel financier tolère très peu la présence de catholiques à des postes de direction. Même s'il est maintenant millionnaire, Eric Kierans a donc connu l'exclusion au cours de son ascension dans le monde des affaires et cette expérience le rapproche des Canadiens français. Peu de temps après sa nomination à la présidence de la Bourse de Montréal, le bulletin de l'institution, le *Montly Review*, devient bilingue. Eric Kierans s'inscrit alors chez Berlitz afin de maîtriser la langue française. Il se lève à cinq heures du matin pour en étudier la grammaire et il exaspère les membres de sa famille à force de s'entêter à ne regarder que la télévision française et à n'écouter que des disques de chansons françaises.

---

73. Entrevue avec Jacques Parizeau, le 18 janvier 1999.

En ce qui concerne le développement économique, Eric Kierans ne craint aucunement l'intervention de l'État. Il est guidé par une vision décentralisée de l'économie dans laquelle les provinces jouent un rôle prépondérant. C'est sans hésitation qu'il s'enrôle dans le camp des révolutionnaires tranquilles. Sa présence rassure Jean Lesage. Quand Eric Kierans donne son appui aux réformes de plus en plus audacieuses proposées par René Lévesque, il rétablit, par ce geste, la confiance du premier ministre en son intrépide ministre des Richesses naturelles, contribuant ainsi à lui redonner de la crédibilité.

À la suite de la conférence fédérale-provinciale du début de septembre, Jean Lesage considère que les signaux envoyés par Ottawa sont suffisamment encourageants et ne justifient plus l'étude du projet de création d'une caisse publique en session spéciale. Il songe plutôt à présenter le projet de loi en janvier. Le journaliste de *La Presse*, Michel Van Schendel, le met en garde : « Mais deux mois, c'est assez pour que les adversaires, isolés jusqu'à présent, se regroupent [74]. » Comme analyste politique, ce journaliste va consacrer tout son temps, dans les prochaines semaines, à expliquer aux lecteurs la bataille qui oppose le gouvernement de Jean Lesage aux hautes sphères de la finance.

Militant communiste, Michel Van Schendel quitte la France en 1952 pour venir vivre à Montréal. Il travaille d'abord à Radio-Canada pour des émissions littéraires. En 1962, le rédacteur en chef du journal *La Presse*, Gérard Pelletier, l'engage comme journaliste. Affecté à la couverture des grands dossiers de politique économique du gouvernement québécois, Michel Van Schendel n'hésite pas à parler de province-nation. Il va suivre le dossier de la caisse de retraite avec assiduité. « C'est un

---

74. Michel Van Schendel, « La caisse de retraite québécoise. L'ajournement de la discussion est un " risque calculé " », *La Presse*, le 28 septembre 1963.

pactole, écrit-il en parlant du projet de caisse de retraite. Le mot n'est pas de trop. C'est un flot montant de dollars qui va permettre à l'État, c'est-à-dire au peuple du Québec, de contrôler à ses propres fins le marché financier et l'industrie de la province. Avant la fin du siècle, la caisse devra disposer d'une dizaine de milliards[75]. »

Dès la formation de la SGF, Gérard Filion se plaint de recevoir pratiquement tous les jours des appels de Michel Van Schendel qu'il qualifie « d'espèce de marxiste capoté qui fait dans l'analyse économique[76] ». Selon les souvenirs de Gérard Filion, ce journaliste veut s'assurer que la SGF investisse activement dans l'économie. Dans le dossier de la caisse de retraite, c'est plutôt le ministre Eric Kierans qui sollicite Michel Van Schendel, en l'invitant à ses bureaux. Sans en informer le premier ministre, le ministre du Revenu prend tout le temps nécessaire pour exposer la situation au journaliste. Pour Michel Van Schendel, Eric Kierans est « un grand honnête homme qui essaie d'introduire une certaine éthique dans les affaires. Il ne fait pas ça par nationalisme. Il ne pouvait pas accepter une pratique malhonnête qui mettait dans la main de la haute finance l'ensemble des finances publiques du gouvernement québécois[77]. »

Le 17 septembre 1963, le gouvernement du Québec annonce qu'un emprunt de soixante-quinze millions de dollars a été souscrit à un taux d'intérêt de six pour cent. Le dimanche suivant, à l'occasion d'une réunion d'organisateurs de l'Union nationale, à Beaumont dans le comté de Bellechasse, Daniel

---

75. Michel Van Schendel, « La caisse de retraite : malgré Ottawa, Québec maîtrise le nerf de son économie. » *La Presse*, le 7 septembre 1963. Aujourd'hui auteur et poète, Michel Van Schendel est professeur au département d'études littéraires de l'UQÀM.
76. Gérard Filion, *Fais ce que peux – En guise de mémoire*, Montréal, Les Éditions du Boréal, 1989, p. 296.
77. Entrevue avec Michel Van Schendel, janvier 1999.

Johnson dénonce la façon dont a été négocié le dernier emprunt. «C'est là un taux extrêmement élevé pour une province, alors que des municipalités et des commissions scolaires peuvent encore emprunter à des taux de 5 1/2 ou 5 3/4 %, la province en est rendue à payer 6 %[78].» Si la déclaration du chef de l'opposition ne soulève pas l'indignation générale, c'est que les médias et les analystes possèdent encore trop peu de détails sur la transaction. Le jeudi 3 octobre, le chroniqueur économique du journal *La Presse*, Laurent Lauzier, apprend à ses lecteurs que «le marché des obligations canadiennes a entrepris un mouvement de reprise remarquable et fructueux au cours du mois de septembre[79]». Les taux d'intérêt, y compris pour les titres des provinces, sont sous les 5 1/2 %. Il semble qu'une importante vente de blé canadien à l'URSS, d'une valeur de cinq cents millions de dollars, ait redonné confiance aux investisseurs.

Le jour même où le syndicat financier décide, à ses conditions, de procéder à l'emprunt de soixante-quinze millions, Jacques Parizeau lit l'éditorial de John Meyer dans le journal *The Gazette*. Furieux, il constate que, pour les spécialistes du marché, la vente de blé à l'URSS était connue dans ses détails dès l'après-midi du 16 septembre. Les journaux du lendemain publient déjà des commentaires qui prévoient les effets bénéfiques que ce contrat record pourra avoir sur les marchés financiers. Comme il redonnerait confiance aux acheteurs d'obligations canadiennes, les titres des provinces allaient aussi en profiter et pouvoir se négocier à un meilleur taux d'intérêt. «Il était impensable que les taux de rendement ne réagissent pas à la baisse au cours des journées qui suivraient,

---

78. Article du journal *Le Devoir*, «Johnson dénonce le taux trop élevé du dernier emprunt de la province», le 23 septembre 1963.
79. Laurent Lauzier, «Le marché des obligations canadiennes s'est amélioré au cours de septembre», *La Presse*, le 3 octobre 1963.

conclut Jacques Parizeau. À 6 %, l'emprunt a été sur-souscrit dans des proportions incroyables[80]. » C'est trop cher.

Pour Jacques Parizeau, une première conclusion s'impose : il est clair que le chef syndicataire A.E. Ames & Co. a réalisé un profit scandaleux avec cet emprunt de soixante-quinze millions. « C'est une tentative d'extorsion à l'égard du gouvernement du Québec[81]. » Deuxième conclusion : Jacques Parizeau a l'intime conviction que les marchés financiers punissent le gouvernement de Jean Lesage en raison des trop nombreux dossiers qu'il a mis en branle et qui entrent en collision avec les intérêts du « libre marché ». Au premier plan, il y a bien sûr le projet de caisse de retraite qui arrive maintenant à un stade de développement crucial[82].

Jacques Parizeau ne tient plus en place. Fébrile, il appelle au ministère des Finances pour demander des explications. Il n'est toujours qu'un professeur des HÉC et un simple consultant auprès du gouvernement Lesage. À Québec, on lui répond : « Écoutez, le syndicat n'est pas content. Ils veulent donner une leçon au gouvernement[83]. » Cet aveu le galvanise. En état d'alerte

---

80. Lettre de Jacques Parizeau à Claude Morin, le 11 octobre 1963, p. 11.
81. Entrevue avec Jacques Parizeau, le 27 avril 1998.
82. Deux mois avant que le scandale n'éclate, Michel Bélanger, sous-ministre adjoint au ministère des Richesses naturelles, rédige une note prémonitoire sur les pressions que pourrait subir le gouvernement à l'égard de son projet de caisse de retraite. « Il faut se résigner à considérer que le premier effet sur les milieux financiers sera défavorable. Cet effet se fera sentir avant même que ne soit définitivement prise la décision du gouvernement. » Présent dans le groupe de financement du Conseil d'orientation économique avec Jacques Parizeau, Michel Bélanger ajoute : « Escomptant un effet défavorable chez ceux qui investissent, il faut nous préparer à payer des coupons plus élevés. » Source : Mémorandum de Michel Bélanger, *Effets de l'institution d'une Caisse publique de retraite sur les milieux financiers traditionnels*, le 16 juillet 1963. Archives d'André Marier.
83. Entrevue avec Jacques Parizeau, le 18 janvier 1999.

maximale, Jacques Parizeau se déploie : « Tous les clignotants se mettent au rouge. Là je suis sur le téléphone à longueur de journée. Ah les toryeux ! dit-il. Ils recommencent comme en 1939 avec Duplessis [84]. » Jacques Parizeau discute avec le courtier Jean-Paul Ostiguy, qui possède sa propre maison de courtage [85]. Il cueille du renseignement. Par la suite, il parle aux journalistes Dominique Clift et Richard Daignault, mais plus souvent à Michel Van Schendel. Il arrose les médias de ses analyses et commentaires. Mais pourquoi s'agite-t-il donc ainsi alors qu'il n'exerce aucune fonction officielle ? « Que je sois en charge ou non, je me sens toujours, d'une certaine façon, responsable [86]. » Jacques Parizeau est poussé par le sens du devoir public. Ayant toujours confiance en lui-même, il sent qu'il peut et qu'il doit influencer le cours des choses.

Après avoir bien remué les esprits, le scandale éclate. Le samedi 5 octobre, les journalistes Dominique Clift et Richard Daigneault signent un article au titre accrocheur : « Québec a payé son emprunt le prix fort, constate la finance [87]. » Les auteurs soulignent que le profit à faire était si exceptionnel que l'emprunt le plus considérable effectué par une province du Canada s'est vendu en quelques heures seulement. Le duo de la colline parlementaire s'en prend avant tout aux fonctionnaires de Québec et non au syndicat financier. « Le ministère des Finances ne compte aucun expert qui aurait pu mettre les autorités politiques en garde contre le taux de 6 % [88]. » On imagine la satisfaction de Jacques Parizeau. Avec ce genre de

---

84. *Idem.*
85. Jacques Parizeau a connu Jean-Paul Ostiguy au comité des obligations d'épargne mis sur pied par le premier ministre à la fin de 1962.
86. Entrevue avec Jacques Parizeau, le 18 janvier 1999.
87. Dans le cadre d'une des chroniques de Dominique Clift et de Richard Daigneault : « La démocratie au Québec », *La Presse*, le 5 octobre 1963.
88. *Idem.*

commentaire, son influence aux finances ne peut que s'accroître. Les journalistes véhiculent la même version que Jacques Parizeau en écrivant que « des institutions prêteuses disent avoir constaté des réticences à l'égard de la politique du gouvernement Lesage, surtout en ce qui a trait à son projet de caisse provinciale de retraite [89] ». Selon le journal *La Presse*, W.M. Anderson, président de la North American Life Assurance Company, celui-là même qui, trois jours auparavant, associait le projet de caisse publique au fonds de guerre de Bismarck, aurait acheté des obligations du gouvernement du Québec au gros prix. Michel Van Schendel est encore plus précis. Selon lui, les obligations auraient pu se vendre à un taux d'intérêt de 5 1/4 % plutôt qu'à 6 %. « Vite le fonds de retraite ! », est le titre de son article. Pendant que sous le couvert de l'anonymat, un personnage de la finance canadienne affirme à Michel Van Schendel qu'un pétard vient d'exploser dans les mains de la maison A.E. Ames & Co., à Québec, on a l'impression qu'une ogive nucléaire vient d'anéantir toute la crédibilité du ministère des Finances. D'autant plus que le premier ministre Lesage est lui-même responsable de ce ministère…

Galvanisés par cette erreur du syndicat financier, les promoteurs d'une future caisse de dépôt s'animent. Tout se cristallise. Preuve est faite. La lutte pour l'indépendance financière de l'État québécois devient plus intense.

Dans les jours qui suivent ces révélations, Marcel Pepin, administrateur au conseil d'administration de la SGF, reçoit la visite de Jacques Parizeau. « Ils ne feront plus jamais ça !, s'écrie-t-il. Je vous le dis monsieur Pepin, il y aura une caisse de dépôt et un régime public de pension [90]. » Le secrétaire général de la CSN croit que c'est à la suite de ce scandale que la création de la

---

89. *Idem.*
90. Propos attribués à Jacques Parizeau et rapportés par Marcel Pepin lors de l'entrevue du 24 août 1998.

caisse s'est vraiment décidée. «Il ne peut y avoir de doute [91]. »
De l'avis de Marcel Pepin, Jean Lesage était également outré par
la situation.

La bataille contre le syndicat financier va durer quatre mois.
Elle ébranlera le pouvoir même du premier ministre qui devra
tenir des séances spéciales du Conseil des ministres pour régler
la question. Le scandale amènera le discret mais influent président de la maison A.E. Ames & Co. devant les caméras. La
consigne du silence ne tiendra plus. Le ministère des Finances
sera sous pression comme jamais.

À Québec, plusieurs jugent que le moment est venu de
doter ce ministère d'une équipe d'analystes qui ne seront plus
de simples exécutants. «Le ministère des Finances est alors un
lieu de bonne compagnie où on règle à peu près rien, soutient
Jacques Parizeau. C'est lamentable, c'est une pitié [92] », insiste-
t-il. Les études disponibles sont toutes commanditées par de
grandes firmes financières anglophones. Il n'y a pratiquement
pas d'études maison. «C'est complètement dominé par des
entreprises [93] », ajoute-t-il.

Une volonté de changement se manifeste alors à Québec.
Dorénavant, le gouvernement devra être suffisamment outillé
pour être en mesure de donner des ordres au syndicat financier.
Fini le temps où le ministère des Finances devait se contenter
de hocher la tête pour approuver les paroles du président du
syndicat! Les déclarations publiques à l'emporte-pièce pour
tenter de discréditer l'idée même d'une caisse publique, c'est
de bonne guerre, mais la vente de titres québécois à fort prix
est une outrecuidance qui donne une occasion inespérée
aux tenants d'une caisse québécoise d'entrer dans la danse et

---

91. Entrevue avec Marcel Pepin, le 24 août 1998.
92. Entrevue avec Jacques Parizeau, le 21 septembre 1998.
93. *Idem.*

de dénoncer avec preuves à l'appui l'empire que constitue la société A.E. Ames & Co.

Dans cette affaire, Jacques Parizeau reconnaît volontiers en Eric Kierans le maître d'œuvre de toute l'opération de récupération politique. « Il nous sert de parapluie et nous dit : " Allez-y les petits gars[94] ". » Michel Van Schendel le confirme : « Dans le dossier du syndicat financier, Kierans tire la sonnette d'alarme[95]. » Le journaliste discute beaucoup avec le ministre et avec le professeur des HÉC. « Jacques Parizeau était précis dans ses informations et ne faisait pas d'erreurs[96] », déclare aujourd'hui Michel Van Schendel.

Le dictateur des marchés

Comme un vaste système pyramidal, la constitution d'un syndicat financier se résume à une liste des banques et des maisons de courtage qui apparaissent sur la première page du prospectus financier. Ce document décrit aussi les conditions de vente des obligations gouvernementales. Comme une image aux rayons X, la liste permet d'entrevoir l'échafaudage financier du système composé de sept banques à charte et de soixante et un négociants en valeurs mobilières. Au haut de la colonne de gauche puis de droite, apparaissent les firmes les plus importantes. Au sommet de la liste, A.E. Ames & Co. domine le syndicat. La bête a toujours deux têtes. À ses côtés, apparaît la Banque de Montréal qui finance la maison de courtage. Vers le bas de la colonne de gauche, comme de celle de droite, se retrouvent les acteurs les moins influents. De façon plus imagée, il est juste de dire que la tête avale presque toutes les commissions

---

94. Entrevue avec Jacques Parizeau, le 18 janvier 1999.
95. Entrevue avec Michel Van Schendel, janvier 1999.
96. *Idem.*

réalisées sur les émissions d'obligations et que les tentacules inférieurs doivent se contenter des grenailles.

En 1963, le président de la maison de courtage A.E. Ames & Co. se nomme R.L. Warren. Dans les faits, c'est toutefois le vice-président Frederic Douglas Chapman qui tient les rênes de l'entreprise et qui dicte les conditions d'emprunt aux membres du syndicat financier et à la province de Québec.

À l'époque, Jean Campeau est adjoint du président de la maison de courtage René T. Leclerc. À ce titre, il participe aux réunions du syndicat financier convoquées par Douglas Chapman. En théorie, ces rencontres doivent permettre aux différents membres de la famille financière de définir ensemble le meilleur taux d'intérêt et le moment propice pour lancer l'émission d'obligations. «À ce moment-là, se souvient Jean Campeau, c'est la domination. Les courtiers francophones n'ont que de légères participations de 3/4 de 1 % de l' émission, quand ce n'est pas 1/2 de 1 %[97].» On imagine l'extrême minceur de ces commissions. Cette situation fait dire à Michel Van Schendel que «les courtiers canadiens-français remplissent une fonction subordonnée, celle d'un capitalisme de pauvres[98]». À ces réunions, Douglas Chapman arrive régulièrement en retard. Tout se passe en anglais. Quand A.E. Ames & Co. propose une émission d'obligations, tous les membres du syndicat acceptent, sans commentaires. Jean Laflamme, alors à la Banque de Montréal, se souvient de celui qui incarnait le dictateur du marché : «Grand, large, à la voix rauque, Douglas Chapman arrivait à la réunion de financement. Il avait déjà trouvé le montant du financement, déterminé le prix et prévu le rendement[99].» Sur le ton du défi, il crie : «*Someone disagree*

97. Entrevue avec Jean Campeau, le 12 mai 2000.
98. Michel Van Schendel, «Une lutte entre Montréal et Toronto», *La Presse*, le mardi 31 décembre 1963.
99. Entrevue avec Jean Laflamme, le 23 août 2000.

with that?!» À chaque séance, le silence domine, personne ne s'oppose aux directives de Douglas Chapman. «Donc une parfaite domination non contestée, souligne Jean Campeau. C'était l'époque où Chapman faisait ses farces plates sur les francophones. Nous devions l'écouter sans réagir. Les Anglais, au point de vue financier, avaient tout au Québec [100].» Et cette domination déborde sur les secteurs connexes. Les prospectus, unilingues anglais, sont rédigés par des firmes d'avocats anglophones. Depuis des décennies, les bureaux d'avocat et de comptabilité francophones se voient donc privés de cette importante source de revenus.

Au milieu des années soixante, sur les trois cents employés que compte A.E. Ames & Co., moins de cinq sont francophones et tous n'occupent que des postes subalternes. Jacques O. Nadeau est l'un de ceux-là. Né d'une mère irlandaise et d'un père canadien-français, il a été élevé presque uniquement en anglais. Il n'a appris la langue de Molière qu'à l'âge de six ans. Se mêlant aisément aux anglophones, il est engagé par Douglas Chapman, le 2 juillet 1965, après des études à l'Université Laval, d'où il est sorti avec un diplôme de commerce en poche. Grâce à quelques bonnes relations à Montréal, le jeune homme réussit à être reçu par le chef de la finance en personne. «Je m'en souviens encore, dit-il. Dans ma tête, Douglas Chapman était comme un monstre. Il avait sa réputation et faisait peur à tout le monde! Élégant au possible, il mesurait peut-être six pieds et trois pouces. Il fumait des cigares de douze pouces de long [101].» L'entrevue sera courte. Après avoir demandé où le jeune candidat a fait ses études, Douglas Chapman lui pose une courte question : «*Who do you know?*» Pour son plus grand mérite, Jacques O. Nadeau fréquente Marie Lesage, fille du premier ministre du Québec… Il sera engagé sur-le-champ!

---

100. Entrevue avec Jean Campeau, le 12 mai 2000.
101. Entrevue avec Jacques O. Nadeau, le 4 juillet 2000.

Discipline, conservatisme et pouvoir sont les valeurs maîtresses de la maison A.E. Ames & Co. Il est interdit de porter des chemises de couleur au travail. Le personnel doit garder constamment son veston et ne peut apporter un café à son bureau, sous peine d'être suspendu. Le port de la barbe n'est pas toléré, pas plus que l'utilisation du français... « Bien sûr, il y avait de la discrimination envers les francophones et les Juifs [102] », reconnaît Jacques O. Nadeau pour qui, toutefois, Douglas Chapman demeure l'homme le plus compétent qu'il ait rencontré dans le domaine de la finance. La maison A.E. Ames & Co. coordonne déjà un solide réseau canadien et international. « Nous avions un bureau à New York, le plus fort des bureaux canadiens [103] », estime Jacques O. Nadeau. Le siège social de A.E. Ames & Co. a pignon sur rue à Toronto, mais comme Douglas Chapman adore les rivières à saumon du Québec et le gros gibier de l'île d'Anticosti, il dirige les opérations depuis Montréal. La société contrôle tous les comptes des barons canadiens du monde des affaires : Bell Canada, le Royal Trust, la Banque de Montréal, le Crédit foncier franco-canadien, le Canadien Pacifique, le Canadien National, sans oublier les obligations de la province de Québec. « Nous contrôlions 85 % des financements canadiens », évalue Jacques O. Nadeau. Le rang impérial de Douglas Chapman lui permet de considérer avec hauteur tous ceux qui l'approchent. Au Québec, le premier ministre doit rivaliser avec un empereur qui fume des cigares de douze pouces.

Jacques Parizeau ne rencontrera Douglas Chapman qu'en de rares occasions. Courtois, les rapports entre les deux hommes sont toutefois d'une froideur arctique. Pour Jacques Parizeau, c'est l'ennemi à abattre. Depuis la nationalisation de l'électricité, il sait qu'une seconde grande bataille doit être entreprise

---

102. *Idem.*
103. *Idem.*

pour ébranler le monopole étouffant du syndicat financier. Il faut déplacer le centre du pouvoir, déséquilibrer le cartel financier. Il propose alors à Claude Morin de convaincre le premier ministre de maintenir Ames & Co. comme chef syndicataire pour le Québec, mais de nommer un autre syndicat financier pour Hydro-Québec. Quand le second groupe sera assez fort, « on pourrait alors songer à les faire entrer en concurrence l'un avec l'autre [104] », écrit Jacques Parizeau. Ce plan d'urgence, espère-t-on, devra donner l'oxygène nécessaire à l'État d'ici à ce que la caisse de retraite entre en jeu. Eric Kierans a fait une proposition semblable quelques jours avant : « Personnellement, je favorise le recours à un nombre accru de syndicats afin que les offres soient toujours plus nombreuses et de nature plus concurrentielle [105]. »

Douglas Chapman voit plus loin que le bout de son cigare. Parmi le groupe de technocrates à Québec, il décèle rapidement le rôle que joue Jacques Parizeau comme instigateur d'une future caisse de dépôt et placement. Le jeune économiste a beau s'exprimer en anglais et avec un accent britannique, Douglas Chapman sait bien que Jacques Parizeau défend avant tout les positions des Canadiens français. Si les propositions de l'économiste de la London School of Economics sont acceptées par le premier ministre, le dictateur des marchés perdra une part de son influence, de sa puissance, mais surtout de ses revenus. De vendeur autocrate, le chef syndicataire passera au rôle de simple conseiller à la vente. Jacques O. Nadeau, qui affirme avoir bien connu Douglas Chapman, révèle que « Chapman détestait un homme : il détestait Parizeau pour s'en confesser. Parizeau était jeune et intelligent avec des idées très nationalistes et très socialistes [106] », ce qui indisposait profondément notre fumeur

---

104. Lettre de Jacques Parizeau à Claude Morin, le 11 octobre 1963, p. 5.
105. Cité par Michel Van Schendel dans son article : « Vite le fonds de retraite ! », *La Presse*, le 5 octobre 1963.
106. Entrevue avec Jacques O. Nadeau, le 4 juillet 2000.

de cigares. À l'occasion d'un cocktail, Douglas Chapman fait une description éloquente, détaillée et par moments assez repoussante de ce que peut être un rat. À la fin de son exposé, il lève le voile et affirme que « *that little rat* » se nomme Jacques Parizeau. Pour le professeur des HÉC, cette méchanceté proférée par l'Anglais qui domine et écrase les siens devient lettre de noblesse. Jacques Parizeau répétera l'histoire à qui veut l'entendre, un peu comme le ferait un général montrant fièrement ses médailles, au retour du combat victorieux.

Dans le camp des opposants au syndicat financier, en plus d'Eric Kierans, un deuxième Canadien anglais lutte sur les barricades. Il s'agit de Douglas H. Fullerton. Déjà actif dans le dossier de la nationalisation de l'électricité aux côtés de René Lévesque, l'homme trouve outrageante la position dominante dans laquelle se maintiennent A.E. Ames & Co. et la Banque de Montréal. Dans ses mémoires [107], il raconte que le syndicat financier ne fait preuve d'aucune imagination pour trouver de nouvelles sources de financement. Quelques jours seulement après l'emprunt de septembre 1963, il écrit une lettre à Claude Ducharme, un des avocats du Parti libéral. Selon lui, cette émission a été très mal vendue et il faudrait en informer Jean Lesage. Le syndicat n'a pas su prévoir le bon moment pour lancer l'émission, écrit-il. L'analyse du marché et les prévisions erronées menées par A.E. Ames & Co. illustrent les carences du monopole. La situation doit changer [108].

Né à Terre-Neuve et s'exprimant avec difficulté parce qu'il est bègue, Douglas H. Fullerton n'est pas accepté de tous au sein du milieu financier. Il n'est pas un froid prédateur. Bon vivant

---

107. Douglas H. Fullerton, *The Dangerous delusion – Quebec's Independence Obsession as seen by a former adviser to René Lévesque and Jean Lesage*, Toronto, McClelland & Stewart, 1978, p. 40.

108. *Idem*, p. 51.

et cultivant un comportement quelque peu marginal, il sait nouer des amitiés qu'il parvient à conserver malgré les opérations financières qu'il mène, ce qui est plutôt rare dans le milieu. Par ailleurs, il voue une grande admiration à René Lévesque. Maître de sa propre boîte de conseillers financiers, Mackensie & Associates, qu'il fonde avec Jack Mackensie en mars 1962, il espère soutirer du gouvernement, en échange de ses bons conseils, quelques lucratifs contrats. Pour le rôle qu'il a joué au moment de la nationalisation de l'électricité, le gouvernement lui confie la gestion du fonds de retraite de la Société Hydro-Québec.

En novembre 1963, la stratégie visant à affaiblir la compagnie A.E. Ames & Co. est arrêtée. Elle a été tramée par le ministre du Revenu, Eric Kierans, en collaboration avec Douglas H. Fullerton et son confrère de classe de l'Université McGill, Édouard Lemieux, directeur général des finances à Hydro-Québec. Le trio prépare l'entrée d'un autre syndicat financier chez Hydro-Québec. Début décembre, on prévoit faire un essai avec un nouveau groupe dirigé par la Banque Royale, la Banque canadienne nationale, Greenshields et René T. Leclerc. Eric Kierans connaît bien la Banque Royale avec qui il fait des affaires depuis des années. Le nouveau groupe va donc déplacer A.E. Ames & Co. du très lucratif secteur du financement de la Société Hydro-Québec. L'attaque est frontale pour Douglas Chapman. Se sentant incapable d'affronter A.E. Ames & Co. sur son propre terrain, la maison de courtage Wood Gundy se retire du groupe.

Tout ce branle-bas de combat se déroule dans un Québec en pleine ébullition. Les intellectuels s'interrogent publiquement et écrivent beaucoup sur le séparatisme. Les manifestations spectaculaires du RIN se multiplient et le FLQ fait régulièrement la manchette avec ses bombes. Le 28 octobre 1963, René Lévesque s'adresse au banquet des Italo-Canadiens : « Nous respectons votre culture mais non votre nationalisme[109].» Il dit aussi souhaiter la redistribution du champ de taxation : «Si cela n'était pas possible, il ne resterait plus que de se séparer… Ce n'est pas la fin du monde… le Canada, c'est un gamble accepté il y a cent ans[110].» Le temps est aux revendications…

C'est dans le même esprit que, lors du Congrès des affaires canadiennes à l'Université Laval, Jacques Parizeau parle des «nouveaux Québécois indiscutablement plus portés que leurs prédécesseurs à pousser très loin l'intervention systématique de l'État dans l'économie[111]». Pour lui, «l'époque de la concurrence parfaite est passée, si jamais elle exista. L'écart entre les revenus d'une région à l'autre, non seulement ne tend pas à disparaître, mais tend parfois à s'accroître. Les grandes entreprises étrangères, les firmes qui sont à l'échelle canadienne et les entreprises de caractère local ne se sont pas révélées capables d'assurer au Québec un rythme de croissance global satisfaisant[112].» L'économiste enchaîne alors sur la nécessité d'un rôle particulier pour l'État et, à cet égard, le projet de caisse de retraite peut lui offrir des moyens d'action «particulièrement puissants[113]». Persistance et cohérence animent l'esprit de Jacques Parizeau.

Quelques jours avant la nuit de Noël, Eric Kierans fait venir le journaliste Michel Van Schendel à son bureau pour un long entretien. Le ministre du Revenu veut rendre publique son audacieuse offensive pour déloger A.E. Ames & Co.

---

109. Citation tirée d'un article de *La Presse*, le 29 octobre 1963.
110. *Idem.*
111. Extrait du discours prononcé par Jacques Parizeau, dans le cadre du Congrès des affaires canadiennes de l'Université Laval, «La planification économique», le 7 novembre 1963, p. 1.
112. *Idem.*
113. *Idem.*

La canicule en décembre

Depuis trente-cinq ans, les ententes liant le gouvernement du Québec à la Société A.E. Ames & Co. et la Banque de Montréal sont reconduites sans négociations. En décembre 1963, Eric Kierans tente de désarticuler la solide armature que le syndicat financier s'est construite au fil des décennies. Il rencontre les principaux acteurs financiers de la métropole, dont Douglas Chapman, pour les tenir informés du geste qu'il va poser. Quand le dirigeant de la maison A.E. Ames & Co. apprend qu'un groupe rival formé de la Banque Royale et de Greenshields inc. doit vendre les titres d'Hydro-Québec, il vient bien près d'avaler son cigare. Bien que la proposition Kierans ait le mérite de maintenir les liens entre le syndicat traditionnel et le gouvernement, la présence d'un second groupe pour vendre les emprunts d'une société d'État semble insoutenable aux yeux de Douglas Chapman. Pour la première fois de son règne, l'empereur voit son autorité contestée. Au beau milieu de la rencontre présidée par Eric Kierans, il demande au ministre de quitter un moment la salle pour mieux discuter, en famille, de cette proposition. Il est au bord de l'apoplexie. John Abbel, de Wood Gundy, et Dean Nesbitt, deux proches du ministre Kierans, assistent aussi à la rencontre. « Ça devient à un moment très haineux [114] », raconte Eric Kierans. De Dean Nesbitt, il apprendra comment Chapman s'est comporté en son absence. « Chapman a alors tenté par tous les moyens de détruire ma crédibilité. À mon retour, il m'a traité devant tous les financiers de menteur. *It was nasty* [115] ! », conclut Eric Kierans.

Pour contrecarrer la formation d'un deuxième syndicat financier, Douglas Chapman va accroître la pression sur les maisons de courtage de Montréal. Comme à la fin de chaque

---

114. Entrevue avec Eric Kierans, le 16 février 2000.
115. *Idem.*

année, le 23 décembre, la société envoie à ses trente-quatre membres une lettre par laquelle elle s'engage à reconduire l'accord financier avec la province de Québec. Ce geste consacre le rôle dominant de A.E. Ames & Co. et de la Banque de Montréal. Cette dernière a fait parvenir au cercle financier du Canada une lettre semblable, le 20 décembre. Mais dans cette lettre, une nouvelle condition a été ajoutée au contrat. La clause 4 interdit aux signataires de s'associer à tout autre syndicat que celui dirigé par A.E. Ames & Co. et la Banque de Montréal. Le journaliste Michel Van Schendel reçoit une copie de la missive qu'il reproduit intégralement dans *La Presse*, en accusant la Banque de Montréal de manœuvrer afin de placer le gouvernement devant un fait accompli[116].

Cette lettre au contenu explosif, il la reçoit des mains de Jacques Parizeau, qui l'a lui-même obtenue de Roland Giroux. Depuis l'épisode de la nationalisation de l'électricité, le président de la maison de courtage L.G. Beaubien n'hésite pas à alimenter le jeune économiste en information privilégiée.

La tension devient intenable rue Saint-Jacques. Pendant que le premier ministre est en vacances en Floride pour les Fêtes de fin d'année, Eric Kierans publie, le lendemain de Noël, un brûlant communiqué dans lequel il menace de poursuivre le syndicat financier pour pratique commerciale illégale visant à établir un monopole. Le samedi 28 décembre, la crise se poursuit et fait l'objet d'un éditorial cinglant dans le journal *La Presse*. Gérard Pelletier écrit : « Il serait scandaleux que le gouvernement capitule devant une société de financement qui s'acharne à perpétuer un monopole[117]. » Il qualifie l'attitude de la maison Ames & Co. « d'intolérable parce qu'au moment où,

---

116. Michel Van Schendel, « La Banque de Montréal n'a pas dit toute la vérité », *La Presse*, le 10 janvier 1964.
117. Éditorial de Gérard Pelletier, « La fin d'une vache sacrée ? », *La Presse*, le 28 décembre 1963.

dans le Québec, la démocratie reprend vie et retrouve ses droits, il n'y a pas de place pour je ne sais quelle vache sacrée de la finance qui se prétendrait intouchable[118] ».

Jean Lesage est toujours en Floride. Douglas Chapman l'appelle presque tous les jours pour s'assurer que les accords financiers qui le lient à la province demeurent. Eric Kierans soutient que « Chapman a peut-être appelé Lesage une centaine de fois pendant la crise[119] ».

Le dimanche 29 décembre, Jean Lesage quitte la chaleur du sud pour la canicule financière qui sévit au Québec. L'inflation verbale enflamme l'atmosphère. Pendant qu'au Canada anglais un hebdomadaire financier prétend qu'on assiste au Québec à la naissance d'un « séparatisme financier[120] », une source non identifiée, qui pourrait être René Lévesque, affirme que « le syndicat unique Ames–Banque de Montréal, c'est le monopole du roi nègre[121] ». Jean Lesage en a plein les bras. Il n'apprécie pas beaucoup ce débordement émotif. Devant les journalistes, il sermonne son ministre Eric Kierans pour les menaces faites à l'endroit du syndicat financier. Il précise qu'il n'est pas question de poursuivre le syndicat. Jean Lesage, qui aurait préféré un retour de vacances moins rude, dispose de cinq jours pour calmer le jeu. Le Cabinet doit se réunir et discuter de la question dans une semaine.

Au Conseil des ministres du 3 janvier de la nouvelle année 1964, Jean Lesage prend la parole et rappelle que sur une période de quinze ans, le gouvernement de Maurice Duplessis a emprunté quatre cents millions de dollars[122]. Jean Lesage annonce à son

---

118. *Idem.*
119. Entrevue avec Eric Kierans, le 16 février 2000.
120. Michel Van Schendel, « Une lutte entre Montréal et Toronto », *La Presse*, le 31 décembre 1963.
121. *Idem.*
122. Jacques Monnier, « Tel que confirmé publiquement par Daniel Johnson. Johnson : les deux syndicats financiers se sont entendus et se partageront les commissions », *La Presse*, le 15 janvier 1964.

équipe que son administration prévoit s'endetter de cinq cent cinquante millions de dollars uniquement pour la présente année[123]. « Le résultat de tout cela, écrit le journaliste Michel Van Schendel, c'est que la province de Québec se rue littéralement sur le marché des capitaux de placement dans un effort dont l'histoire du Canada tout entier n'offre aucun précédent[124]. » Dans ces conditions, insiste Jean Lesage, « vous comprendrez aisément que nous avons besoin du concours de toutes les maisons de finance[125] ».

Douglas Chapman : de l'ombre à la lumière

Le mardi 7 janvier, déterminé à mettre fin à l'impasse, Jean Lesage fait venir à Québec tous les acteurs du conflit. George Marler et Eric Kierans, les deux anglophones du Cabinet du premier ministre, devenus des frères ennemis, sont présents. Jean-Claude Lessart, président d'Hydro-Québec, Jean Bieler, sous-ministre des Finances, ainsi que les principaux membres des deux syndicats financiers assistent à l'importante rencontre. Douglas Chapman y est aussi présent. Peu avant trois heures, on prévient les nombreux journalistes qui font le pied de grue devant la salle des délibérations du Conseil exécutif qu'il n'y aura pas de déclaration officielle après la rencontre qui se déroule à huis clos. Par ordre du premier ministre, il est défendu de prendre des photographies. Les journalistes patientent tout de même près de deux heures dans les couloirs[126].

---

123. Tiré du mémoire du Conseil exécutif, séance du 3 janvier 1964. Archives nationales du Québec.
124. Michel Van Schendel, « Le cabinet entreprend l'étude du problème des 2 syndicats financiers », *La Presse*, le 8 janvier 1964.
125. Mémoire du Conseil exécutif, séance du 3 janvier 1964. Archives nationales du Québec.
126. Les événements entourant cette rencontre sont décrits dans le menu détail par Michel Van Schendel dans le journal *La Presse* du mercredi 8 janvier 1964.

À la sortie de la réunion, le premier ministre se dirige vers son bureau lorsqu'un journaliste lui fait remarquer qu'il semble avoir chaud. Jean Lesage lui répond que c'est l'action du soleil de Miami qui explique son teint. Avec un éclat de rire trahissant une certaine nervosité, il qualifie les discussions qui viennent de se terminer de «très franches». Les journalistes n'en seront informés que dans quelques jours, mais Jean Lesage a fait éclater le monopole du syndicat financier. Dorénavant, sans toutefois être en concurrence immédiate, deux groupes pourront, en alternance, vendre les obligations du gouvernement et de ses sociétés d'État. Douglas Chapman accompagne le premier ministre jusqu'à son bureau. Le chef du syndicat financier n'apprécie pas la présence des photographes qui bourdonnent autour de lui. Quinze minutes plus tard, le dirigeant de la maison A.E. Ames & Co. sort du bureau de Jean Lesage. Michel Van Schendel et son photographe, Maurice Edwards, veulent à tout prix un cliché de cet influent personnage, car si la bataille du syndicat financier a un visage, c'est bien celui de Douglas Chapman. Maurice Edwards poursuit littéralement le financier et appuie finalement sur le bouton de son appareil au moment même où Douglas Chapman se cache le visage de la main et crie : « *Lay off, man, lay off*[127]!» La photo est prise. Le lendemain, tous les lecteurs de *La Presse* peuvent voir le visage voilé de cette «mystérieuse personnalité du monde des affaires[128]» qui veille à elle seule sur toutes les obligations du gouvernement du Québec. À l'époque, la population n'était pas encore habituée à ce genre d'image non officielle prise sur le vif. En tentant de cacher son identité, Douglas Chapman donne l'impression de se comporter en coupable. Celui qui a toujours exercé son pouvoir dans l'ombre est tout

---

127. *Idem.*
128. *Idem.*

à coup brûlé par la lumière. «Un vieil homme tentait de conserver le secret de transactions qui, naguère, firent la fortune d'un monopole aujourd'hui contesté [129]», conclut Michel Van Schendel dans son article.

Mais à trop insister sur la personne de Douglas Chapman, les médias oublient que le monopole financier est une bête à deux têtes. Le jour même où la photographie de son collègue est publiée, le président et chef de la direction de la Banque de Montréal, Arnold Hart, rugit. Son entrée en scène est ponctuée d'une mise en garde directe à l'endroit de Jean Lesage. Dans un communiqué distribué à la presse, le banquier fait l'apologie du syndicat financier et prévient le premier ministre : «Il est très important pour la province et pour Hydro-Québec de ne pas perdre ces avantages, en particulier si l'on tient compte des sommes considérables qu'il faudra emprunter dans le proche avenir, et qui sont le résultat du rapide développement de la province [130].» À Québec, Jean Lesage écume… Il n'aime pas les ultimatums lancés sur le ton de la menace.

Le soir du 8 janvier 1964, Jacques Parizeau déclare à l'émission *Actualité politique* de la télévision de Radio-Canada que le gouvernement du Québec, en empruntant cette année près d'un demi-milliard de dollars, est à lui seul une institution financière. Québec doit donc aménager lui-même le syndicat financier. Quant aux critiques que s'attire ces jours-ci le syndicat financier, Jacques Parizeau explique froidement que «cela est notamment dû à l'insatisfaction de certaines maisons de courtage qui veulent avoir leur part du gâteau. De plus, le syndicat traditionnel a fait des faux pas. Il est passé par une période difficile. Tous se rappellent le fameux emprunt du 17 septembre 1963 où le taux d'intérêt payé par le gouvernement

---

129. *Idem.*
130. Michel Van Schendel, «Les syndicats financiers : une épreuve de force contre Lesage», *La Presse*, le 9 janvier 1964.

fut trop élevé. Il s'est agi là d'un point tournant[131].» Les propos de Jacques Parizeau sont à ce point écoutés et respectés pendant cette crise que, moins de dix jours plus tard, le député de l'Union nationale, Paul Dozois, réclame à l'Assemblée nationale une enquête royale sur l'emprunt de septembre. Le critique financier de l'opposition appuie sa demande d'enquête «en partie sur des déclarations de monsieur Jacques Parizeau, un économiste fréquemment consulté par le gouvernement[132]». Cette demande place le premier ministre dans l'embarras, lui qui est à la fois premier ministre et ministre des Finances et qui ne tient aucunement à revenir sur les manquements de son ministère lors de cet emprunt. L'Union nationale insiste. Le 22 janvier, le président de la Chambre refuse une seconde motion de censure à l'endroit du gouvernement sur cette même question.

Le 13 janvier 1964, l'issue de la bataille du syndicat financier est connue. Jean Lesage annonce que le gouvernement fera dorénavant appel à deux syndicats financiers égaux, c'est-à-dire qu'il fera appel en alternance à deux comités de gestion pour financer à la fois les emprunts du gouvernement et ceux d'Hydro-Québec. Jacques Parizeau n'est pas satisfait. Il était preneur de la solution Kierans qui plaçait directement en opposition deux structures financières, l'une s'occupant des titres de l'État québécois et l'autre d'Hydro-Québec. Or, à aucun moment ils ne s'affronteront. Lors d'une émission, un premier groupe s'en chargera et, à l'émission suivante, ce sera au tour du deuxième syndicat. «Ce ne fut pas un grand succès,

---

131. Les propos tenus par Jacques Parizeau à la télévision de Radio-Canada sont repris dans un article du journal *La Presse*: «Le gouvernement devrait aménager lui-même le syndicat financier – Jacques Parizeau», le 9 janvier 1964.

132. Dominique Clift, «Dozois réclame une enquête royale sur l'emprunt de septembre et Lesage refuse», *La Presse*, le 18 janvier 1964.

reconnaît Eric Kierans. Ces compagnies ont continué à travailler de concert [133]. » Dans les circonstances, Eric Kierans affirme toutefois qu'il a été aussi loin qu'il le pouvait.

Michel Van Schendel écrit pour sa part que si le gouvernement de Jean Lesage se contentait de cette nouvelle mesure, « le Québec n'aurait rien gagné dans l'affaire. Un monopole de fait sur la politique financière du gouvernement se trouverait simplement élargi [134]. » Nourri par les réflexions de Jacques Parizeau, le journaliste émet le souhait de voir l'État québécois se doter d'une banque gouvernementale afin de mettre fin à tout ce chantage financier : « La création d'une caisse de retraite pourra être, par un autre biais, une étape sur cette voie [135]. » Les chroniqueurs Dominique Clift et Richard Daigneault du journal *La Presse* concluent, de leur côté, que dans toute cette affaire, et pour la première fois depuis longtemps au Québec, « la politique a pris le pas sur l'économique [136] ». Une façon habile de constater que les nouveaux Québécois au pouvoir ont réussi à décoiffer pour un moment l'establishment anglophone de la rue Saint-Jacques.

Si cette bataille se solde par un match nul, la guerre pour l'indépendance financière du gouvernement du Québec n'est pas terminée. À l'ouverture de la session parlementaire, Jean Lesage annonce, à l'occasion du discours du trône, la création future « d'une caisse de retraite publique, universelle et contributive ». L'incident de septembre, l'emprunt payé trop cher, a

---

133. Extrait de l'émission consacrée en partie à l'héritage économique de Jacques Parizeau, *Les affaires et la vie*, à la radio de Radio-Canada, diffusée le 20 janvier 1996.

134. Michel Van Schendel, « La décision de Lesage est le premier pas ; mais quel sera le deuxième ? », *La Presse*, le 14 janvier 1964.

135. *Idem.*

136. Chronique *La démocratie au Québec* de Dominique Clift et Richard Daignault, « La politique a pris le pas sur l'économique », *La Presse*, le 14 janvier 1964.

donné suffisamment de carburant aux partisans de la Caisse de dépôt et placement pour que le projet entier soit maintenant présenté au premier ministre. Le rapport du Comité interministériel d'étude sur le régime des rentes du Québec (comité Dupont) fait la synthèse la plus complète et vigoureuse des arguments en faveur de la Caisse de dépôt et placement. Les deux tomes de l'ouvrage de quatre cents pages décrivent en détail le mode de fonctionnement du régime des rentes et son principe d'accumulation des fonds. Le contenu sera revu par Louis-Philippe Pigeon et Claude Morin avant d'être dévoilé au reste du Canada, par un geste d'éclat, dans le cadre d'une conférence fédérale-provinciale historique qui doit se tenir à Québec en mars 1964.

Souvenirs de vacances

Jacques Parizeau et sa femme Alice.
Ces photos proviennent des archives
de Jacques Parizeau, ANQ.

Souvenirs de vacances

Souvenirs de vacances

*La jeune Isabelle,
fixant du regard son père.*

*L'air enfin détendu, dépeigné,
sans veston ni cravate.*

L'avènement
d'un nouvel ordre financier

> « *Le Canada français ne cessera de s'anémier que*
> *le jour où il pourra gagner sa vie dans sa langue.*
> *Il ne le pourra que si l'État l'impose aux étrangers.*
> *On dit avec raison que le Canada français manque*
> *d'administrateurs ; il n'en obtiendra que s'il se*
> *place dans des conditions telles qu'il puisse en*
> *former. La liberté, c'est un des préalables de la*
> *dignité, pour un gouvernement comme pour un*
> *individu.* »
>
> André Marier [1]

L e 31 mars 1964, Judy LaMarsh quitte sa chambre du Château
Frontenac pour assister à l'ouverture de la Conférence
fédérale-provinciale qui se tient au parlement de Québec.
Escortée par des policiers armés, la ministre fédérale de la Santé
et du Bien-être social s'engouffre dans la voiture qui doit
l'amener sur place. Les motards circulent autour de sa voiture.
Les mesures de sécurité sont impressionnantes. La police craint
une autre action du Front de libération du Québec (FLQ), qui
vient de revendiquer l'effondrement de l'imposante statue du

---

1. Extraits du document de réflexion : *Vers une politique de la vieillesse :
Analyse de la situation actuelle des personnes âgées et revue des solutions
envisagées.* Le 5 juillet 1963. Archives d'André Marier.

général Wolfe sur les plaines d'Abraham. Une grande manifestation d'étudiants est prévue. Depuis son arrivée à Québec,
Judy LaMarsh a l'impression d'étouffer. Elle ne se sent pas à
l'aise dans cette ville[2]. Au sein du Cabinet de Lester B. Pearson,
c'est elle qui défend avec le plus de vigueur le projet fédéral de
caisse de retraite. Imprévisible dans ses déclarations, elle a en
horreur le projet du Québec.

La conférence se déroule au siège du Conseil législatif, dans
le cadre magnifique du Salon rouge[3]. Au moment où débutent
les travaux, la délégation du Québec, dont Jacques Parizeau ne
fait pas partie, manifeste son intention d'aborder la question du
régime de pension[4]. Cette suggestion fait monter d'un cran une
tension déjà palpable. Les discussions s'animent, la conférence
prend une autre tournure. Judy LaMarsh demande la parole et
présente la toute dernière version du projet fédéral. Elle est
convaincue que son intervention vient de faire dérailler la
position du Québec. Jean Lesage sourit. La ministre s'interroge :
que signifie ce sourire? «Monsieur le président! Je demande la
parole», clame Jean Lesage. Avec toute la faconde dont il est
capable, le premier ministre présente alors le travail de la
dizaine de personnes qui, des mois durant, ont conçu le projet
québécois de caisse publique de retraite. De façon spectaculaire,
il dépose devant lui les deux immenses volumes du comité
Dupont. Avec force et vigueur, il expose la teneur de la proposition provinciale. Contrairement à celui du Canada, le projet
québécois permet l'accumulation de fonds afin d'agir dans

---

2. Judy LaMarsh, *Memoirs of a Bird in a Gilded Cage*, Toronto, McClelland
   & Stewart, 1968, p. 310.
3. Le déroulement de cette réunion publique est relaté dans le livre déjà
   cité de Judy LaMarsh.
4. Bien qu'il soit actif dans de multiples dossiers, dont celui de la Caisse de
   dépôt et placement, Jacques Parizeau n'agit encore qu'à titre de consultant
   auprès du gouvernement. Seuls les hauts fonctionnaires accompagnent
   habituellement le premier ministre à une conférence fédérale-provinciale.

l'économie de la province. Pour épater la galerie, Jean Lesage a même fait préparer le taux d'accumulation de fonds pour chacune des provinces, advenant le cas où celles-ci désireraient reproduire le système proposé par Québec. Judy LaMarsh, qui croyait que son projet était plus avancé que celui du Québec, commence à hyperventiler. «*Gee!*, s'écrie le premier ministre de Terre-Neuve, Joey Smallwood. *I'd like to join that.*» Eric Kierans jubile. Il applaudit. John Robarts, de l'Ontario, déclare préférer le système de retraite du Québec à celui du fédéral. Judy LaMarsh devient blême. Elle n'en croit pas ses yeux ni ses oreilles. Près d'elle, le premier ministre du Canada ajoute à la blague : «Eh bien, Monsieur Lesage, je pense que nous allons tous adhérer à votre régime!» Des rires fusent dans la salle. Judy LaMarsh voudrait étrangler son premier ministre. Étant donné la qualité des travaux réalisés par la délégation du Québec et avec la présentation que vient d'en faire Jean Lesage, les observateurs se demandent comment le gouvernement fédéral pourra maintenant contrecarrer la volonté du Québec de mettre en place son propre régime. Pour le gouvernement Lesage, il s'agit d'un coup de maître.

Le lendemain, la délégation québécoise continue sur sa lancée. Elle refuse de se joindre au nouveau programme fédéral de prêts aux étudiants et repousse l'élargissement des allocations familiales aux jeunes de treize à dix-sept ans. Jean Lesage demande le retrait du Québec de près de vingt-neuf programmes conjoints. Il exige aussi que la province puisse percevoir une plus grande part des impôts. Pour la première fois de l'histoire des conférences fédérales-provinciales, la rencontre se termine dans un tel climat d'affrontement que Jean Lesage refuse de participer à une conférence de presse conjointe avec le premier ministre du Canada. C'est l'une des plus graves crises dans les relations entre le fédéral et les provinces que le pays ait connues. Pendant une vingtaine de jours, les rapports politiques entre Québec et Ottawa sont inexistants. «Ces trois semaines seront les trois semaines de Morin [5]», confirme Jacques Parizeau. Dans le plus grand secret, Claude Morin et Claude Castonguay vont mener d'intenses négociations avec Maurice Sauvé et Tom Kent, les représentants de Lester B. Pearson. Le 20 avril, la crise politique est surmontée. Les deux capitales annoncent en conférence de presse que le Québec pourra se retirer des vingt-neuf programmes conjoints et recevoir une compensation fiscale de deux cent dix-huit millions. Son assiette fiscale ainsi élargie, le Québec peut proposer son propre programme de prêts et bourses aux étudiants. En ce qui concerne le projet de caisse de retraite, le gouvernement fédéral reconnaît enfin au Québec le droit d'agir dans ce domaine et s'engage à ne plus court-circuiter une réforme déjà bien amorcée. En contrepartie des concessions consenties par Ottawa, le Québec s'est s'engagé à favoriser une réforme constitutionnelle et à participer activement au nouveau comité fédéral-provincial sur le régime fiscal.

Quelle récolte! Jean Lesage en ressort les poches pleines. Si l'on fait exception de la victoire de Maurice Duplessis avec l'impôt provincial, il s'agit de la plus éclatante victoire du Québec depuis l'existence des conférences fédérales-provinciales. Ce balayage politique aurait vraisemblablement convaincu Pierre Elliott Trudeau d'aller prêter main-forte au gouvernement fédéral à Ottawa [6].

Il est bon de rappeler que cette victoire provinciale a lieu au moment où le gouvernement libéral de Lester B. Pearson est minoritaire. Dans ce contexte, compte tenu que la prochaine élection peut être déclenchée à tout moment, le premier ministre du Canada ne peut se permettre un affrontement avec le Québec et risquer de perdre des voix dans cette province. La Révolution

---

5. Entrevue avec Jacques Parizeau, le 27 avril 1998.
6. Pierre Elliott Trudeau, Jean Marchand et Gérard Pelletier annoncent le 10 septembre 1965 qu'ils seront candidats sous la bannière du Parti libéral de Lester B. Pearson. La presse les surnommera «les trois colombes».

tranquille, rappelle Gérard Bergeron, politicologue à l'Université Laval, se déroule pendant qu'à Ottawa le pouvoir central est fragilisé : « Cela se produisit alors que quatre gouvernements minoritaires sortirent de six consultations fédérales, que les Québécois eurent le sentiment d'être soudain orphelins à Ottawa entre le départ de Louis Saint-Laurent et l'arrivée des trois colombes[7]. »

Plaidoyer pour la fin d'une économie dominée

Même s'il a été tenu au courant de l'évolution des travaux, Jacques Parizeau ne prend pleinement connaissance du rapport Dupont qu'au moment de son dépôt à la conférence de Québec. Parmi les artisans de ce rapport, il convient de souligner les noms d'André Marier, de Claude Castonguay et d'Édouard Laurent; ceux-ci ont largement contribué, par leurs compétences, à le rendre crédible aux yeux du Canada. Quant aux aspects financiers de la Caisse, lorsque le rapport souligne la nécessité de regrouper des sommes considérables destinées à orienter l'économie de la province, on ne peut que souligner la grande similitude de ces propos avec ceux du groupe de financement dirigé par Jacques Parizeau. Le rapport cite même François Perroux, ancien professeur de Jacques Parizeau à Paris. L'économiste français a développé une thèse soutenant que la libre-concurrence n'existe pas et que bien des économies du monde sont dominées par d'autres. Or le rapport Dupont classe le Québec au rang des économies dominées : « Qui pourrait sérieusement nier qu'encore aujourd'hui le Québec a une économie à deux compartiments, dont l'un, fort puissant,

---

7. Gérard Bergeron, *Du duplessisme à Trudeau et Bourassa – 1956 à 1971*. Montréal, Parti pris, 1971, p. 534.

axé sur des richesses naturelles exploitées en fonction de l'évolution économique d'ensemble du continent nord-américain, est caractérisé par la très grande entreprise, à tendance monopolistique et à forte intensité de capital, l'autre démesurément petit, peu influencé par le précédent, surtout axé sur la satisfaction des besoins locaux, présente les caractéristiques d'une économie beaucoup moins évoluée [8] [...]» Au-delà de la création d'une caisse de retraite, le rapport semble faire écho aux mots de Jean Lesage : «Nous voulons que le Québec cesse d'être un appendice économique passif du continent nord-américain [9].»

Déposé à l'Assemblée législative le 10 avril 1964, le rapport Dupont bénéficie d'une excellente couverture de presse. Dans le journal *L'Action*, on peut lire : «Ceci est d'une portée sociale et économique considérable. Le Québec a-t-il déjà réussi pareil coup de maître, de faire accepter par le gouvernement du pays un plan socio-économique d'une telle envergure? Nous en doutons [10].» Dans *Le Devoir*, Claude Ryan se fait dithyrambique : «La Caisse permettra au peuple québécois d'agir démocratiquement, sans verser dans le collectivisme ou le totalitarisme, sur la marche de son économie. Le comité Dupont a produit un rapport remarquable par son réalisme et son équilibre. Nous l'en félicitons chaleureusement [11].»

---

8. Rapport du Comité interministériel d'étude sur le régime des rentes du Québec, avril 1964, p. 247. À noter que cette analyse est identique à celle faite en 1957 par le chercheur John H. Dales, qui expose ses conclusions dans son livre sur l'hydroélectricité et le développement industriel, dont nous faisons mention au chapitre 10.
9. Discours de Jean Lesage devant le 34e Congrès de la Chambre de commerce du Canada, au Château Frontenac, à Québec, le 9 octobre 1963.
10. Article du journal *L'Action*, le jeudi 23 avril 1964.
11. Éditorial de Claude Ryan dans le journal *Le Devoir*, le 20 mai 1964.

Le mandarin du pouvoir

Maintenant que le premier ministre Jean Lesage a accepté l'idée de créer une caisse de retraite, il va devoir veiller à en définir le mode de fonctionnement, en le consignant dans un texte de loi. À cette ultime étape, le choix des rédacteurs confirmera enfin si la Caisse de dépôt et placement aura du panache et de la puissance. Or, pour mettre au point ce projet sans précédent, René Lévesque signale que « Jean Lesage avait réuni des gens comme Jacques Parizeau, que la nationalisation de 1962 lui avait fait apprécier [12] ». Paul Gérin-Lajoie ajoute que « Lesage a toujours eu confiance en Parizeau [13] ». Par conséquent, à la réunion du Conseil des ministres du 25 novembre 1964, Jean Lesage « demande à ses collègues, ainsi qu'à Claude Morin, sous-ministre des Affaires fédérales-provinciales, de songer au choix de personnes qui pourraient constituer un comité pour orienter le gouvernement dans les placements de la Caisse de dépôts [14] ». Jean Lesage suggère déjà quelques noms dont celui de Jacques Parizeau. Une semaine plus tard, « le premier ministre donne lecture d'un projet de lettre qu'il a adressé à monsieur [sic] Claude Castonguay, Douglas H. Fullerton, Roger Létourneau, Jacques Parizeau, Ronald Thomas et Roland Parenteau pour leur demander de faire partie d'un comité d'étude en vue de la préparation de la loi organique d'une caisse de dépôt et placement [15] ». Jacques Parizeau est donc du nombre des sculpteurs de l'œuvre collective que constitue la Caisse de dépôt et placement du Québec. Sa vision d'un

---

12. René Lévesque, *Attendez que je me rappelle...*, Montréal, Québec/ Amérique, 1986, p. 254.
13. Entrevue avec Paul Gérin-Lajoie, le 20 juillet 1999.
14. Mémoire du Conseil exécutif, séance du 25 novembre 1964. Archives nationales du Québec.
15. Mémoire du Conseil exécutif, séance du 2 décembre 1964. Archives nationales du Québec.

organisme interventionniste, qui mûrissait depuis des mois, va percer tous les filtres jusqu'à être intégrée dans le texte constitutif de la Caisse. Seule la présence de Jean Lesage va freiner les ardeurs du jeune économiste. Le journaliste Michel Van Schendel résume la conception du professeur des HÉC en ces termes : «La position de Jacques Parizeau consistait à mettre à la disposition des entreprises québécoises francophones un capital suffisant pour qu'elles puissent vivre et se développer. Il s'agissait donc, par conséquent, d'intervenir sur le marché du capital action [16].» Un jour, celui qui avait l'habitude de couvrir l'actualité depuis Montréal se rend au parlement de Québec pour en savoir plus sur un certain dossier. Michel Van Schendel croise alors Jean Lesage à la sortie d'un ascenseur. À l'occasion de cette rencontre impromptue, il réalise avec étonnement que la vision de Jacques Parizeau n'est pas celle du premier ministre : «Ah! Monsieur Van Schendel, dit Jean Lesage, la question de la Caisse de dépôt et placement, c'est très important, mais n'oubliez pas qu'il y a deux principes à ne pas omettre. Tout d'abord, il s'agit de mobiliser et d'orienter l'épargne, c'est-à-dire essentiellement le marché des obligations : pas plus de cinq pour cent en capital de risque, pas plus. Autrement, ce serait extrêmement dommageable parce que ce serait une confiscation de l'épargne [17].» Il aborde ensuite le deuxième principe. «Il ne doit y avoir à aucun moment de dérive de capitalisme d'État investi dans une caisse de dépôt et placement [18].» Ayant discuté à de nombreuses reprises de cette question avec Jacques Parizeau, le journaliste constate soudainement que l'attitude du premier ministre, «qui souhaite

---

16. Propos entendus lors de l'émission spéciale consacrée à l'héritage économique de Jacques Parizeau, diffusée le 20 janvier 1996 dans le cadre de l'émission *Les affaires et la vie*, à la radio de Radio-Canada.
17. *Idem.*
18. *Idem.*

une gestion de bon père de famille [19] », diffère grandement de celle du jeune technocrate. André Marier souligne que « depuis le début, dans l'esprit de monsieur Parizeau, la Caisse de dépôt et placement du Québec est un outil de premier ordre [20] ». Quant à Jean Lesage, « il n'était pas un homme qui avait une vision très élaborée et structurée de ce qu'il voulait faire [21] », fait remarquer Claude Castonguay. « Jean Lesage n'avait pas de schéma très précis. Et d'ailleurs, dans un certain nombre de dossiers, il s'est déclaré contre au départ. Ce n'est qu'avec le passage du temps qu'il s'est rallié [22]. » Claude Castonguay aime donner l'exemple du ministère de l'Éducation que Jean Lesage s'était engagé publiquement à ne pas créer. Dans le cas de la nationalisation de l'électricité et de la création de la Caisse de dépôt et placement du Québec, il fut également à la remorque de ministres et de fonctionnaires. Il demandait à être convaincu. « Dans ces conditions-là, rappelle André Marier, il y avait beaucoup de conseillers autour du premier ministre, mais peu avaient la capacité de répondre de façon professionnelle aux questions [23]. » André Marier place Jacques Parizeau dans cette catégorie. « J'étais à divers comités, relate Jean Deschamps, alors sous-ministre de l'Industrie et du Commerce. Quand Jacques était du groupe, je voyais très bien comment les choses évoluaient plus vite. Il savait non seulement exprimer sa pensée et nous convaincre, mais aussi comment obtenir les décisions politiques nécessaires [24]. »

---

19. *Idem.*
20. *Idem.*
21. Entrevue avec Claude Castonguay, le 5 juillet 1999.
22. *Idem.*
23. Propos entendus lors de l'émission spéciale consacrée à l'héritage économique de Jacques Parizeau, diffusée le 20 janvier 1996 dans le cadre de l'émission *Les affaires et la vie*, à la radio de Radio-Canada.
24. Entrevue avec Jean Deschamps, décembre 1998.

« Dans une administration comme celle du gouvernement québécois, explique André Marier, il ne s'agit pas seulement d'écrire un ou des mémoires. Il faut encore convaincre le gouvernement de l'opportunité de la mise en œuvre d'une politique. Monsieur Parizeau, avec toute la crédibilité qu'il avait aux yeux de monsieur Lesage, est celui qui, en définitive, a arraché la décision de mettre sur pied la Caisse de dépôt et placement du Québec. Sans que j'enlève à qui que ce soit le mérite, il y avait des gens comme Claude Morin qui travaillaient très fort dans cette voie, je peux dire que la présence de monsieur Parizeau dans ce dossier a été déterminante[25]. »

Qu'en pense le principal intéressé ? Que répond Jacques Parizeau à ceux qui croient que, dès les premiers moments, sa vision s'éloignait de celle du premier ministre ? « Dans le cadre général, bien sûr, nous avions la même vision, mais quant aux conséquences, là, je ne suis pas sûr[26]. » Technocrate et artisan, Jacques Parizeau est celui qui est chargé de concevoir, jusque dans le menu détail, le mécanisme de la Caisse de dépôt et placement. De par sa fonction, Jean Lesage n'a pas à aller aussi loin, soutient Jacques Parizeau. « Moi je suis convaincu qu'il a probablement pensé que la Caisse qu'on lui suggérait était plus conservatrice que ce qu'elle était en réalité[27]. » Claude Morin est d'accord : « La vision de Jacques Parizeau est reflétée dans la loi de la Caisse. La nuance porterait sur le fait que Lesage était d'accord pour que la Caisse joue un certain rôle dans l'économie du Québec, mais pour Parizeau et nous, elle devait jouer un rôle certain[28]. »

---

25. Propos entendus lors de l'émission spéciale consacrée à l'héritage économique de Jacques Parizeau, diffusée le 20 janvier 1996 dans le cadre de l'émission *Les affaires et la vie*, à la radio de Radio-Canada.
26. Entrevue avec Jacques Parizeau, le 27 avril 1998.
27. *Idem.*
28. Entrevue avec Claude Morin, le 12 avril 1999.

La première rencontre du comité mis sur pied pour bâtir la loi organique de la Caisse de dépôt et placement se tient le 17 décembre 1964. Comme type d'organisation financière, la Caisse constitue une première au Canada. En Europe cependant, en France particulièrement, la Caisse des dépôts et consignations offre un modèle dont on peut s'inspirer. Avec l'accord du président Charles de Gaulle, les dirigeants de l'institution française prodigueront des conseils de toutes sortes pour assurer à la caisse québécoise un décollage réussi. À l'occasion de la visite au Québec d'une mission française, Jacques Parizeau rencontre pour la première fois François Bloch-Lainé, directeur général de la Caisse des dépôts et consignations. Par la suite, les deux hommes auront l'occasion de discuter à quelques reprises [29], dont une fois lors d'un voyage à Paris. François Bloch-Lainé fournit de précieux conseils sur l'organisation de la Caisse : « Au début, n'ayez aucun représentant aux conseils d'administration, mais déjeunez beaucoup. Déjeunez beaucoup [30]. » C'est l'exemple que suivra Jacques Parizeau.

Le texte de la Loi sur la Caisse de dépôt et placement est rédigé de façon à ne pas trop effrayer les barons du marché canadien. Jacques Parizeau a recours à des clauses que les financiers connaissent bien. Il s'inspire de la Loi canadienne des assurances qui limite à trente pour cent la part du portefeuille détenu en actions. Sur cet aspect, Yves Pratte, conseiller juridique du gouvernement, fournit une aide précieuse. Ensemble, ils redéfinissent le placement, qualifié « de bon père de famille » dans le Code civil. La nouvelle définition juridique s'éloigne des critères des notaires d'autrefois. « L'important, explique Jacques Parizeau, c'est de montrer quelque chose d'absolument révolutionnaire sous une image de conservatisme rassurant [31]. »

---

29. Entrevue avec Jacques Parizeau, le 27 avril 1998.
30. Propos attribués à François Bloch-Lainé et rapportés par Jacques Parizeau. Entrevue du 27 avril 1998.
31. Entrevue avec Jacques Parizeau, le 27 avril 1998.

Certains membres du comité insistent pour que la Caisse ne soit pas trop liée à l'État. Claude Castonguay intervient toujours en ce sens : « Est-ce que la Caisse de dépôt ne donnera pas un pouvoir démesuré au gouvernement ? Ne risque-t-il pas d'y avoir de l'ingérence politique ? La Caisse deviendra-t-elle un outil de patronage[32] ? » Ces objections se trouvent à des lieues des préoccupations de Jacques Parizeau. Ce qui le tourmente alors, raconte Claude Castonguay, c'est de s'assurer que « la Caisse n'agisse pas purement comme un investisseur d'une caisse de retraite ordinaire. Il fallait qu'elle joue un rôle dans l'établissement d'un marché pour les titres du Québec[33]. » Quant à l'audacieuse proposition qui consiste à réserver un siège au conseil d'administration de la Caisse aux centrales syndicales, elle provient de Jacques Parizeau, selon les souvenirs de Claude Castonguay.

L'action de Jacques Parizeau est guidée par un principe énoncé par Hugh Gaitskell, chef du Labour Party en Angleterre[34]. Selon ce principe, jugé révolutionnaire à l'époque, « les nationalisations, c'est trop lourd. De l'autre côté, on ne peut pas laisser les entreprises marcher seules[35]. » En proposant que l'État ne soit qu'un actionnaire minoritaire, tout en détenant un noyau d'actions suffisamment important pour participer aux décisions majeures, Gaitskell crée des remous au sein de son propre parti. Au Québec, Jacques Parizeau en étonne plus d'un en adoptant cette approche. Plutôt favorable aux nationalisations, René Lévesque ne partage pas cette vision des choses. Il n'hésite pas, par exemple, à parler publiquement de la nationalisation de Bell Canada. La Saskatchewan a nationalisé le téléphone dès 1912, et deux autres provinces canadiennes

---

32. Entrevue avec Claude Castonguay, le 5 juillet 1999.
33. *Idem.*
34. Hugh Gaitskell est le chef de l'opposition parlementaire de 1955 à 1963.
35. Entrevue avec Jacques Parizeau, le 27 avril 1998.

l'ont fait aussi. Pourquoi pas le Québec, insiste René Lévesque ? Jacques Parizeau se fait alors cinglant : «Mais, Monsieur Lévesque, que fait-on avec les poteaux, une fois nationalisés ? ! On ne nationalise pas pour mettre des accents dans les bottins téléphoniques [36] !» Pour Jacques Parizeau, «sans contrôler la compagnie, il faut avoir les moyens de donner un coup de barre à un moment donné. Le trente pour cent, c'est ça. Nous ne cherchons pas à nationaliser, mais nous voulons avoir un mot à dire [37]. » Jacques Parizeau pousse plus loin cette idée en affirmant, en 1969, qu'à l'instar de ce qu'elle fait alors pour Provigo, la Caisse doit favoriser les fusions, mais sans nécessairement prendre une participation importante dans le groupe nouvellement formé. Il donne l'exemple de l'Industrial Reorganization Corporation fondée en 1966 au Royaume-Uni [38].

Le 16 janvier 1965, le comité sur la Caisse s'entend sur une première version regroupant les dispositions qui devraient être incorporées à la loi créant la Caisse de dépôt et placement. Le comité propose que le président de la Caisse soit nommé pour cinq ans. Fortement inspiré par les travaux de Jacques Parizeau, le groupe ajoute qu'il «y aurait des avantages considérables à amener tous les fonds du gouvernement sous le même régime [39]». Le 4 mars 1965, une seconde version de ce rapport, légèrement

---

36. Entrevue avec Jacques Parizeau, le 27 avril 1998. Le conseiller économique de René Lévesque, Michel Bélanger, tient les mêmes propos afin de décourager son ministre de persévérer dans cette voie. Entrevue avec Michel Bélanger, le 31 octobre 1992.
37. Entrevue avec Jacques Parizeau, le 27 avril 1998.
38. Causerie de Jacques Parizeau, prononcée le 2 décembre 1969, devant la Chambre de commerce de Montréal. Des extraits du discours sont reproduits dans le journal *Le Devoir*, le 4 décembre 1969.
39. Extrait du document intitulé «Première version du résumé des dispositions qui devraient être incorporées dans la loi créant la caisse des dépôts et placements.» Le 16 janvier 1965. Archives de Jacques Parizeau, ANQ.

retouchée, est déposée au bureau du premier ministre. Le 31 mars à vingt heures trente, le comité rencontre le premier ministre et Louis-Philippe Pigeon afin de s'entendre sur une version finale du projet de loi. La discussion s'éternise et va prendre fin vers une heure du matin[40]. Jusqu'au dernier moment, le premier ministre Lesage refrène son enthousiasme. Peu de temps avant cette réunion, il a fait part de ses inquiétudes à Eric Kierans : «Croyez-vous qu'il est vrai, comme certains le disent au Canada anglais, que l'apparition de la Caisse de dépôt et placement nous met sur la route de l'indépendance de façon inévitable[41]?» Eric Kierans rassure le premier ministre : «Non, pas de façon inévitable, pas du tout[42]!»

La prudence de Jean Lesage l'amène à défaire certaines mesures proposées par le comité de la Caisse. Pour assurer au président de la Caisse une plus grande indépendance à l'égard du pouvoir politique, le premier ministre préfère que son mandat passe de cinq à dix ans. L'unanimité sur ce point est difficile à atteindre. «C'est trop long et cela peut créer des problèmes extrêmement ardus, advenant une opposition entre le directeur de la Caisse et le premier ministre[43]», peut-on lire dans le procès-verbal de la réunion. Le premier ministre suggère ensuite que le sous-ministre des Finances, le membre de la Commission municipale de Québec et le représentant de la Société Hydro-Québec siègent au conseil d'administration de la Caisse non pas comme membres réguliers, mais plutôt à titre de membres adjoints, donc sans droit de vote. Finalement, et au grand déplaisir de Jacques Parizeau, Jean Lesage propose que la

---

40. Selon Douglas H. Fullerton dans *The Dangerous Delusion – Quebec's Independence Obsession as seen by Former Adviser to René Lévesque and Jean Lesage*, McClelland & Stewart, Toronto, 1978, p. 80.
41. Propos attribués à Jean Lesage et rapportés par Eric Kierans. Entrevue du 22 mars 2000.
42. Entrevue avec Eric Kierans, le 22 mars 2000.
43. Procès-verbal de la réunion du comité de la Caisse des dépôts et placements. Le 31 mars 1965. Archives de Jacques Parizeau, ANQ.

Caisse ne puisse pas recevoir de dépôts d'organismes non gouvernementaux. «Le Premier ministre préférerait voir de quelle façon les dépôts de la Régie des Rentes seront gérés avant de donner un champ d'opérations plus vaste à la Caisse[44].»

Le 9 juin 1965, le projet de loi 51 sur la Caisse de dépôt et placement du Québec est présenté en deuxième lecture à l'Assemblée législative par le premier ministre Lesage. Afin de bien marquer l'influence de Jacques Parizeau dans ce dossier, le premier ministre lui confie la rédaction du discours présentant le projet de loi. Jean Lesage déclare : «La Caisse de dépôt et placement du Québec est appelée à devenir l'instrument financier le plus important et le plus puissant que l'on ait eu jusqu'ici au Québec[45].» Jacques Parizeau réussit à faire dire au premier ministre que l'on peut «même imaginer que, finalement, la Caisse puisse administrer les fonds qui lui viendraient du secteur non gouvernemental, à condition, cependant, que dans chaque cas, le gouvernement vote une loi en ce sens[46]».

Quelques heures avant le début des festivités de la Saint-Jean-Baptiste, le 23 juin 1965, l'Assemblée législative adopte en troisième lecture le projet de loi qui entérine la création de la Caisse de dépôt et placement du Québec. Ce soir-là, les Québécois qui célèbrent leur appartenance à une langue et à une culture françaises sont loin de s'imaginer que ce nouvel instrument financier possédera en l'an 2000 un actif dépassant les cent milliards de dollars, que la Caisse détiendra le plus important portefeuille immobilier du Canada, qu'elle sera le principal détenteur de titres obligataires du Québec et le premier investisseur canadien dans le capital de risque. Conçue à l'époque pour agir à l'intérieur de la province, la Caisse de dépôt et placement du Québec va devenir, à l'orée du troisième millénaire, le plus gros investisseur du pays sur les marchés

---

44. *Idem.*
45. Extrait du discours de Jean Lesage, le 9 juin 1965.
46. *Idem.*

*Voici les notes manuscrites de Jacques Parizeau
rédigées en prévision du discours que prononcera Jean Lesage
à l'Assemblée législative le 9 juin 1965. Le premier ministre
annoncera alors la création de la Caisse de dépôt
et placement du Québec. Archives de Jacques Parizeau, ANQ.*

Plan du discours
sur la Caisse de Dépôts et Placement

a) But de la Caisse. L'importance des
sommes qu'elle devra administrer. Philosophie
générale d'administration des fonds. La
sécurité des dépôts, leur protection contre
l'inflation, le développement des ressources financières
du secteur public et du secteur privé.

b) L'administration de la Caisse. Les sauvegardes
nécessaires. Le conseil d'administration
et la politique économique générale de
l'État. Le directeur-général. Stabilité
et protection. Les rapports du gouvernement
et de la Caisse.

X (voir programme)
d) La politique de placement.
— Considérations générales sur la
répartition des placements entre
les titres gouvernementaux, ceux
des collectivités locales et les titres
d'entreprises.
— Le financement du gouvernement
et la Caisse. Les besoins financiers
à venir. Rôle essentiel de la Caisse
sur les marchés financiers. Rejet
du principe que la Caisse pourra permettre
au gouvernement de s'isoler des marchés
financiers. Rôle éventuel de la Caisse
sur leur fonctionnement.

étrangers. Jean Lesage affirmera plus tard que la création de la Caisse demeure la plus importante réalisation de la Révolution tranquille. Jacques Parizeau, qui a été étroitement associé à sa naissance, maintient pour sa part que sans le ministère de l'Éducation, les progrès de la société québécoise n'auraient pas pu se réaliser à une cadence aussi élevée. Quant à Claude Morin, il considère que Jacques Parizeau « a eu un rôle inestimable dans la libération du Québec[47] » et que c'est avant tout par ses actions structurantes qu'il a permis l'avènement de la Caisse de dépôt et placement du Québec. La Caisse va contribuer à mettre fin à la double dépendance financière et psychologique du Québec face au milieu financier anglophone, ce que désirait Jacques Parizeau.

Le conseiller économique et financier

Il est à peine huit heures du soir. Jacques Parizeau ouvre doucement la porte qui donne sur la galerie de l'orateur à l'Assemblée législative. En ce 8 avril 1965, Jean Lesage prononce son discours du budget. Il fait salle comble. Pour le discours de son mari, Corinne Lesage exige la présence en Chambre de toutes les épouses des ministres. Dans l'entourage de Jean Lesage, tout le monde connaît l'influence de madame Lesage sur son mari. Les initiés s'assurent d'être dans les bonnes grâces de l'épouse du premier ministre, surnommée la « Corinne parlementaire », sachant qu'elle intervient d'une façon certaine sur le plan politique.

En ouvrant cette porte qui donne sur la galerie de l'orateur, Jacques Parizeau désire observer son premier ministre dans le rôle de ministre des Finances. Sans bruit, il glisse la moitié de son corps de l'autre côté de la porte. Corinne Lesage le repère

---

47. Entrevue avec Claude Morin, le 9 février 1998.

aussitôt. Du doigt, elle fait signe à l'huissier en service à la galerie. Celui-ci reçoit attentivement les instructions de madame Lesage, puis il se dirige vers Jacques Parizeau.

— Monsieur, madame Lesage désire vous voir.

— Bien, répond Jacques Parizeau. Mais je ne veux pas déranger l'assemblée en me déplaçant. Faites savoir à madame Lesage que je préfère attendre la fin du discours.

L'huissier communique cette réponse à madame Lesage, puis revient :

— Madame Lesage désire vous voir tout de suite. Elle a réservé une place pour vous à ses côtés.

Quelque peu étonné, Jacques Parizeau se résigne à aller s'asseoir auprès de l'épouse du premier ministre. Un grand nombre de personnes doivent alors se lever pour le laisser passer. L'économiste qui souhaitait demeurer discret se trouve soudainement à l'origine de tout un brouhaha. Depuis sa banquette ministérielle, Jean Lesage lève la tête et aperçoit Jacques Parizeau en train de prendre place aux côtés de son épouse. «Tous les signes étaient réunis», raconte Jacques Parizeau [48]. Par ce geste, Corinne Lesage vient en quelque sorte de l'introniser au poste de conseiller économique du premier ministre. «Je savais alors que ma nomination n'était plus qu'une formalité [49].» Le 23 août 1965, un décret ministériel consacre Jacques Parizeau conseiller économique et financier du Conseil exécutif [50]. Si Jacques Parizeau a retenu les circonstances quasi

---

48. Entrevue avec Jacques Parizeau, avril 1999.
49. *Idem.*
50. Le décret porte le numéro 1647 : « Il est ordonné, sur la proposition du Premier ministre : Que monsieur Jacques Parizeau, économiste, de Montréal, soit nommé, à titre permanent, conseiller économique et financier auprès du Conseil exécutif, à compter du 1er septembre 1965, au traitement annuel de $25,000.00, suivant la liste d'éligibilité numéro 4042-65, du 23 août 1965, de la Commission de la fonction publique du Québec. » Le fonds du Conseil exécutif, Archives nationales du Québec.

romantiques qui ont veillé à sa nomination, le processus décisionnel qui a mené à son recrutement s'est déroulé beaucoup
plus froidement.

Depuis qu'il a été nommé sous-ministre des Affaires
fédérales-provinciales en 1963, Claude Morin ne dispose plus
du temps nécessaire pour accomplir convenablement sa tâche
de conseiller économique. Il souhaite proposer au premier
ministre une autre personne pour le remplacer. René Lévesque
lui suggère aussitôt Jacques Parizeau. « Parles-en au premier
ministre », lui conseille-t-il. Lorsque Claude Morin annonce à
Jean Lesage son intention de laisser son poste de conseiller
économique, le premier ministre lance quelques noms, mais ne
mentionne pas celui de Jacques Parizeau. Les candidats pres-
sentis par le premier ministre semblent graviter autour du
cercle d'influence du syndicat financier. Tout cela inquiète
Claude Morin. Quelques jours plus tard, à une réunion du
Conseil des ministres, la question revient sur la table. René
Lévesque propose alors la candidature de Jacques Parizeau.
Jean Lesage hésite. Eric Kierans trouve l'idée excellente. Ennuyé,
George Marler lève les yeux au ciel. Il a pourtant tout tenté
pour qu'Eric Kierans n'appuie pas la candidature du jeune
économiste des HÉC. Peu de temps avant la réunion, Marler est
allé le trouver un article à la main :

— Monsieur Kierans, savez-vous ce que Parizeau pense de
vous [51] ?

— Non, répond Eric Kierans.

George Marler lui présente alors un article de la presse
ontarienne qui résume les propos tenus par Jacques Parizeau au
cours d'une conférence à l'Université Western Ontario. Parlant
de la discrimination dont étaient victimes les francophones
dans le secteur des finances, Jacques Parizeau donne en exemple

---

51. L'anecdote et le dialogue sont rapportés par Eric Kierans. Entrevue du
16 février 2000.

la nomination d'Eric Kierans à la présidence de la Bourse de Montréal en avril 1960, poste qu'on lui octroie sans aucune considération pour les candidats francophones, explique-t-il. George Marler sourit. Confiant que cet article va inciter Eric Kierans à ne pas appuyer la candidature de Jacques Parizeau au poste de conseiller économique, il demande : « Qu'en pensez-vous ? » Eric Kierans hoche la tête et répond : « Il a raison ! » La conversation tourne court. George Marler s'en retourne bredouille.

À cette même réunion du Conseil des ministres, défendant la candidature de Jacques Parizeau, Eric Kierans dit au premier ministre : « Vous avez besoin de lui, je ne vois personne d'autre. Si j'entreprenais quelque chose de nouveau et que je cherchais une opinion compétente, Jacques Parizeau serait l'une des premières personnes que je consulterais [52]. » Jean Lesage hésite encore. Il sait que Jacques Parizeau est proche des éléments les plus nationalistes de son Cabinet, dont René Lévesque. Et la place de plus en plus grande que prend son ministre des Richesses naturelles au sein du Cabinet commence à le déranger. Eric Kierans insiste : « Écoutez, Monsieur Lesage, il a même travaillé pour la commission Porter, cette commission fédérale sur le système bancaire et financier [53] ! » Jean Lesage finit par acquiescer. À la sortie de la réunion, Eric Kierans s'empresse de téléphoner à l'école des HÉC afin d'annoncer la bonne nouvelle à Jacques Parizeau.

Le nouveau conseiller économique envoie alors un télégramme à son maître François-Albert Angers qui se trouve en vacances à Saint-Aimé-des-Lacs, dans Charlevoix : « Ai finalement accepté la proposition du gouvernement et demande à l'École un congé d'un an renouvelable une fois. [...] Garderais

---

52. *Idem.*
53. James Swift, *Odd Man Out – The Life and Times of Eric Kierans*, Vancouver et Toronto, Douglas & McIntyre, 1988, p. 338.

le cours d'économie de l'entreprise si vous êtes d'accord[54].»
Les HÉC vont tout faire pour accommoder Jacques Parizeau.
Le directeur de l'école, Esdras Minville, le félicite : «Vous
gravissez les échelons à vive allure et vous voilà au plus haut
poste que l'administration publique puisse offrir. Les faits
justifient la confiance et les espoirs que j'avais placés naguère en
vous. Continuez votre route. La province et la communauté
canadienne-française ont besoin du concours d'hommes de
votre taille intellectuelle et morale[55].»

En cette fin d'année 1965, comme s'il s'agissait de l'aboutissement de son influence dans le dossier de la Caisse de dépôt et
placement, Jacques Parizeau chausse finalement les souliers du
grand commis de l'État. Dès lors, il maintiendra des contacts
étroits avec le premier ministre Lesage. «Son pouvoir d'action
sur le décideur était direct, se souvient Jean Deschamps, sous-
ministre de l'Industrie et du Commerce. Pour Michel Bélanger,
André Marier et moi, c'était indirect, mais Jacques, lui, c'était
directement. Quand les hauts fonctionnaires discutaient en
comités d'une question qu'ils considéraient importante et qui
devait se réaliser, les regards se tournaient vers le conseiller
économique. J'étais stupéfait de voir comment cela pouvait se
faire rapidement, ajoute Jean Deschamps. Que faisait Parizeau?
Eh bien, après la réunion, il rédigeait sur-le-champ un petit
texte d'une page, il préparait un arrêté en conseil. Il s'en allait
ensuite directement au bureau du premier ministre. Tout était
cuit, tout était préparé, il donnait ça et puis ça passait[56].»

Depuis la création de la Caisse de dépôt et placement, les
arguments de George Marler n'ont plus autant d'impact sur le
premier ministre. «En tout état de cause, écrit Dale C. Thomson

---

54. Télégramme reçu par François-Albert Angers, le 29 juillet 1965. Archives
des HÉC.
55. Lettre de monsieur Esdras Minville à Jacques Parizeau, le 27 août 1965.
Archives de Jacques Parizeau, ANQ.
56. Entrevue avec Jean Deschamps, décembre 1998.

dans son livre sur la Révolution tranquille, l'influence de George Marler déclinait, alors que grandissait celle d'Eric Kierans et de Jacques Parizeau [57]. » À cette époque, Jacques Parizeau discute avec Eric Kierans plus souvent qu'avec René Lévesque.

Un militaire comme président de la Caisse

Lors de la réunion du Conseil des ministres du 11 août 1965, Jean Lesage suggère que George White soit nommé président de la Caisse de dépôt et placement. Eric Kierans, pour sa part, propose Alfred Rouleau, président des caisses populaires, ou Raymond Lavoie. À la séance du 25 août, le premier ministre annonce que Raymond Lavoie, président du Crédit foncier, accepterait la présidence de la Caisse pour un traitement annuel de 30 000 $. Raymond Lavoie tient à faire remarquer que c'est une grande faveur qu'il fait au gouvernement, car il gagne actuellement plus de 60 000 $ [58]. Le 8 septembre cependant, la faveur ne tient plus. Il exige à présent un salaire de 50 000 $. De plus, il exige que le siège social de la Caisse soit situé à Montréal parce qu'il souhaite demeurer administrateur de certaines compagnies. Comme compromis, René Lévesque suggère un salaire de 40 000 $. George Marler, pour sa part, ne trouve pas logique que le futur président de la Caisse soit administrateur de certaines compagnies [59].

Jacques Parizeau n'approuve pas la candidature de Raymond Lavoie. Dans un mémo adressé à Jean Lesage le 12 octobre 1965, il affirme craindre qu'avec la présence de cet homme, le

---

57. Dale C. Thomson, *Jean Lesage et la Révolution tranquille*, Les Éditions du Trécarré, Montréal, 1984, p. 242.
58. Mémoire du Conseil exécutif, séance du 25 août 1965. Archives nationales du Québec.
59. Mémoire du Conseil exécutif, séance du 8 septembre 1965. Archives nationales du Québec.

conseil d'administration de la Caisse soit trop conservateur. «Un directeur général pas très agressif, risque fort de trouver dans son propre conseil de bonnes raisons de se déplacer lentement[60].»

Le 19 octobre, Jean Lesage informe le Conseil des ministres qu'il faudra vraisemblablement verser un salaire de 50 000 $ au futur président de la Caisse. Puis, coup de théâtre, à quelques semaines de l'ouverture des bureaux, celui qui avait déjà accepté le poste de président de la Caisse annonce en décembre qu'il ne peut occuper cette fonction compte tenu de son état de santé. Les véritables raisons qui amènent Raymond Lavoie à se retirer demeurent nébuleuses. A-t-il flanché devant l'importance de la tâche à accomplir? Sentait-il ses appuis au sein de l'appareil gouvernemental trop minces? Pour Claude Morin, la raison est fort simple : «Raymond Lavoie est parti parce que tout le monde était contre lui[61].»

Jean Lesage doit alors se replier sur la candidature de Claude Prieur, trésorier de la compagnie Sun Life. Le seul nom de cette compagnie provoque des frissons lorsqu'il est prononcé au Conseil des ministres. Tous savent que le conseil d'administration de la Sun Life est relié à celui de la Banque de Montréal et à la maison A.E. Ames & Co. «Messieurs Marcel Casavant, sous-ministre des Finances, et Jacques Parizeau me feront rapport au sujet de la candidature de monsieur Prieur[62]», conclut Jean Lesage en conseil.

Jacques Parizeau en perd la voix quand il apprend la nouvelle! Brigadier-général dans l'armée canadienne, Claude Prieur a fait ses études en Ontario. Ses antécédents à la Sun Life le rendent

---

60. Mémo de Jacques Parizeau à Jean Lesage, le 12 octobre 1965. Archives de Jacques Parizeau, ANQ.
61. Entrevue avec Claude Morin, le 12 avril 1999.
62. Mémoire du Conseil exécutif, séance du 7 décembre 1965. Archives nationales du Québec.

suspect. « Il n'est dans aucun des cercles que l'on connaît[63] », rappelle Jacques Parizeau. Il ne gravite que dans le milieu anglophone. L'inquiétude gagne notre homme. Et si toute cette belle aventure, cette bataille, ces études menées de façon synchronisée par plusieurs groupes pendant des dizaines de mois, si tout cela se terminait avec un fantôme du syndicat financier à la barre du navire… Ce serait le naufrage. Claude Morin est dévasté. « Ce qui nous a bien déçus, c'est qu'il était un major ou général de l'armée et qu'il venait du milieu anglophone. Or la Caisse était un instrument révolutionnaire[64] », rappelle Claude Morin. Les révolutionnaires tranquilles conçoivent difficilement qu'un homme au profil si conservateur devienne le président de la Caisse. Par sa simple présence sur le marché, cette nouvelle institution indisposera indiscutablement les agents financiers tels que la Sun Life ou la Banque de Montréal. Claude Morin est d'autant plus nerveux qu'il a vu d'autres cadres de cette compagnie d'assurance dans l'entourage du premier ministre. « On n'aimait pas beaucoup voir quelqu'un du milieu financier devenir responsable de la Caisse. C'était plutôt un fédéraliste inconditionnel et ça nous fatiguait[65]. »

Du même avis que Claude Morin, Jacques Parizeau croit que l'on veut, dès le départ, neutraliser les opérations de la Caisse de dépôt et placement. Comble de malheur, c'est lui que Jean Lesage envoie auprès de Claude Prieur, afin de lui offrir le poste de président de la Caisse. Il s'exécute. Claude Prieur apprend la nouvelle avec surprise. Jacques Parizeau passe l'après-midi dans le bureau du trésorier de la Sun Life à discuter du rôle de la Caisse. Claude Prieur pose des questions d'officier :

---

63. Entrevue avec Jacques Parizeau, le 27 avril 1998.
64. Entrevue avec Claude Morin, le 12 avril 1999.
65. *Idem.*

— Quelles sont les orientations et les balises pour les placements?

— Il faut mettre de l'argent dans les PME, rétorque Jacques Parizeau, et ne pas se laisser impressionner uniquement par les grandes boîtes.

— Qu'est-ce que le premier ministre veut?, demande Claude Prieur.

— Le milieu financier est suffisamment crispé, il ne faut pas alerter inutilement le capital anglo-saxon, explique un Jacques Parizeau un peu hésitant. Il ne sait pas encore s'il peut faire confiance à son interlocuteur et tout lui dire, mais il s'exécute tout de même.

Claude Prieur est nommé président-directeur général de la Caisse de dépôt et placement le 5 janvier 1966. Au même moment s'effectuent les premiers retraits sur les chèques de paye des Québécois. Un des effets inattendus de la création de la Caisse se manifeste l'année suivante. Le nombre de cotisants à l'impôt provincial augmente de près de deux cent mille personnes. L'explication est simple : pour recevoir un jour une rente, il faut nécessairement remplir une déclaration de revenus. Tous ceux qui, jusque-là, se maintenaient hors du système ont maintenant avantage à signifier leur présence à l'État québécois. «Voilà un signe extraordinaire qu'une mesure est favorable, même si elle est coûteuse [66]», souligne Jacques Parizeau.

Le 20 janvier 1966, le conseil d'administration de la Caisse de dépôt et placement est formé. Comme il était à prévoir, Jacques Parizeau en fait partie. Les deux premières réunions portent sur la répartition des services entre Québec et Montréal. Dans une note au premier ministre, Jacques Parizeau critique l'approche de Claude Prieur qui consiste à implanter essentiellement à Montréal les bureaux et les activités de la Caisse et à ne maintenir à Québec qu'une permanence symbolique. «La

---

66. Entrevue avec Jacques Parizeau, le 27 avril 1998.

Caisse de dépôt va jouer éventuellement un tel rôle comme conseiller financier de l'État, écrit-il, que l'on peut avoir des objections sérieuses à ce que son personnel permanent soit en contact presque exclusif avec les institutions traditionnelles des marchés financiers et n'ait à peu près aucun contact avec les institutions gouvernementales [67]. » Jacques Parizeau désire que la Caisse soit près du bureau du premier ministre, ce que Jean Lesage ne veut pas. Le 7 mars, le premier ministre doit rencontrer le président de la Caisse de dépôt et placement et discuter avec lui de l'organigramme de l'institution. Informé de la structure de cet organigramme, Jacques Parizeau remet une note au premier ministre quelques heures avant la rencontre : « À mon sens, le service des obligations municipales n'est pas assez développé et je ne suis pas convaincu qu'il devrait être à Montréal [68]. » Pour Jacques Parizeau, le problème soulevé par la localisation du siège social et de l'équipe de direction reste entier. « Monsieur Prieur continue de vouloir la placer à Montréal. De guerre lasse, je lui ai suggéré jeudi soir dernier, que l'on pourrait discuter de cette question avec Rasminsky (le gouverneur) et son personnel à la Banque du Canada [69] ». Jacques Parizeau déploie des efforts considérables pour convaincre Claude Prieur. Cette insistance de Jacques Parizeau pour que la direction de la Caisse s'établisse à Québec révèle chez lui une volonté ferme de rapprocher le pouvoir politique de l'administration de la Caisse. Sur cet aspect, il s'oppose à Jean Lesage.

Claude Prieur va finalement occuper l'ancien bureau du premier ministre du Québec à Montréal, au 360 de la rue McGill. À l'été 1966, la direction de la Caisse de dépôt et placement

---

67. Note de Jacques Parizeau au premier ministre, le 15 février 1966. Archives de Jacques Parizeau, ANQ.
68. Note de Jacques Parizeau au premier ministre, le 7 mars 1966. Archives de Jacques Parizeau, ANQ.
69. *Idem.*

déménage dans l'édifice de la Place Victoria, toujours à Montréal. Jacques Parizeau a perdu. Le siège social de l'institution demeurera, et jusqu'à ce jour, bien loin de Québec.

L'université francophone de la finance

Le premier opérateur financier engagé par Claude Prieur est issu des rangs de la Banque de Montréal. Jean Laflamme s'installe dans les bureaux de la Caisse de dépôt et placement en février 1966. Il continue toutefois d'être rémunéré par la Banque de Montréal. Voilà de quoi alimenter les inquiétudes de Jacques Parizeau, qui craint toujours une mainmise du syndicat financier sur la nouvelle institution. Mais avec le temps, Claude Prieur et Jean Laflamme vont apparaître comme deux véritables boulons, fixés à une énorme machine financière anglo-saxonne, qui se détachent de la structure en place pour constituer les assises d'un autre géant financier.

Un mois à peine après avoir pris Jean Laflamme avec lui, Claude Prieur le libère définitivement de l'influence de la Banque de Montréal en lui faisant une offre qu'il accepte immédiatement. Ce pionnier va demeurer gestionnaire de la Caisse pendant quatorze ans et demi.

Le premier placement de la Caisse se doit d'être complètement apolitique. Il ne peut faire l'objet d'aucune controverse. La Caisse achète donc des obligations de la Banque internationale pour la reconstruction et le développement d'une valeur de un demi-million de dollars canadiens. Au départ, les bureaux de la Caisse ressemblent davantage à un petit atelier au sein duquel des artisans, comme Claude Prieur, préparent à la main les dossiers d'investissement. Le dépôt initial provient de la Régie des rentes du Québec. Un chèque arrive par courrier. Par la suite, toutes les opérations se feront par transfert bancaire.

Dès les premiers jours, les initiatives pourtant modestes de la Caisse de dépôt et placement causent une commotion rue Saint-Jacques. «La Caisse est dans le marché!», crient les analystes financiers. «Elle est rapidement devenue un joueur majeur dans le marché du capital au Québec[70]», soutient Douglas H. Fullerton. Or, dans les premiers mois de son existence, la jeune institution n'a pas encore complété l'embauche de son personnel. Une réceptionniste d'étage reçoit les appels de plusieurs autres bureaux, dont ceux de la Caisse. La curiosité suscitée par la présence de la nouvelle institution est telle que la plupart des appels téléphoniques lui sont destinés.

Après deux semaines seulement, une deuxième réceptionniste est engagée, mais elles ne suffisent toujours pas à la tâche. À plusieurs reprises dans la journée, l'une d'elles accourt vers le bureau de Jean Laflamme, qui est toujours au téléphone, puis lui montre cinq doigts en disant : «Vous avez encore cinq appels en attente!» Neuf appels sur dix sont alors en anglais[71]. «Comme Canadiens français, nous avions une côte à remonter, raconte Jean Laflamme. Il fallait se faire respecter par ce monde-là. Nous étions tellement impliqués dans la création de la Caisse que ça devenait notre affaire, ça nous appartenait. C'était excessivement motivant. Il fallait faire nos preuves avant tout, peu importe le salaire[72].» Financier plutôt qu'homme politique, Jean Laflamme finit par admettre qu'il a été contaminé par l'esprit du temps et par le souffle des révolutionnaires tranquilles qui propulsaient les francophones vers des sphères d'activités dont ils étaient auparavant exclus.

---

70. Douglas H. Fullerton, *The Dangerous Delusion – Quebec's Independence Obsession as seen by Former Adviser to René Lévesque and Jean Lesage*, McClelland & Stewart, Toronto, 1978, p. 81.
71. À son départ de la Caisse en 1980, Jean Laflamme raconte que la tendance s'était complètement inversée et que neuf appels sur dix se faisaient en français. Entrevue du 23 août 2000.
72. Entrevue avec Jean Laflamme, le 23 août 2000.

« La Caisse a servi d'université de la finance pour les Canadiens français, considère Jean Laflamme. Nous embauchions toujours largement au-delà de nos besoins. Nous avions besoin de deux personnes, nous en engagions quatre. Tous ces nouveaux [diplômés] universitaires, nous les formions pendant un certain temps, sachant qu'ils retourneraient dans l'industrie[73]. » Gérard Blondeau[74], secrétaire de la Caisse, a été le maître d'œuvre de cette dynamique politique d'embauche[75].

Un nationalisme financier

Après avoir été administrateur de la SGF en compagnie de Marcel Pepin, Jacques Parizeau se retrouve à nouveau avec le président de la CSN au conseil d'administration de la Caisse de dépôt et placement du Québec. Jacques Parizeau prend son rôle d'administrateur au sérieux. Claude Prieur le considère d'ailleurs comme le représentant du premier ministre. Dans les minutes qui précèdent l'une des premières réunions du conseil d'administration, Jacques Parizeau tire Marcel Pepin à l'écart. D'un ton solennel, il le met en garde en lui chuchotant à l'oreille : « Monsieur Pepin! Avec la Caisse de dépôt, on tombe dans les ligues majeures. Si vous avez une maîtresse, soyez très discret. Cachez-la[76]! » Marcel Pepin éclate de rire.

Même si Marcel Pepin considère Jacques Parizeau comme un homme de droite à l'allure hautaine, il reconnaît toutefois en lui la personne intègre avec qui il peut à l'occasion régler certaines questions. D'ailleurs, il arrive parfois que le conseiller

---

73. *Idem.*
74. Gérard Blondeau est aujourd'hui président de la Société Optimum, une maison financière qu'il a fondée après ses années de formation à la Caisse.
75. En l'an 2000, 65 des 264 employés de la Caisse détiennent un doctorat ou une maîtrise, ce qui en fait le foyer de l'une des plus fortes concentrations d'experts financiers au Canada.
76. Entrevue avec Marcel Pepin, le 24 août 1998.

économique et financier donne son appui au chef syndical. Marcel Pepin se souvient de la résolution qu'il a fait adopter grâce au soutien de Jacques Parizeau et qui empêche la Caisse d'investir dans des sociétés telles que Household Finance engagées dans le prêt usuraire. Jacques Parizeau est aussi solidaire de Marcel Pepin quand ce dernier suggère de restreindre le plus possible les investissements de la Caisse dans des compagnies américaines qui ne font pas d'affaires au Québec[77].

Roland Parenteau, qui siège également au conseil d'administration de la Caisse, partage la conception défendue par Jacques Parizeau, à savoir que l'institution financière doit encourager l'entrepreneurship québécois : « S'il faut que les entreprises nous fournissent les mêmes garanties que celles présentées aux banques, nous n'avons pas besoin de la Caisse. Le gouvernement doit prendre plus de risques, quitte à ce que la Caisse soit moins rentable. Je me suis rendu compte que Lesage, tout en utilisant notre langage, n'y croyait pas vraiment. Il n'était pas prêt à dire que la Caisse devait prendre plus de risques[78]. »

Jean Lesage reconnaît toutefois que la Caisse peut « servir d'alternative partielle ou totale à des marchés temporairement défavorables ou encombrés[79] » et offrir une voie de contournement au monopole financier de la maison A.E. Ames & Co. et de la Banque de Montréal. À cet égard, le président de la Caisse s'est révélé, aux yeux de Jacques Parizeau, un magnifique gestionnaire. Les doutes qui le tenaillaient au moment de la nomination de Claude Prieur se sont rapidement évanouis. « On n'a jamais vu une transformation pareille. Une fois que tout est clair dans son esprit, il avance. Cet homme-là est devenu un

---

77. *Idem.*
78. *Idem.*
79. Note du discours de Jean Lesage lors de la présentation en deuxième lecture de la Loi sur la Caisse de dépôt et placement du Québec (projet de loi 51). Discours prononcé en Chambre le 9 juin 1965.

nationaliste québécois [80]!» À sa mort en 1973, Jacques Parizeau dira de Claude Prieur : «Le premier président de la Caisse de dépôt et placement est mort mercredi. Le Québec perd l'un des plus importants de ces fonctionnaires et de ces directeurs d'organismes publics que la Révolution tranquille avait mis en place et qui, derrière les débats publics, ont tant contribué à nous doter des instruments nécessaires à une société moderne [81].»

L'admiration tardive de Jacques Parizeau à l'endroit de Claude Prieur s'explique. Lors de l'élection du 5 juin 1966, le pouvoir glisse des mains de Jean Lesage à celles de Daniel Johnson, chef de l'Union nationale. Comme à chaque élection, le syndicat financier et les banques d'investissement vendent en masse les titres du Québec, afin de faire chuter son rendement. Deux raisons motivent ce comportement. D'abord, il y a l'incertitude politique, puis l'opération permet au syndicat financier d'inquiéter suffisamment le nouveau gouvernement et de lui rappeler l'influence qu'il peut avoir sur la conduite des affaires politiques de la province. Mais cette fois, la Caisse de dépôt et placement existe. Claude Prieur a accumulé des réserves en prévision de l'événement. Le lundi, dès l'ouverture des marchés, les titres du Québec chutent. La Caisse en achète pour freiner la descente. Le mardi, même scénario. Puis, le troisième jour, le titre se stabilise. «Le marché avait compris. Il était maté. Mercredi, on savait que pour la première fois le Québec avait trouvé moyen de se défendre. Les rapports du gouvernement et de ses créanciers ne seraient plus jamais tout à fait les mêmes. Sans que l'opinion publique s'en rende compte et sans que la plupart des hommes politiques, perdus dans leur bavardage, aient saisi la portée de ce qui s'était passé, Claude Prieur venait

---

80. Entrevue avec Jacques Parizeau, le 27 avril 1998.
81. Jacques Parizeau, tiré de sa chronique : «Parizeau en liberté», dans *Québec-Presse*, le 15 avril 1973.

de poser un des gestes les plus significatifs et les plus importants de l'émergence du Québec contemporain[82]», affirme Jacques Parizeau. Douglas H. Fullerton, un des spécialistes de l'analyse des titres obligataires au Canada, fait la même observation. Dans les jours qui suivent la défaite de Jean Lesage, il écrit à Jacques Parizeau que sans la Caisse de dépôt et placement, le marché au Québec aurait pu être fortement secoué. Le conseiller économique s'empresse de transmettre cette information au premier ministre. «En fait, pour la première fois, la Caisse a démontré qu'elle pouvait fournir au gouvernement du Québec des services d'administration de la dette publique du même genre que ceux que le gouvernement du Canada obtient de la Banque centrale[83]. »

Jean Laflamme confirme que la plate-forme politique de l'Union nationale, *Égalité ou indépendance*, indispose le milieu financier. «Les détenteurs d'obligations du Québec et d'Hydro-Québec réagissent négativement. Des portefeuilles complets m'arrivaient sur le bureau. On voulait liquider les titres du Québec. Or l'objectif que l'on poursuivait consistait à maintenir un écart raisonnable avec l'Ontario. Il fallait jouer d'astuce pour rassurer le marché et en acheter le moins possible parce que nous n'avions que peu d'argent[84]. » L'équipe est minuscule et ne compte alors qu'une vingtaine d'employés. Malgré cela, souligne Jean Laflamme, «de 1966 à 1970, nous avons essayé de maintenir un marché fictif sur le marché secondaire pour les titres du Québec. Si la Caisse n'avait pas été présente, personne n'aurait pu jouer ce rôle-là. Et pour des détenteurs de titres, il n'y a rien de plus énervant que de ne pas trouver preneur. Toute cette période-là fut difficile. Nous avons beaucoup

82. *Idem.*
83. Lettre de Jacques Parizeau, adressée au premier ministre du Québec, le 14 juin 1966. Archives de Jacques Parizeau, ANQ.
84. Entrevue avec Jean Laflamme, le 23 août 2000.

travaillé à maintenir un marché pour les titres du Québec. Nous avions un rendement moindre, mais notre objectif de diminuer les coûts de financement était alors prioritaire [85]. »

Dans l'optique de Jacques Parizeau, la Caisse de dépôt et placement du Québec a joué pleinement son rôle lors de cette élection. Ce qui l'embête davantage ce 5 juin 1966, c'est le comportement de l'électorat. Par son vote, la population vient d'envoyer Jean Lesage dans l'opposition. Celui qui détenait le titre de conseiller économique et financier du premier ministre depuis moins d'un an baisse les bras. Résigné, il se prépare à rédiger sa lettre de démission. Il présume que le nouveau premier ministre va mettre tous les révolutionnaires tranquilles à la porte... Daniel Johnson va les surprendre.

---

85. *Idem.*

Souvenirs de famille – Hiver et été 1965

*Jacques Parizeau en compagnie de ses deux enfants,
Bernard et Isabelle.*

Souvenirs de famille – Hiver 1965

Alice Parizeau et ses deux enfants.

CHAPITRE 13

Le cabinet noir

« Il a été un grand artisan de l'effervescence de cette époque. Jacques Parizeau était dans tous les dossiers. Il arrivait avec des idées, une grande intelligence et beaucoup d'énergie. Il aimait être très actif. S'il pouvait partir de Montréal, venir à Québec, retourner à Montréal puis coucher à Québec dans la même journée, là vraiment il était content. Si c'était à bord de l'avion du gouvernement, c'était encore mieux. »

Louis Bernard [1]

La campagne électorale qui va porter Daniel Johnson au pouvoir rend Jacques Parizeau inquiet. Dans son désarroi, il est en bonne compagnie. Tous les technocrates de l'équipe volante des conseillers de l'État qui, comme lui, se sont activés autour de Jean Lesage, sont nerveux. Celui qui a permis que se constitue à Québec un véritable commando d'aiguilleurs des politiques gouvernementales sera-t-il remplacé par un pauvre petit politicien de Saint-Pie-de-Bagot ? Pendant toute la campagne, Daniel Johnson, chef de l'Union nationale, s'est en effet acharné à dénoncer les forces qui, dans l'ombre du

---

1. Entrevue avec Louis Bernard, le 27 mars 2000.

pouvoir, tirent toutes les ficelles. Il a promis de mettre fin à l'influence de tous ces technocrates sans âme. À la première occasion, il s'est juré de congédier Arthur Tremblay, ce sous-ministre de l'Éducation qui ose arracher les crucifix des murs des écoles. Aussi, le soir de l'élection, Arthur Tremblay prie pour que Daniel Johnson ne soit pas élu. En compagnie de certains hauts fonctionnaires comme lui, dont notamment Yves Martin, Gilles Bergeron et Pierre Martin, il écoute les résultats du vote chez Jean Marchand à Cap-Rouge. Vers minuit, le Parti libéral domine par le nombre de votes, mais la présence de l'Union nationale dans les régions du Québec est telle que le parti de Daniel Johnson remporte une majorité de comtés. À Outremont, Jacques Parizeau, l'air renfrogné, va se coucher. Le rideau vient de tomber. Demain, un nouveau gouvernement prend place. « Bah! se dit-il. De toutes façons, mon congé sans solde des HÉC prend fin cet été. Je retournerai enseigner. » Chez Jean Marchand, Arthur Tremblay propose à ses collègues de se rendre à son chalet, situé un peu plus haut sur la falaise, afin d'aller discuter des retombées de la nouvelle donne électorale. « Vers une heure et demie, aucune conclusion articulée ne s'imposait, raconte-t-il. Mais pour l'instant une seule chose [était] claire : nous [devions] être au poste demain matin comme si de rien n'était[2]. » Ils y seraient tous à la première heure.

Ce soir-là, il n'y a pas que les hauts fonctionnaires qui appréhendent le pire. Toute la fonction publique redoute la venue d'un nouveau gouvernement. La tradition est tellement ancrée que, pour bien des employés de l'État, la victoire de

---

2. Extrait de la communication prononcée par Arthur Tremblay lors du colloque de l'UQÀM portant sur Daniel Johnson tenu les 23, 24 et 25 mars 1990. Les actes du colloque ont été publiés sous le titre *Rêve d'égalité et projet d'indépendance* par les Presses de l'Université du Québec, sous la direction de Robert Comeau, Michel Lévesque et Yves Bélanger, 1991, p. 417-418.

l'Union nationale ne peut que signifier leur renvoi dans les prochains jours. Marcel Pepin, nouveau président de la CSN qui a obtenu la syndicalisation des fonctionnaires, reçoit toute la soirée des appels téléphoniques d'employés rendus inquiets par la victoire possible de Daniel Johnson. Les uns après les autres, ils lui posent tous la même question : «Croyez-vous que je retourne au travail demain [3]?»

Dans les jours qui suivent, Jacques Parizeau, Claude Morin et tous les autres présentent leur démission au nouveau premier ministre. Répondant aux désirs exprimés par Jean Lesage, ils ont préparé auparavant un résumé complet de l'état d'avancement des dossiers et des activités qui les concernent. Ce faisant, ils instaurent une nouvelle tradition. Chacun des hauts fonctionnaires et sous-ministres démissionnaires a produit un rapport en deux copies : l'une pour Jean Lesage et l'autre pour le nouveau premier ministre. Daniel Johnson leur demande alors d'attendre une semaine avant de quitter, le temps de lire les dossiers. Denis Bédard, économiste au ministère des Affaires fédérales-provinciales, est catégorique : «L'attitude de Morin et Parizeau a rassuré le nouveau premier ministre, surtout dans la façon de faire la transition. Les dossiers étaient bien préparés et ça a impressionné Johnson [4].»

Les jours passent. Daniel Johnson convoque un à un les grands commis de l'État à son bureau. Dans les couloirs de l'Assemblée législative, c'est l'étonnement général. La rumeur court que le nouveau premier ministre refuserait leur démission et leur demanderait à tous de continuer à travailler pour l'État québécois sous sa direction! La rumeur se transforme en nouvelle. À Jacques Parizeau, le premier ministre dit : «Monsieur Parizeau, vraiment, le dossier que vous m'avez présenté est

---

3. Entrevue avec Marcel Pepin, le 14 février 2000.
4. Entrevue avec Denis Bédard, le 9 février 1998.

très étoffé. Je vous confirme dans vos fonctions de conseiller économique et financier du gouvernement. Vous remarquerez dans les prochains jours la présence de Roland Giroux. Dans certains dossiers, il sera en quelque sorte mon conseiller spécial. Je ne crois pas que cela puisse vous indisposer. On m'a raconté que vous avez beaucoup travaillé ensemble [5] !» La discussion se clôt sur un grand éclat de rire. En effet, Jacques Parizeau n'a aucune crainte à travailler avec Roland Giroux, lequel sera nommé commissaire à Hydro-Québec et administrateur de la SGF.

En s'abstenant de toute partisanerie politique dans le choix de ses hauts fonctionnaires, Daniel Johnson s'attire le respect. Mais nonobstant la noblesse du geste, il ne suffit pas à donner de la distinction à la nouvelle équipe ministérielle. Aux yeux du brillant économiste, l'administration Lesage et l'impression de grandeur qu'elle a laissée n'a pas encore trouvé de successeur. À Claude Morin qui lui fait part d'un sentiment similaire, Jacques Parizeau raconte une blague : « Sais-tu ce qui distingue les libéraux de l'Union nationale ?... Eh bien, les libéraux, eux, savent que Tchaïkovski n'est pas un joueur de hockey [6] !» Malgré cette différence de style, Jacques Parizeau est déterminé à travailler pour le nouveau gouvernement. Il veut poursuivre son œuvre, qui est de mettre sur pied un État agissant et structurant.

Sous Jean Lesage, plusieurs ministres en imposaient par leur solidité intellectuelle. Avec le premier cabinet Johnson, les élus les plus compétents cumulent plusieurs ministères, avance Louis Bernard, alors conseiller juridique au ministère des Affaires fédérales-provinciales. « Il y a eu moins de direction politique

---

5. Propos attribués à Daniel Johnson et rapportés par Jacques Parizeau. Entrevue du 6 juillet 1999.
6. Entrevue avec Claude Morin, le 12 avril 1999.

sous Johnson, qui tombe rapidement malade. Jacques Parizeau, en plus d'être conseiller, est presque devenu un ministre [7]. »

Dans la presse, lorsqu'il s'agit de décrire le pouvoir immense que possèdent ces technocrates anonymes et non élus sur le premier ministre, certains journalistes utilisent volontiers l'expression de « cabinet noir ». Pendant les négociations publiques avec les enseignants, le leader syndical Marcel Pepin s'en prend particulièrement à Jacques Parizeau et à Arthur Tremblay, qui a finalement conservé son poste, en les associant à la pieuvre technocratique qui englue le gouvernement à Québec [8].

Certains ministres de l'Union nationale tolèrent plutôt mal l'influence de ce cabinet noir sur leurs affaires. Parmi eux, Fernand Lafontaine, ministre de la Voirie et des Travaux publics, déteste Jacques Parizeau qu'il surnomme « l'homme à la petite valise noire qui a réponse à tout [9] ». Le biographe de Daniel Johnson, Pierre Godin, raconte que lorsque « Giroux, Morin ou Parizeau s'enferment avec lui dans son bureau, le personnel sait que sa porte restera fermée durant les deux ou trois prochaines heures [10] ». Cet accès illimité au premier ministre en agace plusieurs.

Le mandat de l'urinoir

Depuis le début de l'année 1960, Jacques Parizeau est membre du Conseil supérieur du travail. À l'issue de multiples réunions, ce conseil accouche d'un audacieux code du travail qui, dans sa quatrième version, accorde aux employés de l'État le droit de faire grève comme moyen de pression. Dès le début,

---

7. Entrevue avec Louis Bernard, le 27 mars 2000.
8. Pierre Godin, *Daniel Johnson : 1964-1968. La difficile recherche de l'égalité*, Tome II, Les Éditions de l'Homme, Montréal, 1980, p. 166.
9. *Idem*, p. 296.
10. *Idem*, p. 157.

Jacques Parizeau milite en faveur d'un tel droit. En 1964, le Code du travail est finalement adopté par l'Assemblée législative. Un an plus tard, le droit de grève devient effectif pour les fonctionnaires et les enseignants et s'étend peu après au personnel des hôpitaux du Québec.

Mais bien que le secteur public soit en mesure de faire la grève, l'État québécois n'a toujours pas de politique salariale. En 1966, le gouvernement doit administrer un régime public, alors qu'il ne dispose d'aucun instrument de mesure pour ce faire. Vers la fin de son deuxième mandat, au cours d'une discussion au Conseil des ministres, Jean Lesage est mis au courant de la situation. Il demande alors à ses ministres combien d'employés sont à la charge du gouvernement? Quelles sont les conditions de travail de ceux-ci? Y a-t-il une échelle salariale? Combien y a-t-il de contrats de travail? Personne ne répond. «Ça ne fait pas sérieux», raconte Jacques Parizeau. Jean Lesage est catastrophé. «Au sortir du Conseil des ministres, quelques-uns d'entre nous allons à l'urinoir.» Le premier ministre est au centre, Yves Pratte à droite et Jacques Parizeau à gauche. Jean Lesage réfléchit à voix haute : «C'est bien embêtant tout ça... Bon! Vous, Pratte, vous prenez la responsabilité d'être le négociateur en chef du gouvernement, vous êtes donc en charge de toutes les négociations dans le secteur public. Et puis vous, Parizeau, vous allez ramasser toutes les statistiques et allez déterminer tous les mandats monétaires. Ça vous va?» Les fermetures éclair remontées, le trio quitte les toilettes pour aller répondre à d'autres besoins encore plus pressants, Révolution tranquille oblige[11]...

Aventurier intellectuel, Jacques Parizeau se lance avec enthousiasme à la recherche des statistiques sur le nombre de fonctionnaires. Ce qu'il découvre lui donne la frousse. «J'ai

---

11. L'anecdote et le dialogue de l'urinoir proviennent des souvenirs de Jacques Parizeau. Entrevue de janvier 1999.

*Jacques Parizeau aura la lourde tâche
de mettre sur pied la première politique
salariale de l'État québécois.*

trouvé vingt-huit régimes d'heures de travail! Au ministère des Travaux publics, une semaine normale comptait vingt-huit heures de travail, tandis qu'au ministère des Terres et Forêts, la semaine durait cinquante-quatre heures [12].» Comment les employés sont-ils payés? Les salaires varient de cinquante-six cents à deux dollars l'heure. Sans cartes de compétence, ni diplômes, ni examens, comment corriger la situation? Directeur de la planification à la Commission de la fonction publique, Roch Bolduc abat alors un travail considérable afin de procéder à la classification des postes. En 1966, il instaure la promotion au mérite, par concours. «C'était la première fois que cela se

---

12. Entrevue avec Jacques Parizeau, janvier 1999.

faisait, confirme Jacques Parizeau. Ça, c'est la grande victoire de Roch Bolduc, sa grande idée [13]. » Mais bien du travail reste encore à faire.

La première convention signée avec les fonctionnaires et les ouvriers du gouvernement doit être ratifiée en mars 1966. Tout va trop vite. À quelques jours de l'échéance imposée par la partie syndicale, le gouvernement ne dispose toujours pas de données statistiques suffisantes pour évaluer avec justesse toute la situation. Le seul constat que peut faire Jacques Parizeau, c'est celui d'un grand désordre. « Heureusement, dit-il, j'ai pu travailler avec un des vice-présidents de la CSN qui possédait un sens commun. Raymond Parent et moi, on va commencer à faire des études ensemble [14]. » Jacques Parizeau permet au syndicaliste d'entrer dans tous les ministères pour avoir accès aux données statistiques. La partie patronale et la partie syndicale travaillent de concert, mais il faut tout de même signer pour la fin mars. « Finalement, raconte Jacques Parizeau, nous avons réglé avec les fonctionnaires, mais Raymond Parent a eu l'intelligence d'accepter que la convention soit mise en œuvre sur une certaine période de temps. Dans les faits, cela nous a pris trois ans [15]. » Le vice-président de la CSN confirme qu'au moment de la ratification de la convention collective avec les fonctionnaires, la liste des augmentations était fixée, mais une classification des fonctionnaires et des ouvriers restait à faire. Raymond Parent a bonne mémoire du pétrin dans lequel se trouvait Jacques Parizeau : « Quand il se grattait derrière la tête, on savait que ça n'allait pas. Mais Parizeau a été un allié, un allié stratégique, ajoute-t-il. Il était un de nos meilleurs répondants, un des plus objectifs [16]. » Pour Marcel Pepin, alors président de la CSN, « cette convention, même si le monétaire n'était pas

---

13. Entrevue avec Jacques Parizeau, le 27 mars 2000.
14. Entrevue avec Jacques Parizeau, janvier 1999.
15. *Idem.*
16. Entrevue avec Raymond Parent, le 24 février 2000.

très satisfaisant, faisait que tous les ouvriers avaient les mêmes avantages sociaux que les fonctionnaires et assurait aux uns et aux autres une certaine sécurité d'emploi [17] ».

Peu après sa victoire électorale du 5 juin 1966, le gouvernement Johnson subit le baptême du feu. À la mi-juillet, les soixante-cinq mille employés des quelque mille hôpitaux du Québec déclenchent une grève générale. Dans un climat de panique, Yves Pratte est nommé médiateur spécial, tandis que Jacques Parizeau veille sur les enveloppes salariales. Dans ce dossier comme dans bien d'autres, Daniel Johnson emploie le corps d'élite formé par Jean Lesage. Pendant cet été agité, le premier ministre est en contact constant avec Jacques Parizeau [18]. Telle que dessinée par l'économiste des HÉC, la politique salariale dans le secteur hospitalier tente de ramener le salaire des infirmières en région au niveau des échelles de Montréal. Il existe alors des écarts qui vont de dix à quinze dollars par semaine en faveur de la métropole. Dans la même réforme, Jacques Parizeau soumet le principe d'égalité des salaires entre les hommes et les femmes. Mais rien n'y fait. La grève sévit depuis deux semaines et les histoires d'horreur ne cessent de faire la manchette des journaux. Aucun service essentiel n'est assuré. Dans certains établissements, des bénévoles doivent franchir les piquets de grève pour prendre soin des enfants et des vieillards laissés à eux-mêmes.

Mais les cas d'inconscience ne sont pas réservés exclusivement à un seul camp. Du côté patronal, Jacques Parizeau est témoin d'un triste épisode concernant un hôpital situé en région éloignée et spécialisé dans les soins aux enfants victimes

---

17. Extrait du texte de Marcel Pepin, *Les négociations collectives dans les secteurs public et parapublic depuis les années 60*, été 1985, p. 12.
18. Jean Loiselle, alors directeur des communications pour le premier ministre, en fait mention dans son livre intitulé *Daniel Johnson. Le Québec d'abord*, VLB Éditeur, Montréal, 1999, p. 94.

de la thalidomide. « Un de mes négociateurs s'en va négocier [là-bas]. Il revient tout fier de lui. Il a réussi à obtenir la pire convention collective du Québec. Elle a été signée par les femmes qui dirigent le syndicat local [19]. » Selon les statistiques que possède Jacques Parizeau, les conditions salariales arrachées par son négociateur jettent presque dans la misère les infirmières de l'institution en question. « J'étais tellement écœuré que je l'ai *tabletté* sur-le-champ. J'ai ensuite téléphoné aux deux femmes du syndicat en leur demandant de venir à Québec [20]. » Les deux dames, penaudes, se présentent au bureau de Jacques Parizeau. Emporté par l'émotion, celui-ci déchire la convention collective devant elles. « C'est écœurant ce que vous avez signé là ! Allez renégocier cela [21] ! », leur ordonne-t-il. Elles sortent du bureau en larmes et retournent à la table de négociation. Le malheureux fonctionnaire écarté par Jacques Parizeau subit un arrêt cardiaque deux mois plus tard et en meurt. Ce décès est-il lié à sa déconfiture ? Jacques Parizeau ne peut le confirmer, mais avoue : « Ça m'a pourchassé pendant un bon moment. Je me suis reproché pendant longtemps d'avoir agi si brutalement avec lui [22]. »

À la fin de juillet 1966, la grève des hôpitaux atteint des sommets d'impopularité. La population est indignée par les histoires de malades à qui on refuse l'accès aux hôpitaux. Le samedi 30 juillet, Daniel Johnson convoque l'Assemblée législative pour le 4 août afin d'adopter une loi spéciale qui forcera le retour au travail des grévistes. La nouvelle fait bouger les chefs syndicaux. Déjà la veille Marcel Pepin, de la CSN, avait tenté un rapprochement avec le gouvernement. Le lendemain, ils acceptent les offres gouvernementales et recommandent la

---

19. Entrevue avec Jacques Parizeau, le 20 juillet 1999.
20. *Idem.*
21. *Idem.*
22. *Idem.*

fin de la grève. Mais surprise! La direction des hôpitaux refuse de laisser entrer les syndiqués. Les administrateurs rejettent la dernière proposition faite par Québec. Le négociateur spécial du gouvernement, Yves Pratte, est sidéré! Avec Jacques Parizeau, il n'hésite pas à proposer au premier ministre la mise en tutelle des hôpitaux du Québec comme la loi le permet. Or à toutes fins utiles, cette tutelle signifie la suspension des pouvoirs des communautés religieuses. Pour un premier ministre qui voulait remettre les crucifix dans les écoles... cette requête demande réflexion. C'est le dimanche 31 juillet, jour du Seigneur, que Daniel Johnson prend la décision de confier à Yves Pratte la tutelle des hôpitaux, le temps de signer les conventions collectives.

Avec cet épisode, Jacques Parizeau voit tout à coup émerger en Daniel Johnson la stature d'un homme d'État. «Ce bonhomme-là, qui a fait toute sa campagne dans un cadre quasiment rural, campagnard, très très rustre et qui a dénoncé Arthur Tremblay parce qu'il voulait descendre les crucifix dans les écoles... celui qui est l'homme des notables locaux, des communautés religieuses, du maintien de la religion, se trouve pris avec une grève générale des hôpitaux alors que cinquante-cinq pour cent des lits appartiennent aux bonnes sœurs de la province. Pour régler cette grève, il faut forcer les sœurs à signer, parce qu'elles ne veulent pas signer. Eh bien, il va les faire mettre en tutelle [23]. » Jacques Parizeau est renversé. «Nous qui avions vu arriver Daniel Johnson en se disant que la Révolution tranquille était terminée, en trois semaines, nous l'appelions soudainement " patron " [24]! » Le nouveau premier ministre vient de gagner le respect de tous ces technocrates sans âme qu'il critiquait si vertement pendant sa campagne électorale. C'est à ce moment-là que s'est faite la fusion entre lui et les

---

23. Entrevue avec Jacques Parizeau, janvier 1999.
24. *Idem.*

membres du cabinet noir. « Voilà un homme de droite qui pose un geste de gauche [25] », conclut Marcel Pepin.

Avec la grève dans les hôpitaux, le nouveau premier ministre Johnson constate, comme Jean Lesage avant lui, que l'État ne dispose d'aucun instrument pour négocier avec les secteurs public et parapublic. Le 11 août 1966, Daniel Johnson prolonge le mandat de Jacques Parizeau afin de lui permettre de compléter la mise en œuvre d'une politique salariale globale. Il annonce la mise sur pied d'un embryon de ministère de la Fonction publique [26].

Nommé conseiller économique et financier en août 1965 par Jean Lesage, Jacques Parizeau a profité d'un congé sans solde que lui ont offert les HÉC pour une année. Avec la venue de Daniel Johnson et le respect grandissant qu'il porte au nouveau premier ministre, Jacques Parizeau décide de prolonger d'une autre année son congé des HÉC. Le 15 août 1966, il écrit à François-Albert Angers : « Je suis sorti de la grève des hôpitaux complètement vidé et à bout. Il me fallait quelques jours pour m'y retrouver dans cette mise en place d'une politique salariale où, en moins de six mois, j'ai dû refaire la structure des salaires de près de 150 000 personnes, jusque dans les détails. Avec SIDBEC en l'air, BRINCO (Churchill Falls) qui n'est pas encore réglé, la politique d'aménagement régional qui flotte et la menace d'une grève dans l'enseignement à l'automne, il ne serait pas normal que je quitte mon poste actuellement [27]. »

---

25. Entrevue avec Marcel Pepin, le 14 février 2000.
26. Jean Loiselle, *Daniel Johnson. Le Québec d'abord, op. cit.*, p. 96.
27. Lettre adressée à François-Albert Angers, le 15 août 1966. Archives des HÉC.

Jacques Parizeau, jamais très loin derrière
le premier ministre Daniel Johnson.

Un enthousiasme envahissant, une présence écrasante

En prévision de la mise en place de la politique salariale de 1966-1967, Roch Bolduc a préparé un document avec la collaboration de Nicole Martin et de Pierre Harvey. Au cours d'une réunion avec des ministres, quelle n'est pas leur surprise de voir Jacques Parizeau s'approprier les conclusions du document et en parler comme s'il s'agissait de sa propre réalisation! Si Roch Bolduc n'hésite pas à décrire Jacques Parizeau comme un véritable serviteur de l'État, capable d'un dévouement incroyable à l'égard du gouvernement, cela ne l'empêche pas pour autant de qualifier sa présence d'écrasante. Roch Bolduc le surnomme « Lord Keynes ». « Il en a le style, mentionne-t-il. Jacques Parizeau a le sens du dramatique et il est wagnérien [28]. » L'enthousiasme du professeur d'économie atteint de telles proportions que, lorsqu'il désire faire un exposé sur une question,

---

28. Entrevue avec Roch Bolduc, le 12 décembre 1997.

il n'hésite pas à s'approprier les dossiers des autres. «Mais ça amusait Johnson [29]», révèle Roch Bolduc.

Si cela amuse le premier ministre, Michel Casavant, sous-ministre des Finances, et Michel Bélanger, sous-ministre de l'Industrie et du Commerce, jugent déplacés les gestes posés par l'expansif Parizeau. Le conseiller économique se comporte non seulement comme un sous-ministre, mais le poids de sa contribution lui donne carrément la stature d'un ministre. «La facilité et l'intelligence avec laquelle il faisait tout ça, faisaient qu'il était beaucoup plus rapide que les autres sous-ministres, nous dit un haut fonctionnaire. Il captait plus habilement l'attention du premier ministre. Les autres sous-ministres contestaient sa présentation de la réalité, mais ils étaient incapables de lui faire face et de performer de la même façon [30].» Le sous-ministre virtuel possède la virtuosité d'un magicien. Il devance de plusieurs heures ses collègues dans la compréhension des enjeux et des mécanismes de l'administration publique. Jacques Parizeau a pris l'habitude de donner à tous ses dossiers une importance capitale, peu importe le sujet. À titre d'exemple, Claude Morin aime rappeler la présence de Jacques Parizeau à la Commission des camions à bascule dans le gouvernement Lesage : «Les camions à bascule devenaient tout à coup l'enjeu central du gouvernement [31]!» Claude Morin considère qu'il arrivait fréquemment à Jacques Parizeau de se comporter comme un homme de théâtre et d'exagérer dans ses explications et dans sa description d'un phénomène [32].

Si certains critiquent le style de Jacques Parizeau, personne ne conteste son endurance au travail. Roch Bolduc se souvient du premier budget déposé par le gouvernement Johnson.

---

29. *Idem.*
30. Cette personne désire conserver l'anonymat.
31. Entrevue avec Claude Morin, le 13 avril 1999.
32. Entrevue avec Claude Morin, le 9 février 1998.

Jacques Parizeau, Roch Bolduc et quelques autres y ont travaillé vingt-sept heures d'affilée. « Nous n'avions pas le choix, rappelle Roch Bolduc, sinon nous manquions les fêtes de Noël et du Nouvel An[33]. » Aux réunions du sous-comité du budget, Jacques Parizeau présente un jour le budget d'un important ministère. Daniel Johnson ne peut assister à la réunion. Il délègue Maurice Bellemare, ministre du Travail et de l'Industrie et du Commerce. Ce politicien rural issu de l'époque de Maurice Duplessis est coulé dans un tout autre moule que celui de l'intellectuel Parizeau. Le conseiller présente en détail les différents postes au budget. À l'un d'eux, il est proposé d'augmenter les effectifs de vingt-sept à quarante-deux fonctionnaires.

— Quelle est leur description de tâche ?, demande Maurice Bellemare.

— Ce sont des chercheurs, Monsieur le Ministre.

— Inacceptable ! Annulez ça ! Au Québec, on n'a pas besoin de chercheurs, c'est des « trouveurs » qu'il nous faut[34] !

Jacques Parizeau demeure interloqué. Jean Loiselle, directeur des communications pour le premier ministre, est témoin de la discussion. Plus tard, il rapporte l'anecdote à Daniel Johnson qui pouffe de rire. Le ministère en question aura tout de même ses chercheurs.

Daniel Johnson va maximiser l'utilisation des technocrates qu'il veut toujours plus visibles. Le 13 janvier 1967, la grève des enseignants débute à Montréal et s'étend bientôt au reste du Québec. Pour Jacques Parizeau, toute la négociation salariale doit être basée sur deux principes : le taux de rémunération uniforme et l'enveloppe globale. « Dans l'enseignement, nous nous trouvons actuellement placés dans la situation où les

---

33. Entrevue avec Roch Bolduc, le 8 décembre 1997.
34. L'anecdote est racontée par Jean Loiselle dans son livre *Daniel Johnson. Le Québec d'abord, op. cit.*, p. 117.

instituteurs des Commissions scolaires régionales ont obtenu des salaires plus élevés que ceux de l'Ontario et, dans certains cas, plus élevés que ceux de New York, Chicago ou Los Angeles. Les instituteurs de quelques régionales peuvent maintenant être considérés comme les mieux payés du monde, explique-t-il au premier ministre. La forme des négociations a fait que le gouvernement a perdu, à toutes fins pratiques, tout contrôle sur les salaires pendant plusieurs années [35]. »

Arthur Tremblay, toujours sous-ministre de l'Éducation, est tout aussi éloquent sur la nécessité de demeurer ferme avec les enseignants. Le ministre de l'Éducation, Jean-Jacques Bertrand, semble pour sa part maîtriser beaucoup moins le tableau d'ensemble. Jean Loiselle le remarque rapidement, lui qui vient d'être mandaté par le premier ministre pour mettre sur pied un plan de communications pendant cette grève. Il croit que « les chiffres et les arguments avancés par Arthur Tremblay et Jacques Parizeau démontrent avec une telle clarté le bien-fondé de la position du gouvernement [36] » qu'ils devraient selon lui refaire l'exercice devant les caméras de télévision, aux côtés du ministre Bertrand. « Je ne vous demande pas de poser un geste politique, explique-t-il aux deux technocrates. Monsieur Bertrand, ministre de l'Éducation, disposera de cet aspect de l'émission. Mais personne ne possède comme vous les données dont vous disposez. Même les tableaux que je ferai préparer ne peuvent éclairer que si vous les commentez. Il faut qu'il s'agisse d'une démonstration purement technique [37]. » Nos deux compères acceptent de relever le défi. « J'ai rarement vu des fonctionnaires démontrer un engagement aussi total, estime

---

35. Mémoire de Jacques Parizeau pour le premier ministre : *Note sur l'état général des finances du Québec*, début 1967, p. 8. Archives de Jacques Parizeau, ANQ.

36. Jean Loiselle, *Daniel Johnson. Le Québec d'abord, op. cit.*, p. 114.

37. *Idem.*

Jean Loiselle. Ces gens exceptionnellement intelligents et admirablement préparés étaient conscients que leur participation à une émission de télévision en compagnie d'un ministre et dans de telles circonstances, leur attirerait certaines critiques. Néanmoins, leur prestation fut magistrale. Encore aujourd'hui, écrit-il, je les tiens tous les deux en haute estime [38]. »

À la mi-février 1967, le premier ministre fixe par décret les salaires et les conditions de travail des enseignants pour dix-huit mois. Pour la première fois de l'histoire, la Loi 25 instaure le principe de l'équité salariale entre les enseignants et les enseignantes, en fonction des critères de la scolarité et de l'expérience. En ce sens, la convention constitue une amorce d'échelle salariale.

L'armature du front commun

Jacques Parizeau joue un rôle encore plus grand lors de la deuxième ronde de négociations avec le secteur public et ce, bien qu'il ne soit toujours pas présent à la table. C'est Yves Pratte qui est le négociateur du gouvernement et il est appuyé, dans cette fonction, par Bernard Angers. Pour les syndiqués, avoue Marcel Pepin, cette deuxième ronde « a été plus décevante. Le gouvernement était mieux équipé. Les syndicats n'ont pas réussi à se coordonner [39]. »

La première convention est signée avec les fonctionnaires. Jacques Parizeau se base sur cette entente pour élaborer la politique salariale de tout le secteur public. « Il l'impose et il réussit, raconte Raymond Parent de la CSN. Du pain pour tout le monde, mais pas de beurre [40]. » Le gouvernement accorde

---

38. *Idem.*
39. Extrait du texte de Marcel Pepin, *Les négociations collectives dans les secteurs public et parapublic depuis les années 60*, été 1985, p. 16.
40. Entrevue avec Raymond Parent, le 24 février 2000.

aux fonctionnaires quinze pour cent d'augmentation pour une période de trois ans. Là-dessus, Parizeau sera intraitable. Il ne bougera pas pour les autres conventions de la présente ronde de négociations. Ensuite, il forge ce que les leaders syndicaux appellent «la pine à Parizeau», c'est-à-dire un système à l'intérieur duquel un ingénieur ou tout autre employé détenant un diplôme universitaire se trouve au sommet de l'échelle salariale. «Les enseignants avaient quatorze barreaux à leur échelle, les infirmières, six ou sept. J'arrange quatorze barreaux partout, explique Jacques Parizeau. Je donne une nouvelle échelle de salaire pour chaque année de scolarité de plus. L'ingénieur est à dix-huit. Tous ceux qui ont un diplôme universitaire devraient être à dix-huit[41].» L'ingénieur devient le critère de référence maximale pour la rémunération.

Les employés de la Régie des alcools du Québec (RAQ) s'opposent vivement au modèle proposé par Jacques Parizeau. Ils déclenchent la grève. La RAQ va mener le combat et devenir la tête de pont des autres unités de négociations du secteur public qui tentent de briser l'armature érigée par Jacques Parizeau. Les magasins de la RAQ ferment en juin 1968. L'été sera sec, mais profitera aux contrebandiers. Au quatrième mois du conflit, «Jean-Jacques Bertrand, ministre responsable des négociations, me demande de présenter la politique salariale du gouvernement en commission parlementaire, relate Jacques Parizeau. Là, je vais les tenir trois heures durant. Ça vous indique toute l'autorité morale que j'ai acquise après toutes ces années-là. J'ai pris en main la commission tout un avant-midi de temps[42].» Marcel Pepin le confirme : «C'était Parizeau qui tenait la barre, en commission parlementaire. Il ne manquait pas une journée[43].» Ce jeudi 31 octobre 1968 où

41. Entrevue avec Jacques Parizeau, le 27 mars 2000.
42. Entrevue avec Jacques Parizeau, le 6 juillet 1999.
43. Entrevue avec Marcel Pepin, le 14 février 2000.

Jacques Parizeau fait une présentation au Comité des régies gouvernementales, une brochette de personnalités politiques sont présentes autour de la table. Jean-Jacques Bertrand, Jean Lesage, René Lévesque et Robert Bourassa questionnent en rafales le conseiller financier du gouvernement. Fait historique, la table regroupe quatre premiers ministres du Québec. Dans cette constellation de taux, de conditions, d'heures de travail hebdomadaires et de salaires payés, Jacques Parizeau brille comme une étoile. Il répond à toutes les questions avec brio. Il maîtrise parfaitement son dossier. À la fin de sa prestation, Jean-Jacques Bertrand, furieux, l'apostrophe en sortant de la salle de réunion : « Si vous voulez le pouvoir, faites-vous élire ! Cessez de jouer au politicien [44] ! » Jacques Parizeau trouve Jean-Jacques Bertrand bien petit…

« La grève va durer des mois, mais je m'en fous de la grève de la RAQ, explique Jacques Parizeau. J'ai négocié la nouvelle formule de péréquation avec Al Johnson, sous-ministre adjoint aux Finances à Ottawa et Ian McDonald, conseiller économique de John Robarts à Toronto. Celle-ci nous compense dollar pour dollar pour la perte de revenus dans le champ de la perception des droits sur les alcools. Et là, pendant des mois, les journaux ici disent : " C'est effrayant, sous l'influence de cet affreux Parizeau la grève continue. " La CSN, dans ses bulletins, me caricature en Al Capone. On s'égare dans les chiffres. Les manchettes et le syndicat soutiennent que Québec perd avec cette grève dix, vingt, trente, quarante millions ! En fait, on ne perd pas une cenne [45]. » L'éclat de rire qui succède à cette affirmation couronne un coup de maître. Pendant que les employés font la grève, le gouvernement fédéral rembourse Québec pour les diminutions de revenus causées par la

---

44. Propos attribués à Jean-Jacques Bertrand et rapportés par Jacques Parizeau, le 6 juillet 1999.
45. Entrevue avec Jacques Parizeau, le 6 juillet 1999.

suspension des activités de la RAQ. « On n'a pas gagné, reconnaît Marcel Pepin. Nous n'avons pas défoncé sa politique. Mais c'est au cours de cette grève et pendant une séance de la commission parlementaire que le gouvernement nous dit qu'il faudrait négocier ensemble, tout le monde, si l'on veut éviter qu'un règlement à une table serve de modèle pour les autres[46]. » Jacques Parizeau le répète aux leaders syndicaux chaque fois qu'il le peut. Pour cet architecte de la politique salariale, la centralisation du processus de négociations, le droit de grève et la possibilité pour les syndicats de se constituer en front commun, « c'est un moment inévitable dans la Révolution tranquille. Tous les pays qui se sont modernisés, à un moment donné, brutalement, ont tous connu une phase comme ça[47]. »

« J'ai fait le front commun dans mon bureau avant que les syndicats le découvrent, soutient Jacques Parizeau. Ils n'avaient pas de force, je voulais qu'ils aboutissent à ça. À partir du moment où nos négociations au gouvernement étaient à ce point synchronisées puis harmonisées, si la partie syndicale ne faisait pas la même chose, les syndicats allaient se faire démolir à tout coup[48]. » Jacques Parizeau ne s'en cachait pas, atteste Marcel Pepin. « Il n'avait pas de problème avec ça. Qu'ils se mettent tous ensemble, disait-il, on négociera avec eux[49]. »

À ceux qui critiquent aujourd'hui cette immense machine syndicale qui peut paralyser tout le secteur public, Jacques Parizeau rétorque : « Maintenant, c'est le psychodrame à tous les trois ans. Avant, il y avait 542 grèves d'enseignants dans une année. Elles étaient toutes illégales[50]. » Marcel Pepin, allié

---

46. Extrait du texte de Marcel Pepin, *Les négociations collectives dans les secteurs public et parapublic depuis les années 60*, été 1985, p. 17. Propos également repris lors d'une entrevue avec Marcel Pepin, le 14 février 2000.
47. Entrevue avec Jacques Parizeau, janvier 1999.
48. Entrevue avec Jacques Parizeau, le 20 juillet 1999.
49. Entrevue avec Marcel Pepin, le 14 février 2000.
50. Entrevue avec Jacques Parizeau, le 20 juillet 1999.

objectif de Jacques Parizeau dans cette réforme, déclare aux journalistes qui craignent à l'époque la puissance qu'allait donner aux syndicats un processus centralisé de négociations : « Vous n'aimez pas ça des grèves aux trois quatre ans. Voulez-vous en avoir des dizaines et des centaines à chaque année ? Puis une fois qu'on aura obtenu plus dans un hôpital parce que la direction est plus faible, tous les autres négociateurs syndicaux vont courir après le meilleur règlement [51]. » Marcel Pepin le répète aux journalistes : « Je vous le dis, il n'y a pas de modèle qui peut empêcher la négociation centralisée [52]. »

Jacques Parizeau est-il un homme de droite ou de gauche ? Pour esquisser un début de réponse à cette question, il faut certainement mettre au bilan de ses actions l'organisation des forces syndicales dans le secteur public. « Il fallait donner un rapport de force à la fonction publique qui n'en avait pas du tout [53] », dit-il. L'opération n'aurait sans doute pas pu être menée par un homme de droite.

Dans les tranchées des négociations fédérales-provinciales

« Quand, au début des années cinquante, Maurice Duplessis dit qu'il s'approprie dix points d'impôt et crée le ministère du Revenu et que le gouvernement fédéral cède parce qu'on parle de double taxation et de jungle fiscale, l'effet sera très profond puis ne sera jamais oublié : on a fait plier Ottawa [54] », explique Jacques Parizeau. « Avec la Révolution tranquille, Québec prend l'offensive et dirige tous les assauts des provinces destinés à

---

51. Entrevue avec Marcel Pepin, le 14 février 2000.
52. *Idem.*
53. Entrevue avec Jacques Parizeau, le 20 juillet 1999.
54. Entrevue avec Jacques Parizeau, le 21 septembre 1998.

Le technocrate et le professeur à l'œuvre.

faire reculer le gouvernement fédéral [55]. » Avec la célèbre conférence fédérale-provinciale tenue à Québec en mars 1964, au cours de laquelle Jean Lesage impose son projet de Caisse de retraite et se retire de vingt-neuf programmes conjoints en échange de points d'impôt, le Québec connaît encore une fois une grande victoire. Jacques Parizeau en est fier : « Nous avons alors un prestige incroyable [56]. »

La formation du Comité du régime fiscal est l'une des retombées de cette conférence de 1964. Mince concession du Québec. La première tâche de ce comité « a été de bâtir des projections de revenus et de dépenses jusqu'en 1971-1972 pour les programmes existants et pour l'amélioration de ces

---

55. *Idem.*
56. Entrevue avec Jacques Parizeau, le 21 septembre 1998.

programmes ou la mise en œuvre de nouveaux projets[57] ». La première réunion du Comité du régime fiscal se tient le 15 octobre 1964. Claude Morin, Jacques Parizeau et Marcel Bélanger[58] forment le noyau de la délégation québécoise. Tout frais sorti de l'Université de Londres avec un doctorat en droit administratif, Louis Bernard entre dans le jeu et leur apporte son appui. C'est un partisan d'une fiscalité mixte dont la thèse portait justement sur les relations fédérales-provinciales. D'abord conseiller juridique de Claude Morin, il devient directeur puis sous-ministre adjoint du ministère des Affaires intergouvernementales en 1969.

Dans un mémo adressé à Jean Lesage, le 13 avril 1965, Claude Morin écrit : « Sur le front du Comité du régime fiscal, Jacques Parizeau vient de faire adopter en principe par Ottawa, et les autres provinces, des hypothèses de travail et des méthodes de calcul qui, sans que personne là-bas ne le sache, nous avantageront en faisant mieux ressortir nos besoins. En somme, il nous prépare tranquillement une excellente position de négociation fondée sur des considérations strictement techniques, mais fort bien agencées. » Les calculs de Jacques Parizeau montrent clairement ce que sera l'avenir. Les provinces verront leur déficit augmenter d'ici 1971, tandis que le gouvernement fédéral connaîtra un budget équilibré. « On voyait venir l'explosion des dépenses en éducation et en santé, souligne Jacques Parizeau. Nous n'avions simplement pas les impôts nécessaires. C'est Ottawa qui les avait[59]. »

57. Mémoire de Jacques Parizeau pour le premier ministre : *Note sur l'état général des finances du Québec*, début 1967, p. 17. Archives de Jacques Parizeau, ANQ.
58. À ne pas confondre avec Michel Bélanger. Marcel Bélanger dirige une firme d'experts-comptables et conseille le premier ministre sur les questions financières et budgétaires. Il est aussi professeur à l'Université Laval.
59. Entrevue avec Jacques Parizeau, le 21 septembre 1998.

Jacques Parizeau et Claude Morin vont orienter leurs travaux de façon à permettre un réaménagement des taxes en faveur des provinces. « Le déficit prévu pour 1971 nous servira d'argument massue pour forcer les autorités fédérales à nous concéder une partie accrue de l'impôt sur le revenu des particuliers et probablement d'autres impôts [60]. » Il s'agit ici d'assurer une autonomie financière maximale aux provinces et de diminuer l'importance du pouvoir central dans le domaine fiscal. Claude Morin et Jacques Parizeau poussent plus loin leur stratégie, en affirmant à Jean Lesage qu'il faut aller jusqu'à préserver « jalousement l'importance du déficit prévu [61] ». Les deux experts suggèrent au premier ministre de refuser tous les programmes conjoints dans les six prochains mois, afin de ne pas modifier le déséquilibre financier, ce qui pourrait défaire la stratégie à la table du Comité. Le déficit doit demeurer provincial afin de justifier un pouvoir de taxation supérieur exprimé sous forme de points d'impôt. Nous sommes en 1965, Jacques Parizeau et Claude Morin, enivrés par les victoires aux récentes conférences fédérales-provinciales, misent sur cette approche qui, si elle triomphe, fera qu'en comparaison, les « gains de 1964 apparaîtront avoir été une première étape timide [62] ».

Sous le règne de Daniel Johnson, l'élan des révolutionnaires tranquilles reste le même, à la différence notable qu'ils peuvent dorénavant compter sur l'effet de Gaulle. La visite du président français en 1967 et sa déclaration fracassante lancée depuis le balcon de l'hôtel de ville de Montréal ont un tel impact qu'après, rien n'est plus pareil. Le Québec peut compter sur la présence d'un solide allié sur la scène internationale. Jacques Parizeau décrit cette époque de complicité avec l'Élysée comme l'épisode

---

60. Mémo adressé à Jean Lesage par Jacques Parizeau et Claude Morin, le 8 novembre 1965.
61. *Idem.*
62. *Idem.*

le plus fertile en coups pendables. « Avec trois enseignants à temps partiel que l'on envoie au Gabon, le Québec signe un traité international avec le gouvernement gabonais[63]. » Le gouvernement fédéral est furieux. Comment le Québec ose-t-il occuper une place sur la scène internationale, un espace réservé à un pays ? ! « À la conférence suivante, raconte Jacques Parizeau, nous avions échangé cela contre un point d'impôt sur les profits des corporations. On appelait ça la transsubstantiation de de Gaulle[64] ! »

Au-delà des stratégies ponctuelles qui visent à arracher toujours plus de pouvoirs au gouvernement fédéral, Jacques Parizeau va découvrir en Al Johnson et Ian McDonald deux collègues du Canada anglais sur qui il peut compter. En étroite collaboration avec eux, il redéfinit la formule de péréquation élaborée en grande partie par Maurice Lamontagne vers 1952[65]. Al Johnson, sous-ministre adjoint des Finances à Ottawa, a occupé le même poste auparavant en Saskatchewan dans le gouvernement de Tommy Douglas. C'est un fait peu connu, mais Jacques Parizeau apprécie Al Johnson à tel point qu'il lui fait une proposition d'embauche : « Je suis autorisé par le premier ministre du Québec à te dire que si tu veux un job comme sous-ministre des Finances, tu peux l'avoir[66]. » Ce dernier, tout de même flatté, refuse. Jacques Parizeau en demeure convaincu, « ça aurait été un gars de premier ordre[67] ».

À titre de conseiller financier de l'Ontario, Ian McDonald dirige pour sa part la délégation de sa province avec doigté et compétence. Le reste des délégations provinciales est plutôt mal préparé, sans personnel spécialisé pour ce type d'exercice. Seuls le Québec et l'Ontario ont vraiment l'air de professionnels.

---

63. Entrevue avec Jacques Parizeau, le 21 septembre 1998.
64. *Idem.*
65. Entrevue avec Jacques Parizeau, le 11 janvier 1998.
66. Entrevue avec Jacques Parizeau, le 13 juillet 2000.
67. *Idem.*

Claude Morin se souvient de l'Alberta qui déléguait à ces rencontres un vieil homme, un avocat d'Ottawa, qui agissait comme consultant pour la province sur les questions de la fiscalité, des forêts et de la culture. La Nouvelle-Écosse, privée de toute organisation, était représentée par un bureau de comptables qui préparait et présentait les études. La Saskatchewan, en dépit de sa petite taille, produisait d'excellents fonctionnaires, ce qui n'était pas le cas pour la Colombie-Britannique, affirme Claude Morin. Terre-Neuve, bien souvent, n'était pas présente. « Nous, on leur [préparait] des feuilles, se rappelle Jacques Parizeau. Nous leur [disions]: Voyez ce qu'on discute. Si ça marche, voici ce que ça vous rapporte[68]. » À cette époque, Claude Morin et Jacques Parizeau contribuent à forger la redoutable réputation du Québec selon laquelle elle est la province la mieux armée lorsqu'il s'agit de participer aux conférences fédérales-provinciales.

Pratiquement impotente en 1960, la haute fonction publique du Québec suscite l'admiration des autres provinces canadiennes dès 1964. Depuis cette époque, il n'est pas rare d'entendre des hauts fonctionnaires fédéraux affirmer que le pays peut véritablement s'appuyer sur deux fonctions publiques respectables et compétentes, celle d'Ottawa et celle de Québec.

Au Canada anglais, lors des rencontres fédérales-provinciales, la présence de Jacques Parizeau au Comité du régime fiscal ne passe pas inaperçue. « Les Anglais n'étaient pas très à l'aise avec lui, rappelle Claude Morin. Il les impressionnait et les intimidait, ce qui rendait Parizeau très efficace. Il était très fort[69]. » Officiellement placé sous l'autorité de Claude Morin, alors sous-ministre aux Affaires fédérales-provinciales, le Comité du régime fiscal est en fait dirigé par Jacques Parizeau. À titre de directeur de la recherche fiscale, il supervise une petite équipe

---

68. Entrevue avec Jacques Parizeau, le 21 septembre 1998.
69. Entrevue avec Claude Morin, le 12 avril 1999.

composée de quelques chercheurs, dont Denis Bédard et Michel Audet [70]. Tous les deux deviendront plus tard sous-ministres de Jacques Parizeau au ministère des Finances. Pour défendre et expliquer le travail technique de son équipe, Jacques Parizeau est un as. Lors des rencontres avec les autres délégations canadiennes, il est le seul à expliquer avec autant d'aisance des concepts pourtant abstraits et arides.

Volontiers théâtral quand il flaire quelque chose d'important, Jacques Parizeau a une propension à l'activisme. Son entourage le voit alors s'agiter, marcher, fumer et jouer avec sa moustache. Il devient incapable de rester en place. Il se met à échafauder toutes sortes de stratégies. Le sous-ministre des Finances du Québec, Marcel Casavant, doit à l'occasion accompagner la délégation québécoise à Ottawa [71]. Celui qui, à l'époque, considérait déjà Jacques Parizeau comme un rival, se souvient d'un homme qui s'amusait ferme au cours des négociations avec le fédéral. Quand les discussions devenaient trop tendues, Jaques Parizeau disait à ses collègues : « Écoutez, nous sommes invités à un cocktail ce soir, mais on n'y va pas. Nous boycottons la soirée pour montrer qu'on est fâchés ! » Cette attitude choquait Marcel Casavant : « S'il pense qu'il va m'empêcher d'aller à un cocktail… »

Comme s'il était sur les planches, Jacques Parizeau adore donner aux conférences fédérales-provinciales un caractère dramatique. Il fait tout ce qui est en son pouvoir pour faire monter la pression du côté de la délégation fédérale. À d'autres moments, après de longues séances de pourparlers officiels, il aime bien se lancer dans des opérations de renseignement. « J'envoyais mes p'tits gars parler aux délégations et aux

---

70. L'équipe était aussi composée de Marcel Gilbert, Mercedes Chartier-Gauvin et Gilles Bouchard.

71. Marcel Casavant est aujourd'hui décédé. L'anecdote qui suit est racontée par un haut fonctionnaire proche de lui. Celui-ci désire conserver l'anonymat.

fonctionnaires de neuf heures le soir à une heure du matin, raconte-t-il. Le lendemain matin, je convoquais mon équipe dans ma suite pour le petit déjeuner, vers sept heures trente. Je faisais la récolte de l'information. Les fonctionnaires fédéraux étaient plus difficiles à rencontrer, mais ceux des provinces, qui n'habitaient pas à Ottawa, sortaient le soir[72]. »

L'arrivée des « colombes » à Ottawa

Quatre mois après son arrivée à Québec, Daniel Johnson se prépare pour sa première conférence fédérale-provinciale. Comme il l'a promis en campagne électorale, les fonctionnaires du Québec doivent justifier le rapatriement complet de l'assiette fiscale, soit cent pour cent de l'impôt sur le revenu, cent pour cent de l'impôt sur les corporations et cent pour cent sur les successions. C'est écrit en toutes lettres dans le livre *Égalité ou indépendance* écrit par le chef de l'Union nationale. L'exercice a donc été tenté, mais ce ne fut qu'un travail théorique, estime Jacques Parizeau[73]. Le 14 septembre 1966, s'ouvre la conférence sur le partage fiscal et les programmes conjoints. De conférences fédérales-provinciales en conférences constitutionnelles, le gouvernement central s'est vu arracher des pouvoirs par la délégation québécoise. Dorénavant, annonce Mitchell Sharp, ministre fédéral des Finances, ce marchandage ne sera plus possible. Il n'y aura plus de partage de points d'impôt, donc de pouvoir de taxation. Si le Québec désire plus d'argent, il devra taxer ses contribuables et ses entreprises, au risque de voir ces impôts s'ajouter aux taxes fédérales. À partir de maintenant, chaque province taxera à sa guise. Le Québec frappe un mur. Selon Louis Bernard, les colombes comme Al Johnson

---

72. Entrevue avec Jacques Parizeau, le 21 septembre 1998.
73. *Idem.*

ont été tassées. «Sharp et Trudeau ont bloqué le système[74].» Pendant que les provinces s'engagent vers des déficits, le gouvernement fédéral se dirige vers un surplus. «Ça a choqué Parizeau[75]», dit Claude Morin. Pour la dernière fois, Ottawa consent tout de même à se retirer de quelques programmes conjoints en échange de points d'impôt. Mitchell Sharp est catégorique : la porte est ouverte à la double taxation et au chevauchement des pouvoirs fiscaux. Le pouvoir de dépenser du fédéral est consacré. Daniel Johnson peut agiter l'épouvantail de l'indépendance tant qu'il veut, cela ne créera plus de remous autour de Lester B. Pearson. Pour Jacques Parizeau, «c'est le plus important geste fiscal des quarante dernières années[76]». Derrière cette manœuvre, plusieurs observateurs aguerris décèlent les battements d'ailes de Pierre Elliott Trudeau. La fameuse colombe aurait-elle des serres aux pattes? Lester B. Pearson, malade, cède peu à peu sa place. Pierre Elliott Trudeau passe rapidement de secrétaire parlementaire de Lester B. Pearson au poste de ministre de la Justice. «Cela marque rétrospectivement le glas du statut particulier, conclut Jacques Parizeau. Il y a eu un cran d'arrêt. La société distincte, ça ne marchera jamais[77].»

Fin octobre, lors de la deuxième séance de la conférence fédérale-provinciale, le bras de fer continue. Les délégations québécoise et canadienne sont à couteaux tirés. Autour de la table, le premier ministre de l'Ontario, John Robarts, fait signe à Ian McDonald, assis derrière lui. Pendant que les discussions se poursuivent, il écrit quelques mots sur un bout de papier et le donne à son conseiller. Ian McDonald fait discrètement le tour de la table et remet le papier à Jacques Parizeau.

---

74. Entrevue avec Louis Bernard, le 27 mars 2000.
75. Entrevue avec Claude Morin, le 12 avril 1999.
76. Entrevue téléphonique avec Jacques Parizeau, le 7 septembre 2000.
77. Entrevue avec Jacques Parizeau, le 13 juillet 2000.

Le conseiller économique de Daniel Johnson transmet immédiatement le mémo à son premier ministre, assis devant lui. Celui-ci le lit, se retourne et rend le papier à son conseiller en affichant un large sourire. Le premier ministre de l'Ontario vient de convoquer les provinces canadiennes à tenir une conférence sur la Constitution, à Toronto, en l'absence du gouvernement fédéral. Par ce geste, « Robarts met Johnson dans sa petite poche de veste [78] », comprend Jacques Parizeau. « Et en offrant ainsi à Daniel Johnson la possibilité de mettre au point, par les provinces, et non pas par le gouvernement fédéral, une nouvelle Constitution, John Robarts va engager Daniel Johnson dans une voie dont on ne saura que plus tard que c'est un cul-de-sac [79]. »

À la conférence d'Ottawa, le 5 février 1968, Pierre Elliott Trudeau met une muselière aux revendications devenues presque traditionnelles du Québec. L'ampleur du mal canadien se répand de façon brutale devant la population du pays lors d'un dur affrontement mettant aux prises Pierre Elliott Trudeau et Daniel Johnson. Au plus fort de la prise de bec, Johnson dit : « Je découvre que ce n'est pas avec le gouvernement fédéral que j'ai des difficultés, mais avec le ministre de la Justice [80] ! » Pierre Elliott Trudeau réplique à l'attaque : « Vos difficultés, ce n'est pas avec le gouvernement que vous les avez, Monsieur, mais avec le fédéralisme ! » Le premier ministre du Québec est

---

78. Entrevue avec Jacques Parizeau, le 5 septembre 2000.
79. Communication de Jacques Parizeau, *Au-delà du concept d'égalité*, prononcée lors du colloque de l'UQÀM portant sur Daniel Johnson tenu les 23, 24 et 25 mars 1990. Les actes de ce colloque ont été publiés dans un recueil intitulé *Rêve d'égalité et projet d'indépendance* par les Presses de l'Université du Québec, sous la direction de Robert Comeau, Michel Lévesque et Yves Bélanger, 1991, p. 412.
80. *Le Devoir* du 7 février 1968 fait mention de cette discussion, de même que la biographie de Pierre Godin intitulée *Daniel Johnson, 1964-1968 – La difficile recherche de l'égalité*, Tome II, Les Éditions de l'Homme, Montréal, 1980, p. 322.

assommé par la charge inattendue de celui qu'il surnomme sans affection aucune « Lord Elliott » en référence à lord Durham. De Québec, Jacques Parizeau s'inquiète de la facilité avec laquelle Pierre Elliott Trudeau a mis le premier ministre du Québec K.-O.

Le 11 février 1968, le journal *Dimanche-Matin* fait remarquer que Jacques Parizeau brillait par son absence dans le groupe de Daniel Johnson : « C'est [un] secret de polichinelle qu'il a fourni à René Lévesque bien des chiffres appuyant la thèse de souveraineté-association de ce dernier, et cette absence de la délégation du Québec pourrait indiquer qu'il est à la veille de ne plus agir comme conseiller du gouvernement même à temps partiel. On sait qu'il a repris son poste à l'École des Hautes Études [81]. » Mais le journal se trompe. Tant que Daniel Johnson sera là, Jacques Parizeau restera à son poste de conseiller économique. Jusqu'à la crise cardiaque fatale qui emportera le chef de l'Union nationale, il défendra et protégera le petit politicien de campagne qui s'est imposé à lui et qui est devenu SON premier ministre.

---

81. Extrait d'un article du *Dimanche-Matin*, le 11 février 1968.

CHAPITRE 14

Le technocrate et l'homme d'État

> « *Que le Québec soit libre c'est, en effet, ce dont il s'agit. Cela aboutira forcément, à mon avis, à l'avènement du Québec au rang d'un État souverain, maître de son existence nationale, comme le sont par le monde tant et tant d'autres peuples, tant et tant d'autres États, qui ne sont pourtant pas si valables, ni même si peuplés, que ne le serait, celui-là.* »
>
> Charles de Gaulle [1]

Le vent de réforme qui balaie le Québec en vient à ébranler la confédération canadienne. La mer agitée de la fin des années soixante fait tanguer dangereusement le navire canadien autrefois porté par un temps clément. Si Jacques Parizeau a l'impression de travailler à la renaissance du Québec plutôt qu'à sa séparation de l'ensemble canadien, le reste du pays voit les choses autrement. Au moment où Daniel Johnson lance son livre *Égalité ou indépendance* [2], bien qu'il soit encore

---

1. Extrait de la déclaration présidentielle faite au moment de la conférence de presse semi-annuelle du président français, le 27 novembre 1967.
2. Daniel Johnson est chef de l'opposition au moment du lancement du livre. L'événement se déroule le vendredi 19 mars 1965.

chef de l'opposition, le reste du pays comprend que l'option indépendantiste vient de quitter les cercles plus restreints des groupuscules politiques pour s'inscrire en lettres majuscules dans le programme de l'un des deux principaux partis politiques du Québec. Avec le triomphe de l'Union nationale le 5 juin 1966, l'idée d'indépendance fraie pour la première fois avec le pouvoir en place à Québec.

Toutefois, Jacques Parizeau ne perçoit pas le nouveau premier ministre comme un indépendantiste. À son avis, le chef de l'Union nationale croit à la confédération et souhaite plutôt réformer le pays [3]. Pourtant, dès la victoire électorale de Daniel Johnson, les cercles financiers de la rue Saint-Jacques à Montréal et de Bay Street à Toronto vont tout tenter pour neutraliser les pulsions nationalistes de l'Union nationale.

Contrairement à Jean Lesage qui s'était réservé le porte-feuille de ministre des Finances, Daniel Johnson confie cette tâche à quelqu'un d'autre, Paul Dozois. En sa qualité de conseiller économique, Jacques Parizeau est amené à collaborer étroitement avec le nouveau ministre. Peu de temps après les élections, Paul Dozois est invité par le président de la Banque de Montréal à déjeuner et à discuter de la politique budgétaire. Il en informe Jacques Parizeau, qui l'accompagne en voiture jusqu'au siège social de la banque. Paul Dozois est nerveux. La Révolution tranquille a coûté cher et le gouvernement a emprunté comme jamais auparavant. Le ministre s'attend à ce que le syndicat financier mette le gouvernement en garde contre toute dilapidation de fonds. Et si le président de la Banque de Montréal allait lui annoncer qu'il était impossible pour l'instant de vendre les titres du Québec en raison de la victoire de Daniel Johnson?

---

3. Entrevue avec Jacques Parizeau, le 5 septembre 2000.

En route, les deux hommes conviennent que pendant que Paul Dozois sera en réunion avec les représentants de la Banque de Montréal, Jacques Parizeau ira manger aux alentours et attendra ensuite le ministre dans la voiture. Le conseiller économique tient absolument à être la première personne à parler au ministre à la sortie de la réunion. Jacques Parizeau veut neutraliser tout de suite les retombées négatives d'une éventuelle manœuvre d'intimidation sur le représentant des finances publiques. Une fois devant le siège social de la Banque de Montréal, le ministre Dozois descend de voiture. Quand il aperçoit les imposantes colonnes à l'entrée de l'immeuble, il craint tout à coup qu'elles ne s'effondrent sur lui. À l'intérieur, le nouveau ministre est reçu avec tous les égards dus à son titre. On l'escorte jusqu'à la magnifique salle à manger réservée aux repas d'affaires. Pendant ce temps, Jacques Parizeau s'inquiète. Il souhaite que le ministre ne se laisse pas trop impressionner par ces barons de la finance. Dans le cas contraire, si les feux d'artifice du pouvoir de l'argent en venaient à l'éblouir, le conseiller économique s'empresserait de redonner la vue à son ministre.

Environ deux heures plus tard, Jacques Parizeau voit Paul Dozois sortir de l'immeuble. Satisfait, le ministre des Finances lui annonce que la paix est ratifiée avec la Banque de Montréal et que le marché s'est rétabli. Jacques Parizeau esquisse un froid sourire et ne dit mot. Tout ce cirque lui semble des plus risible[4]. À quand la fin de ces pèlerinages avilissants, se demande-t-il? Pourquoi faut-il toujours que le ministre des Finances du Québec se dépouille de tout honneur et aille régulièrement faire d'humiliantes génuflexions devant les porte-parole du syndicat financier?

---

4. Cet épisode provient des souvenirs de Jacques Parizeau. Entrevue de janvier 1999.

Les pressions du milieu financier ne s'arrêteront pas là. Tout au long de son mandat, Daniel Johnson se fera constamment servir des mises en garde. Dès les premiers mois de son administration, un dossier controversé laissé en plan par l'administration Lesage rebondit sur la table du nouveau gouvernement. Il s'agit du financement des universités. Au début de l'année 1966, un comité spécial formé de représentants des ministères des Finances et de l'Éducation a été constitué afin de se pencher sur la situation financière des maisons d'enseignement supérieur [5]. Jacques Parizeau en faisait partie. Le financement des universités était calculé sans tenir aucunement compte des fonds de dotation. Or l'Université McGill, à la différence des institutions francophones, profitait de généreuses contributions financières du milieu des affaires et de la communauté anglophone. Après avoir rencontré les autorités de McGill, le comité remet son rapport en mai 1966, recommandant un rajustement à la baisse des subventions offertes à cette université. Jacques Parizeau, toujours à l'affût de telles questions, observe la création immédiate de comités de défense de l'Université McGill à Toronto et à Montréal, au sein même des vendeurs d'obligations du gouvernement. Des compagnies d'assurances et des courtiers menacent alors de ne plus acheter d'obligations du Québec, si le gouvernement ne rétablit pas les subventions à l'Université McGill. En voyage à Toronto, Jacques Parizeau se fait dire : « *We don't buy foreign bonds* [6]. »

En décembre 1966, le gouvernement de l'Union nationale réexamine les dépenses d'opérations de l'université anglophone. Les pressions sont fortes et un comité de fonctionnaires

---

5. Jean Lesage le rappelle dans un article du journal *Le Soleil,* le 24 janvier 1970. Mario Pelletier en parle également dans son livre, *La machine à milliards,* Montréal, Québec/Amérique, 1989, p. 51.
6. Entrevue avec Jacques Parizeau, le 27 avril 1998.

suggère une légère hausse des subventions qu'on lui accorde. Il s'agit de faire taire les critiques et les milieux financiers [7]. Malgré ce recul apparent, Jacques Parizeau qualifie de très raisonnable l'attitude du nouveau premier ministre face au chantage exercé par le milieu financier. «Johnson tient bon, dit-il, mais de l'autre côté, ça s'organise [8]... » L'année 1967 va donner lieu à l'une des plus habiles opérations de manipulation financière que le Québec a connues.

Il y a d'abord la visite de Charles de Gaulle au Québec qui alerte les financiers anglophones. Le «Vive le Québec libre», lancé depuis l'hôtel de ville de Montréal, en juillet 1967, projette la cause des indépendantistes sur la scène internationale. Dorénavant, les éléments les plus nationalistes du gouvernement Johnson peuvent compter sur l'appui indéfectible de la France, l'une des grandes puissances de la planète. Et puis, il y a René Lévesque. En cet été politiquement chaud, le charismatique petit homme souhaite convaincre son parti des bienfaits de l'idée de souveraineté-association. Pour le Canada anglais, c'en est trop. Si René Lévesque réussit à introduire cette idée dans le programme libéral, les deux partis politiques au Québec véhiculeront dorénavant l'idée du séparatisme. Pour l'establishment anglophone, il est temps d'étouffer le mouvement.

Au même moment, le premier ministre du Québec passe à deux doigts de la mort. Atteint d'une grave maladie du cœur, Daniel Johnson subit le 10 septembre 1967 une grave crise cardiaque [9]. Ce n'est pas la première. Son médecin lui ordonne de prendre un long repos afin de ne pas mettre inutilement sa

---

7. Débats à l'Assemblée législative, le 13 décembre 1966, p. 266.
8. Entrevue avec Jacques Parizeau, le 5 septembre 2000.
9. Selon Pierre Godin, le biographe de Daniel Johnson, il s'agit d'un infarctus du myocarde. *Daniel Johnson : 1964-1968. La difficile recherche de l'égalité*, Tome II, Montréal, Les Éditions de l'Homme, 1980, p. 255.

vie en danger. Une semaine plus tard, le dimanche 17 septembre, le premier ministre prend l'avion pour Hawaii. C'est dans le cadre enchanteur des plages de Waikiki, à Honolulu, depuis l'hôtel Kahala, que Daniel Johnson rédigera la célèbre déclaration d'Hawaii.

Au moment où se trame une intrigue digne des plus grands moments d'une pièce de théâtre à son dernier acte, Jacques Parizeau s'apprête à quitter la scène. Le 13 septembre 1967, il informe Daniel Johnson qu'il a l'intention de démissionner de son poste de conseiller économique et financier du Conseil exécutif dès le 15 septembre. Il met à la disposition du premier ministre les sièges qu'il occupait au conseil d'administration de la Caisse de dépôt et placement, de la SGF, de la SOQUEM et de la Régie de l'assurance-dépôts [10].

Le lendemain, tous les journaux parlent de sa démission. Dans Le Devoir, Paul Cliche écrit : « Le gouvernement québécois perd ainsi un de ses conseillers politiques les plus clairvoyants et écoutés [11]. » La Presse annonce la nouvelle en première page en insistant sur le fait qu'il « était une figure importante dans le domaine des relations fédérales-provinciales [12] ». Cette décision soudaine s'explique : Jacques Parizeau veut se vouer d'abord à l'enseignement : « Je n'ai eu sur le plan professionnel qu'un flirt qui a abouti à une passion et à un état. Moi, qu'est-ce que vous voulez, je suis né enseignant, puis je crèverai enseignant et tout le reste sont des incidents de parcours [13]. » Nommé professeur agrégé en 1956 et professeur titulaire en

---

10. Lettre au premier ministre, le 13 septembre 1967. Archives de Jacques Parizeau, ANQ.
11. Paul Cliche, Le Devoir, le 14 septembre 1967.
12. Article du journal La Presse, « Jacques Parizeau laisse le fonctionnarisme provincial », le 14 septembre 1967.
13. Jacques Parizeau à l'émission Les affaires et la vie, de la radio de Radio-Canada, le 20 janvier 1996. Cette émission était consacrée en partie à l'héritage économique de Jacques Parizeau.

1965, Jacques Parizeau a reçu toutes les distinctions qui en font un professeur à vie. Toutefois, s'il renouvelle son congé sans solde pour une troisième année consécutive, ce privilège lui sera retiré. Les règlements des HÉC sont clairs à ce sujet. Par conséquent, en dépit de tout l'engouement suscité par la Révolution tranquille, Jacques Parizeau ne peut pas se résoudre à abandonner son premier amour, l'enseignement [14].

Le dernier matin où il travaille à titre de conseiller économique et financier, Paul Dozois lui annonce que le Conseil des ministres a décidé de lui accorder, pour une seule journée, le plus haut salaire payé à un fonctionnaire. La résolution a une forte portée symbolique. Elle exprime bien la gratitude du gouvernement à son endroit. « J'étais très ému par le geste [15] », confie Jacques Parizeau.

Son retrait de la scène politique dure à peine plus d'un mois. À la fin d'octobre 1967, Daniel Johnson et lui conviennent d'une nouvelle forme d'entente qui permettra à Jacques Parizeau de reprendre son poste de conseiller économique et financier. « Il m'apparaît difficile d'accepter un contrat fixe avec le gouvernement [16] », écrit-il au premier ministre. Il propose plutôt de « ne pas recevoir de rémunération fixe ou minimum du gouvernement ». Jacques Parizeau sera donc rémunéré à la pièce. Il agira à titre de consultant et non plus comme un fonctionnaire engagé à temps plein. Ce compromis lui permet de conserver son poste d'enseignant aux HÉC.

---

14. Paul Dozois, qui appréciait son travail, lui avait déjà proposé de démissionner comme conseiller économique et de quitter définitivement l'enseignement pour se présenter à la prochaine élection partielle sous la bannière de l'Union nationale, une offre qu'il s'était empressé de repousser.
15. Entrevue avec Jacques Parizeau, janvier 1999.
16. Lettre au premier ministre Daniel Johnson, le 30 octobre 1967. Archives de Jacques Parizeau, ANQ.

Pendant sa courte absence, cependant, une crise majeure a secoué le gouvernement. Les volcans de l'archipel hawaïen ont craché leur lave et Jacques Parizeau s'en voudra longtemps de ne pas avoir été là au moment de ce qu'il considère être un désastre politique.

Les volcans de l'archipel hawaiien

Le 3 octobre 1967, pendant qu'il poursuit sa convalescence à Hawaii, Daniel Johnson signe un court texte destiné à rassurer les marchés financiers du Québec. Plusieurs milieux interprètent la déclaration comme un appui sans réserve au fédéralisme. Pour Jacques Parizeau, ce geste signifie un retour en arrière par rapport aux positions politiques adoptées auparavant par le gouvernement du Québec. Si Daniel Johnson est le propagandiste du slogan « Égalité ou indépendance », sa déclaration d'Hawaii semble plutôt mettre de l'avant « l'égalité » et enterrer « l'indépendance ».

« En juin 1966, écrit le premier ministre depuis l'hôtel Kahala à Honolulu, l'Union nationale n'a pas reçu le mandat de construire une muraille de Chine autour du Québec. […] Nous avons promis au peuple d'exercer les droits reconnus dans l'Acte de l'Amérique du Nord britannique et de tout mettre en œuvre pour obtenir une nouvelle constitution canadienne faite au Canada, par les Canadiens et pour les Canadiens […] Voilà le mandat que nous avons reçu et nous n'avons pas changé d'attitude. Dans cette recherche de l'égalité que nous voulons pour la nation canadienne-française, le Québec, comme foyer principal de cette nation, a un rôle prépondérant à jouer, cela va de soi, mais toutes et chacune des provinces, ainsi que le gouvernement fédéral, ont leur part de responsabilités. »

Publié en première page du journal *La Presse* le 4 octobre 1967, ce texte fait grand bruit. Le geste du premier ministre répond en fait à ce que Jacques Parizeau qualifie de «prétendue fuite de capitaux». Dès son retour aux affaires gouvernementales, au début du mois de novembre 1967, Jacques Parizeau rédige un mémoire sur l'évolution des marchés financiers pour expliquer au premier ministre ce qui s'est réellement passé pendant cette période d'agitation politique. Membre du conseil d'administration de la Caisse de dépôt et placement, il profite de l'expertise nouvelle acquise par cette institution pour commander une étude complète des mouvements de capitaux pour les mois de septembre, octobre et novembre. La Caisse dresse aussitôt un portrait de la situation. Chiffres à l'appui, Jacques Parizeau est alors en mesure de faire l'autopsie financière des derniers mois, ce qui lui permet de mieux comprendre les événements qui ont mené à la déclaration d'Hawaii.

Jacques Parizeau note d'abord que le 18 septembre, René Lévesque a rendu publique son option politique. Dans les jours qui suivent, il va tenter de convaincre les militants libéraux d'adopter sa proposition de souveraineté-association. Le congrès du Parti libéral est prévu pour le 13 octobre. Commence alors une étroite couverture de presse qui donne un effet amplificateur à toutes les déclarations en provenance du monde de la finance. Les haut-parleurs du capital financier alertent l'opinion publique sur l'éventualité d'une fuite de capitaux. Le Québec serait en déséquilibre financier et le cours de ses obligations en chute libre. Jacques Parizeau analyse les chiffres que lui présente la Caisse de dépôt. Il observe les titres obligataires du Québec et ceux de l'Ontario. Jusqu'au 12 octobre, l'écart de rendement entre les deux provinces ne varie pas de façon significative. «Pendant tout le mois de septembre, révèle-t-il, les encaissements d'obligations d'épargne du Québec se poursuivent à un rythme modéré. Aucun mouvement appréciable ne s'est produit quant au taux ou quant au montant des transactions sur les obligations directes ou garanties par le gouvernement du Québec jusqu'au 13 octobre [17]. »

Dans les derniers jours de septembre, l'émission publique préparée pour financer le projet de barrage de la Churchill Falls Corporation est retirée. On prévoit une demande trop faible. Il n'y a pas de transactions sur le marché. Eric Kierans affirme alors que c'est en raison du climat politique. L'ancien ministre du Revenu, qui a mené le combat contre le syndicat financier avec René Lévesque et Jacques Parizeau, n'est plus du même côté de la barricade. Se définissant avant tout comme un Canadien, Eric Kierans s'éloigne de son ami René Lévesque. Il considère que le projet de souveraineté-association conduira son pays à l'autodestruction. Il prend donc part au concert de déclarations annonçant une fuite de capitaux hors du Québec. Le 1er octobre, devant le Club de réforme de Sherbrooke, Eric Kierans dénonce tout scénario qui aboutirait à la séparation. Sa thèse est simple : un Québec indépendant ne pourrait pas vivre sans le Canada. Ce projet mènerait irrémédiablement la population du Québec sur la voie de la pauvreté, de la misère et du chômage endémique.

Le journal *L'Action* alimente la controverse en publiant, le 26 septembre 1967, un plan élaboré par l'Union nationale et destiné à réaliser l'indépendance du Québec sur une période de cinq ans. Ce document avait pourtant été rejeté en congrès un an avant les élections de 1966, mais la manchette contribue à accréditer la thèse de ceux qui craignent le nationalisme de Daniel Johnson.

Au cours de cette crise montée de toutes pièces, le premier ministre Johnson refait peu à peu ses forces sur les plages de

---

17. Texte de Jacques Parizeau : *Mémoire sur l'évolution des marchés financiers au cours de septembre, d'octobre et du début de novembre 1967*, le 13 novembre 1967, p. 2. Archives de Jacques Parizeau, ANQ.

Waikiki. Au Québec, Paul Dozois occupe le siège de premier ministre suppléant. Marcel Faribault, un proche de l'Union nationale qui est président du Trust Général, alimente Paul Dozois en mauvaises nouvelles. En l'absence de Jacques Parizeau, il se trouve à agir comme conseiller économique. L'économiste des HÉC n'est plus là pour faire contrepoids aux analyses des milieux financiers. Sa lettre de démission date du 15 septembre 1967. Or les plus importantes rumeurs d'hémorragies financières cumulent dans les derniers jours de septembre. Le bruit se rend jusque sur les plages d'Hawaii. Mal informé, le premier ministre tente d'en savoir plus. Il en discute au téléphone avec Paul Dozois qui, à distance, lui confirme ses craintes. Dans son mémoire, Jacques Parizeau écrit pourtant : « Il est remarquable que le marché des obligations d'épargne du Québec soit resté aussi calme jusqu'à la fin du mois [18]. »

Les événements prennent une autre tournure quand les hommes d'affaires Paul Desmarais et Marcel Faribault prennent l'avion pour aller rendre visite à Daniel Johnson à Hawaii. Il s'agit pour eux de bien faire comprendre au premier ministre qu'une crise majeure ébranle le Québec. Président de la Corporation des valeurs Trans-Canada, Paul Desmarais détient, par l'entremise de la compagnie Gelco, des avoirs de soixante-quinze millions de dollars investis dans d'innombrables compagnies valant environ deux milliards et demi de dollars [19]. Dans quelques mois, il va acheter Power Corporation. Daniel Johnson est fort impressionné par tout le succès que connaît ce Canadien français. Si Paul Desmarais se dit l'ami de Daniel Johnson, le chef de l'Union nationale ne se doute pas un instant que celui-ci est également en très bons termes avec son ennemi juré,

---

18. *Idem.*
19. Selon Dave Greber, *Paul Desmarais, un homme et son empire*, Montréal, Les Éditions de l'Homme, 1987, p. 154.

Pierre Elliott Trudeau[20]. Dans quelques semaines, c'est à la résidence de Paul Desmarais que Trudeau va décider de plonger dans la course à la chefferie du Parti libéral du Canada[21].

Les deux pieds dans le sable hawaiien, Marcel Faribault et Paul Desmarais vont donc manœuvrer pour convaincre le premier ministre du Québec de faire une déclaration politique. Cette déclaration doit discréditer l'idée de l'indépendance politique du Québec, afin de répondre à la fuite de capitaux qui serait en train de vider les coffres de l'État. Leurs propos écorchent au passage René Lévesque, en pleine campagne au sein de son propre parti pour promouvoir une telle idée. Comme par hasard, la déclaration de Daniel Johnson est publiée en primeur dans un journal, *La Presse*, qui, depuis quelques semaines, appartient à Paul Desmarais...

Pour l'écrivain et journaliste Peter C. Newman, proche des milieux financiers canadiens-anglais, l'épisode d'Hawaii «fut un moment agréable pour Paul Desmarais. C'était la façon dont il aimait participer à l'Histoire. Pour ceux qui le connaissaient mieux, Desmarais semblait quelquefois traiter les politiciens avec la prévenance due au somnambule que l'on doit diriger, mais tout doucement, de peur qu'il ne se trouve tout d'un coup réveillé et mis en face de la réalité[22].» Cette fois, le politicien n'est ni endormi ni somnambule : il est tout simplement affaibli, se relevant d'une violente crise cardiaque.

---

20. Raymond Garneau, ministre des Finances dans le futur gouvernement de Robert Bourassa et président de la compagnie d'assurances l'Industrielle-Alliance dans les années quatre-vingt-dix, ne s'étonne pas outre mesure des amitiés successives de Paul Desmarais : «Je l'ai vu en 1966 avec Lesage. Nous perdons l'élection en juin et en juillet et je crois que Johnson passe ses vacances d'été chez Desmarais.» Entrevue du 17 avril 2000.
21. Peter C. Newman, *L'Establishment canadien – ceux qui détiennent le pouvoir*, Montréal, Les Éditions de l'Homme, 1981, p. 63.
22. *Idem.*

Le 3 octobre, depuis Waikiki, Daniel Johnson rédige le texte de sa déclaration dans laquelle il annonce son intention de ne pas ériger une muraille de Chine autour du Québec. Encore aujourd'hui, Jacques Parizeau enrage de ne pas avoir été présent pour démolir le décor en papier mâché qui entourait le premier ministre. Avec Hawaii, « on s'est fait rouler dans la farine[23] ! », tonne-t-il. De son côté, Paul Desmarais a conservé dans ses archives personnelles une copie de la déclaration d'Hawaii comme un trophée de chasse que l'on exhibe sur un mur[24]. « Au moment où Paul Desmarais et Marcel Faribault vont voir Daniel Johnson à Hawaii, reprend Jacques Parizeau, tous ces jours-là, alors que nous sommes normalement au sommet de la panique, il n'y a pas de panique, ce ne sont que des paroles verbales[25] [sic] ! »

À Québec, les propos du premier ministre déplaisent à l'aile la plus nationaliste du parti. Les ministres Marcel Masse et Jean-Noël Tremblay n'apprécient pas du tout d'être associés à une équipe de maçons bâtissant une muraille autour du Québec. Pour Paul Gros D'Aillon, proche collaborateur du premier ministre mais qui n'accompagnait pas celui-ci dans le Pacifique, ces propos rassurants privent Daniel Johnson de son seul moyen de pression sur Ottawa. « Je n'y étais pas, écrit Paul Gros D'Aillon, mais j'ai su que l'on avait fait le siège de cet homme fatigué pour l'amener à renoncer à son intransigeance envers Ottawa, à donner des preuves de bonne volonté en faisant acte de foi au fédéralisme[26]. » Le biographe de Daniel Johnson, Pierre Godin, considère également que « rendu plus

---

23. Entrevue avec Jacques Parizeau, le 5 septembre 2000.
24. Daniel Johnson a remis lui-même la copie de sa déclaration à Paul Desmarais. Entrevue avec Paul Desmarais, le 18 avril 2001.
25. Entrevue avec Jacques Parizeau, le 5 septembre 2000.
26. Jean Loiselle, *Daniel Johnson. Le Québec d'abord*, VLB Éditeur, Montréal, 1999, p. 162.

perméable aux pressions à cause de sa santé et de ses préoccupations sur l'avenir économique du Québec, Johnson se rend finalement à la requête de Paul Desmarais [27] ».

Pour les milieux financiers, ce n'est pas encore suffisant. Charles Neapole, président de la Bourse de Montréal, fait une nouvelle déclaration à propos d'un exode de capitaux. Le 6 octobre, Jacques Parizeau peut lire un article du *Globe and Mail* qui consacre deux pages du *Report on Business* aux capitaux qui quitteraient le Québec. Le 7 octobre, le *Financial Post* reprend le même thème. Après s'être assuré de la collaboration du premier ministre du Québec, il faut neutraliser l'option souverainiste du dangereux René Lévesque et maintenir la pression jusqu'au congrès libéral.

À l'ouverture du congrès, le vendredi 13 octobre, « l'écart entre les rendements "des Québec" [les obligations] et "des Ontario" finit par décrocher et monte [28] ». Pour Jacques Parizeau, « devant une pression comme on n'en a pas souvent vu, après qu'on eut rempli les journaux de rumeurs et de déclarations, les obligations du Québec décrochent. À partir de là, elles continuent à monter dans les semaines qui suivent [29]. » En conclusion à son mémoire sur l'évolution des marchés financiers, Jacques Parizeau écrit : « Les discussions constitutionnelles dans la province de Québec prenaient une ampleur telle et provoquaient une telle surenchère entre les partis politiques, que le seul frein praticable pouvait apparaître comme étant d'ordre financier. La chute des taux d'intérêt sur tous les marchés en Amérique du Nord donnait à l'évolution des rendements des obligations du Québec une allure de crise

---

27. Pierre Godin, *Daniel Johnson...*, *op. cit.*, Tome 1, p. 269.
28. Texte de Jacques Parizeau : *Mémoire sur l'évolution des marchés financiers*, *op. cit.*, p. 3.
29. Article publié dans le journal *Le Devoir*, « Cartel financier et gouvernements », le 2 février 1970.

éminemment utilisable. Tous les éléments d'une campagne efficace étaient donc réunis [30]. »

Quand les prévisions d'investissement pour l'année 1968 « seront rendues publiques par le gouvernement fédéral, on se rendra compte, au vu des chiffres, que l'on a été roulé. Sur la base des mêmes chiffres, s'il y a une fuite de capitaux, on pourrait supposer qu'elle est plutôt en Colombie-Britannique [31] », ironise Jacques Parizeau.

À son retour d'Hawaii, Daniel Johnson annonce immédiatement un remaniement ministériel. Le 31 octobre, trois nouveaux ministres sont assermentés. Au Canada anglais, c'est la nomination de Marcel Faribault qui fait la manchette. Daniel Johnson l'élève au rang de conseiller législatif et de conseiller spécial auprès du premier ministre en matières constitutionnelles et économiques. À Ottawa et à Toronto, on ne se trompe pas sur le signal envoyé. Marcel Faribault, président du Trust Général du Canada, siège à dix-huit conseils d'administration, parmi lesquels figurent les plus puissantes entreprises du pays dont Bell Canada [32]. L'establishment financier est rassuré et peut compter dorénavant sur la présence de l'un de ses représentants auprès du premier ministre du Québec. Charles Neapole, qui a alerté à plusieurs reprises l'opinion publique relativement à l'instabilité financière qui menacerait le Québec, prédit que la nomination de monsieur Faribault stimulera les investissements dans la province.

Lorsqu'il reprend ses activités politiques, Daniel Johnson doit se préparer à la prochaine conférence interprovinciale convoquée par le premier ministre de l'Ontario, John Robarts,

---

30. Texte de Jacques Parizeau : *Mémoire sur l'évolution des marchés financiers, op. cit.*, p. 4.
31. Article publié dans le journal *Le Devoir*, « Cartel financier et gouvernements », le 2 février 1970.
32. Marcel Faribault, figure connue du Parti conservateur du Canada, est aussi l'un des trésoriers de l'Union nationale.

et qui portera sur la Constitution. Le premier ministre Johnson met sur pied un groupe de travail formé de hauts fonctionnaires et de conseillers et Jacques Parizeau en fait partie. Pendant que le technocrate prépare les documents qui serviront aux travaux de la conférence qui s'ouvrira le 27 novembre à Toronto, près de quatre cents délégués se réunissent autour de René Lévesque et fondent à Montréal le Mouvement souveraineté-association [33].

Il faut protéger le premier ministre

Dans la conduite des affaires de l'État, particulièrement dans les dossiers économiques et financiers, Claude Morin a l'impression que Jacques Parizeau a eu plus d'influence sur Jean Lesage que sur Daniel Johnson. « Johnson était dans un domaine où il était moins perméable à l'influence de Parizeau, parce que ce n'était pas lui qui décidait ultimement. Johnson devait être aidé par d'autres tandis que Lesage, dans le domaine financier, était celui qui décidait. Quand on parlait à Johnson, on parlait à l'un des décideurs [34]. » Claude Morin ajoute toutefois que « Daniel Johnson était assez intimidé et fasciné par Parizeau. Il l'écoutait mais en laissait. Johnson était un homme plus que prudent, il était peureux et calculateur [35]. »

Pour sa part, Jacques Parizeau refuse de qualifier Daniel Johnson de peureux. Au contraire, il le couvre d'éloges : « Il s'est révélé au pouvoir être un homme qui avait une résistance à la crise absolument remarquable. À la fois des nerfs très solides et une très grande confiance en lui chaque fois que ça

---

33. Le Mouvement souveraineté-association est fondé la fin de semaine des 18 et 19 novembre 1967.
34. Entrevue avec Claude Morin, le 12 avril 1999.
35. *Idem.*

bardait[36]. » Il apprécierait l'analyse du politicologue Gérard Bergeron qui dit de Daniel Johnson : « Sortira un homme d'État responsable du politicien inquiétant dont tant de gens se méfiaient depuis si longtemps[37]. »

Quand on revient sur la déclaration d'Hawaii et sur la façon dont Daniel Johnson a été « roulé dans la farine », Jacques Parizeau s'indigne : « C'est trop facile de blâmer Johnson ! Moi, je me suis fait prendre comme tout le monde. J'aurais dû... J'aurais dû faire cette étude longtemps avant. Comment voulez-vous que je blâme Johnson ? Il ne connaissait pas ça. Je suis aussi coupable que lui. Lesage m'avait appris que la première des jobs, c'est de protéger le boss, le patron. Lesage appelait ça le sens de l'État, c'est lui qui m'a appris ça. Non, Johnson n'est pas un peureux ! Il s'est senti coincé parce que je n'ai pas été capable de le décoincer et de le protéger à l'avance. Je ne peux blâmer un gars à l'égard duquel je n'ai pas fait mon travail[38] ! » Quand on rappelle à Jacques Parizeau qu'il venait de donner sa démission comme haut fonctionnaire, il refuse de voir dans cette absence temporaire du Cabinet une circonstance atténuante. « Je n'ai pas pu fournir à Johnson les moyens de résister. J'en prends ma responsabilité. Et Marcel Faribault... c'était navrant ! Je n'ai pas été capable de protéger le boss[39] », répète-t-il, déçu.

36. Série radiophonique de Radio-Canada, *La Révolution tranquille*, animée par Pierre de Bellefeuille et Jean-Pierre Bergeron, diffusée le 14 août 1971, épisode 9.
37. Extrait de la communication faite par Gérard Bergeron dans le cadre du colloque de l'UQÀM portant sur *Daniel Johnson. Rêve d'égalité et projet d'indépendance,* tenu à Montréal, les 23, 24 et 25 mars 1990. Les actes du colloque furent publiés sous la direction de Robert Comeau, Michel Lévesque et Yves Bélanger aux Presses de l'Université du Québec, à Montréal, en 1991.
38. Entrevue avec Jacques Parizeau, le 5 septembre 2000.
39. *Idem.*

Le partage du ciel

Daniel Johnson ne cesse d'étonner Jacques Parizeau. Dans l'action, le technocrate découvre un véritable homme d'État. Le premier ministre Johnson n'est plus un politicien de campagne et il voit de grandes choses pour le Québec. Après la conquête de l'économie, il entrevoit la conquête de l'espace... Pendant que les États-Unis et l'Union soviétique se disputent le partage du ciel par l'envoi de fusées, Daniel Johnson rêve d'une place pour le Québec. Le cosmos doit lui aussi parler français. Il estime tout à fait réaliste que le Québec construise et lance, en collaboration avec la France, un premier satellite pour le début des années soixante-dix. Celui que la presse surnommait «Dany boy» a dorénavant les rêves de grandeur d'un chef d'État. Et ce projet, apparemment risible ou démesuré, devient soudainement envisageable grâce à l'influence du président Charles de Gaulle.

Après son spectaculaire discours du balcon de l'hôtel de ville à Montréal, le général désire offrir plus que des mots au Québec. Jacques Parizeau en est fort stimulé. «C'est une ouverture historique!», s'exclame-t-il. Charles de Gaulle fait tout en son pouvoir pour donner au Québec tous les outils qu'un État national doit posséder pour se joindre au concert des nations. L'accès à la haute fonction publique française est illimité. Pour un technocrate comme Jacques Parizeau, c'est inespéré : «Sur les dossiers compliqués, les questions de transfert de pension, j'avais un contact direct avec un dénommé Dromer qui était conseiller économique du président français [40]. » Les interminables délais s'évanouissent. Tout se règle en dix minutes au téléphone. Grâce au général de Gaulle, le Québec bénéficie en tout temps d'un accès direct à l'Élysée.

---

40. Entrevue avec Jacques Parizeau, le 30 mars 2000.

En prévision d'une visite que le premier ministre Johnson doit effectuer en France en mai 1967, tous les conseillers de l'État sont mobilisés pour préparer les divers dossiers dont il faudra discuter avec le président français. Il est déjà vaguement question d'une forme de participation du Québec au projet franco-allemand Symphonie. Ce vaste programme porte sur la construction de satellites qui pourraient être lancés depuis le continent européen sans l'aide des Américains. Déjà deux satellites, le Saros français et l'Olympia allemand, sont en orbite. Au départ, le Québec ne demande qu'une chose, que son territoire soit couvert par le satellite français de télécommunications afin que sa population puisse capter en direct les émissions françaises.

Si la France possède depuis 1962 son Centre national d'études spatiales, au Québec «nous n'y connaissons rien», raconte Jacques Parizeau. Heureusement, avant la visite en France, un Québécois travaillant à la NASA se porte volontaire pour donner quelques séances de formation au commando de hauts fonctionnaires qui prennent part à la mission [41].

Le mercredi 17 mai 1967, Daniel Johnson pose les pieds sur le sol français. Il est accueilli avec tous les honneurs réservés à un chef d'État. Paul Dozois, ministre des Finances, l'accompagne. Parmi les mandarins, on peut noter la présence de Claude Morin, sous-ministre des Affaires intergouvernementales, de Michel Bélanger, sous-ministre de l'Industrie et du Commerce, de Jean Deschamps, président-directeur général de la SGF, de Jean-Paul Gignac, représentant d'Hydro-Québec et, bien sûr, de Jacques Parizeau, conseiller économique du gouvernement.

Bien des projets sont à l'ordre du jour. Les deux délégations en discutent longuement lors de la réunion de concertation franco-québécoise. Hervé Alphand, secrétaire général aux

---

41. Entrevue avec Jacques Parizeau, le 16 août 1999. Le biographe a tenté de retrouver le nom du spécialiste en question, mais en vain.

Voici le carton d'invitation personnalisé que reçoit Jacques Parizeau lors de sa visite en France, où il accompagne le premier ministre Daniel Johnson. Archives de Jacques Parizeau, ANQ.

Affaires étrangères de France, reçoit la délégation québécoise au Quai d'Orsay, dans un immense bureau de style Louis XV. Vers la fin de la rencontre, Daniel Johnson, qui avait déjà discuté de la question avec le président de Gaulle, fait mention du satellite franco-allemand qui doit entrer en service au début des années soixante-dix. Il donne la parole à Jacques Parizeau qui fait un exposé sur le sujet. L'audace de la délégation québécoise est telle qu'elle va jusqu'à demander aux Français d'associer le Québec à la construction du prochain satellite. Du côté français, on reçoit la demande positivement. C'est possible, répond-on, mais il faut prévenir les Allemands qui ne sont pas encore au courant. La délégation française demande donc au Québec de ne pas rendre ce dossier public pour l'instant.

Combien cela coûterait-il? On parle d'au moins quarante millions de dollars au total, avance un collaborateur d'Hervé

Alphand. Daniel Johnson se tourne vers son ministre des Finances : « Monsieur le ministre, nous aurions bien quelques millions de disponibles pour que le ciel parle aussi français ? » Paul Dozois acquiesce [42].

Au cours du voyage, un journaliste risque de faire déraper toute l'affaire quand il aborde la question avec le premier ministre québécois : « Alors le satellite, ça fonctionne ? » Le premier ministre est estomaqué. « C'est secret ! », lui répond Daniel Johnson. Quand la nouvelle est connue, les Anglo-Saxons deviennent furieux, affirme Jacques Parizeau. « Les Anglais, les Américains, le Canada et le Japon ont projeté de lancer un satellite géostationnaire de communications avec un lanceur américain, tandis que le lanceur franco-allemand est russe. Nous étions comme des enfants qui donnent des coups de pied dans les termitières [43] ! », s'exclame Jacques Parizeau en riant.

La délégation québécoise rentre au pays le 21 mai 1967. Deux semaines plus tard, une étude préliminaire est déjà en cours de préparation pour le Cabinet. Présenté par Claude Lapointe, directeur de la recherche et du développement au ministère des Travaux publics, le mémorandum insiste sur le fait que « si le Québec s'abstenait de participer au développement de la techno-logie reliée aux satellites, il résulterait peut-être des conséquences graves pour l'avenir économique de la nation, à savoir qu'il sera difficile de participer à l'essor que prend et continuera à prendre l'industrie sur notre continent et ailleurs [44] ».

---

42. Cette version des faits est confirmée par Jean Loiselle, *Daniel Johnson...*, *op. cit.*, p. 133 et Paul Gros D'Aillon, *Daniel Johnson. L'égalité avant l'indépendance*, Montréal, Stanké, 1979, p. 154, alors responsables des communications pour le premier ministre Daniel Johnson.
43. Entrevue avec Jacques Parizeau, le 16 août 1999.
44. Notes sur les satellites de communications en orbite stationnaire. (Études préliminaires) Préparées par Claude Lapointe, directeur de la recherche et du développement aux Services des procédés et développement du ministère des Travaux publics, Québec, le 9 juin 1967. Archives de Jacques Parizeau, ANQ.

L'opération satellite est bel et bien lancée. Du 12 au 17 juin 1967, un groupe de fonctionnaires québécois se rend en France. La mission revient au Québec emballée et présente, un mois plus tard, un rapport préliminaire sur les télécommunications par satellite et le rôle que pourrait jouer le Québec dans ce domaine. Claude Morin transmet le rapport au premier ministre le 20 juillet : « Le Québec pourrait envoyer des ingénieurs en France, il y aurait la possibilité d'entreprendre de la recherche au Québec avec une équipe québécoise. Nous pourrions ainsi participer à la mise au point de nouveaux matériels pour de futurs satellites et stations terriennes [45]. » Le groupe recommande aussi au premier ministre d'engager très rapidement des négociations afin de mettre au point un projet de satellite franco-québécois. Un échéancier précis est proposé. Dès 1968, il faudra avoir complété les devis pour la construction, sur le territoire québécois, de la base terrestre de communication par satellite. À la fin de l'année 1969, débuteront les travaux de construction de l'engin spatial. Tout devra être prêt pour qu'en 1971, le satellite soit lancé dans l'espace. Pour près de trente millions de dollars, note le rapport, et compte tenu de l'importante contribution de la France, le Québec pourrait laisser flotter son drapeau autour de la terre et participer avec les grandes puissances du monde à l'opération de quadrillage et de partage du ciel !

Si le gouvernement de Charles de Gaulle se montre disposé à partager son savoir avec les Québécois, il ne désire nullement le faire avec les Américains. Très tôt, les autorités françaises posent leurs conditions aux Québécois : « Il ne saurait être

---

45. Rapport préliminaire rédigé par Gaston Cholette du ministère des Affaires intergouvernementales, Gratien Dandois, ingénieur au ministère de l'Industrie et du Commerce, Jacques Guèvremont, ingénieur à Hydro-Québec, et Claude Lapointe du ministère des Travaux publics : *Télécommunications par satellites pour le Québec*, le 13 juillet 1967. Archives de Jacques Parizeau, ANQ.

question de laisser le Québec entrer dans la recherche et la participation industrielle, à moins que ce ne soit par le truchement d'organismes authentiquement canadiens-français, car la France ne veut pas voir des sociétés anglo-saxonnes s'immiscer dans le satellite [46].»

Le 14 septembre 1967, Jacques Parizeau informe Daniel Johnson que «le gouvernement français est tout à fait décidé à fabriquer avec le Québec le troisième satellite dans le programme de lancement qu'il a amorcé avec les Allemands. L'administration française a cependant besoin d'entrer en contact avec les fonctionnaires québécois chargés de la réalisation du projet [47].» Jacques Parizeau presse le premier ministre d'agir. «Il nous faut le plus rapidement possible ouvrir un service au gouvernement qui se mette au travail. Le satellite est un projet spectaculaire, très suivi par les journaux et, en France le ridicule tue [48]... » Jean Loiselle et Paul Gros D'Aillon, proches conseillers de Daniel Johnson, se rendent régulièrement en France. Parmi leurs dossiers, ils n'oublient jamais de traiter de celui du satellite franco-québécois. Jean Loiselle affirme même qu'en novembre 1967, «le premier ministre était déterminé à faire aboutir les négociations avec la France à propos du satellite : ce dossier évoluait [49]», conclut-il.

En juin 1968, le dossier est à ce point avancé que Jacques Parizeau relève la présence de deux entreprises installées au Québec qui pourraient constituer le noyau initial de développement et de concentration de l'industrie électronique québécoise, trop dispersée au goût de l'économiste. Il porte son attention sur la Canadian Aviation Electronics (CAE) et sur

---

46. *Idem.*
47. Note à Daniel Johnson, le 14 septembre 1967. Archives de Jacques Parizeau, ANQ.
48. *Idem.*
49. Jean Loiselle, *Daniel Johnson...*, *op. cit.*, p. 157-158.

Canadian Marconi qui, contrairement à CAE, possède un important service de recherche et fait plus que du montage. Il s'assure du concours de Michel Bélanger, sous-ministre de l'Industrie et du Commerce, qui « a manifesté son accord sur le sens de l'opération [50] ». Puis Jacques Parizeau part pour Londres rencontrer les dirigeants de la société qui détient la majorité des actions de Marconi. Il tente de négocier la vente de leurs actions au gouvernement québécois. « Je suis allé rencontrer M. Riddel, Joint Executive Manager de English Electric, qui détient 51 % du capital-actions de Canadian Marconi. Il a refusé d'envisager la vente du contrôle de Canadian Marconi par English Electric [51] », écrit-il dans un mémo préparé pour le premier ministre. English Electric ne désire pas se retirer du Canada, puisque leur présence au pays leur permet de récolter des contrats des gouvernements canadien et américain. Le directeur Riddel est toutefois prêt à se départir des opérations civiles de Marconi qui représentent cinquante pour cent des ventes. English Electric demeurerait minoritaire avec les gouvernements québécois et français. Monsieur Finlayson, président de Marconi à Montréal, recevra une lettre en ce sens de M. Riddel. C'est l'engagement qu'il a pris auprès de Jacques Parizeau.

Le conseiller économique fait d'innombrables efforts pour s'assurer que l'éventuel groupe de production, qui fabriquerait les composantes du satellite, soit contrôlé par le gouvernement du Québec. Pour en avoir longuement discuté avec Jean-Daniel Jurgensen, directeur du pupitre Amérique au ministère des Affaires étrangères de France, Jacques Parizeau sait bien, lui aussi, que « les Français n'accepteront de nous faire travailler sur la fabrication de satellites que dans la mesure où les établissements du Québec [qui] seront choisis ne seront pas contrôlés

---

50. Mémo de Jacques Parizeau préparé pour l'honorable Daniel Johnson, le 27 juin 1968. Archives de Jacques Parizeau, ANQ.
51. *Idem.*

par des intérêts américains[52]». Jacques Parizeau met donc dans le coup Jean Deschamps, président de la SGF. Il s'efforce d'échafauder un montage financier où la Caisse de dépôt, la SGF et le gouvernement français constitueraient les actionnaires majoritaires de la nouvelle société. Il en informe le premier ministre dans un mémo daté du 27 juin 1968. «J'ai donc suggéré à Jean Deschamps que l'on examine la possibilité de constituer un groupe important dans la fabrication de matériel électronique[53].»

Les négociations avec le président de la société Marconi sont difficiles. Jacques Parizeau ne peut le contraindre à céder plus que cinquante pour cent des actions de l'entreprise. Finlayson craint, comme son patron de Londres, de perdre des contrats avec le Canada et les États-Unis si les gouvernements du Québec et de la France sont majoritaires[54]. Jacques Parizeau se replie donc sur une position stratégique qui laisserait cinquante pour cent des actions à Marconi et le reste aux groupes gouvernementaux. Entre-temps, Jean Deschamps et Jacques Parizeau rencontrent des représentants de la Compagnie générale d'électricité de France. Intéressée par le projet, cette compagnie détient une grande expertise dans le montage de satellites.

Le 18 novembre 1968, Jacques Parizeau rédige un mémorandum des plus inspiré pour le premier ministre. «Le projet Marconi est maintenant relancé.» Sachant bien qu'un satellite doit être remplacé environ tous les cinq ans, il évalue le coût d'un engin spatial franco-québécois à trente millions. Mais ce mémo ne sera jamais envoyé. Daniel Johnson est très malade, il va bientôt mourir. Pour le plus grand malheur de Jacques

---

52. *Idem.*
53. *Idem.*
54. Note sur l'état des négociations avec Canadian Marconi de Jacques Parizeau. *Re : Satellite.* Non daté. (Possiblement juillet 1968.)

Parizeau, le rêve d'un satellite québécois en orbite autour de la terre va se briser sur le cercueil de Daniel Johnson. À la fin de l'année 1969, l'opinion publique entendra parler du projet de satellite franco-québécois, mais le dossier sera dorénavant paralysé et bientôt clos[55].

Le successeur de Daniel Johnson, Jean-Jacques Bertrand, est dépassé par le projet. Imaginer le satellite franco-québécois en orbite au-dessus de sa tête lui donne le vertige et des haut-le-cœur. «Les télédiffuseurs du Québec disent que les cotes d'écoute baisseront et les revenus publicitaires aussi. Alors Jean-Jacques Bertrand recule[56]!», raconte un Jacques Parizeau indigné. «Quelle occasion ratée! Imaginez où on en serait aujourd'hui[57]!» En 1968, il écrit: «Il va de soi que si nous manquons le bateau, nous ne pourrons pas le reprendre au cours des années qui suivront. Une fois le partage du ciel fait, il risque d'être stable pour longtemps[58].»

Parmi tous les projets de la Révolution tranquille, s'il y en a un qui exprime avec le plus d'excentricité les progrès réalisés par le Québec sur la scène internationale, c'est bien celui du satellite québécois[59]. Alors que le Québec lutte pour occuper

---

55. Le dossier va donner lieu à une sérieuse prise de bec entre le premier ministre du Canada, Pierre Elliott Trudeau, et le gouvernement français en janvier 1969, quand le secrétaire d'État aux Affaires étrangères de France, Jean de Lipowski, déclare publiquement qu'il tient pour acquis qu'il y aura d'ici quelques années un satellite de communications franco-québécois. Daniel Johnson maintenant décédé, les successeurs ne prennent que mollement la défense d'un tel projet qui meurt sur les planches à dessins.
56. Entrevue avec Jacques Parizeau, le 16 août 1999.
57. *Idem.*
58. Mémo pour le premier ministre, *Sujet: Marconi*, le 18 novembre 1968, p. 2.
59. Le biographe ne veut pas passer sous silence le réseau de maisons du Québec mis sur pied en Europe à la même époque. Il ne fait qu'évoquer ici le côté excentrique du dossier du satellite franco-québécois.

une place sur son propre territoire, il se joint à la France du général de Gaulle pour propulser dans le cosmos un engin porteur d'avenir. Les gestes posés par les deux premiers ministres de la Révolution tranquille, Jean Lesage et Daniel Johnson, s'éloignent de plus en plus de ceux que pose un simple chef d'une province. Pour Jacques Parizeau, c'est l'exultation. Le projet de satellite marque un sommet dans les ambitions des révolutionnaires tranquilles. Après cet échec, le corps d'élite de la fonction publique québécoise revient sur terre. Ce sera bientôt la fin d'une époque.

La mort d'un premier ministre

Daniel Johnson sait qu'il ne lui reste plus beaucoup de temps à vivre. Son cœur, comme une horloge déréglée, menace à tout moment de cesser de battre. Ce qu'il veut éviter avant tout, c'est de mourir seul la nuit, dans son lit. Au Château Frontenac, dans sa suite, il s'assure de la présence de son chef de cabinet, Mario Beaulieu, qui dort à proximité de sa chambre. Lorsqu'il voyage, son bon ami Roland Giroux l'accompagne très souvent et ne se trouve jamais bien loin de lui quand il décide finalement d'aller dormir.

Cette hantise de mourir dans son lit amène Daniel Johnson à toujours repousser l'heure du sommeil. Il a donc pris l'habitude de recevoir les gens très tard dans la nuit pour discuter de leurs projets. C'est dans ce contexte qu'André Marier est convoqué un soir par le premier ministre. Après avoir conçu la Société québécoise d'exploration minière (SOQUEM), André Marier, cette dynamo de la Révolution tranquille, souhaite reproduire le même modèle de société dans le domaine pétrolier. Vers vingt-trois heures donc, à la fin de l'année 1967, André Marier rencontre Daniel Johnson. Il lui remet, fidèle à son habitude, un document bien ficelé où il s'efforce de résumer les arguments en faveur d'une société d'État dans le domaine pétrolier. Il explique au premier ministre que la Société québécoise d'initiatives pétrolières (SOQUIP) serait un élément essentiel à une véritable politique énergétique. La SOQUIP aurait pour objectif de rechercher, produire, emmagasiner, transporter et vendre des hydrocarbures. Daniel Johnson l'écoute avec attention tout en mangeant sa deuxième ou troisième tablette de chocolat, question de demeurer éveillé le plus tard possible.

À l'été 1968, malgré cette rencontre nocturne, la SOQUIP n'est toujours qu'un concept. André Marier pousse pour que le dossier aboutisse, mais en vain. Il se décide à rencontrer Jacques Parizeau, son vieux complice dans le dossier de la Caisse de dépôt et placement. Ils se donnent rendez-vous au restaurant du parlement. En lisant le court document préparé par André Marier, Jacques Parizeau réagit et dit : « C'est très bien mon cher, mais vous savez, il y a des limites à faire accepter, par des gouvernements conservateurs, vos projets [60] ! » Les deux compères éclatent de rire. L'idée d'une société d'exploration pétrolière sourit à Jacques Parizeau. Il s'engage auprès d'André Marier à en parler au premier ministre à la première occasion.

Daniel Johnson est victime d'une autre crise cardiaque durant l'été 1968. En compagnie de son ami André Lagarde, le trésorier du parti, il se rend le 14 août aux Bermudes. Le premier ministre doit refaire ses forces s'il veut continuer à exercer ses fonctions de chef d'État. Une clinique de cardiologie fort renommée est située près du Elbow Beach Surf Club à Hamilton.

Pendant ce séjour de plus d'un mois, Daniel Johnson recevra la visite de Paul Desmarais, de Mario Beaulieu, son chef de cabinet, et de son ami Jean-Paul Cardinal. Les derniers jours, son fils, Pierre-Marc, passe quelque temps auprès de son

---

60. Entrevue avec André Marier, le 28 juin 1999.

père. Jacques Parizeau prend lui aussi l'avion pour aller discuter avec le premier ministre de certains dossiers dont celui de la SOQUIP. «Apportez un maillot parce qu'on passe le plus clair de notre temps sur la plage[61]!», prévient André Lagarde, qui veille jalousement à ce que Daniel Johnson puisse se reposer. L'attention et la prévenance d'André Lagarde à l'égard de Daniel Johnson émeuvent Jacques Parizeau. «Il agissait comme une véritable nounou! Tout ça nous réconcilie avec le monde de la politique[62].» À son arrivée aux Bermudes, Jacques Parizeau reçoit les directives de l'ange gardien de Daniel Johnson : «Pas plus d'une heure à la fois! C'est moi qui vais régler votre emploi du temps et décider quand ça commence et quand ça finit[63].»

La démarche de Jacques Parizeau vise à convaincre le premier ministre d'aller de l'avant dans le dossier de la SOQUIP. Daniel Johnson donne son aval et informe son entourage que, quoi qu'il arrive, il désire que cette société d'État voie le jour. La chose se fera le 28 novembre 1969, après sa mort. La SOQUIP s'ajoute alors à la panoplie de sociétés d'État créées par la Révolution tranquille[64].

Daniel Johnson est de retour au Québec le 19 septembre 1968. Trois jours avant sa mort, le lundi 23 septembre, il se rend à l'Institut de cardiologie de Montréal pour un examen de contrôle. Le médecin est formel : le premier ministre doit cesser ses activités, sinon c'est la mort qui l'attend à très court terme. Il téléphone peu après à André Lagarde et lui dit : «André,

---

61. Entrevue avec Jacques Parizeau, le 29 juin 1999.

62. *Idem.*

63. *Idem.*

64. Dans les années quatre-vingt, la SOQUIP va détenir des intérêts dans les deux plus grands distributeurs québécois de gaz naturel et favoriser la création de Gaz Métropolitain en menant une opération conjointe avec la Caisse de dépôt et placement du Québec.

je vais mourir cette semaine, le mois prochain, en tout cas bientôt. Mais je vais mourir debout[65] !»

Deux jours plus tard, Daniel Johnson prend l'avion pour la Manicouagan. Il part inaugurer le majestueux barrage de Manic 5, le plus grand au monde dans le genre. En soirée, pendant le souper, inspiré par le destin, il fait signe à René Lévesque et à Jean Lesage. Il aimerait que les deux hommes, qui ne se parlent plus, se serrent la main. René Lévesque grimace en signe de désapprobation. Daniel Johnson insiste, c'est lui qui prend la main de René Lévesque puis celle de Jean Lesage. Le lien est établi, le trio est formé. L'instant est magique, les photographes captent et figent cette poignée de main à trois. Daniel Johnson n'a plus que quelques heures à vivre.

Au petit matin du 26 septembre 1968, aux abords du chalet où dormait Daniel Johnson, on entend la même phrase prononcée avec émotion : «Le patron est mort!» À l'âge de cinquante-trois ans, Daniel Johnson est retrouvé sans vie dans son lit. La triste nouvelle va bientôt secouer tout le Québec.

Dans l'habitacle du petit avion, des employés de l'aéroport s'affairent à déboulonner deux sièges pour faire place à la dépouille du premier ministre. On apporte la civière sur laquelle repose Daniel Johnson, les bras croisés. La gravité du moment est bien sentie. On n'a pas trouvé de cercueil, mais l'étoffe qui enveloppe le premier ministre vient redonner toute sa dignité au défunt que l'on prépare pour son dernier voyage. La civière est fixée au plancher de l'avion. Le fleurdelisé va étreindre le premier ministre pendant tout le vol[66].

---

65. Paul Gros D'Aillon, *Daniel Johnson...*, *op. cit.*, p. 218.
66. Jean Loiselle s'en souvient comme un moment difficile. Il était à bord de l'avion. *Daniel Johnson...*, *op. cit.*, p. 252 *Le Québec d'abord*, VLB Éditeur, Montréal, 1999, p. 252.

Le Beechcraft décolle, puis trace dans le ciel un demi-cercle pour que le premier ministre survole une dernière fois l'ouvrage gigantesque conçu et bâti par des milliers de mains québécoises. L'immensité du barrage de deux cent quatorze mètres de haut, ses voûtes multiples et ses contreforts reflètent la puissance et la noblesse qui viennent saluer celui qui, en 1959, comme ministre des Ressources hydrauliques sous Maurice Duplessis, avait donné le signal de départ des grands travaux qui allaient animer ce chantier colossal.

Lorsqu'il apprend la nouvelle, le général de Gaulle fait savoir qu'il assistera aux funérailles de « son ami Johnson » si le gouvernement du Québec le souhaite. Le président français déroge ainsi à l'usage diplomatique qui veut qu'un chef d'État assiste seulement aux funérailles d'un autre chef d'État. Le premier ministre suppléant, Jean-Jacques Bertrand, hésite. Il ne veut plus de frictions avec Ottawa. Il repousse donc l'offre de Charles de Gaulle et fait savoir aux diplomates français que la présence du premier ministre Maurice Couve de Murville suffira. Pour Jean Loiselle, depuis peu chef de cabinet de Daniel Johnson, cette décision annonce un futur premier ministre timoré : « C'est maintenant que commencent les faux-fuyants [67] ! »

La mort de Daniel Johnson représente une perte inestimable pour Jacques Parizeau. « Lesage nous a appris à administrer. Johnson a été l'homme des grandes intuitions. Johnson ne posait jamais un geste sans demander qu'est-ce que vous pensez que ça aura comme effet dans cinq ans ? Et ça, c'est très rare en politique et surtout pour un politicien de campagne. Ces deux premiers ministres sont des gens remarquables. Puis là… arrive le pauvre Bertrand, parfaitement honnête, gentil comme du bon pain. Il fait ce qu'il peut, mais il peut peu.

---

67. *Idem*, p. 254.

Bertrand est un brave homme, mais Lesage et Johnson ont mis la marche tellement haute, et de façon si différente[68]...»

Pour Jacques Parizeau, le discours de Jean-Jacques Bertrand au Forum de Montréal en novembre 1968 marque la fin d'une très grande époque, celle de la Révolution tranquille. «Bertrand s'agite, il dit n'importe quoi pendant que la foule parle. Il est hué[69].» Mais avant de passer à autre chose, au moment où il s'apprête à relever un nouveau défi, le fidèle serviteur de cette époque désire présenter un dernier rapport à l'État québécois, celui de la réforme des institutions financières.

La Commission Parizeau

Ce mandat lui avait d'abord été donné par Jean Lesage en 1965. Après les faillites retentissantes de quelques compagnies d'assurances, dont celle d'Alliance crédit, Jacques Parizeau, alors au faîte de son influence auprès de Jean Lesage, avait persuadé le premier ministre de répondre à la Commission fédérale sur le système bancaire et financier du Canada[70], surnommée la Commission Porter. Par un arrêté en conseil, Jacques Parizeau fut nommé président du Comité d'étude sur les institutions financières, le 22 décembre 1965.

---

68. Entrevue avec Jacques Parizeau, le 6 juillet 1999. Jacques Parizeau garde également une profonde admiration pour Jean Lesage. À sa mort, il rendra en Chambre l'un des hommages les plus sentis. Corinne Lesage insistera pour que Jacques Parizeau soit l'un des porteurs d'honneur aux funérailles de son mari. Beaucoup plus tard, Jacques Parizeau, devenu premier ministre, invite Corinne Lesage à l'inauguration de la résidence officielle à Québec. Elle refusera pour que l'on ne voie pas dans ce geste une prise de position politique à l'égard du référendum qui s'annonce.
69. Entrevue avec Jacques Parizeau, le 7 septembre 1998.
70. La Commission Porter remet son rapport à Ottawa en 1964. L'enquête prépare le terrain à la loi des banques.

L'économiste de trente-cinq ans qui jouait, au fédéral, un rôle des plus effacé comme recherchiste à ladite Commission Porter en 1962, obtient en 1965 au Québec le rôle d'acteur principal. Douglas H. Fullerton, membre de la commission que l'on appelle «Commission Parizeau», se souvient d'avoir rencontré le jeune docteur en économie pour la première fois au moment des audiences de la Commission Porter en 1962. Jack Young dirigeait l'équipe de recherchistes. «Les deux m'avaient interviewé sur l'administration de la Banque du Canada ainsi que sur le marché des obligations et la politique monétaire. J'ai été impressionné par Jacques Parizeau, raconte-t-il. Je l'ai trouvé brillant, bien informé et intense. J'ai senti qu'il aurait alors préféré jouer un rôle plus important que celui que lui avait donné la Commission [71].»

La commission présidée par Jacques Parizeau est composée, en plus de Douglas H. Fullerton, de Michel Bélanger, sous-ministre à l'Industrie et au Commerce, de Robert Despré, sous-ministre du Revenu, d'Yves Pratte, conseiller spécial de Jean Lesage, et de Jacques Prémont, qui agit comme secrétaire. Le directeur de la recherche, Jean-Luc Migué, va abattre un travail considérable.

De décembre 1965 à la fin mars 1966, le groupe se réunit à six reprises, soit à Québec, soit à Montréal. Après avoir reçu vingt-sept mémoires, les commissaires sont prêts pour les audiences publiques qui débutent en novembre 1966 et se terminent le 14 avril 1967. Il y aura en tout quinze jours d'audiences.

Pendant que la Commission Parizeau est en plein travail, un événement inattendu va forcer ses membres à déposer en catastrophe un rapport préliminaire. Dès la fin mai 1966,

---

71. Douglas H. Fullerton, *The Dangerous Delusion – Quebec's Independence Obsession as seen by Former Adviser to René Lévesque and Jean Lesage*, Toronto, McClelland & Stewart, 1978, p. 46.

Jacques Parizeau informe Jean Lesage du dépôt imminent par le gouvernement fédéral du Bank Act. Il craint fortement que la loi fédérale comporte une forme d'assurance-dépôts pour les institutions financières qui relèvent de la compétence des provinces. Un mois plus tard, il écrit un mémo semblable au nouveau premier ministre Daniel Johnson. Il le presse alors d'agir et propose un plan d'action. Il suggère que le gouvernement demande à son comité d'étude sur les institutions financières un rapport préliminaire sur la question dans les plus brefs délais. Le rapport devra conclure à un régime d'assurance-dépôts obligatoire au Québec pour court-circuiter la mesure fédérale. Pour ne pas ameuter les milieux financiers, le régime pourra être administré, dans un premier temps, par une société privée contrôlée par les institutions financières. Par la suite, « le comité aura alors à vous faire ses recommandations quant au caractère privé ou public que l'organisme d'assurance-dépôts doit avoir [72]. » Évidemment, le comité présidé par Jacques Parizeau recommandera qu'il soit à caractère public. Dans le domaine constitutionnel, Jacques Parizeau attaque, comme Claude Morin. Il croit qu'il faut occuper tout le terrain avant que le gouvernement fédéral ne bouge. « Tout cela est un peu machiavélique, écrit-il, mais devrait bloquer le gouvernement fédéral complètement [73]. »

Quelques semaines plus tard, après avoir passé un avant-midi avec l'inspecteur général des banques du Canada et Gerry Bouey, conseiller auprès des gouverneurs de la Banque du Canada, Jacques Parizeau informe Daniel Johnson que le gouvernement fédéral va déposer d'ici peu un projet d'assurance-dépôts pour les institutions financières à charte

---

72. Mémo au premier ministre Daniel Johnson, le 16 juin 1966. Archives de Jacques Parizeau, ANQ.
73. *Idem.*

fédérale[74]. La loi sera facultative pour les sociétés à charte provinciale. Au cas où les entreprises financières assurées connaîtraient des difficultés financières, une ligne de crédit de un demi-milliard pourra éponger les pertes et rassurer les déposants. Les sociétés de fiducie « disposeraient d'un prêteur de dernier ressort, de la même façon que la Banque du Canada est le prêteur de dernier ressort des banques à charte[75] », explique Jacques Parizeau.

Il faut que le Québec agisse, insiste l'économiste. Toutefois, si « Ottawa, par l'intermédiaire de la Banque du Canada, peut mobiliser des liquidités considérables en très peu de temps, nous ne pouvons faire de même[76] ». Le conseiller économique et financier du gouvernement du Québec, principal architecte de la Caisse de dépôt et placement, fait alors une proposition inédite. Il suggère de transformer la Caisse en banque centrale indirecte : « Une solution possible à ces difficultés consisterait à exiger que les institutions financières du Québec placent une partie de leurs liquidités à la Caisse de dépôt et qu'à son tour, la Caisse de dépôt ait un compte à la Banque du Canada[77]. » Jacques Parizeau a déjà demandé à son maître, François-Albert Angers, d'étudier la question. La manœuvre ne se concrétisera pas, mais elle est révélatrice de la vision que Jacques Parizeau véhicule à l'égard de la Caisse de dépôt et placement du Québec. « En 1965, au moment de la création de la Caisse, mon approche était défensive[78] », dit-il. Au moment de rédiger le rapport sur les institutions financières, elle devient offensive.

Le 14 février 1967, la Loi fédérale sur l'assurance-dépôts est adoptée. Toutes les provinces suivent, sauf le Québec. Le

---

74. Mémo au premier ministre Daniel Johnson. Non daté. Possiblement écrit à la fin de l'année 1966. Archives de Jacques Parizeau, ANQ.
75. *Idem.*
76. *Idem.*
77. *Idem.*
78. Entrevue avec Jacques Parizeau, le 16 août 1999.

déposant d'une caisse d'épargne et de crédit n'a pas droit à l'assurance fédérale. Pour le Québec, c'est une carence considérable compte tenu de l'espace qu'occupent les caisses populaires Desjardins dans la province francophone.

En mars 1967, la Commission Parizeau dépose un rapport préliminaire proposant un programme d'assurance-dépôts québécois et un service central d'inspection et de contrôle des institutions financières[79]. On donne rapidement suite aux recommandations de la Commission. Le 29 juin 1967, le gouvernement du Québec adopte sa propre loi et institue la Régie de l'assurance-dépôts du Québec. Jacques Parizeau est nommé au conseil d'administration de cette Régie. Le dépôt du rapport préliminaire se traduit aussi par la création du ministère des Institutions financières, compagnies et coopératives. « Ce n'est pas Daniel Johnson qui va réaliser la Régie des rentes ou la Caisse de dépôt, explique Jacques Parizeau, mais l'amorce de la transformation des institutions financières au Québec date de Daniel Johnson. La récupération des pouvoirs à l'égard des institutions financières date de cette époque[80]. »

Après cet épisode, le rapport du Comité d'étude sur les institutions financières est finalement remis au premier ministre Jean-Jacques Bertrand en juin 1969. On y propose, entre autres, la création d'une agence de protection du consommateur. Mais la recommandation principale du rapport Parizeau porte sur les institutions financières non bancaires. Pour l'époque, ce que

---

79. Le programme garantit le remboursement des dépôts du public au Québec jusqu'à concurrence de 20 000 $ par personne. Le montant garanti est aujourd'hui passé à 60 000 $.
80. Communication de Jacques Parizeau, prononcée dans le cadre du colloque de l'UQÀM : *Daniel Johnson. Rêve d'égalité et projet d'indépendance*, tenu à Montréal, les 23, 24 et 25 mars 1990. Les actes du colloque furent publiés sous la direction de Robert Comeau, Michel Lévesque et Yves Bélanger aux Presses de l'Université du Québec, à Montréal, en 1991, p. 413.

propose Jacques Parizeau est totalement révolutionnaire. Il suggère que les compagnies d'assurances, les fiducies, toutes les sociétés financières puissent faire concurrence aux banques sur leur propre terrain. Le rapport soutient qu'il faut « simplifier le cadre juridique qui s'applique aux institutions financières et leur permettre de s'engager dans un vaste éventail de transactions ou d'activités. Une telle formule peut transformer les institutions financières non bancaires en concurrents directs des banques. Cela n'est pas en soi mauvais [81]. »

Étonnamment visionnaire, Jacques Parizeau prévoit en fait le décloisonnement et la concentration financière de la fin des années quatre-vingt. D'abord le décloisonnement : « L'apparition d'institutions financières offrant toute la gamme des services financiers dont le consommateur et l'épargnant ont besoin ; c'est l'apparition de l'institution financière " à rayons " au même titre qu'il y a des magasins à rayons [82]. » Cette phrase tirée d'un document vieux de plus de trente ans est toujours d'actualité en l'an 2000. Le centre de services d'aujourd'hui, c'est l'institution financière où l'on peut déposer de l'argent, s'assurer, négocier une hypothèque, emprunter, placer de l'argent à la bourse, etc. Dans un deuxième temps, l'économiste prophétise la concentration à venir et favorise donc la fusion d'institutions financières québécoises pour ne laisser que trois ou quatre gros joueurs assez puissants pour affronter le monde et éviter les prises de contrôle étrangères.

Le 14 août 1969, le député Robert Bourassa analyse le rapport Parizeau devant les militants libéraux du comté de Charlevoix à Baie-Saint-Paul. « Somme toute, le rapport Parizeau est un autre document qui rend possible de la part du gouvernement une action précise et efficace dans un secteur qui a été

---

81. Rapport du Comité d'étude sur les institutions financières, présidé par Jacques Parizeau. Québec, gouvernement du Québec, juin 1969, p. 251.
82. *Idem*, p. 252.

longtemps négligé et dont l'importance sur le plan économique est indéniable [...] Les recommandations relatives au rôle accru de la Caisse de dépôt et placement me paraissent tout à fait légitimes. Pour ma part, je souscris entièrement à toute action de cette nature qui accroît l'importance du secteur public dans un domaine comme le crédit. Il est à souhaiter que le gouvernement donne suite aussi rapidement que possible à cette recommandation qui, à mon point de vue, est certainement l'une des plus pertinentes du rapport[83]. » Il faut bien le souligner, Jacques Parizeau n'a pas oublié la Caisse de dépôt et placement dans son rapport. L'une des recommandations propose d'augmenter à plus de trente pour cent la participation de la Caisse dans une entreprise. Jacques Parizeau suggère d'élargir le réservoir de capitaux dans le secteur public en s'assurant que tous les fonds publics ou parapublics soient canalisés vers la Caisse.

Douglas H. Fullerton, qui rédige la version anglaise du rapport, laissant la version française à Jacques Parizeau, déclare au sujet du comité d'étude sur les institutions financières : « Je ne peux pas dire que les conclusions étaient exagérément nationalistes. Mais de Jacques Parizeau, je dois dire qu'il fut un sacré bon président et un superbe rédacteur[84] ! » Les recommandations sur la Caisse de dépôt et placement ne seront pas entièrement suivies, mais par ses travaux, Jacques Parizeau écrit les premières pages du manuel d'intervention devant permettre à la Caisse de dépôt et placement de jouer le rôle dont il rêve pour elle. Il faudra attendre son retour à Québec, lorsqu'il chaussera les souliers du ministre des Finances, pour le voir

---

83. Extrait du discours prononcé à Baie-Saint-Paul, le 14 août 1969, par Robert Bourassa devant les militants libéraux du comté de Charlevoix. La causerie portait sur le rapport Parizeau, la loi de l'assurance-dépôts et l'attitude du gouvernement actuel, p. 3.

84. Douglas H. Fullerton, *The Dangerous Delusion...*, *op. cit.*, Toronto, McClelland & Stewart, 1978, p. 105.

pleinement utiliser ce puissant outil qu'est devenu, avec le temps, la Caisse de dépôt et placement. Libéré de ses fonctions officielles, il écrira en 1971 qu'il faut faire disparaître le rôle de direction du syndicat financier et confier cette responsabilité à la Caisse de dépôt et placement du Québec. « En somme, la direction syndicale doit être transférée à la Caisse. Il ne s'agit pas de faire de la Caisse une banque centrale : elle n'a pas de pouvoir de création de monnaie. Nous avons enfin les moyens de faire disparaître un anachronisme. Il suffirait de la volonté de vouloir [85]. »

Le mandarin tire sa révérence

Le 2 mai 1969, Jacques Parizeau écrit une importante lettre au premier ministre Jean-Jacques Bertrand. Il lui annonce que les travaux du comité d'étude sur les institutions financières vont être terminés dans le courant du mois de mai. « Dans ces conditions, j'ai l'intention de fermer mon bureau au Parlement le 7 mai. » Il envoie une lettre semblable à Roch Bolduc : « Je ferme mon bureau à Québec le 15 mai. Dans ces conditions, je n'assumerai plus les fonctions dont tu m'avais chargé, relativement aux mandats monétaires des tables de négociations où le gouvernement est engagé. » Le rapport sur les institutions financières est remis au premier ministre en juin, mais ne sera rendu public qu'au mois d'août 1969. Jacques Parizeau patiente donc jusqu'à la fin de l'été. Le 25 août, il se retire comme membre du conseil d'administration de la SGF, de la Caisse de dépôt et placement, de la SOQUEM et de la Régie de l'assurance-dépôts du Québec. Sa démission prend effet le 1er septembre 1969. Michel Bélanger le remplace au poste de conseiller économique et financier du gouvernement québécois.

---

85. Jacques Parizeau, « Les beaux restes du syndicat financier au Québec », *Le Devoir*, le lundi 30 août 1971.

Au cours de l'été 1969, Jacques Parizeau prépare déjà la conférence de presse qu'il donnera au début de septembre et qu'il veut spectaculaire et marquante. Le technocrate va annoncer qu'il quitte définitivement l'antichambre du pouvoir pour s'engager dorénavant à visage découvert dans la vie politique. Le révolutionnaire tranquille est devenu indépendantiste. Il va joindre les rangs d'un tout nouveau parti politique dirigé par l'un des chefs les plus charismatiques que le Québec a connus : René Lévesque.

TROISIÈME PARTIE

LA CROISADE
POLITIQUE

CHAPITRE 15

Les vœux politiques

« La bataille de l'indépendance du Québec est irrémédiablement engagée. Avec l'entrée en scène de Jacques Parizeau, la notion d'un Québec séparé prend une dimension nouvelle. L'indépendance devient une option politique valable, qui se discute au mérite. Lévesque lui avait donné ce caractère sérieux qu'elle n'avait jamais eu. Avec Parizeau, elle cesse d'être une aventure. »

Mario Cardinal [1]

Assis sur l'un des bancs de la gare Windsor de Montréal, Jacques Parizeau fixe du regard le nuage de vapeur qui s'échappe de l'un des wagons. Pendant un instant, la nuée blanche dessine dans le ciel une carte nébuleuse qui ressemble à celle du Canada. Un violent coup de vent vient balayer l'illusion. Au voyageur en attente, le pays canadien semble décidément tout aussi fuyant que ce voile vaporeux qui couvrait l'air il y a quelques instants. Préoccupé, il s'interroge : «Par mon travail, qui est-ce que j'aide au juste? Mon pays le Canada ou ma province le Québec?» Ces questions lui

---

1. Extrait d'un éditorial de Mario Cardinal, dans la revue *Maclean*, octobre 1969, p. 9.

tenaillent l'esprit depuis un certain temps. «Pourquoi faut-il qu'en ayant donné plus de pouvoirs au Québec, on en soit venu à dépouiller le gouvernement de notre pays, le Canada? En faisant progresser le Québec, ne devrait-on pas faire grandir notre pays? Or le Canada n'a plus la dimension d'un État central fort. Il y a trop d'incohérences dans mon cheminement[2]», se dit-il. «Mon pays ressemble de plus en plus à un compromis entre deux résignations[3]», conclut-il en se levant pour prendre le train qui va le conduire à Banff en Alberta.

Invité par le sénateur Donald Cameron, directeur général de la Banff School of Advanced Management, Jacques Parizeau doit prononcer un discours sur la responsabilité des provinces au sein d'un fédéralisme coopératif. La Conférence nationale sur les fondements économiques de l'unité canadienne[4] doit se dérouler du 15 au 18 octobre 1967. Pour souligner le centenaire de la Confédération, l'événement se veut grandiose. Une brochette de hauts fonctionnaires, d'universitaires de renom et un cercle d'hommes politiques parmi les plus influents du pays vont prononcer de grands discours. Le premier ministre du Canada, Lester B. Pearson, ouvrira la conférence le dimanche et c'est le lendemain, le 16 octobre à dix heures trente, que Jacques Parizeau doit prononcer son allocution.

«Je monte à bord du train pour Banff et c'est la première fois depuis longtemps que j'ai trois ou quatre jours devant moi pour préparer mon texte. Je n'ai pas de décisions à prendre, pas d'instructions à donner, je peux réfléchir à ce que je fais depuis plusieurs années[5].» Loin de l'endormir, le bruit sourd et continu des roues métalliques sur les rails le porte à la réflexion.

---

2. Tiré des réflexions faites par Jacques Parizeau pendant les entretiens avec le biographe, particulièrement lors de la rencontre du 27 mars 2000.
3. Tiré d'un texte de Jacques Parizeau, dans la revue *Maclean*, octobre 1973.
4. Traduction de «A National Conference on The Economics of Unity».
5. Entrevue avec Jacques Parizeau, le 6 juillet 1997.

C'est détaché de ses fonctions officielles qu'il va participer à cet événement puisque Jacques Parizeau vient de déposer sa démission comme conseiller économique et financier du gouvernement Johnson pour sauvegarder son statut de professeur aux HÉC[6]. Ce qu'il s'apprête à dire à cette brochette de personnalités canadiennes réunies pour l'occasion, c'est que l'éveil du Québec, exprimé en grande partie à travers la Révolution tranquille, a permis de forger un véritable gouvernement pour les Québécois et que toutes ces réformes sont appelées à aboutir, de façon irréversible, à l'indépendance politique du Québec...

Les frères siamois de l'indépendance

René Lévesque poursuit une réflexion semblable. Son choix est fait : il luttera dorénavant pour un Québec souverain au sein d'une union économique canadienne. Le manifeste qu'il signe à cet effet est daté du 15 septembre, le jour même de l'entrée en vigueur de la démission de Jacques Parizeau comme conseiller du premier ministre Jean-Jacques Bertrand[7]. Faut-il voir dans cette étrange coïncidence le signe du destin qui liera les deux hommes de façon irrémédiable ? Chose certaine, l'histoire retiendra qu'au moment où Jacques Parizeau se dirige vers Banff, René Lévesque affronte à Québec l'establishment libéral réuni en congrès au Château Frontenac.

Le samedi 14 octobre 1967, avec l'appui d'un petit groupe de fidèles, René Lévesque tente effectivement de faire accepter sa proposition constitutionnelle par le congrès du Parti libéral.

---

6. Le programme de la Conférence de Banff le présente tout de même comme «*chief economic adviser, Province of Quebec*».

7. Jacques Parizeau affirme qu'il a pris connaissance de ce manifeste quelques heures avant sa publication. Il a ensuite «discuté pendant plusieurs heures avec M. Lévesque dans les jours qui ont suivi alors que l'ancien ministre libéral préparait une annexe économique au document.» Source : *Le Devoir*, le 2 novembre 1967.

À des milliers de kilomètres de là, dans un wagon, Jacques Parizeau est en train de rédiger le texte d'une allocution qui risque de faire dérailler la fédération canadienne. En fin d'après-midi à Québec, René Lévesque quitte la salle de bal du Château Frontenac. Son idée de souveraineté-association vient d'être rejetée par les instances du parti, consacrant ainsi sa rupture avec Jean Lesage. Moins de quarante-huit heures plus tard, à Banff en Alberta, Jacques Parizeau termine son allocution par les phrases suivantes : « Ce que je pense quant à moi, c'est que le Québec voudra toujours davantage et que la vapeur n'est pas près d'être renversée. J'estime aussi que l'incapacité du gouvernement fédéral pendant si longtemps de représenter les Canadiens français tout autant que les Canadiens anglais est en partie responsable du vide qui s'était créé. Je n'ignore pas qu'Ottawa s'efforce aujourd'hui de corriger la situation. Mais il est peut-être trop tard. Quand une société cherche pendant aussi longtemps le moyen de se réaliser et le trouve finalement au-dedans d'elle, il m'apparaît bien peu probable qu'on puisse la détourner de son but [8]. »

La conclusion de l'exposé de Jacques Parizeau glace l'auditoire : « La question de savoir si le Québec aura ou n'aura pas de statut particulier est byzantine. Québec a déjà un statut particulier embrassant tout un éventail d'activités. Il aura tôt ou tard un statut encore plus particulier. Il deviendra peut-être même indépendant [9]. » Aux deux extrémités d'un pays auquel ils ne croient plus, Jacques Parizeau et René Lévesque viennent d'exprimer, presque au même moment, leur attachement à un nouveau pays, celui du Québec [10]. Le 1er novembre, René

---

8. Extraits du discours prononcé par Jacques Parizeau à Banff, le 16 octobre 1967.

9. *Idem.*

10. Il est également intéressant de souligner que quelques mois plus tôt, le père de Jacques Parizeau a signé un texte dans la revue *Assurances*

Lévesque utilise déjà le discours de Banff de Jacques Parizeau comme un appui à son option. Il déclare devant des étudiants de l'Université Laval que Jacques Parizeau a contribué à la mise au point de la partie économique de son manifeste [11].

De son voyage à Banff, Jacques Parizeau dira des années plus tard : « Je suis monté dans le train à Montréal, fédéraliste, et j'en suis ressorti trois jours plus tard en Alberta, souverainiste. » Une étude plus approfondie de la pensée politique de Jacques Parizeau et de ses discours nous amène cependant à une conclusion différente. Le voyage à Banff n'a pas été une révélation politique. Il n'y a jamais rien d'improvisé chez Jacques Parizeau. Chez lui, chaque décision est toujours longuement mûrie. Le diagnostic qu'il pose sur le Canada en ce 16 octobre 1967 n'est pas le fruit d'une inspiration soudaine. Il est plutôt le résultat d'une gestation de plusieurs années. La rationalisation de cette option politique constitue en fait l'aboutissement d'une longue réflexion.

Déjà en juin 1964, dans un discours prononcé devant l'Institut canadien d'administration publique, il présentait à son auditoire une analyse calquée sur celle du discours de Banff. Il exposait alors l'idée de la décentralisation inconditionnelle qui déplaçait le centre de gravité d'Ottawa vers Québec : « Le gouvernement fédéral a été forcé de céder et, en fait, depuis 1954, alors que le Québec a établi son impôt sur le revenu, le

---

où il écrit : « Que, théoriquement, le Québec indépendant soit possible, je ne crois pas qu'on puisse le nier. Mais avant de conclure qu'en pratique il est réalisable et économiquement avantageux, il faudrait se convaincre qu'on peut organiser, développer, même maintenir son économie et empêcher qu'elle ne devienne encore plus assujettie à l'influence extérieure. » Source : Gérard Parizeau, « L'essor économique du Canada français : perspectives », Montréal, *Assurances*, juillet 1967, p. 88.

11. *Le Devoir*, le 2 novembre 1967.

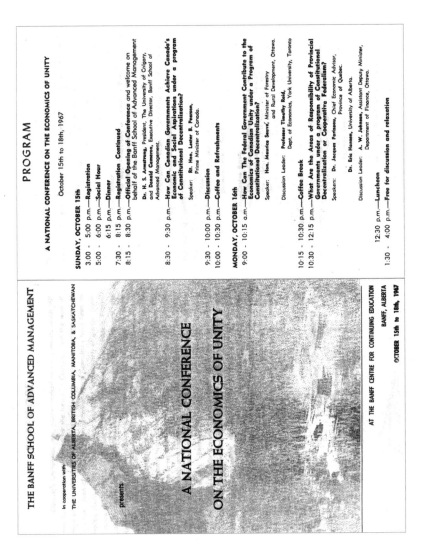

Voici un extrait du programme de la conférence de Banff en octobre 1967. Jacques Parizeau doit y prononcer un discours le 16 octobre en avant-midi. Archives de Jacques Parizeau, ANQ.

gouvernement fédéral n'a jamais cessé de céder [12]. » Il en résulte « un manque de coordination entre le gouvernement fédéral et les provinces, ce qui met en péril tout le système de stabilisation et rend impossible toute planification fédérale [13] ». C'est dans le même esprit qu'il affirme en 1967 à Banff que « dès que l'autorité centrale n'a plus le contrôle des priorités et n'est plus en mesure de ménager des services communs, sinon identiques, toute politique économique risque de sombrer dans l'inefficacité ». En 1964, Jacques Parizeau déclarait que « la façon la plus simple de dénouer ces problèmes est évidemment de faire du Québec un État souverain et unitaire. Et il va de soi qu'en supprimant la fédération d'une façon ou d'une autre, on les règle du même coup [14]. » Mais ce n'était pas encore son choix. Il avait plutôt suggéré des aménagements avec le gouvernement fédéral. Trois ans plus tard, à Banff, il considère que les aménagements ne sont plus possibles. Depuis 1964, sa pensée a évolué dans le même cadre d'analyse.

Paul Gérin-Lajoie, ministre de l'Éducation, se souvient très bien d'une discussion qu'il a eue avec Jacques Parizeau quand Jean Lesage était encore au pouvoir. « Deux gouvernements pour une population, ça ne peut pas marcher, m'a-t-il dit. Il n'en faut qu'un. Comme chez nous la population n'accepterait pas que l'unique gouvernement soit celui d'Ottawa, eh bien j'adhère à l'option du seul gouvernement comme étant celui de Québec. C'est ainsi qu'il est devenu indépendantiste. Il y avait un certain processus en gestation chez lui [15] », confirme Paul Gérin-Lajoie.

---

12. Discours prononcé par Jacques Parizeau, lors de la conférence de l'Institut canadien d'administration publique, section Québec : « La planification dans le cadre des relations fédérales-provinciales ». Le 21 juin 1964, p. 25.
13. *Idem*, p. 36.
14. *Idem*, p. 48.
15. Entrevue avec Paul Gérin-Lajoie, le 20 juillet 1999.

En fait, Jacques Parizeau a fait de nombreux voyages en train longtemps avant de se rendre en Alberta : « C'est dans cet autre train, celui qui relie Montréal et Québec, que j'ai eu beaucoup de discussions et de conversations privées [16] », révèle-t-il pour la première fois. En effet, depuis qu'il a été confirmé dans ses fonctions de conseiller économique et financier du gouvernement Lesage, à l'été 1965, Jacques Parizeau s'est établi dans la Vieille Capitale avec sa femme Alice et leurs deux jeunes enfants, Isabelle et Bernard. Si sa fille s'adapte bien à son nouvel environnement, il en va tout autrement pour son fils. Alice Parizeau décide donc de retourner à Montréal et de l'inscrire au collège Stanislas. Elle fait ensuite régulièrement la navette entre les deux villes. Pendant un certain temps, le jeune garçon de neuf ans est placé en pension à Montréal chez ses professeurs, tandis qu'Isabelle fréquente le collège Saint-Joseph de Saint-Vallier à Québec. Toutes les semaines, Jacques Parizeau voyage donc en train en compagnie de sa fille. Il gagne Montréal le vendredi soir, puis revient à Québec le dimanche. « Ça va durer un an et demi », dit-il. Il soupe avec sa fillette de sept ans et après le repas, il la met au lit dans la cabine qu'il a réservée pour elle. Il regagne ensuite le wagon-restaurant pour discuter avec René Lévesque qui fait lui aussi l'aller-retour Québec-Montréal toutes les fins de semaine. « J'ai eu beaucoup, beaucoup de conversations avec Lévesque à ce moment-là. Je vois à quel point il travaille sur *Option Québec* depuis un an. Ça m'influence aussi. On discute le coup comme des enragés [17] ! », raconte Jacques Parizeau. « Nous sommes tous très secoués au fond par le même dilemme. Allons-nous vers un État du Québec où Ottawa ne jouerait plus aucun rôle ou bien est-ce qu'il faut arrêter le développement de l'État du Québec parce qu'Ottawa doit demeurer un vrai gouvernement ? C'est de cela dont on

---

16. Entrevue avec Jacques Parizeau, le 6 juillet 1997.
17. *Idem.*

parle [18]. » À la fin de septembre 1967, il parvient à formuler la question plus clairement : sommes-nous allés trop loin ou pas assez loin ?

Le déshabillage du gouvernement fédéral

À la radio de Radio-Canada, le 17 juillet 1971, Jacques Parizeau explique de façon claire comment la Révolution tranquille portait en elle l'implosion du régime constitutionnel canadien : « Il faut bien comprendre que ce que Lesage a réussi à faire, lui qui était profondément fédéraliste, ça a été, sans le vouloir, entouré de fédéralistes, de gens qui étaient fédéralistes comme lui d'ailleurs et qui l'ont fait sans le vouloir, de prendre le risque de démolir complètement le système canadien. Les pouvoirs qu'on a enlevés à Ottawa à ce moment-là pour consolider un gouvernement à Québec, pour faire vraiment du gouvernement de Québec quelque chose d'important, les pouvoirs qu'on a arrachés à Ottawa étaient exorbitants dans certains cas. Moi, quand je repense rétrospectivement à cette période-là, je me demande comment est-ce qu'on s'est pas rendu compte qu'on allait créer une crise politique majeure au Canada dans la mesure où on déshabillait le fédéral de cette façon-là ?! On était rendu au septième voile à un moment donné, tout y passait ! Pensez simplement que l'établissement du régime des rentes implique qu'un milliard de dollars par année a été transféré aux provinces en disant : "Faites ce que vous voulez avec." Les fameux transferts de points d'impôt dont on parlait, mais c'était de l'argent inconditionnel dans bien des cas. On est rendu à cinquante pour cent de l'impôt sur le revenu des particuliers dans le Québec et il n'y a pas de conditions d'attachées à ça. Ça n'existe pas des fédérations qui transfèrent de l'argent du

---

18. *Idem.*

fédéral aux provinces sans condition aucune, ça démolit complètement tout système coordonné de priorités au centre [19].»

Quant à René Lévesque, d'après les souvenirs d'André Marier, c'est en février 1965 qu'il a fait distribuer, de façon «strictement personnelle et confidentielle», un questionnaire à une dizaine de collègues triés sur le volet, dont Jacques Parizeau. Les dix questions que comporte le document en révèlent beaucoup sur l'état d'avancement de la réflexion de René Lévesque. La question 1 est formulée de façon équivoque : «Vu le rôle sans cesse plus grand et plus varié de l'État dans la vie économique, est-il possible d'aller beaucoup plus loin sans arriver, ou bien à un réaménagement radical des pouvoirs et des ressources, ou bien à une insignifiance croissante du Québec?» À la question 3, l'éventualité d'un Québec souverain pointe à l'horizon : «Dans le contexte actuel, une politique économique cohérente et efficace vous semble-t-elle concevable davantage à l'échelle du Canada entier, ou plutôt d'un Québec plus ou moins complètement maître de ses décisions [20]?» La question 6 suggère un programme de nationalisation étalé sur cinq ans du téléphone, du gaz, de la Noranda, de l'industrie de l'amiante, de l'assurance-automobile, de la sidérurgie, des forêts publiques, puis de l'achat possible de quelques compagnies aériennes.

Si Jacques Parizeau trouve risible l'idée d'une campagne de nationalisation à tout crin, il n'en demeure pas moins un centralisateur qui souhaite orienter l'économie afin de favoriser le développement économique du Québec. Il juge inconcevable que les grandes agences gouvernementales responsables de

---

19. Entrevue accordée par Jacques Parizeau pour la série radiophonique de Radio-Canada, *La Révolution tranquille*, animée par Pierre de Bellefeuille et Jean-Pierre Bergeron. Épisode 5, diffusé le 17 juillet 1971.

20. Extraits du questionnaire rédigé par René Lévesque et distribué à certains collaborateurs en février 1965, selon les notes d'André Marier. Archives d'André Marier.

quatre-vingt-dix pour cent de tous les investissements publics au Canada ne se soient jamais rencontrées et qu'elles « ne veulent pas se voir [21] ». Les autorités de la voie maritime, les sociétés énergétiques comme Hydro-Québec et Hydro-Ontario, les grands ministères comme les Travaux publics et la Voirie, toutes ces sociétés ont le pouvoir d'orienter l'économie si elles se concertent dans l'action, mais elles ne le font pas. Jacques Parizeau souhaite une telle concertation pour le Québec et les sociétés d'État qu'il a contribué à mettre sur pied.

Pendant que Jacques Parizeau « commence à se rendre compte que le pouvoir, le vrai pouvoir, ne se partage pas [22] » et que « le principal avantage de la souveraineté réside dans la clarification des responsabilités [23] », René Lévesque insiste sur la définition d'une souveraineté qui serait sans douleur pour le Canada. Pour Jacques Parizeau, il faut « se décider d'abord, après viendront les accommodements. Sinon cela crée une ambivalence qui restreint l'action et qui empêche de définir la direction à prendre [24]. » Sur le plan des modalités, il se soucie peu de ce que le Canada anglais peut penser.

La souveraineté-association, « je me suis toujours méfié de cette affaire-là [25] », rappelle Jacques Parizeau. L'association ne doit jamais être conditionnelle à la souveraineté. « Moi, je n'aime pas que les associations m'indiquent ce que je dois faire, sinon cela devient une trappe épouvantable [26] », ajoute-t-il. « Telle que présentée dans le livre *Option Québec* de René Lévesque, ce n'était pas si mal, mais quand on a commencé à

---

21. Entrevue avec Jacques Parizeau, le 6 juillet 1997.
22. *Idem.*
23. Extrait du discours de Jacques Parizeau, devant la Société Saint-Jean-Baptiste de la Côte-Nord : *Quelques aspects de l'économie d'un Québec souverain.* Le 14 décembre 1969.
24. Entrevue avec Jacques Parizeau, le 6 juillet 1997.
25. Entrevue avec Jacques Parizeau, le 27 mars 2000.
26. *Idem.*

mettre des tirets entre les deux... Mais bon, j'avais accepté une certaine discipline de parti [27]. »

Risque d'avalanche à Banff

Mais revenons en Alberta à la mi-octobre 1967. Jacques Parizeau descend du train à Banff pour aller prononcer son discours sur l'avenir du Canada. Nous savons maintenant qu'il a mis beaucoup plus que trois jours sur les chemins de fer du pays pour en arriver à envisager l'indépendance du Québec.

Il revient à Al Johnson, sous-ministre adjoint à Ottawa, de commenter le discours que Jacques Parizeau doit prononcer. «À son arrivée à Banff, se souvient Al Johnson, il devait me donner une copie de son discours. Ce dont je me souviens, c'est qu'il était très agité. Je lui demande donc : "Où est le papier, Jacques ? Allez ! J'en ai besoin [28]. " » Le lendemain matin, Al Johnson n'a toujours pas le texte écrit et l'après-midi se termine sans qu'il ne l'ait encore lu. « Je ne l'ai jamais eu [29] », confirme Al Johnson. C'est au téléphone, un peu avant sa présentation, que Jacques Parizeau révèle à Al Johnson les principaux éléments de son texte.

Assis à la table d'honneur, pas très loin de Jacques Parizeau, Al Johnson assiste au spectacle oratoire donné par le professeur des HÉC. Dans les premiers moments du discours, l'auditoire est séduit. Jacques Parizeau fait alors l'apologie d'un gouvernement central fort. Mais lorsqu'il démontre que c'est précisément pour cette raison qu'il souhaite pour le Québec un statut qui le mènera possiblement sur la voie de l'indépendance, l'atmosphère se refroidit. Maurice Sauvé, ministre fédéral des Forêts, et le sénateur Maurice Lamontagne, sont furieux !

---

27. Entrevue avec Jacques Parizeau, le 13 juillet 1999.
28. Entrevue avec Al Johnson, le 27 septembre 1999.
29. *Idem.*

« Jacques est celui qui exprime le mieux la polarité nouvelle qui divise le Canada, raconte Al Johnson. La clarté avec laquelle il l'a présentée et la nécessité d'être différent pour le Québec, tout ça en des termes institutionnels et gouvernementaux si précis. Là je me suis dit : *He's passed over!* – Il a changé de camp [30] ! »

Au fil des ans, Al Johnson et Jacques Parizeau sont presque devenus des compagnons d'armes. Lors des nombreuses rencontres du Comité du régime fiscal et à l'occasion des conférences fédérales-provinciales, ils ont bâti ensemble une relation fondée sur la coopération et la bonne entente. Les craquements émotionnels provoqués par le discours de Jacques Parizeau sont audibles. Par la suite, Al Johnson n'en discutera pas ouvertement avec Jacques Parizeau. « *I was hurt, betrayed* – J'ai été blessé, je me suis senti trahi. Pendant toutes ces années, nous avons toujours travaillé avec le Québec en gardant à l'esprit l'importance à accorder à sa différence culturelle [31]. » Pour Al Johnson, c'est la fin d'un dialogue. Après le discours de Banff, un long silence s'installe entre les deux hommes. Ils se reverront dans des conférences constitutionnelles où Al Johnson fera cette mise en garde à son ancien compagnon : « Après un certain point, si vous devenez séparatiste, je ne peux plus rien faire comme Canadien. Quoi que l'on offre, le Québec n'acceptera plus rien. Je vais lutter contre vous et contre cette idée. Je suis attristé à l'égard de cet échec. Nous n'avons pas pu nous entendre sur le type de fédéralisme à développer. On ne pourra jamais être cette grande nation dont j'ai toujours rêvé [32]. » Plus tard, c'est pratiquement toute l'équipe de négociation constitutionnelle du Québec qui se joindra au Parti québécois. D'abord Louis Bernard, sous-ministre adjoint au ministère des Affaires intergouvernementales, puis Claude

---

30. *Idem.*
31. *Idem.*
32. *Idem.*

Morin. «Nous étions ensemble dans la même tranchée, explique Al Johnson, et maintenant, nous voilà chacun dans nos tranchées respectives, opposés l'un à l'autre[33].» La fracture politique causée par ce choix est grave. Jacques Parizeau comprend le sentiment de trahison ressenti par Al Johnson : «Jusqu'à un certain point, oui. Parce qu'il avait fait de très gros efforts pour faire fonctionner le fédéralisme de façon compatible avec ce que le Québec demandait[34].»

De retour à Québec, où son discours de Banff a tout de même fait l'objet d'une certaine couverture de presse, Jacques Parizeau se fait engueuler par le ministre Jean-Jacques Bertrand qui lui répète des propos déjà entendus : «Ça ne se fait pas! Si vous voulez faire de la politique, faites-vous élire[35]!» Jacques Parizeau est catégorique : «Si on m'avait dit, à Québec, il faut démissionner, j'aurais démissionné. Parce que cette réflexion est l'aboutissement, au fond, de quelque chose qui me paraît anormal. Nous sommes en train de démolir le Canada, puis on ne construit rien en face! On ne construit que des morceaux de l'État. Je suis fier des points d'impôt qu'on a enlevés au gouvernement fédéral, mais ça ne fait pas une politique fiscale. Je suis heureux qu'on ait monté un ministère des Affaires internationales, mais ça ne fait pas une politique internationale. Toutes ces politiques-là, à supposer qu'elles existent, ne font pas encore un pays. Je commence à avoir mon voyage! Y a-t-il quelqu'un qui va nous dire où on s'en va[36]?!» René Lévesque répond «Présent!» et Jacques Parizeau le suit. Que ce soit à bord du train Montréal-Québec ou ailleurs, les deux hommes discutent sans arrêt «pour évaluer les conséquences qui n'auraient pas été déjà explorées[37]». René Lévesque veut savoir : que pense Jacques

---

33. *Idem.*
34. Entrevue avec Jacques Parizeau, le 15 novembre 1999.
35. Entrevue avec Jacques Parizeau, le 13 juillet 1999.
36. *Idem.*
37. *Idem.*

Parizeau d'une monnaie québécoise? L'association va-t-elle fonctionner? Jacques Parizeau sent René Lévesque soucieux. «Il est très conscient des risques énormes qu'il prend, non seulement avec lui-même et avec sa carrière, mais surtout avec le Québec. Assez tôt, on s'entend. Dès que je serai libre, j'entre au Parti québécois [38].»

Le jeudi 27 novembre 1967, dix jours à peine après la création du Mouvement souveraineté-association, Jacques Parizeau donne l'impression de n'être qu'à une courte distance du groupe fondé par René Lévesque. S'adressant aux étudiants de l'Université McGill, le professeur des HÉC annonce que le Québec possède maintenant les outils nécessaires pour orienter son avenir économique [39]. À un étudiant qui le questionne sur la possible baisse du niveau de vie dans un Québec indépendant, le docteur de la London School of Economics répond que le succès d'une économie dépend de la nature et de la qualité des produits qu'elle fabrique et non de la taille de son marché intérieur. À une autre question sur les chances de succès économique de la souveraineté-association telle que proposée par René Lévesque, Jacques Parizeau présente le marché commun européen comme un exemple à reproduire. Ainsi, loin de démolir la pensée de René Lévesque, Jacques Parizeau lui donne de la crédibilité.

Indépendantiste ou gouverneur?

Une rumeur persistante veut que Jacques Parizeau se soit vu offrir un emploi par la Banque du Canada au début des années soixante. Froissé par la proposition, qui n'aurait pas

---

38. *Idem.*
39. Gilles Racine, «Parizeau croit que l'État offre maintenant aux Québécois des outils pour orienter leur avenir économique.», *La Presse*, le 28 novembre 1967.

tenu compte de son titre de docteur en économie, celui-ci aurait repoussé l'offre. Il en aurait même été blessé au point d'orienter son avenir politique vers l'indépendance du Québec. Des années plus tard, Pierre Elliott Trudeau, devenu premier ministre du Canada, perpétue la légende en affirmant sur un ton blagueur « qu'à défaut d'occuper le poste de gouverneur de la Banque du Canada, Parizeau est devenu indépendantiste [40] ! »

Dans les faits, toutefois, rien ne vient appuyer ce genre d'affirmation. En 1962, la Commission royale d'enquête sur le système bancaire et financier, dirigée par Dana Harris Porter, recrute Jacques Parizeau comme simple recherchiste. Il aurait pu, alors, refuser l'offre de la Commission et exiger, en tant que docteur en économie, le titre de conseiller économique ou de directeur de la recherche, ce qu'il n'a pas fait.

Louis Rasminsky, gouverneur de la Banque du Canada de 1961 à 1973, a raconté à certains de ses collègues « qu'il aurait voulu attirer Parizeau au poste de sous-chef au département de la recherche [41] ». Jacques Parizeau affirme pour sa part n'avoir jamais reçu d'offre quelconque des autorités de la Banque du Canada. Quoi qu'il en soit, il est tout de même intéressant de noter que les intentions attribuées au gouverneur de la Banque du Canada ne font référence qu'à un poste de chef adjoint du département de la recherche. Dans l'organigramme de la banque, ce poste se situe au cinquième palier, à des lieues d'un poste de direction...

Eric Kierans, ancien président de la Bourse de Montréal et ministre du Revenu sous Jean Lesage, se moque de cette rumeur : « Parizeau est trop sophistiqué pour ça (rires). À la banque, il y a une seule autorité, c'est le gouverneur et personne d'autre. Le

40. Propos attribués à Pierre Elliott Trudeau et rapportés par Marc Lalonde. Entrevue du jeudi 7 décembre 2000.
41. Propos attribués à Louis Rasminsky et rapportés par Bernard Bonin, premier sous-gouverneur francophone de l'histoire de la Banque du Canada. Entrevue du 27 septembre 1999.

comité de direction de la banque ne sait rien. Ils font ce que le gouverneur demande [42]. » Quant à la question de savoir si c'est l'attitude de la Banque du Canada qui a poussé Jacques Parizeau à devenir souverainiste, Eric Kierans aime rappeler ceci : « À ce moment-là, il y avait seulement cinq pour cent de Canadiens français dans la fonction publique à Ottawa. Cela vous donne une idée du respect qu'ils avaient des Québécois! En 1963, quand je suis arrivé à Québec, tous les Québécois à Ottawa voulaient revenir à Québec puisqu'ils occupaient tous des postes sans responsabilités [43]. »

L'économiste Pierre Fortin croit pour sa part que Jacques Parizeau était trop compétent à l'époque pour occuper un poste à Ottawa. « À la Banque du Canada, c'était le meilleur prospect qu'ils ne pouvaient pas avoir, mais la banque ne l'aurait sans doute pas engagé, le considérant trop qualifié pour le genre de tâche à accomplir [44]. » Pierre Fortin, dont la thèse de doctorat portait sur le mandat du gouverneur Louis Rasminsky, fait remarquer « qu'au début des années cinquante et soixante, il y avait une ou deux personnes qui possédaient des maîtrises. Je pense que personne n'avait un doctorat. De plus, Parizeau n'aurait pas passé sa vie comme une espèce de technicien ou de recherchiste. Il était rendu carrément plus loin dans l'analyse des décisions de politique économique [45]. »

« Quand on nous offrait un poste, précise Jacques Parizeau, le premier réflexe c'était de rire. Les fonctions réservées aux Canadiens français consistaient en des postes de minables. Nous savions très bien que l'on était là pour la frime [46]. » Après le stage de formation offert aux jeunes professeurs en 1965, il

---

42. Entrevue avec Eric Kierans, le 22 mars 2000.
43. *Idem.*
44. Entrevue avec Pierre Fortin, le 1er mai 2000.
45. *Idem.*
46. Entrevue avec Jacques Parizeau, le 11 janvier 1998.

faut rappeler que la seule offre que la Banque du Canada fera à Jacques Parizeau, ce sera celle de traduire en français les rapports annuels de l'institution. Qu'il en ait été froissé, c'est fort possible. Au point d'orienter sa carrière vers le Parti québécois ? Ce manque flagrant de considération de la part de la Banque du Canada ne représente en fait qu'un élément parmi tant d'autres qui permettent à Jacques Parizeau d'étoffer la thèse de l'exclusion des Canadiens français par le reste du pays.

En 1968, René Lévesque fonde le Parti québécois sans Jacques Parizeau. Le président de la nouvelle formation politique devra attendre jusqu'à la fin de l'année 1969 avant de voir l'économiste joindre les rangs de son parti. Il espère impatiemment sa venue, au point de forcer un peu le jeu en juin 1969. À l'occasion de la conférence de presse soulignant l'arrivée du jeune Bernard Landry au sein de la formation péquiste, les journalistes questionnent René Lévesque sur la rumeur qui circule selon laquelle le conseiller économique des trois derniers premiers ministres du Québec serait sur le point d'annoncer son adhésion au Parti québécois. Loin de nier l'information, René Lévesque ameute les journalistes en ajoutant : « Il appartient à monsieur Parizeau de répondre [47]. »

Le 8 juillet 1969, le journal La Presse prend les devants et dévoile que Jacques Parizeau annoncera d'ici deux à trois semaines qu'il se présentera sous la bannière du Parti québécois aux prochaines élections [48]. Jacques Parizeau ne bouge pas avant la fin de septembre. Il est lié par un engagement qu'il a pris envers Jean Lesage, puis renouvelé envers Daniel Johnson et Jean-Jacques Bertrand. Président du Comité d'étude sur les institutions financières depuis décembre 1965, il attend la diffusion publique du rapport avant d'annoncer son adhésion à un parti politique différent de celui qui est au pouvoir. « Quand

---

47. Article de Gilles Racine, dans le journal La Presse, le 8 juillet 1969.
48. Idem.

le rapport sera remis au premier ministre, dit-il, je serai libre de ma personne[49]. »

Le 29 juillet, Douglas H. Fullerton soupe chez les Parizeau. Les deux hommes s'entretiennent du fameux rapport qu'ils ont rédigé chacun dans sa langue maternelle. Douglas H. Fullerton annonce alors à Jacques Parizeau qu'il a accepté le poste de président de la Commission de la capitale nationale à Ottawa. Il passe du côté fédéral. Réagissant à cette nouvelle, Jacques Parizeau lui apprend qu'il a l'intention de se présenter au Parti québécois. Comme avec Al Johnson auparavant, un mur vient de se dresser entre Jacques Parizeau et un autre de ses anciens compagnons d'armes. Pour éviter que les deux hommes se laissent en de trop mauvais termes, Jacques Parizeau confie à Douglas H. Fullerton qu'advenant l'indépendance du Québec, il voit en lui l'un des rares Canadiens capables d'assumer le rôle de médiateur dans le processus de formation des deux nouveaux pays. Loin de séduire Douglas H. Fullerton, la remarque lui déplaît souverainement[50].

Le rapport sur les institutions financières est rendu public en août 1969. Les journalistes épient alors les moindres gestes de Jacques Parizeau. Mario Cardinal, directeur de la revue *Maclean*, apprend dès le début du mois de septembre que l'économiste doit annoncer son adhésion au Parti québécois au cours d'une spectaculaire conférence de presse. Il décide donc de consacrer l'éditorial du numéro d'octobre à cette nouvelle. Coiffé du titre évocateur « Enfin, un débat d'adultes », le texte accorde beaucoup d'importance au geste que va poser Jacques Parizeau. « Il fallait au Parti québécois une caution économique. Il vient de l'obtenir avec l'adhésion de Jacques Parizeau.

---

49. *Idem.*
50. Selon Douglas H. Fullerton dans son livre : *The Dangerous Delusion – Quebec's Independence Obsession as seen by Former Adviser to René Lévesque and Jean Lesage,* Toronto, McClelland & Stewart, 1978, p. 105.

Personne ne peut aujourd'hui contester la compétence économique de Parizeau. Surtout pas le Parti libéral ni l'Union nationale qui, tour à tour au pouvoir, ont utilisé ses talents à toutes sortes de sauces. Ses connaissances et l'expérience qu'il a acquise dans la chose politique en font un interlocuteur dont il n'est pas facile de contester la respectabilité[51]. »

Le samedi 13 septembre, le journal *Le Soleil* publie l'éditorial de Mario Cardinal qui ne devait être livré qu'en octobre. Le quotidien de la Vieille Capitale veut devancer la revue *Maclean*. Le lundi, les autres journaux s'emparent de la nouvelle. Jacques Parizeau fulmine ! Interrogé par *La Presse* le dimanche, il se borne à dire qu'il convoquera une conférence de presse dans les prochains jours. Même si Mario Cardinal affirme ne pas tenir son information de René Lévesque, ce n'est pas l'impression qu'en a Jacques Parizeau[52]. Pierre Harvey, un collègue des HÉC, se souvient des pas lourds de Jacques Parizeau dans les couloirs de l'école. L'attitude de René Lévesque, qui avait pratiquement annoncé sa venue au parti pendant l'été, « avait frustré monsieur Parizeau. Son scoop se faisait désamorcer. Tout devenait moins spectaculaire[53] », raconte Pierre Harvey, sourire en coin. Roch Bolduc, haut fonctionnaire à Québec, est aussi témoin d'une réaction semblable à la même époque lors d'un dîner avec Jacques Parizeau[54].

Compte tenu des événements, Jacques Parizeau devance de deux jours la date prévue de sa conférence de presse. Celui qui voulait donner le maximum d'impact à son adhésion au Parti québécois est furieux ! D'une certaine manière, René Lévesque

---

51. Éditorial de Mario Cardinal dans la revue *Maclean*, octobre 1969, p. 9.
52. Mario Cardinal n'a pas de souvenirs précis de la source au Parti québécois qui lui annonce la venue de Jacques Parizeau, mais il peut confirmer qu'il ne s'agit pas de René Lévesque avec qui il n'entretenait pas de rapports étroits. Entrevue téléphonique, le 22 septembre 2000.
53. Entrevue avec Pierre Harvey, le 22 mars 2000.
54. Entrevue avec Roch Bolduc, le 8 décembre 1997.

est en train de lui voler la vedette, ce qu'il n'apprécie guère. Sa colère passée, l'estime qu'il porte à René Lévesque reprend toutefois le dessus. Jacques Parizeau décide de porter son regard ailleurs... droit devant.

Son adhésion officielle au Parti québécois se fait le vendredi 19 septembre 1969 au restaurant Butch Bouchard. Devant une batterie de caméras et d'appareils photos, il déclare qu'une « même entreprise ne peut avoir deux sièges sociaux, à plus forte raison plusieurs [55] ». Or, selon lui, ce pays est en train de se construire deux gouvernements. Il faut choisir, conclut Jacques Parizeau. « Les Canadiens français n'accepteront pas que leur gouvernement, leur gouvernement véritable avec tout ce que cela implique, soit à Ottawa. Il ne reste alors qu'une alternative. Ou bien continuer de chercher à diluer l'État, ou à le neutraliser par des formules de statuts plus ou moins particulières ou alors clairement placer le gouvernement à Québec [56]. » L'annonce de l'arrivée de Jacques Parizeau dans les rangs souverainistes est reçue avec joie par René Lévesque qui affirme que c'est un grand jour pour le Parti québécois : « Dans le domaine économique où on entretient tellement de craintes artificielles, il est évident qu'il est très très important pour nous d'avoir un homme qui est celui qui connaît le mieux, à fond, en détails, tous les dossiers économiques du Québec aussi bien que du Canada [57]. »

Dans sa biographie de René Lévesque, Pierre Godin évoque les sessions secrètes de formation données par Jacques Parizeau à certains membres du Parti québécois. Le principal intéressé demeure exceptionnellement vague sur cette question, il n'est pas homme à jouer sur deux tableaux. On peut cependant

---

55. Extrait du discours de Jacques Parizeau lors de sa conférence de presse, le 19 septembre 1969.
56. *Idem.*
57. Propos tenus par René Lévesque et diffusés à l'émission *Télémag* de la télévision de Radio-Canada, le 19 septembre 1969.

La maison de Jacques Parizeau, rue Robert à Outremont.
Archives de Jacques Parizeau, ANQ.

raisonnablement présumer que l'activité engendrée par le nouveau parti est telle que Jacques Parizeau a été un temps partagé entre deux tâches, soit celle de servir le premier ministre Jean-Jacques Bertrand et celle de conseiller René Lévesque dans sa destinée politique.

Quoi qu'il en soit, quelques semaines avant que l'irrémédiable se produise, Alice Parizeau organise une imposante soirée à la résidence du couple, rue Robert à Outremont. Bien des connaissances de Jacques Parizeau sont alors fédéralistes. Avant l'annonce de son engagement politique, qui marquera la fin de nombreuses relations et le début d'une longue période d'hostilités, son épouse souhaite rassembler tous ces gens une dernière fois. Près de quatre-vingt-dix personnes ont été invitées et « ils sont tous venus[58] », déclare un Jacques Parizeau ravi. Les badauds peuvent apercevoir, parmi les invités, de nombreux représentants d'institutions financières ainsi que des présidents de sociétés d'État. Claude Prieur, président de la

58. Entrevue avec Jacques Parizeau, le 13 juillet 1999.

Caisse de dépôt et placement du Québec, est au nombre des invités, de même que Marcel Pepin de la CSN. René Lévesque s'amène, suivi des trois « colombes » : Jean Marchand, Gérard Pelletier et Pierre Elliott Trudeau, premier ministre du Canada. Les gyrophares des voitures de police illuminent l'endroit. L'accès au parc de Vimy, situé juste en face de la demeure des Parizeau, a été fermé. Les déplacements des nombreuses limousines et des voitures de sécurité rendent la circulation impossible dans ce quartier habituellement paisible. Jacques-Yvan Morin, Jacques Godbout, Yves Pratte et bien d'autres encore s'ajoutent aux personnalités présentes.

Ce soir-là, la demeure de Jacques Parizeau est le lieu d'un affrontement entre souverainistes et fédéralistes. En début de soirée, les discussions sont variées. Des petits groupes se forment peu à peu dans la salle à manger et dans les corridors. « Puis la bataille prend dans le salon et s'étend dans la salle à manger et dans toute la maison [59] », aime à raconter Jacques Parizeau. Deux clans se forment. Marcel Pepin se souvient très bien de la sérieuse prise de bec qui oppose René Lévesque et Pierre Elliott Trudeau, les tenants de deux thèses et de deux pays. À l'étonnement de plusieurs, la femme de René Lévesque prend position contre son mari. René Lévesque se tourne alors vers Marcel Pepin et lui dit : « Regarde, Marcel, quand ta femme est toujours contre toi, qu'est-ce que tu fais [60] ?! » Ce soir-là, dans cette résidence d'Outremont, se cristallisent les oppositions qui vont marquer, pour le reste du siècle, le paysage politique du Canada. « Cela a duré toute la nuit, relate Jacques Parizeau. Et là, à un moment donné devant le salon, le feu prend entre Trudeau et Lévesque. Cela fait trois ou quatre heures que l'on boit et jase ensemble. Vers une heure du matin, à force de débattre, ils ne savent plus quoi dire. Il y a un long silence. La dizaine d'invités

---

59. *Idem.*
60. Entrevue avec Marcel Pepin, le 14 février 2000.

qui écoutent la conversation comprend à cet instant qu'un moment important vient de se produire : ces deux hommes-là ne s'entendront jamais[61]. » Les personnes réunies comprennent aussi que Jacques Parizeau passe définitivement du côté de René Lévesque. C'est le début d'une longue croisade.

La fin des alliances, le début des combats

À l'aube, lorsque les derniers invités quittent la résidence des Parizeau, c'est plus qu'un jour nouveau qui s'annonce pour l'économiste de trente-neuf ans. Dorénavant, il consacrera le reste de sa vie à un seul objectif : l'indépendance politique du Québec. Cet ancien chef scout, passionné par les grandes opérations, devra maintenant composer avec les conséquences de son nouveau choix politique. La nouvelle ère qui s'ouvre à lui le mènera maintenant à de rudes affrontements avec la communauté d'affaires et l'influent gouvernement fédéral. Très vite, Jacques Parizeau prendra la mesure des retombées de son engagement[62].

Eric Kierans, qui dirige à Ottawa le nouveau ministère des Communications, souhaite connaître les implications économiques du lancement dans l'espace du nouveau satellite Anik. Pour cet exercice destiné à définir la nouvelle politique

---

61. Entrevue avec Jacques Parizeau, le 13 juillet 1999.
62. Anecdote intéressante, après avoir adhéré au Parti québécois, Jacques Parizeau ira, en compagnie de son épouse, en vacances au Mexique pour la fête de Noël 1969. Par hasard, il rencontre Jean Chrétien et sa femme à l'aéroport. Eux aussi prennent l'avion pour le Mexique. L'étonnement est à son comble quand les deux couples réalisent qu'ils logent au même hôtel et au même étage ! Jacques Parizeau, candidat péquiste et Jean Chrétien, ministre des Affaires du Nord et des Ressources naturelles dans le gouvernement Trudeau doivent s'abstenir de parler de politique à la demande de leurs épouses. L'histoire ne dit pas si les deux hommes ont respecté le pacte de non-agression...

canadienne des télécommunications, il recrute un groupe d'économistes. Jacques Parizeau est invité à se joindre au groupe afin de participer à la séance de travail qui se tiendra du 3 au 5 octobre 1969. Eric Kierans justifie ainsi son invitation au professeur des HÉC : « Étant donné l'importance des considérations économiques dans le cadre de la télécommunication, je crois qu'il est souhaitable, tant pour moi que pour les fonctionnaires de mon ministère, de consulter quelques-uns des chefs de file qui étudient continuellement les politiques canadiennes dans le domaine des sciences économiques et qui sont intéressés à contribuer à la planification et à l'orientation de nos études actuelles [63]. »

Quelque trente ans plus tard, Eric Kierans se souvient très bien de l'événement. « Je voulais sélectionner, pour des raisons politiques bien sûr, un économiste pour chacune des dix provinces canadiennes. Je me disais que tous ont le droit de savoir que l'on envoie un satellite dans l'espace [64]. » Les dix économistes arrivent à Ottawa le 3 octobre 1969. « Les dimensions du problème étaient grandioses ! Et à lui seul, Jacques Parizeau valait mieux que les neuf autres économistes. Vous pouvez me citer là-dessus ! Il avait fait ses devoirs, il était bien préparé comme il l'a toujours été [65]. »

Marc Lalonde, chef de cabinet du premier ministre Trudeau, est mis au courant de cette collaboration et fait une violente sortie contre le ministre fédéral des Communications : « Kierans n'a aucun droit ! Il ne peut engager ce séparatiste pour travailler à Ottawa [66] ! », se serait-il écrié. Il faut signaler que dans l'intervalle entre le moment où Eric Kierans l'a invité et la tenue de la

---

63. Lettre d'Eric Kierans, le 5 septembre 1969. Archives de Jacques Parizeau, ANQ.

64. Entrevue avec Eric Kierans, le 16 février 2000.

65. *Idem.*

66. Propos attribués à Marc Lalonde par Eric Kierans. Entrevue du 16 février 2000. Marc Lalonde affirme ne pas se souvenir de cet épisode.

*Jacques Parizeau a conservé sa cocarde du congrès de 1969.
Archives de Jacques Parizeau, ANQ.*

séance de travail à Ottawa, Jacques Parizeau a annoncé son adhésion au Parti québécois. «Cela ne fait aucune différence pour moi, insiste Eric Kierans. Ce n'était pas un problème politique que nous allions étudier, c'était un problème économique et commercial. Vous deviez alors prendre les meilleurs économistes pour vous assurer que ça va marcher. Vous ne leur demandez pas s'ils sont catholiques ou musulmans! S'il est bon, il est bon [67]!»

La société québécoise est dorénavant coupée en deux. Il y a les souverainistes dans un camp et les fédéralistes dans l'autre. Pour l'instant, les tenants du fédéralisme canadien sont nettement plus nombreux et influents que la poignée de péquistes qui s'agitent autour de René Lévesque en prévision du deuxième congrès de l'histoire de leur parti. D'ailleurs, Pierre Elliott Trudeau parle alors des péquistes comme d'un «groupuscule».

Or, groupuscule ou pas, le parti qui tient son congrès au Centre Maisonneuve de Montréal assiste à l'entrée officielle en

---

67. Entrevue avec Eric Kierans, le 16 février 2000.

politique de Jacques Parizeau. Et cette entrée, il la veut grandiose. Réconcilié avec lui-même, sentant qu'il a mis fin à certaines incohérences [68], il prononce ce vendredi soir, 17 octobre 1969, un discours fort convaincant. « Il était élégant comme tout, souligne Claude Ryan qui assistait à l'événement. Avec son allure distinguée de gentleman britannique, on aurait dit un vrai travailliste comme en Angleterre [69] ! » Jacques Parizeau se fait très présent et discute avec sérénité d'un « certain nombre de choses économiques non pas sur une base mythologique mais technique [70] ». Son rôle sera de faire échec au terrorisme intellectuel et financier. Il le proclame haut et fort, le niveau de vie des Québécois ne baissera pas avec l'indépendance. Il est acclamé par une foule enthousiaste. Jacques Parizeau raconte plus tard au journaliste Réjean Tremblay : « Lévesque essaie de donner une âme au Québec, moi je tente de lui donner une économie. Lui s'occupe du cœur, moi de l'estomac, et j'estime que ça prend les deux pour arriver à quelque chose [71]. » Par sa présence, il est celui qui donne une caution économique au parti. « Parizeau fait déjà homme d'État, se rappelle Bernard Landry. Les gens boivent ses paroles [72]. » La fin de son discours est suivie d'une longue et chaleureuse ovation. « Lévesque n'avait pas de prétention économique, estime Bernard Landry. Sans Parizeau, je ne suis pas sûr que l'affaire de Lévesque aurait décollé comme elle l'a fait, et ce en tout respect pour Lévesque, parce que cette aventure-là avait des dimensions économiques importantes [73]. »

---

68. Entrevue avec Jacques Parizeau, le 27 mars 2000.
69. Entrevue avec Claude Ryan, le 14 juin 2000.
70. Citation de Jacques Parizeau reproduite dans l'article de Gilles Daoust, du journal *La Presse*, le lundi 20 octobre 1969.
71. Article de Réjean Tremblay dans le *Progrès-Dimanche*, le 31 janvier 1971.
72. Entrevue avec Bernard Landry, le 25 avril 2000.
73. *Idem*.

Lors de ce congrès, Jacques Parizeau pose sa candidature à l'exécutif du parti. Des neuf candidats élus, c'est lui qui obtient le plus grand nombre de votes[74]. Camille Laurin, Marc-André Bédard et Claude Charron se joignent à lui et comblent les sièges vacants à l'exécutif du Parti québécois.

Quelques jours après le congrès, Claude Ryan, éditorialiste au journal *Le Devoir*, écrit : « Le congrès de Montréal aura permis d'étoffer davantage les corollaires économiques de l'idée de souveraineté. Mais ces propositions, portant la marque d'un homme très familier avec les rouages de l'État québécois et de l'économie moderne, ajoutent une note certaine de sérieux et de crédibilité au programme du Parti québécois[75]. » Claude Ryan fait ici référence à Jacques Parizeau qui se retrouve au cœur de son analyse. « Le Parti québécois a raison de se réjouir de l'adhésion de monsieur Parizeau. Dès la fin de semaine dernière, on a pu mesurer l'effet modérateur qu'aura sur les orientations cette présence nouvelle[76]. » L'économiste est alors qualifié de « modérateur » contrairement à Pierre Bourgault que René Lévesque ne souhaite pas voir à l'exécutif du parti. Dans son rôle de « modérateur », Jacques Parizeau fait battre une résolution visant à s'assurer que l'État contrôle et surveille les échanges entre le Québec et l'extérieur. Le professeur explique aux délégués que ce genre de proposition serait impossible à appliquer. La résolution est battue sous les applaudissements de la foule[77].

Se ralliant au point de vue de son nouveau chef, Jacques Parizeau fait adopter une résolution portant sur une communauté monétaire qui n'exclut pas la nécessité d'un dollar

---

74. Il est élu conseiller le dimanche 19 octobre avec 928 voix. Camille Laurin est le deuxième candidat ayant obtenu le plus de voix avec 789 votes. Ces résultats préliminaires sont rendus publics le lundi suivant.
75. Éditorial de Claude Ryan, *Le Devoir*, le 20 octobre 1969.
76. *Idem.*
77. Article du *Toronto Daily Star*, le 20 octobre 1969.

québécois en cas de mésentente avec le reste du pays. Sur les conditions d'association économique avec le Canada, l'influence du «nouvel enfant chéri du Parti québécois [78]» est manifeste. La résolution se lit comme suit : «L'accord sur les modalités d'une association n'est pas une condition *sine qua non* de l'accession du Québec à son indépendance, et si les négociations devaient échouer sur un point ou l'autre de l'association proposée, le Québec devrait alors négocier le partage équitable des institutions fédérales et se forger ses propres outils monétaires et, si nécessaire, abandonner pour le moment, l'idée d'un marché [79].» Voilà le nouveau credo de Jacques Parizeau. Il l'entonnera pour le reste de sa vie.

Le croisé

«La politique doit servir à accomplir quelque chose, à réaliser un projet, croit Jacques Parizeau. Autrement, c'est une perte de temps. On a mieux à faire dans la vie [80].» Curieusement, la politique n'intéresse pas Jacques Parizeau. Pour lui, elle n'est qu'un moyen d'atteindre l'indépendance du Québec. Tout le reste n'est qu'une mise en scène de bien mauvais goût [81]. «Je ne les aime pas les politiciens, répète Jacques Parizeau. Je trouve que pour un bon nombre d'entre eux, ce sont des cons ! Est-ce que vous croyez que ça ne marque pas d'être obligé d'aller au Château Frontenac, dans une suite, de trouver des bouteilles sur le tapis, puis de prendre en pyjama, effondré sur un

---

78. Claude Beauchamp, «Le refus de "l'autre" de s'engager ne compromettrait pas l'indépendance», *La Presse*, le 20 octobre 1969.
79. Résolution reproduite dans un article de Claude Beauchamp, dans le journal *La Presse*, le 20 octobre 1969.
80. Extraits du livre de Jacques Parizeau, *Pour un Québec souverain*, Montréal, VLB Éditeur, 1997, p. 20.
81. Entrevue avec Jacques Parizeau, le 6 janvier 2000.

fauteuil, un ministre, puis le mettre debout, prendre sa main pour lui faire signer un décret? J'ai même été faire signer des décrets dans un bordel à Québec, à la Grande Hermine! J'avais trente-six ans à cette époque-là, ça me choquait profondément, je trouvais ça écœurant [82]!» Dans l'esprit de Jacques Parizeau, seul le projet de l'indépendance lui permet de surmonter le dédain que lui inspire le monde politique.

Si, pour plusieurs, la politique demeure l'art du possible, pour le professeur des HÉC, la noblesse de l'engagement public tient à la capacité du politicien de réaliser un projet mobilisateur. Une fois élu, il faut tenir ses promesses. «La politique devient alors l'art de formuler des objectifs [83].» Les compromis n'occupent qu'une place bien secondaire.

Grand admirateur de Winston Churchill, Jacques Parizeau dit avoir emprunté à ce personnage anglais sa définition de ce que doit être un politicien. «Churchill disait, d'abord on ne demande pas à un politicien d'être intelligent. Un homme politique peut acheter ou louer de l'intelligence, mais il ne peut pas acheter ou louer du caractère. On peut acheter ou louer des gens pour écrire ses discours, on peut s'entourer de gens hautement intelligents pour étudier tout ce qu'on voudra, mais en définitive, qu'un homme politique ait du caractère ou non, ça, ça ne se remplace pas, ça ne s'achète pas. On ne peut pas acheter quelqu'un ou louer les services de quelqu'un pour prendre des décisions à sa place, c'est pas faisable [84].» À cette considération, Jacques Parizeau en ajoute une seconde : «Habituellement, l'intérêt privé et public coïncident, mais quand ce n'est pas le cas, c'est le rôle du politicien, au nom de l'État et

---

82. Entrevue avec Jacques Parizeau, le 13 juillet 1999.
83. Entrevue avec Jacques Parizeau, le 23 août 2000.
84. Série radiophonique de Radio-Canada, *La Révolution tranquille*, animée par Pierre de Bellefeuille et Jean-Pierre Bergeron. Épisode 9, diffusé le 14 août 1971.

du bien public, de trancher. Un politicien est un définisseur de l'intérêt public. Je tiens cet enseignement de Jean Lesage [85]. »

« Parizeau est un personnage d'une gigantesque véracité, explique Claude Morin. Je n'ai jamais vu cet homme mentir. Oublier des choses, oui, en cacher, assez peu. Mais Parizeau a une caractéristique : il ne modifie pas son approche [86]. » Il a le comportement d'un croisé et la confiance d'un monarque. Il s'engage en politique comme on entre en religion. Son choix est définitif et irréversible. Il prononce ses vœux politiques devant René Lévesque et subit son ordination politique au congrès du Parti québécois en octobre 1969. À partir de ce moment-là, il ne suivra plus qu'une seule voie, celle qui le mènera aux portes du pays. Il ne dérogera plus jamais à cette règle.

L'esprit d'engagement est un trait de caractère très marqué chez Jacques Parizeau. Un épisode de sa jeunesse illustre d'ailleurs très bien l'attitude ferme et résolue du politicien en devenir. Vers 1952, dans les bois de Viry, à Chauny en France, l'étudiant Parizeau est invité par son ami Jean-Jacques Thernynck à participer à une chasse avec battue. Peu expérimenté, le jeune Parizeau se fait expliquer que les chasseurs doivent attendre sur la ligne de feu pendant que les rabatteurs en blouse blanche circulent bruyamment dans le boisé, loin devant eux, pour effrayer les chevreuils et les pousser vers le peloton de tir. Vient un moment où les rabatteurs se rapprochent dangereusement des chasseurs. Il est alors strictement interdit de tirer car il y a risque de blesser l'un des hommes surgissant du boisé. Pendant la chasse, le père de Jean-Jacques Thernynck circule parmi ses invités. Les rabatteurs se trouvant maintenant à moins de quatre-vingts mètres des chasseurs, le moment est venu où il faut cesser de tirer. Le père de Jean-Jacques Thernynck demande au groupe de déposer les armes. Jacques Parizeau n'entend rien.

---

85. Entrevue avec Jacques Parizeau, le 29 août 2000.
86. Entrevue avec Claude Morin, le 12 avril 1999.

Il est trop absorbé par le chevreuil qui se présente tout à coup devant lui. Il met l'animal en joue. Fasciné par la bête, complètement absorbé, Jacques Parizeau se trouve soudain hors du temps. Éliminant toute autre considération, il s'apprête à tirer. Le père de Jean-Jacques Thernynck arrive derrière lui et lui arrache le fusil des mains. «Il a fait une telle peur à mon père[87]!», raconte Jean-Jacques Thernynck. Il était en train de viser un rabatteur. «C'est un souvenir très fort que je garde de Jacques Parizeau. Cette histoire est très emblématique. Chez Jacques, il y a toujours eu ça dans la vie. Quand il a voulu quelque chose, il ne s'est pas beaucoup occupé du reste. Il n'avait de cesse de l'avoir obtenu[88].»

Robert Parizeau, le frère de Jacques, explique à sa façon l'origine de cette détermination dévorante. «Jacques a un sens du devoir, c'est un homme de devoir. Il a un idéal et ça passe par là[89].» Robert se souvient des discussions familiales au cours desquelles Jacques accusait son père d'avoir été de cette élite silencieuse qui n'avait pas assumé ses responsabilités à l'égard du Québec. Maurice Duplessis a pu asseoir son pouvoir sans contestation, reprochait-il à son père. «C'est donc à notre génération de prendre ses responsabilités[90]», disait-il. Dans l'esprit de Jacques Parizeau, l'élite ne doit pas seulement amasser argent et privilèges, elle doit aussi contribuer à la grandeur de la nation et à sa destinée par des actions concrètes.

La hantise de la politique

Quand Jacques Parizeau annonce à son père qu'il s'engage dans le Parti québécois, Gérard Parizeau se sent défaillir. Son

---

87. Entrevue téléphonique avec Jean-Jacques Thernynck, le 30 novembre 1997.
88. *Idem.*
89. Entrevue avec Robert Parizeau, le 20 janvier 2000.
90. *Idem.*

*Damase Parizeau, arrière-grand-père
de Jacques Parizeau, tel qu'il apparaissait
dans un bulletin de la Chambre de commerce
de Montréal en 1889.*

fils a beau lui expliquer que «l'ère des conseillers techniques a donné dans le système actuel la majeure partie de ce qu'elle pouvait donner [91]» et que c'est dans le rôle du politicien qu'il entend désormais résoudre des problèmes plus fondamentaux, l'homme pour qui les assurances n'ont plus de secrets est en état de choc : il réalise alors qu'il ne s'est pas protégé contre un tel risque. Gérard Parizeau a grandi dans la haine de la politique. Son père Télesphore Parizeau, le grand-père de Jacques, n'a jamais cessé d'agiter le spectre électoral pour effrayer ses fils et ses petits-fils. Il faut dire que, dans la famille Parizeau, les racines de cette hantise datent de près d'un siècle. Tout a commencé avec Damase Parizeau, l'arrière-grand-père de Jacques.

---

91. Propos tenus par Jacques Parizeau à l'émission *Télémag* de la télévision de Radio-Canada, le 19 septembre 1969.

Riche commerçant et cofondateur de la Chambre de commerce de Montréal, Damase Parizeau était identifié au Parti libéral d'Honoré Mercier. Premier ministre du Québec de 1886 à 1891, Honoré Mercier s'est distingué par son nationalisme vigoureux. C'est avec force et détermination qu'il a réclamé au gouvernement fédéral la reconnaissance et le respect des pouvoirs réservés aux provinces. En 1887, il convoqua la première conférence interprovinciale de l'histoire de la confédération. Mais bien avant d'être élu, Honoré Mercier s'est surtout illustré comme le politicien qui, quelques jours après la pendaison de Louis Riel, a le mieux canalisé la colère des Canadiens français. Devant une foule de cinquante mille personnes rassemblées au Champ-de-Mars à Montréal, il s'est écrié le 22 novembre 1885 : « Riel, notre frère est mort ! Riel est mort sur l'échafaud, comme sont morts les Patriotes de 1837, en brave et en chrétien ! En livrant sa tête au bourreau, comme de Lorimier, il a donné son cœur à son pays [92]. » Jacques Parizeau admire profondément la pensée politique de ce premier ministre. Pour lui, l'activité politique du Québec s'est arrêtée après la rébellion manquée de 1837-1838. Il a fallu attendre la venue du « grand » Honoré Mercier pour que tout se remette à bouger.

Misant sur l'insatisfaction des Canadiens français, Honoré Mercier remporta les élections de 1886 et de 1890. Puis un scandale éclata qui vint mettre fin abruptement à sa fulgurante carrière politique. Le sénat canadien révéla qu'un proche d'Honoré Mercier aurait réclamé cent mille dollars à un entrepreneur chargé de construire le chemin de fer de la Baie-des-Chaleurs. Une commission d'enquête fut mise sur pied, mais elle ne parvint pas à mettre directement en cause le premier

---

92. Cité par Robert Rumilly dans *Histoire de la province de Québec*, Tome 5 : *Riel*, Montréal, Fides, 1973.

L'HONORABLE HONCRÉ MERCIER

Honoré Mercier, premier ministre du Québec
de 1886 à 1891. Héros de Jacques Parizeau.

ministre Mercier. Le lieutenant-gouverneur révoqua tout de même son gouvernement et le démit de ses fonctions. Charles de Boucherville, du Parti conservateur, remplaça alors Honoré Mercier comme premier ministre. Des élections s'ensuivirent. Le Parti libéral de Mercier était alors honni par la population. C'est le moment que Damase Parizeau choisit pour faire faux bond aux libéraux. Il décida de joindre les rangs des conservateurs, se coupant ainsi de toutes relations avec son ancien parti. Autrefois fidèle au politicien nationaliste, Damase Parizeau devint un « adversaire de Mercier et de sa clique [93] ». Jacques

---

93. Robert Rumilly, *Honoré Mercier et son temps,* Tome 2, Montréal, Fides, Collection « Vies canadiennes », 1975, p. 288.

Parizeau semble ignorer que son arrière-grand-père a contribué à la cuisante défaite politique de son héros, Honoré Mercier[94].

La carrière politique de Damase Parizeau a été de courte durée. Quatre ans plus tard, la population, qui s'était détournée d'Honoré Mercier, a retourné sa colère contre le Parti conservateur qu'elle accusait d'avoir persécuté celui qui est devenu un martyr. Il faut dire qu'entre-temps, Honoré Mercier a été lavé de tout soupçon dans l'affaire du présumé scandale de la Baie-des-Chaleurs. Les libéraux provinciaux ont repris le pouvoir avec Félix-Gabriel Marchand. Le long règne du parti rouge va durer jusqu'en 1936. À l'élection de 1897, Damase Parizeau a été défait dans son comté. Il s'est présenté de nouveau en 1900, aux élections fédérales cette fois-ci, en se portant candidat pour le Parti conservateur dans le comté de Chambly-Verchères. Il y essuya une cinglante défaite face au Parti libéral dirigé par Wilfrid Laurier, la nouvelle idole des Canadiens français.

De riche commerçant qu'il était, Damase Parizeau est entré dans le nouveau siècle lesté de dettes. Son fils Télesphore écrit dans ses mémoires que son père « s'était depuis quelques années, malgré les avis effrayés de la bonne maman, laissé entraîner vers la politique provinciale. Élu député de Montréal une première fois, il succomba dans une deuxième épreuve, après quatre années d'un dur travail et d'un dévouement exemplaire à l'intérêt public. À l'encontre de bien d'autres, la politique ne l'avait pas enrichi. Il en sortait ruiné aux trois quarts ; sa farouche honnêteté ne lui permit jamais la moindre compromission. Les frais d'élections, les détournements de fonds d'un employé qui

---

94. L'élection se tient le 8 mars 1892. « Le rapport sur la huitième élection générale pour l'assemblée législative de la province de Québec » nous apprend que Damase Parizeau se présente sous la bannière conservatrice dans le comté de Montréal n° 3 contre le libéral Henri-Benjamin Rainville. Source : Bibliothèque de l'Assemblée nationale du Québec, Québec, Éditions Charles-François Langlois, 1892, 181 pages.

avait toute sa confiance, la clientèle un peu négligée au bénéfice des affaires publiques, tout cela fit petit à petit glisser à l'abîme les ressources pécuniaires si bien établies. Le hideux fantôme de la ruine et du désastre se dressait peu à peu dans le sinistre brouillard d'un avenir prochain [95]. »

En 1903, à l'âge de soixante-deux ans, Damase Parizeau, père de six enfants, déclarait faillite. Selon la version de Gérard Parizeau, en quittant le Parti libéral pour les Conservateurs, Damase Parizeau s'était fait beaucoup d'ennemis. Et quand les libéraux revinrent au pouvoir en 1897, leur influence s'est rétablie à un point tel que ses anciens amis libéraux eux-mêmes devinrent les créanciers de Damase Parizeau [96]. Rancuniers, ceux-ci n'auraient fait preuve d'aucune compassion envers leur ami d'autrefois. Le 19 octobre 1903, Damase Parizeau se vit obligé de se départir de sa terre et de sa magnifique maison de Boucherville. Pour le règlement de la faillite, le comptable Alexandre Desmarteau fut nommé curateur des biens. « Le lot 37 et ses bâtiments furent vendus au prix de quatre mille six cents dollars le 17 décembre 1904 à Ernest dit Lapointe, voisin de Parizeau [97]. » Or, vingt-deux ans auparavant, Damase Parizeau avait acquis la même propriété pour cinq mille dollars !

L'homme qui, au sommet de sa carrière, avait été pro-priétaire de près de sept commerces de bois, s'accrocha. En juin 1904, sa femme, Janvière Chartrand, fut autorisée par la Cour supérieure à faire le commerce du bois sous le nom de Damase

---

95. Extrait du journal du grand-père Télesphore Parizeau présenté dans le livre de Gérard Parizeau, *Joies et deuils d'une famille bourgeoise 1867-1961*, Trois-Rivières, Les Éditions du Bien public, 1973, p. 31.
96. Gérard Parizeau, *Pages de journal*, volume I, Trois-Rivières, Les Éditions du Bien public, 1969, p. 29. Textes parus dans la revue *Assurances*.
97. Selon une recherche effectuée par Guy Pinard, dans le journal *La Presse*, le 29 avril 1990. La maison de Damase Parizeau, aujourd'hui connue à Boucherville sous le nom de maison Quintal dite Quesnel, a été classée monument historique par le gouvernement du Québec.

Parizeau et cie. Ce n'est que le premier septembre 1911 que celle-ci a cessé légalement de faire des affaires sous le nom commercial de son mari, alors âgé de soixante-dix ans. L'arrière-grand-père de Jacques Parizeau est mort quatre ans plus tard. Au cours de sa vie mouvementée, l'entrepreneur était passé de l'abondance à l'indigence.

Pendant cette période d'infamie, Télesphore, l'aîné des enfants de Damase Parizeau, n'était plus aux côtés de son père. Pendant les années de prospérité du père, le fils était allé parfaire ses études médicales à Paris. À son retour d'Europe en 1896, Télesphore Parizeau constata que son père s'enfonçait dans les dettes. Lui, propulsé par son diplôme européen, ouvrit bientôt son propre cabinet de médecin. Mais pour les autres membres de la famille, la faillite imminente fut un désastre qui les a forcés à trimer dur. L'argent manquait et certains des fils de Damase ont même dû abandonner leurs études.

Il est remarquable d'observer que pour cette période difficile, au lieu de s'attarder sur l'infortune de Damase Parizeau, le fils de Télesphore, Gérard, évoque plutôt la période heureuse des vacances en famille passées à la campagne en l'absence des grands-parents. Dans ses mémoires, Gérard Parizeau fait totalement abstraction du drame financier qu'a vécu son grand-père. Son ouvrage, *Joies et deuils d'une famille bourgeoise*, débute en 1867, l'année de la naissance de son père Télesphore. Son grand-père Damase a pourtant connu ses heures de gloire et bénéficié de l'aisance qui distingue la grande bourgeoisie. Aux heures les plus sombres de sa déroute financière, Damase Parizeau s'est retrouvé sans logis et a dû s'installer chez l'un de ses plus jeunes fils, Damase Junior, qui vivait dans de modestes conditions. Il ne s'est installé ni chez Télesphore, le médecin, ni chez Henri, l'ingénieur, ses deux fils aînés qui avaient tout de même eu la chance de faire de bonnes études avant sa faillite. «Pourquoi ceux de bien-être ne s'occupent pas des parents ? C'était la question de Damase Parizeau», affirme une source

Télesphore Parizeau, sa femme et ses quatre enfants.
Gérard Parizeau est à l'extrême-droite.
Archives de Jacques Parizeau, ANQ.

anonyme au sein de la famille Parizeau. «Télesphore, devenu bourgeois, était peut-être gêné de recevoir des gens plus pauvres, y compris son propre père?» Tout cela a créé un froid terrible dans la famille, à un point tel que ce n'est qu'à la mort de Télesphore, bien des années plus tard, qu'Alice Parizeau a trouvé la famille réunie au grand complet pour la première fois. Il y avait des décennies que les Parizeau ne se fréquentaient plus.

C'est donc dans ce contexte, hanté par la figure de son grand-père, que Gérard Parizeau apprend que son fils désire se lancer en politique. C'est par la politique que Damase Parizeau a été déshonoré. C'est la politique qui a déchiré cette famille, en précipitant dans la précarité économique une partie de ses enfants. Et à présent, près d'un siècle plus tard, Jacques Parizeau,

497

l'arrière-petit-fils d'un homme ruiné par la politique, vient d'apprendre à son père qu'il plonge dans l'arène. Gérard Parizeau en est accablé.

Détresse chez les Parizeau

Jacques Parizeau, qui demeure réservé sur les origines de la faillite de son arrière-grand-père, explique la déception de son père de la façon suivante : « Mon père n'aimait pas ça parce que d'une façon générale, tout changement, il n'aimait pas ça[98]. » Les discussions entre le père et le fils seront particulièrement chaudes pendant cette période : « Comme il nous faut éviter de discuter! écrit Gérard Parizeau. Si nous pensons de même sur bien des choses, nos échanges de vues n'ont pas toujours la sérénité qu'il faudrait[99]! »

Le père de Jacques est d'autant plus inquiet que son deuxième fils, Michel, se laisse également tenté par la bête! Les conséquences risquent d'être encore plus graves, parce que c'est à Michel qu'il a confié la direction de l'entreprise familiale. « Il flirte avec le Parti québécois, se souvient Jacques Parizeau. Au grand scandale de la famille, il va assister à la première réunion de fondation du Mouvement souveraineté-association (MSA) tenue au monastère des Pères dominicains[100] » en novembre 1967. « Il va se faire engueuler par la famille », ajoute Jacques Parizeau. L'intérêt de Michel Parizeau pour la politique ne se limite pas à sa participation à l'assemblée de fondation du MSA. Quelques jours plus tard, il assiste aussi aux États généraux du Canada français qui se tiennent à la Place des Arts de Montréal. « Michel était très engagé[101] », témoigne son frère

---

98. Entrevue avec Jacques Parizeau, le 13 juillet 1999.
99. Gérard Parizeau, *Pages de journal*, volume VII, *op. cit.*, p. 79.
100. Entrevue avec Jacques Parizeau, le 13 juillet 1999.
101. Entrevue avec Robert Parizeau, le 20 janvier 2000.

Robert. Il va même jusqu'à accorder une entrevue à la radio dans laquelle il se dit favorable à plus d'autonomie pour le Québec. Les conséquences d'une telle déclaration ne tardent pas à se manifester, rappelle Robert Parizeau. «Une semaine après, une grande compagnie d'assurance annule son contrat d'agence avec nous. Ils nous disent que c'est en réaction aux déclarations de Michel [102].» Au bureau de Gérard Parizeau limitée, l'atmosphère est tendue. Certains associés en veulent à Michel Parizeau. Son père demeure silencieux, d'autant plus qu'il a lui aussi assisté aux assemblées des États généraux à titre de représentant des institutions financières [103]. «Michel était le patron, il faisait quand même ce qu'il voulait [104]», signale son frère Robert.

En janvier 1968, le comité directeur du MSA, dirigé par René Lévesque, forme quatre groupes de réflexion. Michel Parizeau collabore aux travaux de l'atelier économique dirigé par Pierre Carignan [105]. Après qu'il eut participé à la création du MSA, il est permis de croire que Michel Parizeau assiste aussi au premier congrès du mouvement en avril 1968. Puis, à partir de cette date, il semble prendre ses distances. Il se consacre plutôt entièrement à son travail. Un divorce particu-lièrement difficile va également l'accaparer.

Lorsque Jacques Parizeau annonce à sa famille son enga-gement politique, exception faite des encouragements de son frère Michel, les marques d'approbation qu'il reçoit se font rares. Son frère Robert évite de mêler les affaires et la politique. Il craint que ce cocktail explosif lui saute au visage à tout

---

102. *Idem.*
103. Jacques-Yvan Morin, qui présidait les États généraux, se souvient de la présence de Gérard Parizeau. Entrevue du 30 novembre 2000.
104. Entrevue téléphonique avec Robert Parizeau, le 6 octobre 2000.
105. Pierre Godin, *René Lévesque – Héros malgré lui,* Tome II, Montréal, Les Éditions du Boréal, p. 360.

moment. Il dit « aider le Québec en bâtissant une grande entreprise d'assurance et de réassurance [106] », ce qui est bien suffisant, ajoute-t-il. Par contre, l'épouse de Robert, Monique, est née avec une pancarte dans les mains, affirme Jacques Parizeau. « Beaucoup plus sympathique au Parti québécois, la femme de Robert a donné tous les appuis que son mari ne pouvait donner [107]. »

Si appuis familiaux il y a, ils viendront surtout de Germaine Parizeau, la mère de Jacques. Parce que contrairement à son mari, « elle était naturellement en faveur de tout changement [108] », affirme Jacques Parizeau. Robert Parizeau acquiesce : « Au fond, la semence politique vient plutôt du côté de ma mère que du côté de mon père. Si elle était née plus tard et à une époque où les femmes pouvaient faire plus facilement de la politique, elle en aurait fait. Je me souviens quand elle passait devant Adélard Godbout avec madame Casgrain pour demander le droit de vote des femmes, ou quand elle discutait avec l'archevêché qui, à ce moment-là, lui disait que faire de la politique, c'était distraire les femmes de leurs tâches à la maison… Je n'ai pas besoin de vous faire un dessin ! Y'avait des grincements de dents ! Ma mère a été tentée par la politique, mais je pense que mon père aurait eu beaucoup de difficulté. Elle n'est pas allée en politique parce qu'elle sentait bien que pour mon père c'était impensable [109]. »

Dans ses mémoires, Gérard Parizeau confirme l'intérêt de son épouse pour l'univers de la politique : « Germaine a le goût de la politique, hérité de son père, je pense. En période d'élections, elle écoute tout et lit tout, sans atteindre le point de satiété. Moi, je ne me donne même pas la peine d'en discuter.

---

106. Entrevue avec Robert Parizeau, le 20 janvier 2000.
107. Entrevue avec Jacques Parizeau, le 13 juillet 1999.
108. *Idem.*
109. Entrevue avec Robert Parizeau, le 4 juin 1999.

Elle vibre, proteste, réagit avec une fraîcheur de sentiment que j'admire sans pouvoir la partager. Tant qu'elle sera ainsi, elle gardera une jeunesse d'esprit qui fait son charme [110]. »

« Ma mère était clairement souverainiste [111] », révèle Robert Parizeau. Wanda de Roussan, une amie de la famille, confirme elle aussi que Germaine Parizeau « était en admiration devant Jacques. Elle ramassait toutes les coupures de journaux, écoutait toutes les émissions télévisées et radio [112]. »

« Chez nous, s'exclame Jacques Parizeau, ce sont les femmes qui sont révolutionnaires [113] ! » Rien de plus vrai, surtout quand on pense à Alicja Poznanska qu'il a épousée en 1956. Cette femme au destin remarquable a survécu à l'insurrection de Varsovie lors de la Deuxième Guerre mondiale. L'existence de cette femme se résume à une suite de grands combats. Elle est entrée dans la vie de Jacques Parizeau pour n'en ressortir que trente-cinq ans plus tard. L'influence de cette romancière sur ce personnage théâtral qu'est son mari sera considérable.

---

110. Gérard Parizeau, *Pages de journal*, volume V, *op. cit.*, p. 114-115. Textes parus dans la revue *Assurances*.
111. Entrevue avec Robert Parizeau, le 20 janvier 2000.
112. Entrevue avec Wanda de Roussan, le 20 janvier 2000.
113. Entrevue avec Jacques Parizeau, le 13 juillet 1999.

*En vacances au Mexique, Jacques Parizeau et sa femme
se retrouvent dans le même hôtel que Jean Chrétien
et son épouse lors du congé de Noël en 1969.
Archives de Jacques Parizeau, ANQ.*

*Aline Chrétien s'assure que le « pacte de non-agression »
tienne le coup, le temps que les vacances se terminent.*

CHAPITRE 16

Alice au pays de Jacek

« Je pense qu'Alice a été cet allumage du patrio-
tisme chez Parizeau. Elle aurait alimenté cette
tendance et certainement appuyé sans jamais
vouloir jouer un rôle évident. Alice jouait son
patriotisme polonais dans le patriotisme québé-
cois. Elle s'est jointe au nationalisme québécois
très tôt. »

Wanda de Roussan [1]

Lorsque Jacques Parizeau annonce à son épouse qu'il adhère au Parti québécois, c'est une femme nullement inquiète qui reçoit la nouvelle. « Pour elle, raconte Jacques Parizeau, le Québec est en train de s'éveiller à quelque chose qui existe en Pologne depuis plusieurs siècles. Elle est très respectueuse de ce nationalisme naissant et comprend que cela ne se fera pas en un an [2]. » En 1975, Alice Parizeau explique à la journaliste Anne Richer que « tout individu a besoin d'une identification collective liée à la langue, à la culture, aux arts. Les Québécois ont vécu trois cents ans dans des conditions de fou à tenter de

---

1. Amie polonaise d'Alice Parizeau depuis 1945.
2. Entrevue avec Jacques Parizeau, le 6 juillet 1999.

préserver leur culture, leur identité. Il est temps de s'affirmer et de faire honneur aux générations précédentes [3]. »

Celle qui va volontairement rester discrète sur son propre engagement politique sera toutefois l'alliée la plus fidèle de Jacques Parizeau. Alice Parizeau déborde d'admiration pour la carrière universitaire et politique de son mari. Au cours des ans, elle monte d'immenses albums de souvenirs dans lesquels elle conserve tous les textes que son mari a écrits pour *L'Actualité économique* à partir du milieu des années cinquante. Fièrement, elle y conserve également, collés sur de grandes pages noires, les nombreux originaux de ses discours, des lettres de félicitations, ses nominations aux conseils d'administration des sociétés d'État et une impressionnante collection d'articles de journaux allant du début des années soixante jusqu'aux années quatre-vingt.

Alicja Poznanska est devenue follement amoureuse de Jacques Parizeau la première fois qu'elle l'a vu. « Quand il entra dans mon bureau ce matin-là, je perdis vraiment le sens du réel [4]. » Ce jour-là, Léon Lorrain, un ami de la famille, a fait venir le jeune Parizeau à son bureau de la Banque canadienne nationale. Nous sommes à la fin de l'année 1955. Jacques Parizeau arrive tout juste d'Angleterre, avec en poche son titre de docteur en économie. Léon Lorrain lui annonce qu'il prend sa retraite et il lui offre son poste de secrétaire général de la banque. Jacques Parizeau, qui s'est engagé auprès des HÉC et qui préfère l'enseignement à un poste administratif de second ordre, repousse poliment la proposition. Mais avant qu'il quitte le bureau, le secrétaire général lui offre de faire une visite des lieux, en particulier de la bibliothèque dont il est assez fier. C'est là que le professeur des HÉC aperçoit Alicja Poznanska pour la première fois. La jeune femme est entourée de livres.

---

3. Article d'Anne Richer dans le journal *La Presse*, le 29 janvier 1975.
4. Alice Parizeau, *Une femme*, Montréal, Leméac Éditeur inc., 1991, p. 385.

«Voici notre nouvelle employée», s'exclame Léon Lorrain. Même s'il n'en laisse rien paraître, Jacques Parizeau est séduit par ce large sourire. Il feint d'ignorer la belle bibliothécaire et fixe du regard Léon Lorrain. «Il était désagréable, se souvient Alicja Poznanska. Il n'écoutait pas ce que je disais et paraissait fasciné, au contraire, par les explications de mon patron. Il était grand, très mince, réservé, britannique dans sa façon de se comporter, et moi, trop enjouée, trop enthousiaste, je risquais de l'effaroucher avec mes manières brusques [5].» Alicja Poznanska n'a pas de raison de s'en faire, Jacques Parizeau lui joue la comédie. Cette première rencontre va les conduire à trente-cinq ans de vie commune. «Le lendemain, pourtant, il me téléphona, et nous nous donnâmes rendez-vous le soir [6].» Pour la romancière en devenir, un prince charmant vient d'entrer dans sa vie. Affectueusement, elle l'appellera Jacek, ce qui signifie «Jacques» en polonais.

Respectueux des traditions familiales en dépit de ses vingt-cinq ans, c'est au restaurant Chez Pierre que Jacques Parizeau courtise Alicja Poznanska [7]. Il s'agit du même restaurant où, plusieurs années auparavant, son propre père l'avait amené le jour de sa première communion. Dans un petit salon qu'il a réservé pour l'occasion, la joute oratoire débute : «Mademoiselle, je déteste les talons plats.» Elle lui répond avec le sourire : «Et moi, je les adore [8] !» Ils se marieront quelques mois plus tard, mais afin de bien saisir l'influence qu'a eue cette femme sur son mari, il est important de retourner quelques années en arrière et de raconter l'enfance tumultueuse et extraordinaire d'Alice Parizeau.

---

5. *Idem.*
6. *Idem.*
7. Encore aujourd'hui, Jacques Parizeau est un des plus fidèles clients du restaurant. Il y possède un compte et un salon privé est mis à sa disposition chaque fois qu'il le demande.
8. Claudine Lalonde, «Être femme de ministre demande une volonté de fer», *Montréal-Matin*, le 23 août 1978.

*La petite Alice en compagnie
de sa grand-mère.
Archives de Jacques Parizeau, ANQ.*

Une orpheline courageuse

Née à Lodz le 25 juillet 1927[9], de l'union d'un riche industriel et d'une pianiste, la petite Alicja passe son enfance à
Cracovie en Pologne. À l'âge de six ans, la fillette aux longues
nattes brunes fréquente une école privée où elle se rend, tous les
matins, dans une luxueuse voiture conduite par un chauffeur.

En septembre 1939, les rumeurs assourdissantes de la
guerre viennent mettre un terme à cette aisance tranquille. Au

---

9. Contrairement à ce qu'elle a écrit dans son autobiographie et à ce qu'elle
a toujours affirmé aux journalistes, Alice Parizeau est née en 1927 dans
la ville de Lodz. Le biographe a retrouvé un document officiel du gouvernement polonais datant de 1954. Ce certificat d'identité personnelle
vient corriger toutes les notes biographiques écrites sur Alice Parizeau
depuis des années.

lieu de quitter le pays, le père d'Alicja, Stanislaw, organise la résistance. Capitaine de l'armée clandestine, il est responsable des communications auprès du gouvernement polonais en exil à Londres [10]. Se déplaçant de villas en appartements, la famille cache chez elle tout ce qui est nécessaire au combat. Les postes émetteurs, les armes et les explosifs côtoient les poupées et les petites robes d'Alicja.

À l'hiver 1942, Stanislaw Poznanska est enlevé par la Gestapo. Il est détenu à la prison de Pawiak puis torturé à mort par les Allemands. La jeune fille de quatorze ans est déjà agente de liaison dans le maquis. Dans son sac d'école, elle transporte armes et munitions pour les résistants. « J'ai été arrêtée à plusieurs reprises et relâchée comme " par miracle ", raconte-t-elle. Selon mon lieutenant, à cause de mon air innocent et, selon notre aumônier, grâce au bon Dieu qui veillait [11]. »

Une nuit de l'hiver 1944, à bonne distance du village où elle s'est réfugiée avec sa mère, Alicja marche seule dans la pénombre le long de la voie ferrée. La jeune fille doit remettre des revolvers aux combattants polonais cachés dans la forêt [12]. La situation se complique et elle ne revient au village qu'à cinq heures du matin. Pour son plus grand malheur, les Allemands sont passés et ont fait une rafle. « Ils ont enlevé et fusillé une bonne partie du village, raconte Jacques Parizeau. Une fosse commune a été creusée par les Allemands. Ils y ont précipité les corps, dont celui de sa mère [13]. » À seize ans, Alicja Poznanska se retrouve orpheline de mère et de père. Enfant unique, elle n'a plus de famille. Rongée par les remords, elle demeure persuadée que si elle était restée aux côtés de sa mère cette nuit-là, elle aurait pu la sauver.

---

10. Entrevue avec Jacques Parizeau, le 13 janvier 2000.
11. Alice Parizeau, *op. cit.*, p. 71.
12. Entrevue avec Jacques Parizeau, le 13 janvier 2000.
13. *Idem.*

L'orpheline décide de continuer le combat au nom des siens. Elle se retrouve au cœur de Varsovie dans ce qui sera l'un des plus sanglants épisodes de la guerre. Les militaires de carrière ayant été très tôt emprisonnés ou exécutés par les Allemands, l'insurrection de Varsovie sera donc tentée par de jeunes soldats polonais [14]. La compagnie où s'engage la jeune Poznanska est commandée par des lieutenants de vingt ans [15]. «Nous frôlions la mort, mais nous avions confiance en notre bonne étoile, écrit Alice Parizeau. Avec cette inconscience qui caractérise les enfants, nous étions persuadés que nous allions gagner la bataille. Nous partions en chantant et nul ne se doutait à l'automne 1944 que l'insurrection ne serait qu'un horrible carnage, bien que les canons lourds et les tanks allemands fussent visibles de loin [16].» Pendant que les Polonais se faisaient abattre massivement, de l'autre côté de la Vistule, les Russes attendaient patiemment la fin du massacre avant d'avancer.

Un jour, pendant les combats, la jeune Alicja alimente en munitions la mitrailleuse sur trépied qu'utilise un curé. Quand celui-ci est abattu d'une balle en plein front, l'adolescente prend sa place [17]. Sur les barricades de l'insurrection de Varsovie, elle fraternise avec de nombreux camarades juifs et chrétiens qui meurent au combat. Des années plus tard, elle écrira : «Ils dorment d'un sommeil éternel sous les pavés de Varsovie reconstruite sur les ruines de l'insurrection de 1944. Ma famille, mes parents, mes amis n'ont pour la plupart au cimetière que des tombes vides ou une stèle au pied d'une croix, où sont inscrits leurs noms. On peut aller prier sur les tombes, déposer des fleurs, rêver ou pleurer, et c'est déjà beaucoup [18].»

---

14. Le ghetto de Varsovie sera aussi le théâtre d'une insurrection, menée cette fois par les Juifs.
15. Entrevue avec Jacques Parizeau, le 18 janvier 1999.
16. Alice Parizeau, *op. cit.*, p. 208.
17. Entrevue avec Jacques Parizeau, le 13 janvier 2000.
18. Alice Parizeau, *op. cit.*, p. 285.

*La tombe de la mère d'Alicja
Poznanska. Archives de Jacques
Parizeau, ANQ.*

C'est dans les sous-sols du plus haut immeuble de Varsovie, celui de la Prudential, que la résistance polonaise a installé son hôpital de fortune. L'un des héros de la résistance, le docteur Zaorski, y soigne et opère les blessés dans les coffres-forts vides de la banque. Un jour, Alicja vient tout juste de sortir de l'immeuble où elle s'est fait soigner pour la scarlatine quand un avion ennemi bombarde le gratte-ciel de moins de vingt étages. Une des bombes crève le toit et pénètre dans la cage d'ascenseur. L'engin poursuit sa funeste descente et explose dans les sous-sols que l'on croyait inatteignables. Le souffle de l'explosion fauche tous ceux qui s'y trouvent. L'hôpital se transforme en four crématoire. À l'extérieur, sous les décombres, Alicja croit apercevoir un des leurs au milieu des flammes. La jeune fille porte secours au résistant. Sous une pluie de balles, elle traîne sur plusieurs mètres la lourde masse inerte d'un homme gravement blessé. Après maints efforts, elle réussit à le mettre à l'abri des tirs derrière l'une des barricades de la rue du Maréchal. Pour ce geste héroïque, le gouvernement polonais en exil à Londres lui accordera la Croix de guerre [19].

À la fin de l'insurrection, il ne reste que six des cent trente membres de la compagnie d'Alicja Poznanska. Advenant le cas où ils se feraient encercler par les Allemands, les survivants ont fait un pacte de suicide. Toutefois, les derniers représentants de l'état-major polonais ont ordonné à tous de se rendre [20]. Commence alors pour Alicja la vie de prisonnière de guerre. En mars 1945, elle arrive au camp d'Oberlangen près de la frontière hollandaise « après un interminable voyage dans un wagon à bestiaux dont les portes ne s'ouvraient pour nous qu'une fois toutes les vingt-quatre heures [21] ». Humiliée par les interminables séances de garde-à-vous, où elle doit se tenir debout pendant des heures sous la pluie ou sous la neige, elle s'évade. Elle est reprise par un agent de la Gestapo à la frontière hollandaise. Heureusement pour l'insoumise, la fin de la guerre arrive. L'armistice ne lui permet toutefois pas de retourner dans son pays nouvellement conquis par les armées staliniennes. Les alliés lui permettent de gagner la France.

L'exilée

C'est à Paris qu'Alicja Poznanska et Wanda Malatynska se rencontrent. Elles se sont toutes les deux engagées dans la résistance polonaise et elles ont survécu à la guerre. Les résistantes qui partagent un même passé ignorent à ce moment-là

---

19. Alice Parizeau, *op. cit.*, p.157 et selon une entrevue avec Jacques Parizeau, le 13 janvier 2000.
20. Confidences d'Alicja Poznanska, rapportées par Jacques Parizeau, le 13 janvier 2000. Pour cette dernière affirmation, compte tenu des circonstances, il a été impossible pour le biographe de retrouver une seconde source.
21. Alice Parizeau, *op. cit.*, p. 340.

que l'avenir leur réserve encore une amitié durable. Elles traverseront l'océan à quelques mois d'intervalle mais, une fois à Montréal, elles demeureront toujours très proches l'une de l'autre.

Après un long périple à travers l'Allemagne, Wanda Malatynska se retrouve à Paris dans un couvent polonais. Les sœurs qui l'accueillent l'installent dans une chambre qu'elle partage avec une autre jeune fille : Alicja. « J'étais assez forte et bien baraquée. Or la première chose que me dit Alicja c'est : "Pourquoi êtes-vous si grosse ?" Elle a toujours été directe et franche. Avec elle, pas de fausses discussions[22]. » Après les présentations, Wanda Malatynska ouvre sa valise qui est remplie de paquets de cigarettes américaines, la monnaie d'échange des années d'après-guerre. Son père s'était assuré qu'elle aurait suffisamment de cigarettes pour faire le voyage jusqu'à Paris. « Vous n'allez pas fumer ça, me dit Alice ! Elle me refile une cigarette gauloise et je m'étouffe aussitôt ! Alice considérait les cigarettes américaines tout juste bonnes à vendre sur le marché en échange d'argent. Avec cet argent, elle achetait des cigarettes françaises, au quart du prix des américaines. C'était une personnalité qui s'imposait. Elle était, dans un sens, envahissante[23]. »

Les nouvelles amies vont beaucoup au théâtre. Elles dansent et découvrent la ville à bicyclette. « Nous connaissions mieux Paris que les Parisiens, affirme Wanda Malatynska. Il fallait tout découvrir, parce que nous savions que nous ne passerions pas notre vie à Paris[24]. » Alicja Poznanska termine ses études de lettres en 1948 et entame aussitôt sa licence en droit et son diplôme en sciences politiques.

« Alice avait des prétendants à n'en plus finir[25] », se souvient Wanda Malatynska. Elle s'éprend à Paris d'un beau

---

22. Entrevue avec Wanda Malatynska, le 20 janvier 2000.
23. *Idem.*
24. *Idem.*
25. *Idem.*

*La jeune Alicja Poznanska visitant Paris à bicyclette
dans les années d'après-guerre. Archives de Jacques Parizeau, ANQ.*

lieutenant polonais du nom de Jan. Ingénieur nouvellement installé à Montréal, il désire la faire venir auprès de lui. Alicja hésite. Elle songe plutôt à lui annoncer que tout est terminé, mais au même moment, son cousin Thaddée Poznanski, employé d'une compagnie d'assurance dans la ville de Québec, la convainc de venir passer quelque temps dans cette province francophone.

Wanda est la première à partir pour le Canada. La jeune Polonaise va rejoindre son père et sa sœur installés à Winnipeg depuis 1951. Peu stimulée par l'environnement anglophone, elle décide de s'établir à Montréal. C'est là que les deux amies se retrouvent et cohabitent dans une petite chambre qu'elles ont louée au centre-ville. L'arrivée d'Alicja Poznanska au Québec date donc de l'année 1952 [26].

Après avoir mis fin à sa relation amoureuse avec Jan, Alicja, qui ne devait demeurer au Canada que six mois, se met à la recherche d'un emploi. Elle en décroche un premier comme serveuse au restaurant O Délice. Mise à pied après quelques jours pour manque d'expérience, elle se retrouve dans un atelier de couture de la rue Saint-Laurent en compagnie de son amie Wanda. Après avoir cassé une quantité considérable d'aiguilles, les voici à nouveau sur le trottoir. Les inséparables deviennent finalement vendeuses de chocolat chez Mary Lee.

La chose est peu connue, mais Alicja Poznanska a rencontré Gérard Parizeau, son futur beau-père, bien avant de faire la connaissance de Jacques. À son arrivée au pays, Thaddée Poznanski, le cousin d'Alicja, s'était trouvé un emploi dans le domaine de l'assurance grâce aux relations de Gérard Parizeau. Il intervient à nouveau auprès de l'assureur, afin que sa cousine

---

26. Le témoignage de Wanda Malatynska contredit les mémoires d'Alice Parizeau qui estime son arrivée au Canada à 1954. Or la meilleure amie d'Alice se souvient de sa présence lors de son mariage avec Jacques de Roussan le 18 avril 1953. Une photo en témoigne.

*Alicja Poznanska à l'époque
où elle avait de nombreux prétendants.
Archives de Jacques Parizeau, ANQ.*

Alicja puisse trouver un emploi plus stable et mieux rémunéré. «Je lui ferai une lettre pour la Banque canadienne nationale où elle désire entrer, en invoquant l'amitié que j'avais pour son cousin [27]», écrit Gérard Parizeau. À la lecture de son curriculum vitae, l'assureur aurait fait part de son étonnement à la jeune Polonaise. Que son fils entreprenne des études supérieures à l'Institut d'études politiques de Paris, c'est une chose! Mais qu'une immigrée comme elle ait entrepris en France le même genre d'études, cela l'étonne [28].

---

27. Gérard Parizeau, *Pages de journal*, volume VII, Trois-Rivières, Les Éditions du Bien public, 1978, p. 108.
28. Alice Parizeau a fait cette confidence à Wanda Malatynska. Entrevue du 20 janvier 2000.

La jeune femme est finalement engagée par la Banque canadienne nationale, à la succursale de la Place d'Armes, à titre de responsable de la bibliothèque économique [29]. Elle rédige aussi le bulletin de la banque. À l'été 1955, elle confie à la réceptionniste qu'elle a l'intention d'aller seule en vacances en Gaspésie dans sa petite voiture. La réceptionniste, qui trouve fort entreprenante cette jeune étrangère, décide de l'aider. « Si tu vas à Percé, j'ai une belle-sœur qui passe l'été là avec sa fille. Ça te ferait une compagne de ton âge [30]... » C'est de cette façon qu'Hélène Pelletier-Baillargeon est devenue la première amie québécoise d'Alicja. « Elle a fait beaucoup d'effet en Gaspésie, se souvient sa nouvelle amie. Les vieux parlent encore de son petit bikini turquoise à pastelles blanches. Les pêcheurs la voyaient de loin [31] ! »

« Épouse-moi, nous allons gagner du temps ! »

Wanda Malatynska se souvient du jour où Alicja lui a présenté Jacques Parizeau. « Ce qu'elle aimait de son nouveau prétendant, c'était sa galanterie selon les règles d'avant 1939. Elle admirait surtout son intelligence et ses lettres de noblesse académique. Un homme de bonne conversation, c'était important pour Alicja [32]. » À un moment donné, la discussion porte sur les agissements politiques du gouvernement travailliste en Angleterre. La meilleure amie et le prétendant ne s'entendent pas sur certaines dates. Wanda cite les travaux d'un professeur anglais que Jacques Parizeau s'empresse de discréditer. Le lendemain, Wanda Malatynska reçoit un appel de l'économiste.

---

29. Le dimanche, elle continue de travailler chez Mary Lee.
30. Entrevue avec Hélène Pelletier-Baillargeon, le 28 juin 2000.
31. *Idem.*
32. Entrevue avec Wanda Malatynska, le 20 janvier 2000.

Le visage lumineux d'Alicja Poznanska cache une adolescence tragique.
Archives de Jacques Parizeau, ANQ.

« Je tiens à m'excuser pour hier. Vous aviez raison, j'ai vérifié [33]. » Pour Wanda Malatynska, ce geste « illustre l'homme. Il est capable de reconnaître qu'il a tort et de s'excuser. »

Jacques Parizeau n'est pas quelqu'un qui aime entretenir longtemps l'incertitude. Quelques semaines après leur première rencontre, il dit à Alicja : « J'ai trop de travail pour sortir avec toi. Épouse-moi, nous allons [gagner] du temps [34] ! » Pour sa part, Wanda Malatynska explique autrement la rapidité avec laquelle le mariage est célébré : « Une fille qui est aussi convoitée à droite et à gauche, eh bien, il faut s'assurer de la propriété au plus sacrant [35] ! » Parce qu'il faut bien dire qu'à la même époque, un autre prétendant s'est manifesté. Il se nomme Léon et c'est un ancien membre de l'armée clandestine de Pologne. La jeune Polonaise a déjà repoussé ses avances, mais il insiste et fait des scènes incroyables devant son appartement. Au bord de l'hystérie, il lui crie qu'il se suicidera le jour de son mariage avec Jacques Parizeau [36].

Un jour, au cours d'une balade en voiture comme elle les aime tant, Alicja devient nerveuse. C'est elle qui conduit sa petite Consul et elle a repéré une voiture qui les suit depuis une bonne heure déjà. Jacques Parizeau, assis à ses côtés, réalise que quelque chose ne va pas : « Qu'y a-t-il Alice ? Je te sens tendue. » Il se retourne et aperçoit derrière eux, au volant de sa voiture, le prétendant polonais. Furieux, il demande à Alicja d'aller garer la voiture au fond du prochain stationnement. « S'il nous suit jusque-là, nous allons le voir venir », prédit Jacques Parizeau. Plus provocateur que jamais, le prétendant polonais entre lui aussi dans le stationnement. Il s'arrête près d'eux. Jacques

---

33. Propos attribués à Jacques Parizeau et rapportés par Wanda Malatynska, le 20 janvier 2000.
34. Alice Parizeau, citée dans l'article de Claudine Lalonde, « Être femme de ministre demande une volonté de fer », *Montréal-Matin*, le 23 août 1978.
35. Entrevue avec Wanda Malatynska, le 20 janvier 2000.
36. *Idem.*

Parizeau sort de la voiture, le Polonais fait de même. Les deux hommes en viennent rapidement aux coups. « Ah ! C'était à grands coups de poings sur la gueule [37] », se souvient Jacques Parizeau.

Nonobstant le nombre de ses prétendants, Alicja Poznanska « est réellement amoureuse de Jacques et il était visible que c'était celui-là le vrai [38] », constate sa meilleure amie. C'est au moment de ces premières rencontres avec Jacques Parizeau qu'Alicja Poznanska camoufle sa véritable date de naissance, soit le 25 juillet 1927. Afin de ne pas se trouver plus âgée que son prince charmant, elle lui annonce qu'elle est née en 1930, tout comme lui. Cette coquetterie va longtemps demeurer secrète. Alicja Poznanska devient Alice Parizeau le 2 avril 1956. Craignant un débordement émotif de la part du jeune Léon, Jacques Parizeau embauche, le jour de son mariage, des agents de sécurité de la maison Pinkerton.

Depuis son retour de Londres, Jacques Parizeau vit chez ses parents et paye pension. Le jour de son mariage, son père lui remet un petit carnet rempli de notes et de chiffres. Toutes les sommes que Jacques a déboursées pour sa pension y sont inscrites, de même que les dates et les intérêts accumulés. Surpris, ne comprenant pas la signification de ce geste, Jacques Parizeau regarde son père dans les yeux. « Il m'a alors remis un chèque remboursant tout ce que je lui avais donné [39] », raconte-t-il, la voix encore étranglée par l'émotion.

En route pour sa lune de miel, le couple roule sous les étoiles en direction des plages du Maine. Alice Parizeau, qui adore conduire, est encore au volant de sa Consul verte. La voiture tombe tout à coup en panne. Un Américain qui passe par

---

37. L'anecdote est racontée par Jacques Parizeau. Entrevue du 13 janvier 2000.
38. Entrevue avec Wanda Malatynska, le 20 janvier 2000.
39. Entrevue avec Jacques Parizeau, le 11 janvier 1998.

là, complètement ivre, verse une bonne partie de sa bouteille de gin dans le moteur. À leur grande surprise, la voiture redémarre sous les éclats de rires des nouveaux mariés! «J'ai poussé cette bagnole-là, dira Jacques Parizeau, que ce soit sous la pluie ou dans la gadoue[40].» De toute évidence, Jacques Parizeau ne partage pas avec sa femme le plaisir de conduire, mais il lui arrive tout de même de tenir le volant. Jeune marié, le voilà propriétaire d'une Studebaker Commander. Tous les matins, il la prend pour aller donner ses cours aux HÉC. Comme les espaces de stationnement manquent, il doit faire le tour des rues avoisinantes pour trouver un endroit où garer la voiture. Un jour, exaspéré de ne pas trouver un espace de stationnement, il décide de ne plus aller travailler en voiture. Il prendra dorénavant l'autobus[41]. Dès lors, c'est sa femme qui conduira; lui ne renouvellera pas son permis de conduire. C'est donc depuis l'âge de vingt-huit ans environ que Jacques Parizeau ne conduit plus.

La dette de la survivante

Au moment de son mariage, le Québec est toujours dirigé par Maurice Duplessis. Jacques Parizeau vit une crise intérieure. Le jeune homme, qui a connu Paris et Londres, a du mal à accepter le sort du Québec, surtout quand il le compare à ces autres sociétés. «On ne peut pas être en retard au Québec sur tout, tout le temps! Je me serais tiré une balle dans la tête, s'exclame-t-il. C'était emmerdant, emmerdant[42]!» Un docteur en économie réduit à traduire des polices d'assurances pour boucler ses fins de mois... L'arrivée d'Alice dans sa vie lui permet cependant de relativiser les choses. Les récits que lui fait

---

40. Entrevue avec Jacques Parizeau, le 13 janvier 2000.
41. Entrevue avec Jacques Parizeau, le 15 août 2000.
42. Entrevue avec Jacques Parizeau, le 20 novembre 1997.

cette femme qui a survécu à la guerre lui font rapidement réaliser qu'il existe des situations bien pires que la sienne. «Ma femme disait souvent qu'elle était condamnée à être de bonne humeur au nom de tous ceux qui [étaient] morts autour d'elle[43].» Elle écrit : «De cette période, j'acquis la conviction profonde que je devais rembourser à quelqu'un, quelque part, ce dont j'étais redevable : la joie d'exister. Pour avoir eu la vie sauve, je devais, pensais-je, étudier, passer des examens, travailler, produire, avoir des enfants, les élever aussi bien que possible, écrire[44]...» Alice Parizeau accouche d'un garçon le 18 janvier 1957, puis d'une fille le 14 novembre 1958. Pour des raisons de santé, le médecin lui ordonne d'arrêter au deuxième enfant. Celle qui a perdu sa famille si jeune aurait bien aimé donner à Bernard et à Isabelle d'autres frères et sœurs. En 1978, elle avouera à une journaliste : «Ce que je reproche à mes enfants, c'est de ne pas s'être quintuplés à l'état de fœtus. J'aurais voulu avoir dix enfants. Même aujourd'hui, j'aimerais bien adopter des enfants. Je pense que mon mari serait d'accord, mes grands enfants ne le voient cependant pas du même œil... J'ai une dette de reconnaissance à l'endroit de mes enfants. Ils m'ont livré un monde tellement merveilleux. Ils m'ont souvent réconciliée avec la vie. Ils sont pour moi un symbole de printemps[45].»

L'épouse de Jacques Parizeau

Les trois premières années de mariage d'Alice Parizeau sont particulièrement difficiles pour elle. Dans son autobiographie, c'est avec son habituelle franchise qu'elle livre ses souvenirs de cette époque. Elle reprend les directives de son

---

43. Entrevue avec Jacques Parizeau, le 18 janvier 1999.
44. Alice Parizeau, op. cit., p. 176.
45. Citée dans l'article de Claudine Lalonde, «Être femme de ministre demande une volonté de fer», Montréal-Matin, le 23 août 1978.

*Le couple Parizeau en compagnie de Wanda Malatynska
et de son époux Jacques de Roussan.*

mari : « " Ma femme ne fera pas ceci, ni cela " Ma femme ! Ma liberté, mon indépendance, chèrement acquises, fondaient, disparaissaient et se dissolvaient, écrit-elle. J'étais follement amoureuse, mais mes pires appréhensions concernant le mariage se confirmaient. Enfermée dans l'appartement vide, j'attendais son retour, car je ne pouvais le meubler, ni le décorer de crainte de l'endetter, lui. Moi, je n'avais plus rien, ni bureau, ni salaire, ni identité propre. J'étais la femme de [46]... » Devant son désarroi, l'un de ses cousins établi à Rome est même prêt à lui obtenir une annulation de mariage de l'Église catholique. « Je l'aimais, je tenais à lui parler, à le toucher, mais nous ne nous comprenions pas [47]. »

Sa détresse atteint de telles proportions qu'elle compare son calvaire aux pires moments de sa jeunesse, à l'ennemi déshumanisant que fut le nazisme : « J'étais seule, plus seule que

---

46. Alice Parizeau, *op. cit.*, p. 387.
47. *Idem*, p. 388.

pendant l'insurrection de Varsovie, quand j'avais eu ma scarlatine, et plus impuissante que dans ma cellule de la prison d'Osnabrück, où je me retrouvai après mon évasion manquée[48]. » Elle critique durement son mari : « Rien ne devait jamais bouger, se transformer ou évoluer. Pour Jacek, certaines réalités n'existaient tout simplement pas. On pouvait discuter avec lui de problèmes aussi complexes que l'opposition entre le léninisme et le trotskisme, mais pas de mon propre quotidien[49]. » À titre d'exemple, en aucun cas il ne peut être question de manger à la cuisine. Matin, midi et soir, Jacques Parizeau exige que le repas soit servi dans la salle à manger.

« Moi, j'ai des réflexes très... à la fois de mon époque et de mon milieu, avoue Jacques Parizeau. Je ne vois pas pourquoi ma femme travaillerait. Elle a abandonné son travail à la Banque canadienne nationale, mais ça lui pèse de plus en plus. Elle trouve ça difficile et change finalement les règles du jeu[50]. » Elle engage une bonne. Le hasard veut que ce soit une Allemande d'origine, madame Zeidler. Elle reprend le travail à l'extérieur de la maison et retrouve finalement une certaine liberté.

Travaillant comme officier de réhabilitation pour la ville de Montréal, Alice Parizeau découvre la pauvreté caractéristique des grandes villes en visitant les logements des démunis. En 1962, elle fait partie du comité de rédaction de la revue *Cité libre*. Ses relations parmi l'entourage fédéraliste de Pierre Elliott Trudeau seront mouvementées : « Pierre Trudeau s'amusait à me provoquer, Gérard Pelletier à m'informer, Jean Marchand à m'aider et Jacques Hébert à me publier. J'étais leur minorité visible de service[51]. » Sa carrière de pigiste se poursuit au

---

48. *Idem.*
49. *Idem*, p. 389.
50. Entrevue avec Jacques Parizeau, le 13 janvier 2000.
51. Alice Parizeau, *op. cit.*, p. 427.

Jacques et Alice Parizeau en vacances.
Archives de Jacques Parizeau, ANQ.

journal *La Presse* où Gérard Pelletier l'engage. En 1960, le gouvernement polonais permet à Alice Parizeau de retourner visiter son pays. Elle en profite alors pour visiter l'Europe de l'Est. Elle publie à ce sujet, en 1962, un récit intitulé *Voyage en Pologne*. Elle collabore ensuite à la revue *Châtelaine* et à l'émission *Femmes d'aujourd'hui* de la télévision de Radio-Canada. En 1970, elle est responsable des stagiaires étrangers au département de criminologie de l'Université de Montréal avant de devenir, deux ans plus tard, secrétaire générale du Centre international de criminologie comparée de la même institution. Elle fonde enfin la Société québécoise de protection de l'enfance et de la jeunesse.

Alice Parizeau entame sa carrière de romancière avec *Fuir*, publié en 1963. En 1981, elle connaît un succès de librairie avec

Les lilas fleurissent à Varsovie. L'année suivante, elle remporte le Prix européen de l'Association des écrivains de langue française. En 1985, son livre est traduit en anglais aux États-Unis. Pour ses douze romans, elle est décorée en 1988 de l'Ordre du Canada.

Toute son œuvre parle du destin difficile de la Pologne. C'est une longue protestation à l'endroit du communisme et un persistant message d'espoir qui s'oppose à l'oubli. Certains de ses romans glorifient l'éveil nationaliste que connaît le Québec. Chez Alice Parizeau, l'essayiste et la romancière se confondent. Sa fréquentation assidue de l'élite canadienne-française lui permet de s'enraciner solidement dans son nouveau milieu. Tout au long des années soixante et soixante-dix, elle organise des soirées et garde le contact avec les amis négligés par son mari. Elle lui ramène ainsi des anciens de Stanislas, des collègues enseignants et des fonctionnaires tant fédéraux que provinciaux. Ses réceptions, préparées avec raffinement, se déroulent dans un climat des plus chaleureux, typique de la personnalité d'Alice Parizeau. Toujours très démonstrative, elle reçoit ses invités les bras ouverts, sans fausse distance. Son mari demeure plus réservé. « La mission ultime d'une femme, écrit Alice Parizeau, c'était, selon mon folklore, de ne pas déranger l'homme de sa vie dans sa marche vers les sommets de sa carrière et de l'aider, autant que possible, à rencontrer des gens susceptibles de lui faciliter cette ascension et à se lier d'amitié avec eux [52]. »

Une rare unanimité règne chez tous les gens qui l'ont fréquentée. Alice Parizeau semble avoir été appréciée de tous pour sa générosité, son intelligence et sa joie de vivre. « Il est bien possible que sans elle, j'aurais perdu contact avec Jacques », souligne Marc Baudouin, ancien confrère de classe.

---

52. Alice Parizeau, *op. cit.*, p. 389.

«Ambassadeur, j'étais un peu partout dans le monde, mais Alice faisait beaucoup d'efforts pour nous rejoindre[53].»

Sa majesté la langue française

Un jour où elle fait des emplettes au magasin Eaton du centre-ville de Montréal, Alice Parizeau se fait sèchement répondre : «*I don't speak french.*» Le mépris était tel, se souvient Alice Parizeau, que «jamais encore, ni à Londres, ni à Varsovie, ni à New York, ni à Istanbul, un pareil affront n'avait été fait en ma présence à " Sa Majesté " la langue française que moi-même j'avais eu tant de mal à apprendre[54].» Pour cette résistante polonaise, ce rejet lui semble «lancé sur le même ton que les Blancs utilisaient à une certaine époque en Floride pour empêcher les Noirs d'occuper les rangées de sièges réservés dans les autobus pour leur usage exclusif[55]».

André Laurendeau, éditorialiste au journal *Le Devoir* et coprésident de la Commission canadienne sur le biculturalisme et le bilinguisme, est celui qui, d'après Alice Parizeau, comprend le mieux la domination économique et politique que vivent les Canadiens français. Insomniaque, André Laurendeau discute des nuits entières avec Alice et Jacques Parizeau dans leur salon. Un verre à la main, de la musique tzigane en sourdine, la discussion se termine au lever du soleil, au moment où Alice Parizeau part chercher des croissants chauds pour le petit déjeuner[56].

La teneur des discussions est fort différente lors des réunions du comité de rédaction de *Cité libre*. «J'étais résolument et spontanément de cœur avec les francophones, ce qui amusait

---

53. Entrevue avec Marc Baudouin, le 15 septembre 1997.
54. Alice Parizeau, *op. cit.*, p. 410.
55. *Idem.*
56. Entrevue avec Jacques Parizeau, le 13 janvier 2000.

beaucoup Jean Marchand et énervait Pierre Elliott Trudeau, écrit-elle. Ce dernier me reprochait de transposer mon "sacré nationalisme polonais" dans un univers totalement différent. Selon lui, les nationalistes ne pouvaient être, par définition, que la preuve d'une étroitesse d'esprit bien faite pour porter au pouvoir les dictateurs grands et petits, tel Maurice Duplessis[57].» Bien avant son mari, Alice Parizeau repousse avec fougue certains des maîtres à penser du fédéralisme. «En somme, ajoute-t-elle, ma rupture réelle avec plusieurs de mes amis de *Cité libre* n'était pas due à nos divergences politiques, mais à leur malhonnêteté intellectuelle[58].»

Un événement va contribuer à solidifier, chez Alice Parizeau, cette conviction que les francophones sont écrasés par un régime politique injuste. Le 19 novembre 1962, devant le comité parlementaire des chemins de fer à Ottawa, le président du Canadien National, Donald Gordon, explique que si aucun Canadien français n'occupe l'un ou l'autre des dix-sept postes de la vice-présidence, c'est en raison de leur incompétence. La déclaration de Gordon fait tellement de bruit que le père de Jacques Parizeau reproduit dans son journal la citation de Gordon : «*So long as I am President of Canadian National, no one will be appointed Vice President on CN because he is a French Canadian*[59].»

Peu de temps après, le Conference Board of Canada réunit pendant deux jours, au Seigniory Club du Château Montebello, les présidents des grandes compagnies canadiennes ainsi que certains invités de marque, originaires des États-Unis. L'économiste Jacques Parizeau et sa femme sont présents pour cet événement annuel, de même que Donald Gordon. « Je m'en souviens comme si c'était hier, raconte Jacques Parizeau. Donald Gordon

---

57. Alice Parizeau, *op. cit.*, p. 424.
58. Alice Parizeau, *op. cit.*, p. 430.
59. Gérard Parizeau, *Pages de journal*, volume XI, Trois-Rivières, Les Éditions du Bien public, 1982, p. 126.

plastronne devant tout le monde[60].» Il en rajoute en expliquant à sa femme «qu'il ne parlait français qu'avec des prostituées parisiennes[61]». Alice Parizeau lui dit alors : «C'est honteux ce que vous venez de dire là! Vous ne devriez pas vous glorifier de dire de telles choses, vous devriez avoir honte[62]!» Poussant la moquerie jusque dans ses derniers retranchements, Donald Gordon se met alors à genoux devant la femme de Jacques Parizeau et lui demande pardon. «Elle voulait lui sauter à la gorge[63]», rapporte Jacques Parizeau. «Comme toujours, ces Anglais-là ne respectent que la conviction ou la force, ça ne sert à rien de leur dire des paroles gentilles, rage Jacques Parizeau. Ils nous méprisent! Mais exprimez une certaine force de conviction et puis là tout à coup, ils changent d'attitude[64].» Pour Jacques Parizeau, Alice incarnait le sens de l'honneur, le courage de la résistante polonaise qui avait refusé de plier l'échine devant l'ennemi.

En mai 1960, Claude Préfontaine, un des vingt membres fondateurs du futur Rassemblement pour l'indépendance nationale (RIN), soupe chez les Parizeau. Enthousiaste, il fait part au couple de son projet de créer un mouvement voué à la promotion de l'idée de pays pour le Québec. «Claude, vous rêvez en couleurs avec votre pays du Québec[65]!», lui répond Jacques Parizeau. Son épouse est moins catégorique. Alice Parizeau «était plus près à ce moment-là de cette idée que Jacques[66]», explique Claude Préfontaine. Le jeune indépendantiste connaît suffisamment Alice Parizeau pour faire une

---

60. Entrevue avec Jacques Parizeau, le 6 juillet 1999.
61. Alice Parizeau, *op. cit.*, p. 411.
62. Entrevue avec Jacques Parizeau, le 6 juillet 1999.
63. *Idem.*
64. *Idem.*
65. Propos attribués à Jacques Parizeau et rapportés par Claude Préfontaine, le 27 septembre 2000.
66. Entrevue téléphonique avec Claude Préfontaine, le 27 septembre 2000.

telle affirmation. À la fin des années cinquante, il est animateur à la station de radio montréalaise CJMS. On y réserve quelques heures de la programmation régulière aux minorités culturelles. Alice devient présentatrice pour les émissions polonaises. «Il m'arrivait de réciter, entre deux annonces publicitaires de bouchers, épiciers et boulangers d'origine polonaise, des poèmes et des textes de grands écrivains polonais[67]», raconte-t-elle. Claude Préfontaine et Alice Parizeau se connaissent donc depuis quelques années lorsqu'en septembre 1960, le RIN est fondé.

Ainsi, pendant que Jacques Parizeau conseille le premier ministre libéral du Québec, sa femme participe à des assemblées publiques du RIN. Elle ne se joint toutefois pas aux manifestations et demeure discrète, afin d'éviter de placer son mari dans une situation délicate. D'ailleurs, elle ne dévoilera jamais rien de son militantisme à Jacques Parizeau, qui ignore tout des activités politiques de son épouse[68]. Pour la première fois, Claude Préfontaine révèle qu'il a «vu Alice Parizeau à des réunions du RIN dès 1963-1964. C'est la confirmation que ses idées indépendantistes se révèlent plus tôt chez elle que chez Jacques[69]», dit-il.

Pour Wanda Malatynska, devenue Wanda de Roussan, «Alice jouait son patriotisme polonais dans le patriotisme québécois. Il était facile pour elle de joindre le nationalisme québécois qui ressemble d'ailleurs au nationalisme polonais. Tous deux ne sont pas des nationalismes de conquête. C'est plutôt la conservation de ce que l'on a, de la terre, la tradition, la religion et ainsi de suite. Sans possibilités de retour en Pologne, le patriotisme québécois amène quelque chose de très vivant et devient un produit de remplacement[70].» La meilleure

---

67. Alice Parizeau, *op. cit.*, p. 377.
68. Jacques Parizeau le confirme lors de l'entrevue du 17 octobre 2000.
69. Entrevue téléphonique avec Claude Préfontaine, le 27 septembre 2000.
70. Entrevue avec Wanda de Roussan, le 20 janvier 2000.

amie d'Alice reste convaincue que celle-ci a joué un rôle crucial dans l'orientation politique de Jacques Parizeau. Celui-ci le reconnaît à mots couverts en disant qu'elle est celle qui « ennoblit en un certain sens chez moi le nationalisme québécois [71] ».

Pour Jacques Parizeau, le nationalisme polonais dont il a tant discuté avec Alice a l'effet d'une révélation. Sur le plan de la politique, elle devient en quelque sorte son alter ego. Les états d'âme du technocrate, si bien enfouis au fond de lui-même, émergent alors sous l'influence de sa femme. D'ailleurs, elle est la seule personne devant qui il ose donner libre cours à ses émotions. Ses propres enfants n'ont pas droit à pareille démonstration.

Le mari de la Polonaise

Dans la nuit du 22 août 1963, une bombe explose sous le pont ferroviaire du CP à l'endroit où il enjambe la voie maritime du Saint-Laurent. Les lettres FLQ sont peintes en rouge sur l'une des poutres du pont. Jacques Parizeau relate la scène qui se produit par la suite dans son salon rue Robert : « La bombe a explosé près de l'écluse de Saint-Lambert sur la voie maritime du Saint-Laurent. Avec une demi-douzaine de Polonais, la discussion porte sur la technique de pose de la bombe. Tous ces gens-là avaient été dans la résistance en Pologne durant la guerre. Ils commencent à expliquer qu'il aurait fallu faire sauter la bombe lorsque l'écluse était dans l'eau. Les dégâts auraient été plus importants. En faisant exploser la bombe alors que l'écluse est hors de l'eau, cela fait peu de dommages et la voie maritime peut être réouverte après quelques heures. Là, on voit que le jeune homme ne connaît

---

71. Entrevue avec Jacques Parizeau, le 14 juin 2000.

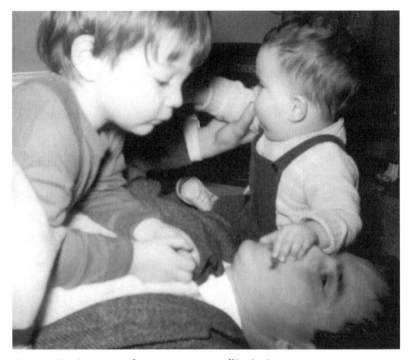

Jacques Parizeau pendant un moment d'intimité
avec ses jeunes enfants. Archives de Jacques Parizeau, ANQ.

pas son métier, disent-ils. Ils nous regardaient comme une gang d'amateurs! Moi, je suis surtout le mari de la Polonaise, insiste Jacques Parizeau. Quand on veut faire une révolution, on la fait sérieusement[72]!» Les bombes du FLQ n'inquiètent donc pas beaucoup Jacques Parizeau. «À côté des histoires de ma femme pendant l'insurrection de Varsovie, c'est de la rigolade! Des histoires de petits garçons excités[73].»

Jacques Parizeau raconte encore : «On reçoit à l'occasion, un professeur de l'Université d'Ottawa. Comme jeune lieutenant, ce Polonais a commandé son peloton de cavalerie contre les chars allemands devant Varsovie[74].» Cet homme est sans

---

72. Entrevue avec Jacques Parizeau, le 18 janvier 1999.
73. *Idem.*
74. *Idem.*

Le père et son fils, Bernard, en avril 1958.
Archives de Jacques Parizeau, ANQ.

doute l'acteur et le témoin de l'une des plus pathétiques batailles de la Deuxième Guerre mondiale. On ne conserve que peu d'images de ces héroïques cavaliers dirigeant leurs chevaux contre les cuirasses métalliques des blindés allemands. Les Polonais, une guerre en retard, attaquèrent à la lance les canons d'Hitler. En quelques heures, le peloton du jeune lieutenant fut anéanti. « Mais il s'en est sorti !, explique Jacques Parizeau. On l'a retiré encore vivant d'un tas de cadavres de chevaux et d'hommes. Il est arrivé au Canada après la guerre et a poursuivi ses études. Quand nous le recevions à la maison, il n'était pas rare de l'entendre crier d'effroi la nuit. Il était réveillé par de terribles cauchemars. Il voyait des nappes de sang couler sur lui… Il ne pouvait se pardonner d'être vivant… Alors, quand

Jacques Parizeau entouré de sa fille Isabelle (debout) et de son garçon.
Archives de Jacques Parizeau, ANQ.

on parle des bombinettes du FLQ, je ne dis pas que ça n'impressionne pas beaucoup de gens ici, mais moi je suis complètement imperméable à ces manifestations[75].»

Reconnaissant les marques de son propre passé, Alice Parizeau va dénoncer la Loi des mesures de guerre instaurée en 1970. Elle condamnera aussi l'emprisonnement des trois chefs syndicaux du Québec en 1973. Celle qui trouve fort acceptable l'idée de mourir pour son pays, défend à plus forte raison ce qu'elle croit être une bataille politique pour assurer la survie d'une nation. En 1990, quelques mois avant sa mort, elle écrit dans les dernières pages de son autobiographie : «C'est cette voie que j'ai suivie à ma façon en essayant de mon mieux

---

75. *Idem.*

de manifester de l'amitié et de l'estime aux militants, à cette poignée de francophones qui s'entêtent toujours à défendre leurs traditions et leur langue dans la mer anglo-saxonne qui les entoure. J'ai admiré les militants avec lesquels je faisais du porte-à-porte... Non seulement sacrifiaient-ils leur argent, mais ils surmontaient aussi leurs complexes d'infériorité[76]. » La présence d'Alicja Poznanska auprès de Jacques Parizeau ne pouvait que raffermir les convictions du futur premier ministre du Québec.

·

76. Alice Parizeau, *op. cit.*, p. 431.

CHAPITRE 17

La loi de la guerre

> «*La crise d'octobre 1970, plus que tous les discours fédéralistes de députés fédéraux, plus que tous les millions de propagande investis par Information-Canada, plus que toutes les lois dites égalitaires qui sont la marque du régime depuis 1965, a permis au pouvoir fédéral de montrer sa vraie force [...]*»
>
> Marcel Pepin [1]

L e 29 avril 1970, le Parti québécois se présente pour la première fois devant l'électorat. Sur les cent huit candidats péquistes, seulement sept réussissent l'épreuve du feu. Ce n'est donc qu'une poignée de députés indépendantistes qui iront à Québec pour prendre place dans «le salon de la race». La désillusion frappe durement les troupes.

Dans le comté d'Ahuntsic, quand on annonce finalement la défaite du candidat vedette, l'atmosphère est encore plus noire. La victoire de Jacques Parizeau semblait pourtant à portée de la

---

1. Marcel Pepin est alors journaliste à *La Presse*. Il deviendra plus tard directeur de l'information-radio puis vice-président de la radio de Radio-Canada, avant de devenir ombudsman à la même société. Cette citation est tirée du livre *Une certaine révolution tranquille – 22 juin 1960-1975*, Montréal, La Presse, 1975, p. 129.

main. Dans un moment de colère, Jean-Pierre Gauvreau prend sa chaise, la soulève au bout de ses bras et la fait éclater sur l'une des tables du local du parti. En larmes, le jeune membre de l'exécutif de comté n'accepte pas la défaite. « Il avait travaillé si fort, se rappelle Jacques Parizeau. Il en avait même oublié de voter. Il pleurait comme un veau, la tête sur la table[2] ! » Or tous les votes étaient importants ce soir-là. La lutte fut serrée jusqu'à la fin. Pendant presque toute la soirée, Jacques Parizeau avait devancé le candidat libéral, François Cloutier, jusqu'au moment du dépouillement des boîtes du scrutin dans le quartier Saint-Simon à forte concentration d'italophones. Dès lors, le candidat libéral reprit l'avance pour ne plus la perdre et gagna finalement par un peu plus de neuf cents voix. « Toute ma vie, je me souviendrai de l'émotion indescriptible qui a marqué ce succès d'autant plus qu'il était loin d'être assuré, écrit François Cloutier dans ses mémoires. Dans mon quartier général, un magasin désaffecté, les gens pleurent, s'embrassent, crient[3]. »

Au local du Parti québécois, plusieurs rejettent le blâme de la défaite sur la communauté italienne ; Jacques Parizeau reste silencieux. « J'aurais peut-être dû accepter l'offre de Marcel Léger », se dit-il intérieurement. L'ex-président de la société Lumen, qui organisait les campagnes de souscription pour les églises catholiques du Québec, a travaillé ferme dans le comté de Lafontaine, afin de remporter l'élection pour le Parti québécois. Excellent organisateur, Marcel Léger avait offert ce comté à René Lévesque, puis à Camille Laurin et à Jacques Parizeau. Les trois avaient refusé. Or, en cette soirée d'élections, parmi les sept comtés victorieux du Parti québécois, figure celui de Marcel Léger qui s'est finalement porté candidat dans Lafontaine.

---

2. Entrevue avec Jacques Parizeau, le 25 janvier 2000.
3. François Cloutier, *L'enjeu : Mémoires politiques 1970-1976*, Montréal, Stanké, 1978, p. 58.

« Comment est-ce possible ? s'indignent certains militants, avec vingt-trois pour cent des suffrages, nous n'obtenons que sept comtés, alors que l'Union nationale, avec moins de votes que nous, conserve dix-sept comtés ! C'est injuste ! » Pour l'organisateur, Philippe Bélec, comme pour le président du comté, André Bouchard, la défaite est amère. Tous misaient sur Jacques Parizeau, le numéro deux du parti, pour remporter une victoire éclatante. Roger Dionne, président des cols bleus de Montréal, a bien tenté d'amener au nouveau parti les vieux militants de l'Union nationale et les partisans du Parti créditiste, mais cela n'a pas suffi.

Rosaire Beaulé, qui a conseillé Jacques Parizeau tout au long de sa première campagne électorale, observe avec crainte son candidat. Comme un lion en cage, Jacques Parizeau ne cesse de faire les cent pas. Ébranlé par sa défaite, il tente de comprendre. Il est en colère. Si son parti croit aux victoires morales, Jacques Parizeau, lui, est plutôt mauvais perdant. Quand il se bat, c'est pour gagner. Le temps de la survivance est terminé, semble-t-il se dire, c'est le temps de vivre ! Il n'a que faire des défaites. Il est exaspéré par l'attitude du Québécois moyen qui accepte toutes les gifles avec résignation. Ce soir-là, au Centre Paul-Sauvé, René Lévesque s'écrie : « Ne trouvez-vous pas que c'est une défaite qui a l'air d'une victoire ? » Malgré le peu de sièges, le Parti québécois récolte tout de même presque le quart des suffrages exprimés. Pour une première campagne électorale, il s'agit d'une performance fort respectable.

Après son discours, René Lévesque se rend à la demeure de Berthe de Montigny, située au 7466, rue Christophe-Colomb. Ex-présidente du comté libéral de Laurier quand René Lévesque était de l'équipe de Jean Lesage, elle a suivi son député lorsqu'il a quitté le Parti libéral et fut la seule femme signataire de la déclaration du Mouvement souveraineté-association. En ce soir de défaite, Berthe de Montigny est une amie chez qui René

Lévesque peut se réfugier en toute quiétude. Camille Laurin, Yves «Ti-loup» Gauthier, André Larocque, Jacques Rougeau et d'autres encore sont présents. Vers onze heures trente ce soir-là, Jacques Parizeau, qui n'a pas été invité, se présente à la résidence des de Montigny. D'humeur massacrante, il hausse le ton et se met à engueuler les gens pour la défaite dont il rend responsable la direction du parti. «Je n'avais pas eu toute l'aide que j'aurais pu recevoir du Bureau national, évoque aujourd'hui Jacques Parizeau. Les affiches étaient arrivées en retard et ce n'était pas, en plus, ce que je voulais. J'étais en ta...! Eux, qui avaient fait des campagnes avant, comprenaient ce soir-là que c'était déjà miraculeux qu'un parti s'organise en si peu de temps[4].» Par vagues successives, Jacques Parizeau ne cesse d'accumuler les griefs. C'est alors qu'une jeune militante, Francine Lahaie, ose lui dire : «Seriez-vous mauvais perdant, Monsieur Parizeau!?» Furieux, il quitte les lieux en claquant la porte «comme un enragé[5]». Pendant toute l'altercation, René Lévesque est demeuré calme et n'a pas réagi aux propos vitrioliques de son collaborateur. De retour à la maison, Jacques Parizeau continue d'analyser sa défaite. Il cherche à comprendre ce qui a bien pu se passer. «Je devais pourtant gagner!», se dit-il. Puis il se remémore les premiers gestes qu'il a posés en début de campagne.

Rouge jusqu'à la racine des oreilles

C'est au cours d'une fête bavaroise donnée par le Parti québécois au restaurant le Biergarden, dans le nord de Montréal, que Jacques Parizeau annonce, aux côtés de René Lévesque, son intention de se porter candidat dans le comté d'Ahuntsic. En conférence de presse, ce vendredi 6 mars 1970, un journaliste

---

4. Entrevue avec Jacques Parizeau, le 25 janvier 2000.
5. Entrevue téléphonique avec Berthe de Montigny, le 23 octobre 2000.

de la presse anglophone le questionne : «Monsieur Parizeau, vous devez savoir que vous n'êtes pas le premier politicien à lancer "son" carrière dans une brasserie bavaroise[6]!» Avec une ironie à peine voilée, les propos du journaliste font allusion aux premiers gestes politiques posés par Adolf Hitler à Munich. Jacques Parizeau, qui devra se familiariser avec ce genre de bravade, ne relève pas la mauvaise blague et passe à un autre journaliste.

Moins de quinze jours plus tard, le vendredi 20 mars, c'est sans opposition qu'il est choisi candidat pour le comté d'Ahuntsic[7] au cours d'une assemblée qui se tient à l'Institut Dominique-Savio, rue Saint-Hubert, où deux mille personnes l'acclament.

Une fois la campagne électorale lancée, le candidat d'Ahuntsic sera peu présent dans son comté. Si la direction du parti considère que René Lévesque doit planer au-dessus de tout comme le véhicule principal de la campagne, elle croit qu'il faut également «hausser le personnage [Jacques Parizeau] comme bras droit de René Lévesque. À ce sujet, le comité de publicité souligne la possibilité de faire de Parizeau un homme politique polyvalent[8].» Et si la campagne doit porter sur le thème de l'économie, «Jacques Parizeau devra jouer son rôle d'économiste à fond[9]». La stratégie électorale du Parti québécois

---

6. Selon les souvenirs de Gilles Gariépy, alors journaliste à *La Presse*. Il est présent ce soir-là.

7. Pierre Renault confirme qu'il envisageait d'être candidat dans Ahuntsic. Lors d'une réunion de l'exécutif national, Jacques Parizeau, indisposé, fait un geste vers Pierre Renault en lui disant : «Si tu veux te présenter, je te laisse la place.» Mais sachant que des organisateurs du comté préféraient Jacques Parizeau et ne voyaient pas d'un bon œil qu'un ancien membre du RIN soit candidat, il n'insiste pas. Entrevue avec Pierre Renault, le mardi 21 novembre 2000.

8. Procès-verbal de la 5e réunion du Comité de coordination de la campagne électorale du Parti québécois tenue le lundi 22 décembre 1969. Archives du Parti québécois.

9. *Idem.*

consolide la position de numéro deux que Jacques Parizeau va occuper au sein du parti pendant plusieurs années.

Comme Jacques Parizeau est souvent absent de son comté, c'est son épouse Alice qui va le remplacer et se révéler une précieuse collaboratrice. « Elle [était] très généreuse [10] », souligne Daniel Paillé, alors jeune militant dans Ahuntsic. « Elle compensait pour l'absence de son mari, allant même jusqu'à faire du porte-à-porte et à jouer le rôle de chauffeur [11]. »

Quand c'est au tour de Jacques Parizeau d'animer des assemblées de cuisine et de cogner aux portes, il s'en trouve fort intimidé : « Ça m'embarrasse et je rougis jusqu'à la racine des oreilles. Je suis comme un amoureux transi (rires) [12] ! » Rosaire Beaulé, avocat du Parti québécois, et de quelques années plus âgé que Jacques Parizeau, va le conseiller. « Il s'est occupé de moi comme une nounou. Il me [guidait] lors des assemblées de cuisine. J'ai une grande dette de reconnaissance à son égard [13]. »

Jacques Parizeau évalue qu'avant l'affaire de la Brinks, la campagne électorale était plutôt agréable : « Jusque-là, nous sommes surpris de l'appui populaire que nous avons. Nous faisons des assemblées de deux à trois mille personnes partout au Québec [14]. » Dans son comté d'Ahuntsic, tout semble aller pour le mieux. Le candidat libéral François Cloutier, celui de l'Union nationale, Euclide Laliberté et Arcade Trudeau, le candidat créditiste, semblent déclassés par la stature de l'économiste. Il y a bien cette brochure du Parti libéral du Canada, *Quoi de neuf,* qui à cinq jours du scrutin scande que les Québécois retirent cinq cents millions de plus du fédéral que ce qu'ils paient. Mais à l'occasion d'une conférence de presse, l'économiste Parizeau anéantit facilement le document qui est

---

10. Entrevue avec Daniel Paillé, le 29 février 2000.
11. *Idem.*
12. Entrevue avec Jacques Parizeau, le 28 septembre 1999.
13. Entrevues avec Jacques Parizeau, le 28 septembre et le 20 juillet 1999.
14. Entrevue avec Jacques Parizeau, le 20 juillet 1999.

Le candidat du Parti québécois dans Ahuntsic prêt pour sa première campagne électorale. Archives de Jacques Parizeau, ANQ.

rempli d'erreurs. L'attaque la plus sournoise survient toutefois à trois jours de l'élection. Conrad Harrington, président du Trust Royal, la plus grande compagnie de fiducie du Canada, a donné ses ordres. À l'aube du dimanche 26 avril, neuf camions blindés, escortés par une trentaine d'agents armés, se rendent au siège social du Trust Royal à Montréal. Certains journalistes et photographes ont été prévenus de la chose. Ils pourront ainsi, comme par hasard, observer les agents qui remplissent les fourgons de la Brinks avec des sacs remplis de milliers de certificats en valeurs mobilières qu'ils ont pour mission de transporter en Ontario. Le lendemain, tous les grands quotidiens du pays rapportent le spectaculaire déplacement des camions blindés et concluent à une fuite de capitaux. Le *Toronto Star* publie une photo du convoi arrivant en pleine nuit à Kingston. Inspiré par les événements, Rémi Paul, ministre québécois de la Justice, attaque René Lévesque en le surnommant «le Fidel Castro du Québec [15]». Un autre ministre de l'Union nationale, Jean-Paul Beaudry, renchérit et soutient que «certains jeunes partisans péquistes lui faisaient penser aux jeunesses hitlériennes [16]».

Pour sa part, Jacques Parizeau est beaucoup plus indigné par la grossière manœuvre des autorités du Trust Royal que par les calomnies des politiciens. «Les Québécois ne savaient pas ce que c'était que des actions d'entreprises. Il faut savoir que vous pouvez allumer votre cigarette avec ces certificats [17].» Les titres ne sont pas vendus, il ne sont que transférés. Si dans les heures qui suivent le coup d'éclat, Jacques Parizeau est convaincu qu'il s'agit d'une manœuvre simplement destinée à influencer le vote, dans son entourage, certains demeurent sceptiques. Il envoie donc un de ses hommes mesurer, en pleine nuit, les portes du garage du Trust Royal. Aucun doute : les camions

---

15. Article de la Presse canadienne, repris dans *Le Soleil*, le 27 avril 1970.
16. *Idem.*
17. Entrevue avec Jacques Parizeau, le 20 juillet 1999.

auraient pu pénétrer dans le stationnement souterrain de l'immeuble et de là, charger plus facilement les fourgons. S'ils ne l'ont pas fait, c'est qu'ils désiraient demeurer visibles pendant l'opération. « Voilà les Québécois qui se sont fait avoir, conclut Jacques Parizeau. Ceux que l'on a méprisés pendant si longtemps vont continuer à être méprisés. On va leur dire : vous ne comprendrez jamais rien [18] ! » En dépit de sa colère, il ne peut s'empêcher d'admirer l'efficacité de ce coup fumant : « Dieu que j'aurais aimé que celui qui a pensé à cela travaille pour moi. C'était brillant [19] ! » L'impact de l'opération sur la clientèle électorale du Parti québécois est désastreux. « Dans les derniers jours, le vote nous filait entre les mains. On le sentait nous glisser des doigts comme du sable. Cela annulait tous les efforts qu'on avait faits depuis un bon bout de temps ! Dans mon comté, les francophones ont cru dur comme fer que la substance du Québec se transportait à Toronto ! Heureusement que l'élection n'a pas eu lieu une semaine plus tard, sinon nous étions lavés [20]. » Sans le « coup de la Brinks », Jacques Parizeau estime qu'il aurait triomphé dans son comté.

Lendemains de colère

Dans les jours qui suivent l'élection du 29 avril 1970, Camille Laurin abandonne la présidence du Conseil exécutif du parti à Jacques Parizeau. Élu dans le comté de Bourget, Camille Laurin se voit plutôt confier la direction de l'aile parlementaire à Québec [21]. De son côté, René Lévesque, qui n'a pas été élu, continue de présider les destinées du Parti québécois.

---

18. Entrevue avec Jacques Parizeau, le 11 janvier 1998.
19. Entrevue avec Jacques Parizeau, le 7 septembre 1998.
20. Entrevue avec Jacques Parizeau, le 20 juillet 1999.
21. Procès-verbal de la 14e réunion du Conseil exécutif du Parti québécois, tenue le 9 mai 1970. Archives du Parti québécois.

Au Conseil national du 13 juin, le nouveau président du Conseil exécutif présente son rapport sur les élections du 29 avril. Si Jacques Parizeau expose les faits de façon plus rationnelle que le soir même de l'élection, on peut cependant y déceler les racines de son ancienne colère. Il explique aux militants que les communications entre les comtés et l'organisation nationale se sont avérées insatisfaisantes. Il dénonce la dispersion trop grande des têtes d'affiche du parti qui ont ratissé tout le Québec et ne se sont pas repliées à temps dans les comtés estimés forts. Il se questionne sur la pertinence d'amasser des votes un peu partout sur le territoire, au lieu de se concentrer sur certains comtés. Enfin, il termine en s'interrogeant sur l'impact réel des assemblées politiques à grand déploiement : les électeurs en sont-ils emballés ou effrayés? Jacques Parizeau demeure amer même si la performance du Parti québécois à sa première élection est plus que respectable. La défaite personnelle de René Lévesque dans son comté a également contribué pour beaucoup à décourager les militants.

Jacques Parizeau et René Lévesque ont peu de choses en commun. Le premier apprécie l'ordre, la discipline et repousse volontiers l'improvisation. C'est tout le contraire pour le second. Le fils d'Outremont explique son admiration pour le *bum* de New Carlisle de la façon suivante : «Les valeurs bourgeoises doivent avoir un exutoire quelquefois. Lévesque était merveilleux! Ce gars-là avait un charme, une spontanéité, un goût de vivre, c'était absolument extraordinaire. En somme, ce côté artiste que j'aime tellement [22].» René Lévesque, pour sa part, admire l'intelligence de Jacques Parizeau. Il est aussi fort impressionné par son titre de docteur en économie. Pierre Marois soutient même que René Lévesque, qui complète ses études universitaires avec difficulté, souffrait du «complexe des diplômes [23]».

---

22. Entrevue avec Jacques Parizeau, le 30 mars 2000.
23. Entrevue avec Pierre Marois, le 13 mars 2000.

Toutefois, cette admiration mutuelle n'épargne pas aux deux hommes de solides prises de bec. À l'automne 1970, Louise Harel, nouvellement engagée à la permanence du parti, assiste à une vigoureuse altercation entre les deux hommes. La discussion porte sur les demandes salariales des médecins spécialistes du Québec. René Lévesque et Camille Laurin appuient les médecins qui demandent une augmentation de leur masse monétaire plus considérable que celle qui est consentie par le gouvernement. Jacques Parizeau conteste avec véhémence cette prise de position : « Le rôle de l'opposition, dans une crise comme celle que nous vivons, aurait dû être, et à plus forte raison pour nous du Parti québécois, de soutenir le gouvernement de toutes ses forces pour l'empêcher de s'effondrer devant le lobby des médecins ! » René Lévesque lui rappelle que, malgré ses arguments, le Conseil national du parti vient d'adopter, les 3 et 4 octobre derniers, une résolution en faveur des médecins et, qu'à titre de président de l'exécutif, il doit respecter la ligne de parti. « Je sais l'importance d'une ligne de parti, répond Jacques Parizeau, mais aucune ligne de parti n'est assez forte, quand même, pour obliger un homme à cracher sur lui-même, à renier ce qu'il a fait depuis des années. » Le chef du Parti québécois tente de calmer l'économiste en précisant qu'il s'agit d'une hausse de vingt à trente millions de dollars seulement pour l'ensemble des médecins du Québec. Jacques Parizeau, tenace, lui rappelle alors le temps pas si lointain où il a bâti la politique salariale du secteur public. « Écoutez, Monsieur Lévesque, j'ai contribué, au nom du bien public, à tenir en grève pendant des semaines des milliers de salariés, et notamment des milliers de petits salariés. Tout cela pour des questions de dix cents ou quinze cents de l'heure. C'était nécessaire pour mettre de l'ordre dans le régime salarial et pour contrôler la croissance des dépenses de l'État. Je ne suis pas prêt à admettre aujourd'hui qu'on cède à trois mille ou quatre mille médecins des vingt ou des trente millions qu'on a refusés aux

deux cent cinquante mille salariés du secteur public[24].»
«Monsieur Lévesque est furieux et monsieur Parizeau ne lâche
pas prise[25]», se rappelle Louise Harel, intimidée par la virulence
des propos des deux hommes qui s'affrontent. «Finalement,
c'est monsieur Parizeau qui l'emportera[26]», affirme-t-elle.
Dans les faits, Jacques Parizeau dénoncera son parti dans les
journaux, mais l'affaire sera étouffée par la crise d'octobre qui
viendra bientôt occuper toute la place.

Carole de Vault ou le grand péril

Dans son comté d'Ahuntsic, Jacques Parizeau est appelé à
travailler avec un grand nombre de jeunes militants rêveurs et
totalement dévoués à la cause indépendantiste. Le renommé
professeur est l'objet de toute leur admiration. Carole de Vault
fait partie de ce groupe d'admirateurs. Téléphoniste, responsable des formulaires d'adhésion, de la vente des macarons et
de la distribution des dépliants, cette bénévole entre dans la vie
de Jacques Parizeau un soir d'hiver 1970, quand il lui offre
de partager le même taxi. Pour la jeune femme, il est «le
premier grand amour de ma vie, écrit-elle dans un livre qu'elle
rédige avec William Johnson. J'avais 24 ans et j'étais encore très
naïve[27].» De son côté, Jacques Parizeau décrit ces quelques
mois avec Carole de Vault comme «l'époque la plus périlleuse
de ma vie[28]». Des liens intimes se tissent entre eux après les

---

24. Les citations sont tirées de l'article de Gilles Gariépy : «Quitte à ébranler
    son parti, M. Jacques Parizeau dénonce l'attitude du Parti québécois sur
    l'Assurance-maladie», *La Presse*, le jeudi 8 octobre 1970.
25. Entrevue avec Louise Harel, le 26 septembre 2000.
26. *Idem*.
27. Carole de Vault et William Johnson, *Toute ma vérité – Les confessions de
    l'agent S.A.T. 945-171*, Montréal, Stanké, 1981, p. 105. William Johnson
    présidera dans les années quatre-vingt-dix le groupe anglophone Alliance
    Québec, fermement opposé à toute idée d'indépendance.
28. Entrevue avec Jacques Parizeau, le 26 octobre 1999.

élections du 29 avril 1970, à l'occasion des démarches entourant la contestation du scrutin par le Parti québécois.

En effet, considérant les résultats serrés dans certains comtés et la présence d'indices troublants qui laissent croire qu'un grand nombre de votes ont été comptabilisés de façon douteuse, la direction du Parti québécois soulève la possibilité de contester devant la cour ces résultats électoraux. Pour Jacques Parizeau, président du Conseil exécutif, il est toutefois important « de ne pas avoir l'air amer dans nos poursuites [29] ». Le parti décide finalement d'engager des poursuites judiciaires dans cinq comtés, soit ceux de Fabre (Jean-Roch Boivin), de Mercier (Pierre Bourgault), de Laurier (René Lévesque), de Bourassa (Jacques-Yvan Morin) et d'Ahuntsic (Jacques Parizeau).

Sans même consulter l'exécutif de son comté, Jacques Parizeau décrète que Carole de Vault sera responsable du dossier de la contestation des élections dans Ahuntsic. Le comité ad hoc qu'elle dirige est composé de Philippe Bélec, de Gaston Boissinot, de Claude Janvier et de Michel Frankland [30]. Dans le cadre de son mandat, le groupe de travail doit vérifier si les italophones qui ont voté lors de l'élection avaient la citoyenneté canadienne. Si tel n'est pas le cas, le parti estime qu'il sera facile d'amener un juge à déclarer nuls les résultats électoraux. Au début de l'été, le comité se rend à Ottawa afin de comparer les noms des citoyens apparaissant sur les listes électorales avec ceux du registre de citoyenneté disponible uniquement dans la capitale fédérale. Les bénévoles sont logés par le Parti québécois à l'hôtel Dolce Vita de Hull. Jacques Parizeau va les rejoindre. Selon Carole de Vault, c'est durant ce séjour qu'elle devient la

---

29. Réunion du Conseil exécutif, du caucus et des cadres du parti tenue le samedi 2 mai 1970.
30. Procès-verbal de la réunion du comité ad hoc pour la contestation de l'élection du 29 avril, le 7 juillet 1970. Archives de Jacques Parizeau, ANQ.

maîtresse du président de l'exécutif du parti. Dans son livre, elle prétend avoir ensuite passé un été magnifique à fréquenter son nouvel amant, incluant quelques nuits au Château Frontenac à Québec. Jacques Parizeau ne nie pas avoir eu une liaison avec sa jeune collaboratrice, mais tient à préciser que leur relation n'a eu ni la durée, ni l'intensité que laisse sous-entendre Carole de Vault[31].

La contestation des élections échouera, le parti étant débouté devant les tribunaux. Quant à la liaison de Jacques Parizeau avec Carole de Vault, elle se poursuit jusque dans les dernières semaines de l'année 1970. « Jacques Parizeau lui laissait beaucoup de place dans le comté, atteste Daniel Paillé, alors simple militant péquiste d'Ahuntsic. C'était la star[32]. » En juillet 1970, la société Caloil, qui se cherche un économiste dans le dossier qui l'oppose au gouvernement fédéral, recrute Jacques Parizeau. Dès son arrivée chez Caloil, il suggère à Pierre Sénécal, président de l'entreprise, d'engager une personne pour s'occuper des relations de presse. Pierre Sénécal trouve l'idée excellente. Jacques Parizeau lui propose Carole de Vault qui devient aussitôt salariée de la société. « C'est là que mes emmerdes ont commencé[33]! », affirme Jacques Parizeau. Accompagné de sa jeune maîtresse, l'économiste défend le dossier de Caloil devant l'Office national de l'énergie et agit à titre de conseiller lors des audiences tenues par la Cour suprême du Canada.

La société Caloil conteste à ce moment-là les conclusions du rapport Borden rendu public en 1959 et qui recommandait le développement du marché du pétrole canadien à l'est de la ligne Mattawa-Brockville, appelée aussi la « frontière de l'Outaouais ». Tout pétrole importé à l'est de cette ligne, qu'il

---

31. Entrevue avec Jacques Parizeau, le 26 octobre 1999.
32. Entrevue avec Daniel Paillé, le 29 février 2000. Celui-ci deviendra ministre de l'Industrie et du Commerce dans le gouvernement de Jacques Parizeau en 1994.
33. Entrevue avec Jacques Parizeau, le 13 juillet 1999.

soit raffiné ou non au Québec, ne peut traverser la frontière imaginaire. Il s'agit d'assurer un marché au pétrole de l'Ouest canadien. Mais la croissance de Caloil au Québec est telle que la société en vient à vendre du pétrole en Ontario. La police se met alors à surveiller les camions-citernes qui franchissent la ligne Borden, les arrête et, si c'est nécessaire, les force à retourner au Québec. «Ce n'est pas des quotas, c'est l'embargo[34]!», estime Jacques Parizeau. Pierre Sénécal le confirme : «Ils ont même retourné de nos bateaux[35]!», s'exclame-t-il. Pour régler le différend, Caloil propose un compromis. La société importatrice de pétrole s'engage à ce que l'essence vendue en Ontario soit entièrement raffinée au pays, au Québec en l'occurrence. À cette fin, un projet d'investissement pour construire une raffinerie à Saint-Augustin est d'ailleurs sur les planches. La proposition est rejetée par l'Office national de l'énergie. Caloil conteste jusqu'en Cour suprême et perd le 14 novembre 1970. «Avec ce gouvernement-là, conclut Pierre Sénécal, nous avions tout à risquer et rien à gagner. Par leur attitude, ils ont mis à terre toute l'industrie pétrochimique au Québec[36].» Le projet de raffinerie de Saint-Augustin tombe à l'eau.

Entre-temps, Carole de Vault rencontre Robert Comeau, professeur d'histoire à l'Université du Québec à Montréal. L'homme de vingt-quatre ans est le principal dirigeant de la cellule Information Viger du Front de libération du Québec (FLQ)[37]. Chez Caloil, l'une des tâches de Carole de Vault consiste à accompagner en voiture le commissionnaire de la compagnie,

---

34. Entrevue avec Jacques Parizeau, le 17 octobre 2000.
35. Entrevue téléphonique avec Pierre Sénécal, le 9 mars 2001.
36. *Idem.*
37. Toutes les informations sur cet épisode sont consignées dans le *Rapport sur les événements d'octobre 1970*, sous la direction de Jean-François Duchaîne. (Gouvernement du Québec, ministère de la Justice, 1981.) Les faits et gestes de Carole de Vault et de son entourage sont également relatés en détail lors des travaux de la commission présidée par Jean

en transportant un sac rempli d'argent qu'il dépose, à la fin de sa tournée, dans une succursale de la Banque de Montréal. Afin de financer les activités clandestines du FLQ, Robert Comeau et Carole de Vault décident d'organiser un vol contre la Caloil. Au moment où les deux complices montent leur coup, James Richard Cross, un diplomate britannique, et Pierre Laporte, ministre du Travail et de l'Immigration et vice-premier ministre du Québec, ont été enlevés. Quelques semaines auparavant, le 18 octobre en soirée, le ministre Laporte a même été retrouvé sans vie. En prévision du hold-up prévu pour le début novembre, Carole de Vault fournit une foule de renseignements à Robert Comeau. Il est convenu qu'elle demeurera passive pendant le vol qui sera commis par un ou deux autres membres du FLQ. Mais la veille de l'attaque, le 5 novembre au soir, Carole de Vault prend peur. Elle tente alors de joindre au téléphone son amant, Jacques Parizeau, afin de lui demander conseil[38]. Elle tombe plutôt sur Alice Parizeau, qui l'informe que son mari ne sera pas à la maison avant minuit. «Madame Parizeau, dit-elle nerveusement, il faut absolument que je vous voie. J'ai quelque chose de très important à vous dire[39].» Les deux femmes se donnent rendez-vous dans un restaurant. Carole de Vault raconte tout à Alice Parizeau. Le vol doit avoir lieu le lendemain. L'épouse de Jacques Parizeau sait très bien que la jeune femme qui se trouve devant elle s'est trouvé un emploi chez Caloil grâce à son mari. Elle réalise donc parfaitement à quel point ce projet peut compromettre sa carrière et mettre fin à son

---

Keable : *Rapport de la commission d'enquête sur des opérations policières en territoire québécois*, gouvernement du Québec, ministère de la Justice, 1981. Il faut aussi lire Louis Fournier : *FLQ – Histoire d'un mouvement clandestin*, Montréal, Lanctôt Éditeur, 1998.

38. Tel que raconté par Carole de Vault lors de son témoignage devant la Commission Keable, le 21 novembre 1979 et confirmé par Jacques Parizeau dans les entrevues du 13 juillet et du 26 octobre 1999.

39. Carole de Vault et William Johnson, *op. cit.*, p. 136. Cette version n'est pas contestée par Jacques Parizeau.

engagement politique. Elle suggère à la jeune femme d'aller tout raconter à la police. Il ne faut pas que ce vol ait lieu.

« Poupette »

Le lendemain, 6 novembre, Carole de Vault devient délatrice. Elle rencontre le sergent Fernand Tanguay de la police de Montréal au poste 17. « Si le vol doit vraiment avoir lieu aujourd'hui, lui dit l'agent, comportez-vous comme si de rien n'était. Nous aurons nos hommes sur place [40]. » De retour chez Caloil vers onze heures trente, elle rencontre Jacques Parizeau. « Qu'as-tu fait? lui demande-t-il. Mon épouse m'a tout raconté [41]. » Tandis qu'elle s'apprête à répondre, il lui fait signe de parler à voix basse au cas où des micros seraient installés dans le bureau. « Je suis allée à la police ce matin et je leur ai tout dit », chuchote-t-elle. Jacques Parizeau acquiesce : « Tu as bien fait, tu n'avais vraiment pas le choix. »

Le vol a finalement lieu le 14 novembre. Au moment du délit, l'homme qui tente de dérober l'argent de la Caloil confond le sac de la compagnie avec celui de Carole de Vault [42]. Il est aussitôt arrêté par la police de Montréal qui le surveillait de très près.

Le soir même, Carole de Vault rencontre le capitaine-détective Julien Giguère de la Section antiterroriste de la police de Montréal. Recrutée comme indicatrice, la jeune femme devient l'agent 945-171, ou « Poupette », son nom de code. Dès lors, elle devra collecter des renseignements concernant les

---

40. Tel que raconté par Carole de Vault dans son livre.
41. *Idem.* Version non contredite par Jacques Parizeau.
42. Cette version des faits, véhiculée par Carole de Vault, est contredite par son contrôleur, Julien Giguère. Dans une entrevue téléphonique, le 6 octobre 2000, le policier à la retraite a affirmé au biographe qu'elle a plutôt délibérément donné le mauvais sac.

activités du FLQ et porter une attention particulière à la cellule Information Viger. L'agent double devra se rapporter régulièrement au capitaine Giguère, son contrôleur. Chaque mardi et chaque jeudi, elle le rencontre dans un restaurant et elle lui révèle tout ce qu'elle sait sur les activités du FLQ. Pour chaque séance de délation, elle reçoit la somme de trente dollars. En novembre 1971, la police de Montréal lui verse quinze mille dollars, satisfaite de son bon travail.

Après l'épisode du vol, Jacques Parizeau commence à avoir certains doutes sur la jeune militante. Il est loin de penser, toutefois, qu'elle travaille pour la police. Il ne l'apprendra qu'en 1980 lors des audiences de la Commission d'enquête sur les opérations policières en territoire québécois présidée par Jean Keable. Il continue donc de fréquenter Carole de Vault jusqu'à la fin de l'année 1970. Julien Giguère, de la Section antiterroriste, le confirme, puisque le 14 novembre 1970, le téléphone de Carole de Vault est placé sous écoute électronique et des micros sont installés dans son appartement, et ce, à l'insu de la jeune femme. « C'était bon, raconte Julien Giguère, parce que tout le renseignement que j'obtenais d'elle était confirmé par l'écoute électronique. On a capté Parizeau là-dessus parce qu'il allait la fréquenter à son appartement et on avait tout ça sur écoute électronique [43]. » Depuis que Carole de Vault est venue se confier à Alice, Jacques Parizeau sait que sa maîtresse entretient certains liens avec le FLQ. Au cours d'une conversation téléphonique avec elle, il lui demande : « Est-ce terminé tes folies ? » Elle lui répond que non. « Arrête ça au plus sacrant ! » Les paroles de Jacques Parizeau sont captées par la police de Montréal. Selon le détective Giguère, « pendant les mesures de guerre, cela aurait été suffisant pour l'arrêter, mais comme ce n'était pas le type de personnage pour passer à l'action, cela ne

---

43. Entrevue téléphonique avec Julien Giguère, le 6 octobre 2000.

valait pas la peine. Il n'était d'aucune utilité pour nous. Ce qu'il aurait pu nous dire, nous le savions déjà [44]. »

Jacques Parizeau, numéro deux du Parti québécois en tant que président du Conseil exécutif, est dans une situation terriblement périlleuse. Sa liaison avec une informatrice de police en relation constante avec le FLQ l'expose au chantage. Celui qui se méfie tant des micros fait preuve de naïveté en ne soupçonnant à aucun moment sa maîtresse qui est mêlée à une étrange histoire de vol d'argent chez Caloil.

Le gouvernement fédéral et la Gendarmerie royale du Canada ont-ils été informés du rôle joué par Carole de Vault ? Oui. Vers le 18 novembre 1970, « la GRC et la Sûreté du Québec ont appris que la police de Montréal comptait un informateur dans les rangs d'une cellule felquiste et que cette source était Carole de Vault [45] ». Les agents fédéraux connaissaient tous les détails des révélations de Carole de Vault. « Sous la Loi des mesures de guerre, rappelle Julien Giguère, le nombre d'enquêteurs passe de douze à cent au bureau de la CUM, siège des forces de police. Le service de sécurité de la Sûreté du Québec et de la GRC sont sur place et tous mes rapports de sources sont produits en trois copies. Une à la GRC et une autre à la Sûreté du Québec [46]. »

En décembre 1970, au moment où Jacques Parizeau fréquente peut-être encore Carole de Vault, celle-ci participe, encouragée par la Section antiterroriste de Montréal, à la relance du FLQ. « Poupette » est l'auteure de faux communiqués, participe à des actions illégales et fonde la cellule André Ouimet. L'agente 945-171 recrute des jeunes militants qui croient agir au nom du FLQ. Michel Frankland, le bénévole responsable de

---

44. *Idem.*
45. Troisième rapport de la Commission McDonald, gouvernement du Canada, août 1981, p. 198 et 201.
46. Entrevue téléphonique avec Julien Giguère, le 6 octobre 2000.

la contestation des élections dans le comté de Jacques Parizeau, est l'un de ceux-là.

En 1981, Carole de Vault publie un livre dans lequel elle raconte toute son histoire ainsi que sa liaison avec Jacques Parizeau. Ses révélations blessent profondément Alice Parizeau. Wanda de Roussan croit que sa meilleure amie a surtout été vexée parce qu'elle avait cherché à protéger une femme qui, maintenant, mentait effrontément pour sauver sa peau : « Alice prenait la défense de Jacques et maintenait la thèse qu'il n'y avait strictement rien eu entre eux. Elle ne voulait pas céder à la tentation de croire, d'être soupçonneuse. Ce qu'elle pensait au fond d'elle-même, je n'en sais rien, mais Alice demeure amoureuse de Jacques jusqu'à la fin. C'est ce côté idéaliste qui est très polonais. On ne croit pas au mal, on ne croit pas... c'est l'optimisme condensé. On ne peut pas supposer des choses déplaisantes [47]. »

« Et moi qui avais tellement développé le renseignement au Parti québécois, dit Jacques Parizeau, je me suis fait prendre comme un imbécile. Là, il est clair que la police m'a utilisé comme un enfant [48]. »

Mes amis sont en prison

Depuis quatre heures du matin, en ce 16 octobre 1970, les droits et libertés sont suspendus au Canada. Le gouvernement de Pierre Elliott Trudeau a décrété les mesures de guerre pour contrer une insurrection appréhendée au Québec. À l'aube, un policier de Montréal prévient par téléphone un de ses amis à la permanence nationale du Parti québécois : « Attention ! Il y

---

47. Entrevue avec Wanda de Roussan, le 20 janvier 2000.
48. Entrevues avec Jacques Parizeau, le 13 juillet et le 26 octobre 1999.
   À l'égard de son intérêt pour le renseignement, nous y reviendrons dans le second tome.

aura une descente de police dans vos locaux ce matin [49]. » La nuit rouge qui vient de se terminer n'annonce rien qui vaille. Les gyrophares des voitures de police ont balayé l'obscurité de la métropole jusqu'au lever du jour. Déjà plus de deux cents personnes ont été arrêtées sans mandats et sans preuves. Le diplomate britannique James Richard Cross et le vice-premier ministre du Québec, Pierre Laporte, ont été enlevés ces derniers jours par deux cellules du FLQ. Depuis le jeudi 15 octobre, les troupes de la Force mobile de l'armée canadienne se sont déployées sur l'ensemble du territoire québécois. Environ huit mille hommes, armes en bandoulière, patrouillent devant les immeubles gouvernementaux et effectuent des contrôles d'identité à plusieurs intersections. Les militaires appuient le travail de dix mille policiers. Michel Carpentier, secrétaire général du Parti québécois, craint comme la peste une perquisition. Il ne tient nullement à ce que la liste des membres du parti se retrouve entre les mains de la police. Prévenu par l'appel de l'agent de police sympathique au Parti québécois, Michel Carpentier rapatrie tout le personnel à la permanence. Au téléphone, il les presse d'arriver « au plus sacrant ! » La liste est divisée en une douzaine de paquets. Chacun prend son colis et repart immédiatement afin de mettre à l'abri le précieux document. Jacques Parizeau, qui n'a pas été rejoint, arrive au bureau du parti : « Un paquet a été oublié et moi j'arrive. On me met le colis dans les bras et on me dit : " ALLEZ ! Faites quelque chose avec ! " Je repars en taxi [50]. »

Vers les dix heures du matin, un des avocats du parti arrive à la permanence avec de troublantes informations. Il met Jacques Parizeau au parfum : « Je tiens de bonne source que tous les gens arrêtés cette nuit sont à la prison de Parthenais et

---

49. Selon les souvenirs relatés par Jacques Parizeau, entrevue du 26 octobre 1999. Confirmé par Pierre Renault. Entrevue du 21 novembre 2000.
50. Entrevue avec Jacques Parizeau, le 26 octobre 1999.

il y en a beaucoup. » La majorité des détenus sont membres du Parti québécois. « Là, j'ai pas mal peur des conséquences, confie Jacques Parizeau. J'appréhende ce qui va se passer. C'est quelque chose d'énorme [51]. » Alors que des exécutifs de comté au grand complet sont enfermés dans des cellules, les Camille Laurin, René Lévesque et Jacques Parizeau ne sont aucunement importunés. « Ils ont tenté de nous démolir. On a l'air de quoi nous quand nos assistants sont tous arrêtés ? Et puis pas les boss [52] ? » Selon Jacques Parizeau, le gouvernement fédéral voulait discréditer les dirigeants du Parti québécois aux yeux de leurs propres membres. « Cette Loi des mesures de guerre est un sale coup [53] », tonne Jacques Parizeau.

Plus de trente ans après la crise d'octobre, les documents d'archives rendus publics ne permettent aucunement de conclure à l'insurrection appréhendée. Marc Lalonde, alors chef de cabinet du premier ministre Trudeau et qui est au cœur de la décision d'instaurer la Loi des mesures de guerre, affirme aujourd'hui que : « l'insurrection ce n'était pas le FLQ comme tel, c'était le dérapage dans l'opinion publique à Montréal : la manifestation au Centre Paul-Sauvé avec trois mille personnes, puis les grèves étudiantes à l'UQÀM et à l'Université de Montréal. On ne pouvait pas ne pas être influencé par ce qui était arrivé en France en 1968, deux ans avant, où tout avait commencé par des démonstrations d'étudiants [54]. » En mai 1968 toutefois, quand des milliers de gens envahissent les rues à Paris, le gouvernement français ne suspend pas les droits fondamentaux des citoyens, les forces de police française ne peuvent pénétrer dans les demeures et emprisonner des citoyens sans motifs valables. Or le président de Gaulle pouvait utiliser les pouvoirs spéciaux en invoquant l'article 16 de

---

51. *Idem.*
52. *Idem.*
53. *Idem.*
54. Entrevue avec Marc Lalonde, le jeudi 7 décembre 2000.

la Constitution française, mais il ne le fait pas. Marc Lalonde avoue que pour instaurer une telle loi, le gouvernement Trudeau se devait d'abord de justifier son recours et que seul « l'état de guerre, l'état d'insurrection ou l'état d'insurrection appréhendée » pouvaient en permettre la proclamation.

De plus, les procès-verbaux des réunions du Cabinet du premier ministre Trudeau des 14 et 15 octobre 1970 révèlent que la police fédérale ne considérait pas que la Loi des mesures de guerre pouvait les aider à retrouver plus facilement les otages. À la réunion du 14, le commissaire William Leonard Higgitt de la GRC affirme « qu'aucune loi ne pouvait empêcher quelques actions que ce soit de ses services de sécurité. Les arrestations massives et des détentions préventives ne pourraient vraisemblablement mener aux endroits où les otages étaient détenus[55]. » Dès lors, Higgitt ne peut recommander le recours à des pouvoirs spéciaux. Pierre Elliott Trudeau affirme alors devoir subir les pressions de Québec. Higgitt réagit et affirme qu'Ottawa « ne devrait pas accepter toutes ses demandes afin de pouvoir réagir aux événements de façon plus calme[56] ». À la réunion du 15 octobre, quelques heures avant l'entrée en vigueur de la Loi des mesures de guerre, quatre ministres soutiennent que le « gouvernement n'a pas démontré qu'il existe un danger d'insurrection ». Il s'agit de Ron Basford, ministre de la Consommation et des Corporations, de Mitchell Sharp, secrétaire d'État aux Affaires extérieures, de Joe Greene, ministre de l'Énergie, et de Charles Drury, président du Conseil du trésor. Le secrétaire d'État, Gérard Pelletier, se demande également si de nouvelles informations justifient une telle action[57]. Quant au ministre de la Justice, John Turner, une action policière prématurée l'inquiète. C'est à cette même

---

55. *La Presse*, le jeudi 30 janvier 1992.
56. *Idem.*
57. *Le Devoir*, le 11 février 1991.

réunion que le Cabinet discute de la mise sur pied d'une campagne psychologique comportant la diffusion d'informations alarmistes et le survol à basse altitude d'avions et d'hélicoptères sur le territoire québécois. Le lieutenant-général Michael Dare explique alors en détails comment il entend mener les opérations[58].

Le rapport sur les événements d'octobre 1970, déposé par Jean-François Duchaîne, substitut du procureur général du Québec, conclut à une «réaction disproportionnée des corps policiers et des autorités politiques à l'action du FLQ. L'un des buts avoués de la proclamation de l'insurrection appréhendée et des opérations répressives qui la suivirent était en effet de créer un choc psychologique dans l'opinion publique québécoise[59].» Le procureur ajoute que «la crise a servi de prétexte à une répression d'envergure. C'est un exemple flagrant d'opération policière détournée de ses buts premiers. Elle a constitué une manœuvre d'intimidation à l'égard de tous les groupements politiques québécois contestataires[60].»

Évoquant le rôle de Pierre Elliott Trudeau lors des événements d'octobre, Jacques Parizeau affirme, cinglant, qu'il «y a deux types d'individus que je ne peux pas sentir dans le monde. Il y a les tueurs et les emprisonneurs. Après avoir fait une chose semblable, on ne présente pas une Charte des droits! D'autre part, je reconnais objectivement que c'est le premier Canadien français depuis un siècle qui se dit : "Je ne suis pas

---

58. *La Presse*, le 30 janvier 1992. Dans les années soixante, Jacques Parizeau va enseigner quelques jours, pendant plusieurs étés, au National Defense College. C'est là qu'il rencontre le général Dare qui est alors commandant du collège militaire. Michael Reginald Dare succède à John Starnes le 1er avril 1973 comme directeur du SSGRC, le service de sécurité de la GRC.

59. Me Jean-François Duchaîne, *Rapport sur les événements d'octobre 1970*, gouvernement du Québec, ministère de la Justice, 1981, p. 213.

60. *Idem*, p. 218.

impuissant et je ne serai pas jugé en fonction de ce que j'ai dit ou de ce que je n'ai pas dit. Je le fais. " J'ai une certaine admiration pour cela. Trudeau n'est pas un impuissant [61]. »

La mort de Pierre Laporte

Peu de temps après la proclamation de la Loi des mesures de guerre, le samedi 17 octobre, quelques minutes après dix-huit heures, sans que personne ne le sache encore, la cellule Chénier du FLQ exécute Pierre Laporte. Ce même soir, Serge Guérin, secrétaire de comté de Camille Laurin, un des rares organisateurs du Parti québécois à avoir fait gagner son candidat aux élections, reçoit un appel de Michel Carpentier. Débordé, le secrétaire général du parti a besoin de renfort à la permanence, rue Christophe-Colomb. Le téléphone ne cesse de sonner. De toutes les régions du Québec, les associations de comté s'inquiètent des nombreuses perquisitions faites chez les membres et des arrestations qui sèment la panique dans le parti. René Lévesque arrive à la permanence en colère. Déjà, les rumeurs sur l'assassinat du ministre québécois circulent dans les médias. Tard dans la soirée, il décide de convoquer une réunion du Conseil exécutif.

Michel Carpentier dresse la liste des personnes autorisées à entrer à la permanence pour la tenue de cette réunion extra-ordinaire et il la remet à Serge Guérin. Sous aucun prétexte, il ne doit laisser entrer d'autres personnes. Les mesures de sécurité l'exigent. «Comme il faut descendre à chaque fois dans les escaliers pour ouvrir la porte [62]», Serge Guérin fait le guet dehors à l'entrée de l'immeuble, surveillant également tout mouvement suspect. L'un après l'autre, les membres de

---

61. Entrevue avec Jacques Parizeau, le 16 août 1999.
62. Entrevue avec Serge Guérin, le 27 janvier 2000.

l'exécutif entrent, puis c'est au tour de Jacques Parizeau d'arriver. Serge Guérin le salue [63].

— Bonsoir, Monsieur Parizeau.

— Bonsoir, jeune homme.

Jacques Parizeau ne connaît pas encore Serge Guérin. Celui-ci deviendra plus tard son premier chef de cabinet et son plus fidèle lieutenant, un « merveilleux opérateur [64] », dira de lui Jacques Parizeau.

— Pouvez-vous m'ouvrir la porte, jeune homme ? Je dois entrer, monsieur Lévesque nous a convoqués pour une réunion de l'exécutif national.

— Ah ! Je ne peux pas, Monsieur Parizeau, votre nom n'apparaît pas sur la liste.

— Écoutez, il y a une erreur, je suis président de l'exécutif !

Le ton monte, la discussion s'anime et Jacques Parizeau feint de s'approcher de la porte. « Monsieur Parizeau, je suis beaucoup plus jeune que vous et pas mal plus fort. Si vous essayez d'entrer, je vais être obligé de me battre avec vous et vous savez que c'est moi qui vais gagner. » Offusqué, Jacques Parizeau admire tout de même l'audace et l'esprit de discipline du jeune militant. « Bon écoutez ! répond Jacques Parizeau, vous entrez, vous refermez la porte derrière vous, vous la verrouillez et vous montez voir monsieur Lévesque pour lui demander si ce n'est pas une erreur ! Moi, je vais patienter. » Un instant plus tard, Serge Guérin revient, penaud, et le laisse passer : « Désolé, c'était une erreur. Michel Carpentier avait oublié d'inscrire votre nom sur la liste. » Jacques Parizeau monte les escaliers, puis s'arrête soudainement. Il se retourne vers Serge Guérin et lui dit : « Vous là ! À partir de demain matin, vous travaillez pour moi. » Serge Guérin sourit.

---

63. Le dialogue s'inspire des entrevues accordées par Serge Guérin le 27 janvier 2000 et par Jacques Parizeau, le 26 octobre 1999.
64. Entrevue avec Jacques Parizeau, le 26 octobre 1999.

Dès qu'il entre, Jacques Parizeau ressent tout de suite l'atmosphère écrasante qui a envahi les lieux. René Lévesque n'est pas parlable. Assis dans son bureau, il fixe le téléviseur. Les bulletins spéciaux se suivent à une cadence de plus en plus rapprochée. On annonce qu'une voiture abandonnée, retrouvée à Saint-Hubert, pourrait contenir le corps de Pierre Laporte.

Louise Harel était présente ce soir-là : « Monsieur Parizeau n'avait pas les mêmes états d'âme que René Lévesque[65]. » Jacques Parizeau, en bon pédagogue, raconte la signification des événements aux jeunes militants qui se regroupent autour de lui. Il explique d'abord que cette crise met aux prises des gens de la même génération. Les Marchand, Pelletier et Trudeau visitaient les Parizeau, Laurin et Lévesque. « Nous dînions en couple et, dans certains cas, les épouses se connaissaient et magasinaient ensemble. Nous allions aux mêmes sorties[66]. »

« Avant octobre 1970, affirme Jacques Parizeau, nous pouvions avoir des idées absolument opposées, tout en ayant le plus grand respect les uns pour les autres. Nous savons que nous allons dans des voies complètement incompatibles, mais nous sommes des gens de bonne compagnie et de bonnes manières. Jusqu'à Trudeau, jusqu'aux événements d'octobre, ça existait. Mais Trudeau a cassé ça. À partir du moment où l'on met nos amis en prison, c'est une autre paire de manches, on change de régime. Depuis la rébellion de 1837-1838, on ne fait que s'engueuler. Monsieur, vous êtes un con. Non Monsieur ! Vous en êtes un autre. On se traite de fascistes, mais personne n'avait jamais réussi à mettre quelqu'un en prison dans cette société-là. C'est pour cette raison que 1970 est important. C'est la première fois que quelqu'un dans notre société ose mettre son poing sur la table en disant : "Vous allez

---

65. Entrevue avec Louise Harel, le 26 septembre 2000.
66. Propos attribués à Jacques Parizeau et rapportés par Louise Harel. Entrevue du 26 septembre 2000.

en prison ". Nous sortions du verbe… Trudeau est le premier à dire " Au diable les mots ! Vous allez en prison. " Ah ! Oh là ! Ça change tout [67]. » Selon Louise Harel, Jacques Parizeau insiste pour dire aux jeunes que « leur chemin s'est pour toujours séparé. Ce que la Loi des mesures de guerre a introduit, c'est un cratère [68] » entre le clan Trudeau et celui de Lévesque.

À minuit vingt-cinq, la télévision annonce la mort de Pierre Laporte. La police découvre son corps ensanglanté dans le coffre arrière d'une Chevrolet. Louise Harel assiste impuissante à la violente réaction de René Lévesque : « Monsieur Lévesque pleure, pleure, pleure abondamment. Il raconte que c'était son ami et qu'il jouait au tennis avec lui. C'étaient d'anciens journalistes, donc une confrérie. Leurs voies s'étaient séparées, mais ils avaient été dans la famille libérale pendant des années [69]. »

« Les gens étaient très énervés, rapporte Louis Bernard, chef de cabinet de Camille Laurin. Nous avions le sentiment qu'il se passait des choses dont on avait perdu le contrôle et que le gouvernement n'était pas à la hauteur. Pour ce qui est de Jacques Parizeau, les périodes de crise ne sont pas de nature à l'abattre, au contraire, ça le stimule. Je l'estime énormément, mais en période de crise, il n'est pas à son meilleur parce qu'il exagère, il voit des complots où il n'y en a pas nécessairement. Pour lui, la crise d'octobre était organisée par un grand maître qui mettait ses pions partout [70]. »

Bien des collaborateurs du Parti québécois constatent que l'économiste voit souvent la réalité comme étant le fruit d'une grande machination. Malgré ce trait de personnalité, tous

---

67. Entrevue avec Jacques Parizeau, le 16 août 1999.
68. Propos attribués à Jacques Parizeau et rapportés par Louise Harel. Entrevue du 26 septembre 2000.
69. Louise Harel, entrevue du 26 septembre 2000. L'attitude de René Lévesque est confirmée par Corinne Côté-Lévesque et Pierre Marois.
70. Entrevue avec Louis Bernard, le 27 mars 2000.

affirment que René Lévesque lui accordait beaucoup de crédibilité et tenait compte de sa vision des choses. « Il est vrai qu'il est plutôt difficile de ne pas être influencé par monsieur Parizeau[71] », souligne Louis Bernard en riant. Mais ce soir-là, « Lévesque est en état de choc[72] ». Camille Laurin et Pierre Marois tentent de le consoler, sans succès. À un moment donné, Jacques Parizeau fait venir quelques collaborateurs dans les toilettes de la permanence pour un conciliabule. Avant de s'expliquer, il ouvre tous les robinets des lavabos afin que le bruit couvre leurs voix. « Les micros », chuchote-t-il. On se retient pour ne pas pouffer de rire. Compte tenu de la gravité des événements, son plan consiste à convaincre René Lévesque de faire immédiatement une déclaration publique, suivie d'une conférence de presse. Pierre Marois, conscient de l'état dans lequel se trouve René Lévesque, manifeste son désaccord et soutient que le moment est plutôt mal choisi : « Il est préférable d'attendre vingt-quatre heures, Monsieur Parizeau[73]. » Jacques Parizeau n'en démord pas et décide d'aller convaincre lui-même René Lévesque. Du seuil de la porte de son bureau, il expose son point de vue à son chef de parti. Fumant cigarette sur cigarette, René Lévesque ne l'écoute pas, son regard reste rivé sur le téléviseur. Jacques Parizeau continue son monologue quand soudainement René Lévesque se tourne vers lui, saisit un énorme cendrier et le lance dans sa direction[74]. Jacques Parizeau a tout juste le temps d'éviter l'objet qui se fracasse contre le mur. Cela met définitivement fin aux discussions pour la soirée.

Après cette nuit mouvementée, le Parti québécois tient un Conseil national à l'école Georges-Vanier de Saint-Vincent-de-Paul. Prévue depuis plusieurs jours, la réunion extraordinaire

---

71. *Idem.*
72. Entrevue avec Pierre Marois, le 13 mars 2000.
73. *Idem.*
74. *Idem.*

avait été convoquée pour discuter de la question de l'assurance-santé et de l'état des négociations avec les médecins. En raison des événements qui ébranlent tout le Québec, la rencontre porte uniquement sur la crise des derniers jours. En début de séance, Jacques Parizeau, président de l'exécutif, prend la parole et évoque «la nécessité d'une action énergique du parti face à la déclaration de la Loi des mesures de guerre. Il propose à l'assemblée de donner priorité à cette question[75]», soit celle de former, avec les centrales syndicales, un front commun des forces démocratiques.

À la reprise des travaux à quatorze heures trente, Jacques Parizeau révèle à l'assemblée un fait nouveau : les centrales syndicales ont convoqué leurs exécutifs pour l'après-midi même. «Il est donc important que la décision du Conseil national sur la création d'un front commun des forces démocratiques lui soit transmise au plus tôt, car il doit se rendre immédiatement sur les lieux pour en discuter[76].» Pendant les discussions, Guy Joron et Jacques-Yvan Morin suggèrent que le texte de la proposition laisse entendre «que le front commun constituerait un "gouvernement parallèle" ou une "autorité morale"». Il n'en sera pas fait mention lors de l'adoption de la proposition, mais ce genre de vocabulaire alimentera dans les jours qui suivront une rumeur voulant qu'un «complot se tramait pour remplacer le gouvernement du premier ministre Robert Bourassa[77]». Véhiculée par Peter C. Newman, du *Toronto Star*, et entretenue pendant plusieurs mois par Pierre Elliott Trudeau, la version du journaliste veut que «le premier ministre Trudeau a décrété les mesures de guerre parce que le gouvernement Trudeau était persuadée qu'un groupe de personnalités québécoises influentes

---

75. Extrait du procès-verbal du Conseil national du 18 octobre 1980, Archives du Parti québécois.
76. *Idem.*
77. Peter C. Newman, dans le *Toronto Star* du 26 octobre 1970.

avaient envisagé la possibilité de remplacer le gouvernement élu de M. Bourassa par une espèce de gouvernement provisoire de salut public, à l'autorité morale suffisante pour restaurer l'ordre. Aux yeux d'Ottawa, un tel coup d'État, quel que soit son caractère mineur et non violent comme ses protagonistes l'affirment, aurait pu entraîner la chute de la démocratie au Québec[78]... »

L'article de Peter C. Newman vise directement Claude Ryan qui, le 14 octobre, avait lancé un appel public aux côtés de René Lévesque et de quatorze autres signataires, dont Jacques Parizeau, pour que le gouvernement négocie avec les mutins la libération des deux otages en échange de prisonniers politiques. « Nous avions l'impression que le gouvernement du Québec était en train de s'effondrer, rappelle Jacques Parizeau[79]. » Entouré d'un important dispositif de sécurité, le premier ministre du Québec a quitté la Vieille Capitale pour se réfugier aux étages supérieurs de l'hôtel Reine-Élisabeth. Pendant ce temps, Jérôme Choquette, ministre de la Justice, se promène avec un revolver à la taille. « Je pense que c'est ce qui est apparu dans l'esprit d'un certain nombre de gens : si le gouvernement s'effondre, on prendra la suite. Mais je n'étais pas partie à ces discussions-là, affirme Jacques Parizeau. J'ai passé une fin de semaine à les mettre en contact les uns avec les autres[80]. » Pour Claude Ryan, éditorialiste au journal *Le Devoir*, « le Québec donnait à ce moment-là l'impression d'une grande faiblesse. C'est pour cela que nous sommes intervenus. Nous avions l'impression d'une espèce de démantèlement de l'autorité morale du gouvernement du Québec, de son pouvoir de décision. Monsieur Bourassa était terrorisé par ce qui arrivait. Son entourage aussi. Nous n'avions pas confiance en leur capacité de

---

78. *Idem.*
79. Entrevue avec Jacques Parizeau, le 20 juillet 1999.
80. *Idem.*

juger lucidement et de décider vraiment pour le Québec. C'est pour cette raison qu'on est intervenu[81]. »

Dans la préparation de cette déclaration, Jacques Parizeau joue un rôle de second plan. Il n'est, en fait, que le « standardiste ». « Le téléphone ne dérougissait pas. J'étais à la permanence et c'est en tant que président de l'exécutif que j'ai ramassé tout cela. Tout ce que je sais, c'est qu'il y a eu un trafic téléphonique invraisemblable pendant une journée ou deux avant qu'ils mettent le truc au point[82]. » Jacques Parizeau a gardé l'impression que c'est Claude Ryan qui menait l'opération.

La déclaration des seize est rendue publique le 14 octobre au soir. Les signataires[83] insistent pour affirmer que c'est au Québec que revient la responsabilité de trouver la solution à l'enlèvement des deux hommes. Ils dénoncent « l'atmosphère de rigidité déjà presque militaire qu'on peut déceler à Ottawa [et qui risque] à [leur] avis de réduire le Québec et son gouvernement à une impuissance tragique ». Le groupe dit craindre la terrible tentation d'une politique du pire, c'est-à-dire l'illusion qu'un Québec chaotique et ravagé serait enfin facile à contrôler par n'importe quel moyen. La veille, René Lévesque écrit dans

81. Entrevue avec Claude Ryan, le 14 juin 2000.
82. Entrevue avec Jacques Parizeau, le 26 octobre 1999.
83. Les seize signataires sont : René Lévesque, président du Parti québécois, Alfred Rouleau, président de l'Assurance-vie Desjardins, Marcel Pepin, président de la CSN, Louis Laberge, président de la FTQ, Jean-Marc Kirouac, président de l'UCC, Claude Ryan, directeur du *Devoir*, Jacques Parizeau, président du Conseil exécutif du Parti québécois, Fernand Daoust, secrétaire général de la FTQ, Yvon Charbonneau, président de la CEQ, Mathias Rioux, président de l'Alliance des professeurs de Montréal, Camille Laurin, leader parlementaire du Parti québécois, Guy Rocher, professeur de sociologie à l'Université de Montréal, Fernand Dumont, directeur de l'Institut supérieur des sciences humaines à l'Université Laval, Paul Bélanger, professeur de sciences politiques à l'Université Laval, Raymond Laliberté, ex-président de la CEQ, Marcel Rioux, professeur d'anthropologie à l'Université de Montréal.

sa chronique du *Journal de Montréal* : « Deux vies nous semblent valoir bien davantage que la raison d'État. » Dans ses mémoires politiques, Pierre Elliott Trudeau qualifie ce geste de « déraillement de vocabulaire » et de « disposition à capituler devant les exigences du FLQ, chez des universitaires et des responsables sociaux. De toute évidence, certains d'entre eux étaient en train de perdre les pédales [84] », écrit-il. Après consultation des documents d'archives sur cette époque, on peut affirmer trente ans plus tard et avec certitude que cette déclaration ne fut en rien l'élément déclencheur de la Loi des mesures de guerre.

Le dimanche matin 18 octobre, le Conseil national du Parti québécois siège : l'assemblée délibère sur une proposition visant à condamner l'adoption de la Loi des mesures de guerre, quand l'arrivée tardive de René Lévesque vient bousculer le cours des discussions. « Là, monsieur Lévesque arrive, se rappelle Louise Harel. Il a déjà dans sa poche sa déclaration. Elle fait fi de toutes les discussions et résolutions déjà discutées. Il va au micro et enligne comme premier point d'attaque le FLQ. Il est absolument sans merci contre le Front de libération du Québec. Il exige de son parti qu'il n'y ait aucune nuance pour condamner les actions du FLQ [85]. »

René Lévesque est catégorique : « Ceux qui, froidement et délibérément, ont exécuté M. Laporte, après l'avoir vu vivre et espérer pendant tant de jours, sont des êtres inhumains. Ils ont importé ici, dans une société qui ne le justifie absolument pas, un fanatisme glacial et des méthodes de chantage à l'assassinat qui sont celles d'une jungle sans issue. [...] S'ils ont vraiment cru avoir une cause, ils l'ont tuée en même temps que Pierre

---

84. Pierre Elliott Trudeau, *Mémoires politiques*, Montréal, Le Jour Éditeur, 1993, p. 127.
85. Entrevue avec Louise Harel, le 26 septembre 2000. Pierre Renault observe la même chose. Entrevue du 21 novembre 2000.

Laporte, et en se déshonorant ainsi, ils nous ont tous plus ou moins éclaboussés [86]. » Pour Louise Harel, en condamnant d'abord et avant tout le FLQ, « il sauvera le Parti québécois d'une certaine façon [87] ». « Lévesque a joué un rôle irremplaçable pour favoriser un équilibre social [88] », reconnaît Jacques Parizeau qui n'avait pourtant pas adopté la même stratégie. Dans les semaines qui suivent l'adoption de la Loi des mesures de guerre, il assiste au départ des personnes que René Lévesque expulse de son bureau. « Voyant que leur parti est en train d'être détruit, il y a des gens dans le Parti québécois qui veulent se venger, raconte Jacques Parizeau. Il y a des gens proches de Lévesque qui n'en peuvent plus. Ils veulent faire quelque chose. Et Lévesque va tenir, sans bouger d'un poil pendant des semaines. Il va sacrer des gens en dehors de son bureau, en leur disant : "Tant que vous pensez comme ça, ne revenez pas [89]!" »

La déliquescence d'un parti politique

Pendant que Lévesque tient la bride serrée à ses troupes pour éviter tout débordement antidémocratique, Jacques Parizeau essaie de maintenir en un seul morceau la structure même du parti. « Je suis un opérateur à cette époque [90] », confie-t-il. En ces heures troubles, il craint de perdre ce véhicule démocratique qu'est le Parti québécois. Pendant que plusieurs adversaires politiques n'hésitent pas à associer le Parti québécois au FLQ, des militants péquistes de plus en plus nombreux n'osent plus militer et déchirent leur carte de membre. Pendant

---

86. Extrait de la chronique de René Lévesque dans le *Journal de Montréal*, le 19 octobre 1970.
87. Entrevue avec Louise Harel, le 26 septembre 2000.
88. Entrevue avec Jacques Parizeau, le 26 octobre 1999.
89. *Idem.*
90. *Idem.*

la crise d'octobre, le Parti québécois perd la moitié de ses membres. «Ça a failli tuer le parti, révèle Jacques Parizeau et ça [a laissé] dans l'esprit de certaines gens un peu âgés une sorte de marque indélébile [91].»

De partout en région, le président de l'exécutif reçoit des rapports affolants sur la situation des organisations locales. À Hull, l'armée se déchaîne, pénétrant dans un nombre incroyable de maisons et d'appartements, fouillant et saccageant presque certaines propriétés privées. Jocelyne Ouellette, présidente du Parti québécois pour la région de l'Outaouais, reçoit la visite des forces de police à deux reprises. À Trois-Rivières, en une nuit, tout l'exécutif du parti est enlevé et incarcéré. Jacques Parizeau est informé de certains cas où la police abuse de son pouvoir, par ailleurs illimité pendant cette crise. Il apprend qu'un président de comté a reçu la visite de la police à son domicile vers deux heures de la nuit. Avant de l'arrêter, les agents de la Sûreté du Québec ont forcé sa femme à se mettre nue et à se promener devant les policiers. «Les gros rires des agents couvraient les pleurs des jeunes enfants complètement terrifiés, confie un Jacques Parizeau dégoûté. Une petite a été suivie par un psychiatre pendant des années par la suite [92].»

La proclamation de la Loi des mesures de guerre précipite le Parti québécois au bord de l'abîme. Réputé pour s'emballer devant les grandes manœuvres, Jacques Parizeau se retrouve tout à coup président de l'exécutif d'un parti dont quarante comtés sont sans organisation. Un jour, il reçoit un appel d'un vicaire de Rouyn-Noranda. Le prêtre lui raconte qu'un homme

---

91. *Idem.*

92. Jacques Parizeau ne désire pas faire connaître le nom de la personne concernée même si elle est aujourd'hui décédée, invoquant le fait que ses enfants sont encore actifs dans le Parti québécois. Entrevue du 26 octobre 1999. Le biographe a tenté, sans succès, de retrouver l'identité de la personne.

vient de quitter les lieux et qu'une voiture de police l'attendait : « Il m'a dit que s'il se faisait emprisonner, de rentrer en contact avec vous. Comme il s'est fait embarquer par la police en sortant du presbytère, je me rapporte donc à vous[93]. » Tout l'exécutif de cette région a été arrêté, se souvient Jacques Parizeau et « pendant une semaine, nous nous sommes parlé tous les jours. Il me donnait du renseignement, moi j'envoyais des instructions. Au bout de huit jours, le vicaire me dit, bon bien votre monde commence à être libéré, vous n'avez plus besoin de moi. Je vous laisse à vos gens, Monsieur Parizeau[94]. »

Pierre Marois, qui lui succédera à la présidence de l'exécutif en 1971, affirme que « Parizeau était partout durant la crise d'octobre. Parizeau est un de ceux qui a le plus contribué à empêcher les conséquences douloureuses chez un bon nombre de militants, [tentés de quitter le parti] avec les arrestations, les emplois menacés, les craintes[95]... » Assisté d'un René Lévesque inquiet, Jacques Parizeau tient à bout de bras un parti sur le bord de l'effondrement. À Drummondville, c'est à trois reprises qu'il tente de refaire un exécutif décimé par la peur. « Écoutez, il n'y avait plus de Parti québécois, il n'y avait plus de parti, il n'y avait plus rien ! Cela nous a pris trois mois pour remonter l'organisation[96]. » À Drummondville, il n'y a eu aucune arrestation, soutient Jacques Parizeau. Cependant, la police y a effectué en quelques jours plus de trois cents perquisitions, la plupart du temps en pleine nuit avec des voitures de tous les corps policiers, les gyrophares allumés de façon à ce que les faisceaux rouges pénètrent par les fenêtres de toutes les demeures du quartier visité pour créer un climat de terreur. « Pas besoin de vous dire que trois cent cinquante cortèges de voitures de la

---

93. Entrevue avec Jacques Parizeau, le 26 octobre 1999.
94. *Idem.*
95. Entrevue avec Pierre Marois, le 23 mars 2000.
96. Entrevue avec Jacques Parizeau, le 11 janvier 1998.

police sur une période de quinze jours dans à peu près tous les quartiers et toutes les rues de Drummondville... Le Parti québécois se dissout dans les jours qui suivent. Tout l'exécutif démissionne et s'en va. Les membres déchirent leur carte. Il n'y a plus rien [97]. »

Pour Jacques Parizeau, il est clair que « l'objectif de la Loi des mesures de guerre a été une tentative de "sacrer par terre" un parti politique qui, en l'espace d'un an et demi, a pris vingt-trois pour cent du vote à sa première élection [98] ». Le premier ministre du Canada, Pierre Elliott Trudeau, s'en défend bien. Lui qui avait dit « *Just watch me!* » à un reporter de la télévision anglaise qui lui avait demandé jusqu'où irait le déploiement des forces armées au Canada, en remet : « C'est vrai qu'il y a beaucoup de cœurs tendres (*bleeding hearts*) dans la place qui ne peuvent supporter la vue des soldats avec casques et fusils. Tout ce que je puis dire c'est : "Allez-y, pleurnichez!" Mais il est plus important de maintenir l'ordre et la loi dans la société que de s'apitoyer sur ceux dont les genoux flageolent à la seule vue de l'armée. [...] La société doit prendre tous les moyens dont elle dispose pour se défendre contre l'émergence d'un pouvoir parallèle qui défie le pouvoir des élus du peuple, et je pense que cette obligation ne connaît pas de limites. Seules les poules mouillées auraient peur d'aller jusqu'au bout [99]. »

Selon les rapports de police, à l'occasion d'incessants ratissages des rues, les forces policières vont effectuer au Québec, sous le régime de cette loi spéciale, plus de trente mille perquisitions et près de cinq cents arrestations. Dans les mois qui suivront, les personnes arrêtées seront pratiquement toutes

---

97. Entrevue avec Jacques Parizeau, le 26 octobre 1999.
98. *Idem.*
99. Extrait de l'entrevue impromptue que Pierre Elliott Trudeau accorde au journaliste Tim Ralfe du réseau anglais de Radio-Canada, sur les marches du parlement canadien, le 13 octobre 1970.

libérées sans condition et aucun des détenus ne sera reconnu coupable d'un méfait quelconque.

Pendant cette période sombre, le premier ministre du Canada ne fait aucun effort pour tenter de dissiper les soupçons de ceux qui associent le Parti québécois aux terroristes du FLQ. «Il y a beaucoup de séparatistes qui ont essayé d'empêcher toute identification avec le FLQ, affirme-t-il en réponse à une question du journaliste Louis Martin. Malheureusement, s'empresse-t-il d'ajouter, il y a eu des chefs séparatistes et bien d'autres qui ont appuyé si vous voulez les objectifs du FLQ. Ils l'ont fait publiquement [100].» Pierre Elliott Trudeau fait ici référence à la déclaration des seize. «Ils ont appuyé au moins ce but du FLQ que l'État devait céder devant la libération des prisonniers. [...] Mais vous me demandez s'il n'y a pas un danger que les séparatistes s'identifient avec les terroristes. Je vous dis que s'il y a un danger, ça ne relève pas de moi, ça relève de leur conduite à eux [101].»

Jacques Parizeau ne pardonne pas à Pierre Elliott Trudeau la proclamation de la Loi des mesures de guerre. Sur cette question, il attribue également à Marc Lalonde, son chef de cabinet de l'époque, un rôle non négligeable dans la conduite des événements : «Il est sans aucun respect pour les gens, affirme Jacques Parizeau. Le résultat seul compte [102].» Marc Lalonde confirme qu'il était à Québec, dans le bureau du premier ministre Robert Bourassa, quelques heures avant la proclamation de la Loi des mesures de guerre, et qu'il a participé à la «révision» de la rédaction de la lettre dans laquelle le premier ministre demande au gouvernement fédéral l'intervention de l'armée au Québec et l'utilisation de pouvoirs spéciaux

---

100. Extrait de l'entrevue qu'accorde Pierre Elliott Trudeau à l'animateur et journaliste, Louis Martin, le 3 novembre 1970 à l'émission *Format 60* de la télévision de Radio-Canada.
101. *Idem.*
102. Entrevue avec Jacques Parizeau, le 20 juillet 1999.

pour mettre fin à la crise. Pierre Elliott Trudeau a ordonné à Marc Lalonde d'être présent à Québec et à Montréal : « Il est important que j'aie des lettres qui soient fermes et claires là-dessus. Je ne veux pas avoir des demandes qui feront que si la soupe devient chaude après coup, [qu'ils puissent] s'évader en disant : "Ah bien, c'est le fédéral [103]." » Quand ils se revoient plus tard, chacun dans sa fonction de ministre des Finances, l'un au provincial et l'autre au fédéral, Jacques Parizeau et Marc Lalonde ne reviennent pas sur cette période de crise et d'arrestations massives. « On s'est entendu pour ne pas en reparler, sinon je lui cassais la gueule ! Écoutez, c'est sur ses ordres qu'un bon nombre de mes gens ont été mis en prison et que des histoires épouvantables se sont produites. C'était mon monde, là [104] ! »

Après octobre 1970, il serre tout de même la main aux auteurs de la suppression des droits de l'homme, tandis que sa femme leur tourne le dos. Elle demeure d'une parfaite intolérance à l'endroit de Pierre Elliott Trudeau et de Marc Lalonde qu'elle perçoit comme des propagandistes de la répression politique.

Retour au temps de l'occupation

Pour Alice Parizeau, qui a connu les camps de concentration nazis, c'est la surprise totale : les événements d'octobre lui révèlent soudainement qu'il n'y a aucun endroit au monde où l'humanité est à l'abri de la tyrannie, qu'elle soit grande ou petite. Dans son autobiographie, elle écrit : « En octobre 1970, j'ai été révoltée contre l'injustifiable autoritarisme du pouvoir fédéral. J'ai essayé d'aider les victimes et d'alléger, ne serait-ce

---

103. Propos attribués à Pierre Elliott Trudeau et rapportés par Marc Lalonde. Entrevue du 7 décembre 2000.
104. Entrevues avec Jacques Parizeau, le 20 juillet et le 16 août 1999.

qu'un peu, leur sort. Au lieu de mobiliser les haines, je les rendais, sans trop le savoir ni le vouloir, moins justifiées [105]. »

Jacques Parizeau se souvient d'une scène mémorable où sa femme, « dans le vestiaire de la maison, appelle l'évêque auxiliaire de Montréal en lui disant au téléphone : "Monseigneur, vous êtes les seuls à pouvoir obtenir les listes des prisonniers. Faites-le !" J'entendais le Monseigneur protester à l'autre bout de la ligne, raconte Jacques Parizeau. Ma femme insistait : "Écoutez, pendant la guerre, même la Gestapo fournissait les listes quand le clergé le demandait !" » Elle a finalement eu les listes, confirme Jacques Parizeau.

Pour venir en aide aux familles des prisonniers, elle fonde le comité d'aide aux personnes arrêtées en vertu de la Loi des mesures de guerre. Dans un petit bureau prêté par le curé de l'église Saint-Jacques, Anne Cusson, Gabrielle Labbé et Charlotte Boisjoli, toutes trois bénévoles, assistent Alice Parizeau. Elles rejoignent les employeurs des personnes emprisonnées et expliquent les motifs de leur absence au travail. Elles font sortir les chats et les chiens laissés seuls dans les maisons par suite des arrestations et, en attendant les libérations, elles prennent contact avec les familles des détenus pour les tenir informées de la situation.

Pendant cette crise, Alice Parizeau reste solide. Jacques Parizeau en est témoin quand, le premier soir des arrestations, depuis la permanence du parti, il appelle sa femme en pleine nuit pour lui demander si des agents de police sont venus à la maison ou encore si un véhicule plutôt louche ne serait pas stationné devant leur demeure. Sa femme s'emporte : « Écoute mon chéri, je suis à moitié nue, je n'irai pas à la fenêtre cette nuit ! Tu m'appelleras quand il y aura des développements

---

105. Alice Parizeau, *Une femme*, Montréal, Leméac Éditeur inc., 1991, p. 442.

majeurs, bonne nuit[106]!» Jacques Parizeau est étonné par l'aplomb de sa femme. «Alice Parizeau savait comment marchaient les forces d'oppression et d'intimidation, relate son amie Hélène Pelletier-Baillargeon. Tout de suite, elle comprenait le jeu joué par Ottawa. Courageuse et n'ayant peur de rien, elle nous a raconté beaucoup de choses à ce sujet. C'était notre dépucelage politique. Elle voyait clair et avait une expérience politique que nous n'avions pas[107].»

Pendant les événements d'octobre, le père de Jacques Parizeau, Gérard, reste plutôt silencieux. Peu de temps après avoir visionné le film *Les ordres* de Michel Brault en 1975, il écrit dans ses *Pages de journal*: «Et dire que tout cela s'est produit sous le régime de Pierre Elliott Trudeau, l'un de ceux qui avaient protesté le plus violemment devant l'arbitraire du gouvernement Duplessis au moment de la grève de Thetford-Mines[108]!» Le frère de Jacques, Robert, qui parle peu de politique, estime que c'est une loi odieuse : «On a monté une crise. Il y en avait une, mais on lui a donné une autre dimension. Il s'est fait des choses là-dedans totalement inacceptables. Il y avait un désir de briser le Parti québécois. Des gens ont perdu la tête[109]!»

Même l'ancien professeur de Jacques, François Perroux, s'en est mêlé. Sous la Loi des mesures de guerre, en effet, l'économiste français s'amène au Québec. Jacques Parizeau le reçoit à sa maison de campagne de Fulford, dans les Cantons de l'Est, qu'il a acquise l'année précédente. Le numéro deux du Parti québécois explique à son vieux professeur la portée de la loi spéciale qu'Ottawa a fait passer au milieu de la nuit. François

106. Entrevue avec Jacques Parizeau, le 11 janvier 1998.
107. Entrevue avec Hélène Pelletier-Baillargeon, le 26 juin 2000.
108. Gérard Parizeau, *Pages de journal*, volume VII, Trois-Rivières, Les Éditions du Bien public, 1978, p. 170.
109. Entrevue avec Jacques Parizeau, le 20 janvier 2000.

Perroux, qui a dirigé la thèse de Jérôme Choquette, actuel ministre québécois de la Justice, demande à voir son poulain à Fulford, chez Jacques Parizeau. L'économiste s'explique mal la présence des militaires au cœur d'une société civile. « Jérôme Choquette arrive escorté de voitures de police, raconte Jacques Parizeau. Perroux s'amène dehors en bretelles, et lui crie à la tête en présence des agents de la sécurité : "Alors! Choquette, qu'est-ce que c'est que cette histoire de mesures de guerre [110]?" » Jacques Parizeau assiste alors à une altercation fort civilisée entre le maître et l'élève Choquette.

Le parti se redresse

Afin de combler le siège laissé vacant par la mort de Pierre Laporte, une élection partielle est déclenchée dans le comté de Chambly pour le 8 février 1971. Le gouvernement agit rapidement pour profiter de la démobilisation au sein du Parti québécois. De son côté, le Parti québécois mise sur Pierre Marois, défait dans le même comté lors des dernières élections générales. Le jeune Marois va affronter Jean Cournoyer, candidat libéral. Secrétaire du ministre Paul Gérin-Lajoie au début des années soixante, président de l'Association générale des étudiants de l'Université de Montréal (AGÉUM), Pierre Marois a l'insigne honneur d'avoir été le premier candidat désigné de l'histoire du Parti québécois lors d'une assemblée de nomination, le 2 juin 1969. C'est un fidèle lieutenant de René Lévesque, et la rumeur publique le voit déjà comme le dauphin du chef.

C'est sur les épaules de cet avocat de trente ans que tout repose. La pression est énorme. Cette élection partielle est cruciale pour le Parti québécois. Le parti indépendantiste doit prouver qu'il n'a pas été discrédité par la flambée de violence de

110. Entrevue avec Jacques Parizeau, le 18 janvier 1999.

l'automne précédent et que, même s'il a été sérieusement amoché, il peut survivre à octobre 1970.

L'armée ne quitte le Québec que le 4 janvier 1971 et la nouvelle loi d'exception qui succède à celle des mesures de guerre est toujours en vigueur au moment de l'élection partielle. En ce début d'année, il y a eu une trentaine d'arrestations dans le comté, « ça n'aide pas à recruter des membres, souligne Jacques Parizeau. Jean Marchand, alors ministre fédéral, prend des paris publics. Il affirme que le Parti québécois n'aura même pas quinze pour cent des votes [111]. » Or, lors des élections d'avril 1970, le parti avait recueilli vingt-trois pour cent des suffrages dans l'ensemble de la province et trente et un pour cent dans Chambly. « En fait, toutes les conditions sont réunies pour qu'on se fasse massacrer [112] », explique Jacques Parizeau.

Dans son rôle de président de l'exécutif du parti, Jacques Parizeau a l'intention de mettre à contribution tout ce qui reste de la machine du parti pour assurer à Pierre Marois une solide performance. Il se déplacera lui-même sur le terrain à plusieurs reprises en compagnie de toutes les têtes d'affiche du parti. Pour appuyer quotidiennement Pierre Thibodault, l'organisateur de comté de Pierre Marois, Jacques Parizeau désire un homme de confiance. Il repense tout à coup au coriace gardien de la permanence qui lui a refusé l'entrée le soir de la mort de Pierre Laporte. Il demande immédiatement que l'on fasse venir le jeune homme pour un entretien. Après une très brève introduction, Serge Guérin est chargé de coordonner, au nom de l'exécutif national, la campagne électorale dans Chambly.

Pour cette incroyable épopée, Serge Guérin rappelle que d'une part, du côté libéral, il y a l'argent et que, d'autre part, les ministres provinciaux et fédéraux patrouillent sans arrêt le comté [113]. Dans le clan péquiste, les organisateurs font venir

111. *Idem.*
112. *Idem.*
113. Entrevue avec Serge Guérin, le 27 janvier 2000.

«presque tous les soirs des gens comme Laurin, Lévesque, Burns et Parizeau [114]». Il est hors de question de tenir des assemblées publiques, car «les gens ont peur de se montrer en public pour le Parti québécois [115]», constate Pierre Marois. Les retombées de la crise d'octobre sont amères. «Nous allons donc nous en sortir avec les assemblées de cuisine, explique Jacques Parizeau. Nous allons tenir une centaine de ces assemblées avec de vingt à vingt-cinq personnes à la fois. En assemblée de cuisine, cela a un impact si la figure publique peut rester environ trois heures [116]», estime Jacques Parizeau. Il faut donc y mettre beaucoup de temps. La situation est tellement grave que René Lévesque arrive presque toujours à l'heure!

Chaque journée de campagne dans Chambly s'amorce au petit matin et dure jusque tard dans la nuit. Après le porte-à-porte et les entrevues aux médias le jour, suivent les assemblées de cuisine en soirée. Pendant la nuit, les organisateurs font le bilan de la journée dans un petit local où l'on tient des réunions de stratégie jusqu'au petit matin. À la fin des assemblées de cuisine, les têtes d'affiche, dont Jacques Parizeau, se réunissent pour faire le bilan de la soirée. Jacques Parizeau qui, avant les réunions, défait chaque appareil de téléphone en pièces afin d'y trouver des micros cachés, continue d'être la cible des sarcasmes de plusieurs. Les Lévesque, Laurin, Charron, Marois, Carpentier pouffent de rire dans les corridors.

Les sondages officiels prédisent une maigre cueillette pour le Parti québécois : de six à sept pour cent du vote. Les sondages du Parti québécois ne sont guère plus encourageants. Tout au cours de cette campagne, les menaces et la publicité haineuse contre Pierre Marois se multiplient [117]. Des malfaiteurs versent

---

114. Entrevue avec Pierre Marois, le 13 mars 2000.
115. *Idem.*
116. Entrevue avec Jacques Parizeau, le 28 octobre 1999.
117. Entrevue avec Serge Guérin, le 27 janvier 2000. Une brochure associait sa famille, son frère, aux gens qui ont les mains tachées de sang.

même de l'essence sur les marches de l'escalier devant sa maison et y mettent le feu. Sa famille doit être évacuée hors du comté pour le reste de la campagne [118]. Tout cela se déroule alors que la femme de Pierre Marois est enceinte.

Cependant, c'est aussi l'époque où la Fédération des travailleurs du Québec (FTQ) tisse des liens étroits avec l'organisation du Parti québécois. La centrale syndicale offre un soutien important lorsqu'il s'agit de la protection des locaux ou des personnalités du parti. Jacques Parizeau en parle avec reconnaissance. Il surnomme les hommes aux gros bras chargés de décourager vandales et brigands, « le comité d'éducation de la FTQ ». C'est le même groupe qui, plus tard, assurera la sécurité de Jacques Parizeau et de René Lévesque au cours de plusieurs autres manifestations publiques dont celle contre la Loi 22. À cette occasion, pour la première fois, Jacques Parizeau marchera publiquement avec sa femme et ses deux enfants. Deux gardes du corps de la FTQ seront à ses côtés. « J'ai toujours eu une confiance complète dans ces gars-là », nous apprend Jacques Parizeau, alors que René Lévesque préférait garder ses distances. Le « comité d'éducation » se révèle fort utile pour épauler Serge Guérin durant la campagne électorale dans Chambly. La FTQ participe aux rondes de surveillance autour du local du parti. À plusieurs reprises, les lignes téléphoniques sont coupées. Des inconnus utilisent de longues chaînes pour briser les fils téléphoniques suspendus aux poteaux à l'extérieur. « C'est bien souvent armé qu'il fallait surveiller les alentours du local », avoue Serge Guérin [119].

Vers la fin de la campagne, une rumeur se met à circuler. Elle parvient aux oreilles de Jacques Parizeau et du comité organisateur. Selon certains renseignements, un huissier arpenterait le comté muni d'une citation à comparaître pour Pierre

---

118. Entrevue avec Pierre Marois, le 13 mars 2000.
119. Entrevue avec Serge Guérin, le 27 janvier 2000.

Marois. Il serait convoqué comme témoin au procès de Paul Rose, procès qui se tiendra le jour de l'élection partielle. Si la rumeur était fondée, cela aurait un effet désastreux pour le candidat péquiste. Comment expliquer aux électeurs, le jour même du vote, qu'il ne s'agit que d'une basse manœuvre électorale ? La crédibilité du candidat serait nulle. On l'identifierait immédiatement aux terroristes du FLQ, ce qui lui assurerait du même coup une cuisante défaite électorale.

Pour neutraliser cette opération, deux thèses s'affrontent. Il y a d'abord celle de René Lévesque, qui préfère continuer comme si l'information était fausse. Si l'huissier se présente, on avisera. Puis il y a la thèse de Jacques Parizeau, qui propose de cacher le candidat péquiste pendant quelques jours dans un endroit sûr, le temps d'élucider cette affaire. On évite ainsi à Pierre Marois d'être placé dans une situation où il aurait à refuser de se présenter en cour, s'exposant ainsi à des accusations d'outrage au tribunal. « La thèse de Parizeau l'emporte, rapporte Pierre Marois. Ils m'ont organisé une sortie de fou comme seul Guérin et Parizeau étaient capables d'en monter une. On m'a déplacé hors du comté, d'une façon abracadabrante. Ça n'avait pas de maudit bon sens ! La seule chose que j'ai réussi à obtenir, c'est d'avoir une personne de ma gang avec moi ainsi qu'une voiture équipée d'un téléphone et stationnée à l'endroit où je devais me réfugier. Guérin et Parizeau avaient monté un système d'encodage pour les communications [120]. » N'ayant rien à envier à l'agent IXE-13, le commando se déplace en pleine nuit et fait disparaître le candidat du Parti québécois.

Isolé dans un lieu dépourvu d'attrait, Pierre Marois commence à trouver la situation ridicule. Il s'absente d'une campagne électorale où il est candidat ! Exaspéré, il sort de sa cachette et utilise le téléphone placé dans la voiture laissée sur les lieux.

---

120. Entrevue avec Pierre Marois, le 13 mars 2000.

Selon les codes prévus, il converse avec René Lévesque. Ils conviennent rapidement que la situation dans laquelle Pierre Marois est placé est intenable. «Ben oui, ça n'a pas d'allure, me dit Lévesque. C'est fou comme de la marde! Revenez [121] !» Pierre Marois réapparaît et, le soir même, il est témoin d'une courte conversation téléphonique entre René Lévesque et Robert Bourassa. Par la suite, «on n'a plus jamais entendu parler de cette histoire de subpœna [122]», relate Pierre Marois.

Le soir de l'élection dans Chambly, l'organisation du Parti québécois a établi son quartier général dans le vieux cinéma Avalon à Longueuil. Au décompte des voix, Jean Cournoyer gagne, comme prévu. Mais, à la surprise de tous, Pierre Marois récolte trente-trois pour cent des suffrages, soit deux pour cent de plus qu'en avril 1970. «C'est une très très grande victoire, considère Serge Guérin. Ok, ils ne l'ont pas écrasé le parti! Ils nous avaient tellement diminués pendant la crise d'octobre. Le baume du trente-trois pour cent vient revigorer le parti et fouetter les troupes à la grandeur du Québec [123].» Jacques Parizeau a un souvenir très net de cette soirée: «Il y a des permanents qui pleurent. Les gens braillent! Là, on a su que c'était fini la grande crise des événements d'octobre et que le Parti québécois traverserait cette crise [124].» Ce soir-là, Pierre Marois entend Jacques Parizeau dire aux organisateurs: «Le peuple québécois vient de démontrer que non seulement nous ne sommes pas morts, mais qu'on est là pour durer [125].» La soirée est chargée d'émotion. Jacques Parizeau est satisfait: le Parti québécois ne subira pas le même sort que le Front

121. *Idem.*
122. *Idem.*
123. Entrevue avec Serge Guérin, le 27 janvier 2000.
124. Entrevue avec Jacques Parizeau, le 28 octobre 1999.
125. Entrevue avec Pierre Marois, le 13 mars 2000.

d'action politique (FRAP), le parti municipal de Montréal, démoli par les déclarations de Jean Drapeau qui l'associaient au FLQ.

Comblé par le travail effectué par Serge Guérin, Jacques Parizeau lui offre un poste d'agent de liaison régional. Peu de temps après, René Lévesque lui propose de remplacer Michel Carpentier à la direction administrative du parti, le temps que celui-ci termine sa thèse universitaire, qu'il complétera au printemps 1972. Jacques Parizeau se charge de Serge Guérin. Il lui prédit un brillant avenir à ses côtés. « Il avait abandonné le cégep pour la politique, explique Jacques Parizeau. Je l'ai installé dans un bureau aux HÉC près du mien. Comme professeur titulaire, j'avais un peu d'espace. Il fait quelques jobines pour moi et le Parti québécois. Je lui dis alors de s'inscrire au cégep [126]. » Jacques Parizeau dispose d'un budget pour recruter des assistants de recherche. Il lui permet de réaliser quelques contrats de consultation et lorsque Serge Guérin entame son baccalauréat en administration à l'UQÀM, Jacques Parizeau paie de sa propre poche une partie de ses études universitaires [127]. À la fin de son baccalauréat, son protecteur le ramène « aux HÉC pour qu'il fasse son MBA [128] ». Issu des quartiers pauvres de l'Est de Montréal, Serge Guérin est le fils d'un fier travailleur qui ne savait ni lire ni écrire. Au contact de Jacques Parizeau, il s'est transformé : il a acquis la stature d'un professionnel.

Un espion au Parti québécois

Parallèlement à cette éprouvante campagne électorale dans Chambly, une étrange histoire d'espionnage plane sur le Parti québécois. Dès le 23 janvier 1971, l'exécutif national du parti

---

126. Entrevue avec Jacques Parizeau, le 26 octobre 1999.
127. Entrevue avec Serge Guérin, le 27 janvier 2000.
128. Entrevue avec Jacques Parizeau, le 26 octobre 1999.

semble détenir suffisamment de renseignements pour proposer l'expulsion de Claude Larivière [129], membre de l'exécutif de Montréal-Centre. Avant le congrès de février, la direction du parti souhaite tenir une réunion spéciale du Conseil national « pour former un tribunal ayant les pouvoirs d'expulser des membres [130] ».

Contrairement à René Lévesque, Jacques Parizeau s'intéresse au renseignement politique depuis son adhésion au Parti québécois [131]. L'oreille toujours tendue, il reçoit les confidences de plusieurs. Or le même Claude Larivière est actif au Conseil central de Valleyfield (CSN) et, tout comme Jacques Parizeau, André L'Heureux, directeur du Département des actions politiques de la centrale syndicale, a toujours craint l'infiltration politique et la présence des micros. Sa méfiance légendaire permet de démasquer Claude Larivière. Il découvre, dans le bureau que celui-ci occupe à la CSN, une étrange correspondance des plus compromettante.

Parmi les lettres, il trouve un rapport de manifestation envoyé au réseau « RITA » ou « Sheila » à Ottawa. Puis le résumé d'une rencontre avec Marcel Pepin, président de la CSN, avec une adresse à Ottawa [132]. André L'Heureux sait très bien que Claude Larivière est membre d'un exécutif régional du Parti québécois. Or celui qui se dit péquiste a fait parvenir une lettre de félicitations à Robert Bourassa après sa victoire électorale du 29 avril 1970. Celui-ci confirmera plus tard qu'il a reçu la lettre en question. Robert Bourassa a lui-même écrit à Claude Larivière en février 1970. La lettre commence par « Mon cher Claude » et

---

129. En octobre 1969, le procès-verbal du 2ᵉ congrès du Parti québécois révèle la présence de Claude Larivière, délégué du comté de Mercier.
130. Procès-verbal de la 28ᵉ réunion du Conseil exécutif, le 23 janvier 1971.
131. Nous reparlerons en détail de cet intérêt pour le renseignement dans le second tome.
132. Entrevue téléphonique avec André L'Heureux, le 27 octobre 2000.

se termine par « Robert » [133]. Le 26 octobre, Claude Larivière offre ses services à la Section antiterroriste de Montréal [134]. Carole de Vault y travaille déjà comme informatrice de police. Ses doutes s'avérant fondés, André L'Heureux en informe immédiatement Jacques Parizeau. Nous sommes à la fin de décembre 1970 [135].

Le président de l'exécutif national du Parti québécois prend très au sérieux les renseignements amassés par André L'Heureux. Les deux hommes mettent leurs renseignements en commun et réalisent que Claude Larivière a été responsable de l'information à la Compagnie des jeunes canadiens, une agence du gouvernement fédéral qui encourage ses membres à s'engager dans des projets communautaires. À l'époque, la section montréalaise du mouvement avait été noyautée par de jeunes gauchistes et certains nationalistes, au grand déplaisir du gouvernement fédéral. Claude Larivière avait alors rédigé un rapport dans lequel il dénonçait certains collègues qu'il jugeait trop contestataires [136].

« On parle de l'affaire Larivière à René Lévesque, raconte Jacques Parizeau, mais il ne voulait pas en entendre parler. Qu'est-ce que c'est que cette affaire-là ?! C'est des romans policiers, disait-il. Puis on dépose des preuves (les lettres). Là, Lévesque trouvait cela plus sérieux [137]. »

---

133. Ronald Lebel, *Toronto Star*, le 30 août 1973, et Claude Larivière en entrevue au journal *Le Devoir*, le 20 août 1973.

134. Le sergent Michel Doré de la police de Montréal le confirme à Jean-François Duchaîne en février 1978. Rapport sur les événements d'octobre 1970, gouvernement du Québec, deuxième édition, 1981, p. 172.

135. Article de Normand Girard dans *Le Soleil*, le 1er mars 1971.

136. Le nouveau directeur de la Compagnie des jeunes canadiens se nomme Claude Vidal, celui-là même qui dirige, après octobre 1970, une cellule de renseignement à Ottawa sous la direction de Marc Lalonde, alors chef de cabinet de Pierre Elliott Trudeau.

137. Entrevue avec Serge Guérin, le 27 janvier 2000.

Quelques jours avant le Congrès du parti, en février 1971, René Lévesque déclare publiquement : « Ce n'est un secret pour personne, la police a réussi à s'infiltrer dans nos rangs. Quelques-uns de nos membres sont des agents doubles à la solde de l'État [138]. » Camille Laurin, leader parlementaire du parti, puis Claude Charron, y vont de sorties fracassantes sur « l'espion du Parti québécois [139] ». L'identité de l'espion n'est pas connue du public.

Le 26 février à minuit, après l'ouverture du Congrès au Patro Roc-Amadour de Québec, un conseil national spécial siège à huis clos afin d'entériner une proposition de l'exécutif sur l'espion [140]. Le lendemain, interrogé par les journalistes, Jacques Parizeau est catégorique : « Si le dossier de l'espion est livré au Congrès, je démissionnerai [141]. » Il s'agit donc d'expulser l'agent double et non de révéler son nom. Jacques Parizeau donne toutefois certains détails à la presse. La preuve, affirme-t-il, à été constituée après dix jours d'enquête par « nos propres services de sécurité [142] ». Il occulte volontairement le rôle de la CSN dans cette affaire.

Claude Larivière écrit au Parti québécois et atténue la portée des gestes qu'il a pu poser en invoquant des erreurs de jeunesse. Il place toutefois le parti dans une situation délicate en demandant que son dossier soit étudié publiquement [143]. Le Parti québécois « accuse réception de la lettre de Claude Larivière lui indiquant que son cas sera étudié au prochain Conseil

---

138. Entrevue avec René Lévesque par Marc Chatelle, *Point de mire*, février 1971.
139. Article de Normand Girard dans *Le Soleil*, le 1er mars 1971.
140. À la différence du Congrès qui regroupe un nombre important de délégués dans chaque comté, le Conseil national ne compte que les présidents de comté et un ou deux adjoints.
141. Propos repris par la revue *Point de mire*, février 1971.
142. Article de Normand Girard dans *Le Soleil*, le 1er mars 1971.
143. Procès-verbal du Conseil national, le 9 mai 1971.

national [144]». Le 9 mai 1971, un comité conjoint de sécurité interne est mis sur pied afin de sanctionner rapidement un membre du parti, «soit pour le rayer ou le suspendre s'il compromet la sécurité du parti [145]». Jacques Parizeau siège au comité. Le parti n'aura cependant pas à agir, car Claude Larivière est condamné en avril 1971. Il est emprisonné pour avoir aidé les frères Rose et Francis Simard à se terrer dans une grange à Saint-Bonaventure-de-Yamaska, après qu'ils eurent assassiné Pierre Laporte. De plus, Claude Larivière a procuré de faux papiers à certains felquistes. C'est également lui qui a remis à *Québec-Presse*, le lendemain de la libération de James Richard Cross, un message enregistré des ravisseurs alors en exil à Cuba. Cinq mois après son arrestation, les autorités pénitentiaires lui permettent de s'inscrire à l'Université de Montréal. Il jouit d'une libération conditionnelle le 8 décembre 1971 pour suivre ses cours. Si l'étonnante trajectoire de Claude Larivière en fait un agent de liaison du FLQ, un an à peine après sa condamnation, il obtient pourtant d'être libéré, parce qu'il «pouvait contribuer beaucoup à la société», déclare un porte-parole du Bureau des libérations conditionnelles à Ottawa [146]. Un an plus tard, il reçoit une subvention de dix mille dollars du Conseil des arts du Canada pour publier des cahiers sur l'histoire de Saint-Henri. Pour Jacques Parizeau, ces révélations semblent démontrer que la police était bien informée des activités des cellules du FLQ lors de la crise d'octobre et que, très peu de temps après leur enlèvement, elle «savait ou étaient Cross et Laporte [147]». Quelque trente ans après les événements, il apparaît que tout n'a pas été dit et écrit sur la crise d'octobre…

---

144. Réunion du Conseil exécutif, le 3 avril 1971.
145. Procès-verbal du Conseil national, le 9 mai 1971.
146. Article paru dans *Le Devoir*, le 18 août 1973.
147. Entrevue avec Jacques Parizeau, le 26 octobre 1999.

Le protecteur de Pierre Bourgault

Il n'y a pas que la question de l'espion qui retienne l'attention du Congrès du Parti québécois en février 1971. Le leadership de René Lévesque fait aussi partie des sujets de discussion. André Larocque, professeur de sciences politiques, militant de la première heure et coordonnateur de la recherche pour l'aile parlementaire, se présente à la présidence contre le chef fondateur du parti. Bien que René Lévesque remporte facilement la lutte avec quatre-vingt-dix pour cent des voix, Jacques Parizeau avale difficilement certaines déclarations d'André Larocque : «Vous n'avez pas idée comme je vais en vouloir à André Larocque quand il va se présenter contre Lévesque au congrès en disant : "Mais qu'est-ce qu'il a fait Lévesque durant toute l'année 1970!?"», alors que Lévesque et moi nous avons passé toute l'année à reconstruire un parti qui n'existait plus dans une quarantaine de comtés. Comté après comté, après comté… Qu'est-ce qu'on a pu travailler [148]!»

Une autre candidature, à l'exécutif du parti cette fois, déplaît souverainement à René Lévesque. Il s'agit de celle de Pierre Bourgault qui, pour une deuxième fois, tente de s'y faire élire. Cette fois, l'attitude de Jacques Parizeau est bien différente de celle de René Lévesque. Au dernier congrès, il avait trouvé aberrante l'attitude de son chef qui avait pris tous les moyens disponibles pour que Pierre Bourgault, l'ancien chef du RIN, ne se fasse pas élire membre de l'exécutif. Jacques Parizeau qualifie d'infantile la réaction de René Lévesque qui refuse même d'être photographié en compagnie de Pierre Bourgault. «Quand vous commencez un parti politique, vous ramassez tout ce qui passe. Écoutez, j'ai fait des assemblées avec Gilles Grégoire et j'ai parlé aux créditistes. J'ai fait la cour au RIN. Quand vous êtes menacés par les pouvoirs publics et que vos gens sont mis en prison, on

---

148. *Idem.*

ne crache pas sur ses alliés… Même si on considère que ce sont de petits imbéciles ou des pédés [149]… »

Jacques Parizeau croit qu'il est préférable d'intégrer les différents points de vue politiques plutôt que de les exclure. Ils deviennent ainsi plus faciles à contrôler. « Je pense que c'était une erreur de ne pas amener Bourgault et le RIN dans le Parti québécois », insiste-t-il. Jacques Parizeau reconnaît que Pierre Bourgault est « un être impossible qui dégage une force intérieure extraordinaire, mais moi, j'aime ces gens-là. J'aime les gens qui savent ce qu'ils sont et ce qu'ils veulent faire dans la vie et où ils vont. C'est un volcanique brouillon [150]! » Ce que René Lévesque n'aimait pas chez Pierre Bourgault, selon Jacques Parizeau, c'est le désordre de la pensée, de l'action et des émotions : « Moi, ça me stimulait », affirme Jacques Parizeau. À aucun moment toutefois, il n'évoque le radicalisme de l'ex-leader du RIN. Jacques Parizeau semblait s'en accommoder.

Au Congrès de février 1971, René Lévesque utilise donc encore une fois toute son influence pour empêcher que la candidature de Pierre Bourgault soit retenue. « Je l'ai fait entrer à l'exécutif du Parti québécois en dépit de René Lévesque », révèle Jacques Parizeau. Alors que tous savent sur le parquet du Congrès que René Lévesque s'oppose à la candidature de Pierre Bourgault, Jacques Parizeau annonce ouvertement que, comme président de l'exécutif national et tant qu'il occupera cette fonction, il ne tolérera pas de « slate [151] » pour exclure automatiquement un candidat. « Il faut accorder la même importance à tous les candidats », prévient-il. Cette prise de position du numéro deux du parti permet à Pierre Bourgault d'être élu. Lévesque est furieux. « Je pense que c'était une erreur

---

149. Entrevue avec Jacques Parizeau, le 20 juillet 1999.
150. Entrevue avec Jacques Parizeau, le 13 juillet 1999.
151. Une liste de noms devant servir à orienter le vote.

stratégique [d'exclure Bourgault], affirme Jacques Parizeau, et je crois l'avoir corrigée[152].»

Pierre Bourgault reconnaît l'influence de Jacques Parizeau lors de ce congrès. Il dit même que «Parizeau est allé voir Lévesque et lui a dit : " Si vous continuez, je vous dénonce en public. " C'est ce qui a arrêté l'affaire[153].»

Or «jamais Bourgault n'a travaillé aussi fort, aussi dur, aussi intelligemment pour la cause souverainiste que quand il était membre de l'exécutif. Tout le monde a été surpris de voir à quel point il a été loyal[154]», constate Jacques Parizeau. Pierre Marois le reconnaît aussi volontiers[155]. Lors du Conseil national de septembre 1971, à Chicoutimi, le parti doit adopter un budget serré pour le fonctionnement de la permanence au moment où la syndicalisation est en cours. En cet instant difficile, Serge Guérin se souvient d'un Pierre Bourgault très solidaire. Pierre Renault et lui vont aller défendre le budget atelier par atelier[156].

Pendant les réunions de l'exécutif, Jacques Parizeau et Pierre Bourgault s'entendent comme larrons en foire[157]. «Et toujours, souligne Pierre Bourgault, que ce soit à l'exécutif ou ailleurs, Jacques Parizeau défendait les anciens membres du RIN qui étaient au parti[158].»

Dans les heures qui suivent l'élection de Pierre Bourgault à l'exécutif, on peut facilement imaginer que René Lévesque n'entretient pas, à l'égard de Jacques Parizeau, une extrême

152. Entrevue avec Jacques Parizeau, le 20 juillet 1999.
153. Entrevue téléphonique avec Pierre Bourgault, le 28 septembre 2000.
154. Entrevue avec Jacques Parizeau, le 20 juillet 1999.
155. Entrevue avec Pierre Marois, le 23 mars 2000.
156. Entrevue avec Serge Guérin, le 20 mars 2000.
157. Ce qui n'empêche pas les discussions rudes comme en témoignera un affrontement entre les deux hommes dont nous parlerons dans le second tome.
158. Entrevue avec Pierre Bourgault, le 28 septembre 2000.

sympathie. C'est précisément le moment qu'il choisit pour réunir le nouvel exécutif. Jacques Parizeau en occupe la présidence depuis moins d'un an. Il va de soi que son mandat, qui n'a débuté qu'en avril 1970, ne se termine pas avec ce Congrès. Enfin, tous voient la chose ainsi, sauf René Lévesque.

La réunion débute et René Lévesque lance d'entrée de jeu : «Bon, il y a eu un Congrès et un nouvel exécutif, il n'y a donc plus de président. Je vais présider la réunion [159].» Il s'installe au bout de la table, ce qui prend tout le monde par surprise. «Il n'y a pas d'ordre du jour, dit René Lévesque. Bon, premier point à l'ordre du jour : l'élection d'un président à l'exécutif[160].» Jacques Parizeau ne réagit pas, mais regarde René Lévesque dans les yeux, les sourcils froncés. Il vient de comprendre qu'il n'est plus dans les bonnes grâces du chef. «Jacques, vous étiez président de l'exécutif, je ne sais pas si vous avez l'intention de vous représenter?» René Lévesque ne lui laisse pas le temps de répondre. «Écoutez, vous pouvez reprendre votre poste, mais je suggère de ne pas prendre de décision immédiatement. Tiens, pourquoi ne pas attendre un mois et en reparler alors [161]?» Jacques Parizeau acquiesce : «Bien, Monsieur Lévesque.»

À la réunion du 3 avril 1971, René Lévesque a déjà choisi Pierre Marois pour succéder à Jacques Parizeau. Dès l'ouverture de la séance, il lance : «Je ne sais pas si Jacques a l'intention de se représenter comme candidat parce que sinon, on a deux ou trois candidats. Ce n'est pas compliqué, nous allons passer au vote [162].» Personne ne répond. «Lévesque regarde les gens autour de la table, raconte Pierre Marois. Il nous regarde tous,

---

159. Propos attribués à René Lévesque et rapportés par Pierre Marois, alors présent. Entrevue du 13 mars 2000.

160. *Idem.*

161. Procès-verbal de la réunion du Conseil exécutif, tenue au Patro Roc-Amadour, le 28 février 1971.

162. Propos attribués à René Lévesque et rapportés par Pierre Marois, alors présent. Entrevue du 13 mars 2000.

les uns après les autres. Rendu à mon tour, il dit : " Est-ce que je comprends que vous vous portez candidat ? " » Pierre Marois, qui s'était déjà fait proposer le poste par René Lévesque, n'a pas encore décidé de faire le saut. Il craint la réaction de Jacques Parizeau. «Bien, dit René Lévesque, si je comprends, il y a deux candidats, Parizeau et Marois. Nous allons donc prendre le vote. » Jacques Parizeau l'interrompt : «Ce ne sera pas nécessaire, Monsieur Lévesque, j'ai terminé mon mandat. » Jacques Parizeau explique son attitude de la façon suivante : «Pendant l'élection de Chambly, dans un parti complètement désorganisé, Marois a été formidable. Marois, c'est le héros, le héros populaire. Qu'est-ce que vous pensez que j'allais faire, moi [163] ? ! » Guy Joron propose donc la candidature de Pierre Marois au poste de président de l'exécutif national. Marc-André Bédard l'appuie [164]. Quelque temps après, les relations entre René Lévesque et Jacques Parizeau reviennent au beau fixe. Cela n'a été qu'une éclipse passagère dans un ciel, par ailleurs, plus souvent radieux. «Je n'oublierai jamais cela, témoigne Pierre Marois. Le sens [du devoir] indéfectible de Parizeau à l'égard de Lévesque. Il a été d'une loyauté totale. Ah ! Il pouvait bouder de façon rare, mais il revenait toujours [165]. » Pour sa part, le principal intéressé se contentera de répéter, en plusieurs occasions, qu'il n'est qu'un bon soldat.

---

163. Entrevue avec Jacques Parizeau, le 30 mars 2000.
164. Procès-verbal de la réunion du Conseil exécutif, le 3 avril 1971.
165. Entrevue avec Pierre Marois, le 13 mars 2000.

CHAPITRE 18

Les puissances étrangères
nous surveillent

« *Quelle bande d'emmerdeurs, ils sont fous !*
Ils nous font courir un risque mortel. »

René Lévesque,
à propos du gouvernement français
qui offre une somme d'argent
au Parti québécois [1]

Nous sommes à l'automne 1969. À Washington, au département d'État, on semble prendre très au sérieux le nouvel engagement politique de Jacques Parizeau auprès des indépendantistes [2]. De la capitale américaine, le professeur Dale C. Thomson, directeur du Centre d'études canadiennes à l'Université Johns Hopkins, téléphone au nouveau candidat vedette du Parti québécois. Ex-secrétaire du premier ministre Louis Saint-Laurent et pilote de guerre durant la Seconde Guerre mondiale, le Canadien Thomson a connu Jacques Parizeau pendant la

---

1. Propos attribués à René Lévesque et rapportés par Jacques Parizeau, entrevue du 16 août 1999.
2. La rencontre avec Jacques Parizeau a fait l'objet d'un mémo du département d'État des États-Unis : « Quebec Separatism », 23 octobre 1969, Limited Official Use. Le document a été retrouvé par Jean-François Lisée et cité dans son ouvrage *Dans l'œil de l'aigle – Washington face au Québec*, Montréal, Les Éditions du Boréal, 1990, p. 337.

Révolution tranquille. Tous les deux sont des professeurs d'université. Après les formules d'usage, Dale C. Thomson en vient à la raison qui motive son appel au nouveau candidat du Parti québécois : « Jacques, il y a des gens qui veulent vous voir. Je ne peux vous donner leur identité, mais faites-moi confiance, ce sont des personnalités très importantes. » Dale C. Thomson insiste : « Washington veut entendre parler du Parti québécois[3]. » Intérieurement, Jacques Parizeau jubile : les Américains reconnaissent donc son influence au sein du parti.

— Bon, répond-il, où dois-je les rencontrer ?

Jacques Parizeau est prêt à aller jusqu'à l'ambassade américaine à Ottawa s'il le faut.

— À Chicago.

— À Chicago?, s'étonne l'économiste.

— Le billet d'avion, l'hébergement, toutes les dépenses seront payées, Jacques.

— Oui, je veux bien, mais...

— Jacques, à votre arrivée aux États-Unis, dès que vous descendrez de l'avion, un chauffeur viendra vous prendre. Laissez-vous faire !

— Bon, c'est pour quand ?

— Demain.

— Comment ?

Secoué, mais avant tout flatté et intrigué par cet étrange rendez-vous qui trahit une certaine attention à son égard, Jacques Parizeau accepte. « Ce fut ma première rencontre avec ce que l'on pourrait appeler les services de renseignements américains[4] », confie-t-il.

Le lendemain, après avoir reçu un billet d'avion, il s'envole pour Chicago. Lorsqu'il descend de l'avion, un homme l'attend,

---

3. Le dialogue entre les deux hommes est reconstitué selon les souvenirs de Jacques Parizeau. Dale C. Thomson est décédé. Entrevues du 2 février 1998 et du 9 novembre 1999.

4. Entrevue avec Jacques Parizeau, le 2 février 1998.

tenant une feuille sur laquelle son nom est inscrit, cet homme escorte Jacques Parizeau jusqu'à une limousine. Le chauffeur lui apprend que la rencontre n'a pas lieu à Chicago, mais à Racine, près du lac Michigan. Le parcours en voiture durera plus d'une heure, Jacques Parizeau a donc suffisamment de temps pour se demander : «Mais que veulent-ils savoir?» Ce qui l'inquiète, c'est qu'il n'a eu que très peu de temps pour se préparer. «De quoi ces gens me parleront-ils?» La voiture ralentit, Jacques Parizeau se redresse et aperçoit un magnifique manoir. Il apprendra plus tard que ce domaine appartenait aux Sirs Johnson & Johnson qui ont légué leur propriété au gouvernement américain. Depuis, l'endroit sert exclusivement à des rencontres officielles. Jacques Parizeau est accueilli par un général, le chef de la Defense Intelligence Agency (DIA). Une trentaine de personnes sont présentes, dont quelques Canadiens de l'ambassade et du ministère des Affaires étrangères du Canada. Selon Jacques Parizeau, le Pentagone, la CIA ainsi que des représentants du département d'État assistent à la réunion.

Après un repas somptueux, le groupe se déplace dans une grande pièce. On invite Jacques Parizeau à s'asseoir dans un fauteuil à l'avant de la salle de conférence. Le professeur se retrouve face à trois petites rangées de tables. La séance peut commencer. Jacques Parizeau est nerveux. Quelle sera la première question, se demande-t-il? «Monsieur Parizeau, dans l'éventualité où le Québec devient un pays indépendant, quelle sera la position de votre pays sur la théorie des secteurs[5]?» Par le plus heureux des hasards, son collègue et ami Jacques-Yvan Morin l'a entretenu une semaine plus tôt de cette théorie qui consiste, à partir des frontières d'un pays de l'hémisphère Nord, à déterminer la propriété des îles qui se trouvent dans l'Arctique et à les placer ainsi sous le contrôle du pays riverain. Jacques Parizeau, bien informé, répond qu'il est parfaitement d'accord

---

5. Selon les souvenirs de Jacques Parizeau, le 9 novembre 1999.

avec cette théorie. La discussion porte ensuite sur la position de son parti à l'égard des alliances militaires dont fait partie le Canada. Le pays du Québec se joindrait-il à l'OTAN et à NORAD? Comme son parti n'a pas encore pris position à ce sujet, le nouveau politicien qu'il est donne aux autorités américaines une réponse plutôt accommodante. S'adressant à la CIA et au Pentagone, Jacques Parizeau tente de les dissuader d'espionner le Parti québécois. «On vous renseignera, dit-il. Le consul américain sera tenu au courant de nos intentions[6].» Pour Jacques Parizeau, il importe d'éviter d'être infiltré par la CIA : «J'ai pris une sorte d'engagement envers eux, de même qu'ils en ont pris un envers moi», estime-t-il bien naïvement puisque rien ne laisse croire que les services secrets américains se soient sentis liés de quelque façon que ce soit par cette discussion. Il est hébergé pour la nuit dans le splendide manoir, puis il reprend l'avion dès le lendemain matin. À son arrivée au Québec, il fait immédiatement rapport de la situation à René Lévesque. Qu'il n'avait pas pu informer de ce voyage précipité. Il n'y aura aucune suite à cette rencontre, sauf peut-être celle de stimuler encore davantage l'intérêt de Jacques Parizeau pour les histoires d'espionnage. Après Washington, c'est au tour de Paris d'envoyer des signaux au Parti québécois. Cette fois-ci, l'invitation sera plus compromettante.

L'offre secrète

Dès novembre 1969, soucieux de protéger l'organisation de son parti, Jacques Parizeau s'informe auprès du personnel du Parti québécois sur la façon dont est constituée la liste des membres. Il semble déjà s'inquiéter des risques que représente l'existence d'un tel fichier. En réponse à sa demande, Denise Tassé, de la permanence du parti, lui explique qu'il existe

---

6. Entrevue avec Jacques Parizeau, le 2 février 1998.

plusieurs listes des membres : « Nous avons un fichier intitulé "Admissions confidentielles". Tous les membres qui en font la demande vont dans ce fichier et n'en sortent pas. Nos listes et nos fichiers sont toujours maintenus sous clef et nous sommes particulièrement scrupuleux sur ce point[7]. »

Ces fameuses listes seront bientôt au cœur d'un psychodrame national qui aurait pu faire tomber le gouvernement de Pierre Elliott Trudeau. Pour bien comprendre les événements, il faut remonter quelques années en arrière. Le 14 août 1967, quelques jours après la visite du général de Gaulle et à l'époque où René Lévesque réfléchit au nouveau concept de souveraineté-association, le Conseil de sécurité du gouvernement de Lester B. Pearson se réunit et juge le séparatisme plus dangereux que l'activité communiste[8]. « Cette réunion a marqué un tournant dans l'expansion de la surveillance du séparatisme par la GRC[9] », confirme des années plus tard une commission d'enquête fédérale, la Commission MacDonald. Le 19 décembre 1969, sous le gouvernement de Pierre Elliott Trudeau cette fois, le Comité sur la sécurité et le renseignement suggère de produire « un rapport détaillé sur la situation actuelle du séparatisme au Québec, soit sur l'organisation, les effectifs, la stratégie ainsi que les influences qui s'exercent de l'extérieur[10] ». Tout cela aboutira, en janvier 1973, à une audacieuse opération du Service de sécurité de la Gendarmerie royale du Canada (SSGRC) qui pénétrera en pleine nuit dans le local où se trouvent les listes informatisées des membres du Parti québécois. Les agents

---

7. Lettre de Denise Tassé à Jacques Parizeau, le 7 novembre 1969. Archives de Jacques Parizeau, ANQ.

8. Tel que rapporté par la Commission d'enquête sur certaines activités de la Gendarmerie royale du Canada, appelée aussi la Commission McDonald. Deuxième rapport, volume I, gouvernement du Canada, août 1981, p. 473.

9. *Idem.*

10. *Idem,* p. 474.

mettent la main sur les listes en question et reproduisent leur contenu à l'insu du Parti québécois.

En 1981, la Commission MacDonald [11] établira clairement que la GRC a activement espionné le Parti québécois au début des années soixante-dix. Au mépris des règles de la démocratie, la GRC a ainsi confondu les intérêts politiques avec ceux de la sécurité, en s'adonnant à des activités d'espionnage contre une organisation politique légalement constituée. Mais un événement inattendu va cependant fournir un prétexte idéal à la GRC pour enquêter et fouiller avec impudence les entrailles du Parti québécois.

À la suite d'une longue enquête menée dans le cadre de cette biographie et grâce aux témoignages des principaux acteurs directement impliqués dans cette affaire, dont Jacques Parizeau, Paul Unterberg, Pierre Renault, Marc-André Bédard et Pierre Marois, cet ouvrage est en mesure de prouver, pour la première fois, que le gouvernement français a bel et bien offert, dans le plus grand secret, une somme d'argent considérable au Parti québécois en 1970. L'audacieuse proposition devait permettre au parti d'accroître son influence dans le paysage politique canadien et de donner plus de force à l'idée d'indépendance. Jacques Parizeau fut mêlé à cette intrigue qui, jusqu'à ce jour, n'a jamais été rendue publique. Voici les révélations.

En 1970, en plus de ses fonctions de trésorier du Parti québécois, Fernand Paré dirige une compagnie d'assurance, La Solidarité, qui a des bureaux à Paris. L'homme d'affaires est donc appelé à se rendre régulièrement dans cette ville. Au cours de ses déplacements, il veille à entretenir les bonnes relations que son parti a su tisser avec le gouvernement du général de Gaulle, lequel se montre favorable aux indépendantistes

---

11. La Commission d'enquête sur certaines activités de la Gendarmerie Royale du Canada, surnommée la Commission McDonald, qui remet son rapport en 1981.

québécois. Lorsque Charles de Gaulle laisse la présidence de la République en 1969, plusieurs de ses hommes demeurent cependant en place. L'un d'eux est Jean-Daniel Jurgensen, directeur des Amériques pour le ministère français des Affaires étrangères. Il est même promu directeur adjoint des Affaires politiques en août de la même année [12]. Aujourd'hui décédé, il aurait affirmé un jour : « Dans ma vie, il y a deux choses dont je suis fier. Ce que j'ai fait pendant la Résistance ; ce que j'ai fait pour le Québec [13]. » Or il a fait beaucoup pour encourager la montée du mouvement indépendantiste au Québec.

C'est au cours d'une rencontre avec Fernand Paré que le haut fonctionnaire français prend de court son interlocuteur en lui faisant une proposition des plus alléchante. Le représentant du ministère des Affaires étrangères annonce en effet au trésorier du Parti québécois que la France est prête à donner quelques centaines de milliers de dollars à son parti pour l'aider à atteindre ses objectifs politiques. Fernand Paré en est sidéré !

Bien qu'il ait été impossible de retrouver la date précise de cette rencontre, qui a eu lieu au bureau du haut fonctionnaire, l'offre du gouvernement français est faite, selon toute vraisemblance, après les élections québécoises d'avril 1970 [14]. La bonne performance du Parti québécois lors du scrutin, où il a récolté comme on le sait vingt-trois pour cent des suffrages à sa première campagne électorale, aurait favorablement impressionné

---

12. Jean-Daniel Jurgensen est l'un des hauts fonctionnaires qui ont rendu possible le voyage du président Charles de Gaulle au Québec à l'été 1967.

13. Propos attribués à Jean-Daniel Jurgensen et rapportés par Pierre-Louis Mallen : « Jean-Daniel Jurgensen. Un québéciste historique », dans la Lettre du COEG, n° 3, automne 1987, p. 12. Reproduit dans l'ouvrage de Frédéric Bastien, *Relations particulières – La France face au Québec après de Gaulle*, Les Éditions du Boréal, Montréal, 1999, p. 103.

14. Fernand Paré est aujourd'hui décédé, mais les souvenirs de Paul Unterberg et de Jacques Parizeau permettent de faire cette affirmation. Quant à Pierre Marois, président de l'exécutif du Parti québécois dès février 1971, il affirme connaître cette histoire, mais que l'intrigue s'est déroulée avant sa venue à la direction du parti.

le Quai d'Orsay, siège du ministère des Affaires étrangères, qui aurait alors jugé opportun de donner un sérieux coup de pouce aux indépendantistes québécois.

Trente ans après l'événement, Jacques Parizeau se décide enfin à parler. Il confirme le rôle joué par Jean-Daniel Jurgensen, qui a bel et bien proposé d'aider financièrement le Parti québécois. « C'était une offre d'argent, un gros montant pour nous qui commencions comme parti politique. Il s'agissait peut-être de cent mille ou deux cent mille dollars [15]. » Selon plusieurs, la proposition française approchait plutôt les trois cent cinquante mille dollars. En dollars d'aujourd'hui, la somme équivaudrait à plus de un million cinq cent mille dollars.

Il s'agit d'une somme importante, quand on sait qu'en prévision de la campagne électorale d'avril 1970, René Lévesque avait évalué les besoins financiers de son parti à trois cent soixante mille dollars et que les montants amassés n'ont pas dépassé les cent quarante-cinq mille dollars. L'enveloppe française, à elle seule, aurait permis au Parti québécois d'atteindre son objectif de financement, lui donnant les moyens de mener une redoutable campagne électorale. Mais encore eût-il fallu que l'argent soit versé...

Après cet entretien surprenant, Fernand Paré rentre au Québec en ramenant avec lui, non pas une mallette bourrée de francs français, mais uniquement l'offre verbale que lui a fait le ministère français des Affaires étrangères. À peine son avion a-t-il touché le sol qu'il en informe René Lévesque et l'exécutif du Parti québécois [16]. La réaction de René Lévesque ne se fait pas attendre : « Ce n'était pas du goût de Lévesque [17] », révèle Pierre Renault, qui allait devenir trésorier du parti. Jacques

---

15. Entrevue avec Jacques Parizeau, le 16 août 1999.
16. Jacques Parizeau, Pierre Renault et Marc-André Bédard ont confirmé au biographe que Fernand Paré était bel et bien le porteur de l'offre faite par le gouvernement français.
17. Entrevue avec Pierre Renault, le mardi 21 novembre 2000.

Parizeau est plus explicite : «En apprenant cela, Lévesque veut tout casser, il veut jeter le mobilier [de la permanence] par la fenêtre! Il s'écrie : "Quelle bande d'emmerdeurs. Ils sont fous! Ils nous font courir un risque mortel[18]".» Il faut se rappeler que depuis sa fondation, le Parti québécois tente de propager l'idée du financement populaire qui exclut tout don provenant d'entreprises ou de lobbies organisés. «Nous nous étions imposé des règles draconiennes, raconte Jacques Parizeau. Puis là, par la porte de derrière, nous serions allés chercher d'un gouvernement étranger cent ou deux cent mille dollars. Eh! Nous n'aurions plus été montrables! Non vraiment, nous avons eu raison, il ne fallait pas toucher à cela[19].»

La colère de René Lévesque clôt le débat sur cette proposition : «Ça a été rejeté rapidement, confirme Marc-André Bédard, alors membre de l'exécutif. Le parti n'avait pas le goût de se mettre entre les mains de qui que ce soit, ajoute le futur ministre de la Justice. Lévesque disait : "Me voyez-vous me promener en campagne électorale devant répondre à une question là-dessus? Je n'aurais pas pu mentir[20]."» Pierre Renault, alors responsable de la campagne de financement, révèle que «les possibles implications politiques gênaient Lévesque. Ça ne l'enchantait pas beaucoup, pas pour des raisons de principe, mais pour des raisons politiques. Il n'aurait pas voulu que ça se sache. Que ce lien avec les Français, purement moral, devienne concret et pratique à cause d'une somme d'argent, cela aurait hérissé la fibre francophobe [sans compter] l'exploitation que les fédéralistes auraient pu en faire[21].»

Quant à la réaction de Jacques Parizeau, Pierre Renault soutient qu'elle aurait été sensiblement différente de celle de

---

18. Entrevue avec Jacques Parizeau, le 16 août 1999.
19. *Idem.*
20. Entrevue avec Marc-André Bédard, le 9 décembre 2000.
21. Pierre Renault devient trésorier du Parti québécois à partir de 1971. Entrevue, le 21 novembre 2000.

René Lévesque : «Lui, ça ne le scandalisait pas et ça ne lui faisait pas peur. Il voyait ça sur le plan technique, [c'est-à-dire] comment fait-on pour pas que ça se sache [22].» Jacques Parizeau conteste cette impression vieille de trente ans : «Par rapport à mes propres sentiments, ça c'est faux. On ne touche pas à ça [23].» C'est toutefois le même Jacques Parizeau qui affirme, lors du Conseil national du 13 juin 1970, que le Parti québécois a d'abord besoin d'argent, «pas de financement populaire. Pour durer, il faut des cadres permanents.» Et pour s'offrir de tels cadres, il faut pouvoir leur payer un salaire décent.

Une offre plus compromettante que généreuse

Président de l'exécutif du parti depuis l'élection d'avril 1970, Jacques Parizeau est chargé par René Lévesque d'envoyer un signal clair aux autorités françaises : le Parti québécois ne désire pas être financé par une puissance étrangère. Par conséquent, il repousse l'offre faite par la France. Les autorités du parti conviennent de remettre en mains propres, une missive à Jean-Daniel Jurgensen. Jacques Parizeau, qui ne prévoit pas aller en France dans les semaines qui suivent, apprend que l'avocat Paul Unterberg, candidat du Parti québécois défait aux dernières élections, doit bientôt s'y rendre.

La veille de son départ, l'avocat est invité à venir rencontrer le président de l'exécutif à sa résidence, rue Robert. «L'heure est grave!, lui annonce d'abord Jacques Parizeau. Nous vivons une tragédie...» Paul Unterberg est troublé. Après maintes précautions, Jacques Parizeau lui demande enfin d'être le porteur d'une lettre d'une extrême importance à l'intention du Quai d'Orsay à Paris. Rédigée en un seul exemplaire, la missive se résume, selon les souvenirs de Jacques Parizeau, en une mise en garde : «Si jamais vous recommencez une histoire comme

---

22. *Idem.*
23. Entrevue avec Jacques Parizeau, le jeudi 7 décembre 2000.

celle-là, nous vous dénonçons en public[24].» Plus solennel que jamais, Jacques Parizeau dit alors à Paul Unterberg : «Maintenant, vous allez demander à rencontrer monsieur Jurgensen à Paris[25].» Un rendez-vous est pris par l'entremise de la Délégation du Québec. «Je n'étais pas l'émissaire dans cette affaire-là, soutient Paul Unterberg, je n'étais que le messager. J'ai apporté une lettre, dont je ne connaissais pas le contenu, à quelqu'un à Paris[26].» Arrivé au Quai d'Orsay, Paul Unterberg est invité à rencontrer Jean-Daniel Jurgensen dans son bureau. L'envoyé de Jacques Parizeau lui remet tout de suite l'enveloppe. Le diplomate français, intrigué, l'invite à s'asseoir et décachette l'enveloppe. L'avocat du Parti québécois reste muet. Jean-Daniel Jurgensen prend rapidement connaissance du texte puis lève les yeux et regarde le porteur du document :

— Vous l'avez lu ?

— Non, je ne suis que le messager.

Indisposé, le diplomate lui dit :

— Vous savez, pour un refus de cette sorte, il n'était pas nécessaire d'envoyer un messager spécial, vous auriez pu procéder autrement, et d'une façon beaucoup plus simple[27] !

Paul Unterberg ne sait quoi répondre : «D'après ce que j'ai compris des commentaires de monsieur Jurgensen, c'était un refus clair, net et précis. Et poli, je présume[28].» «Bon, poursuit Jean-Daniel Jurgensen qui accuse durement le coup, fin de l'épisode[29].» L'entretien se termine abruptement. Il n'aura duré

---

24. Entrevue avec Jacques Parizeau, le 16 août 1999.
25. *Idem.*
26. Cette version que Paul Unterberg a communiquée au biographe le 8 janvier 2001 entre en contradiction avec les propos de Jacques Parizeau qui affirme, le 16 août 1999, avoir lu le contenu de la lettre à Unterberg.
27. Entrevue téléphonique avec Paul Unterberg, le 8 janvier 2001.
28. *Idem.*
29. Les propos attribués à Jean-Daniel Jurgensen, aujourd'hui décédé, sont rapportés par Paul Unterberg, à l'occasion d'une entrevue téléphonique tenue le 8 janvier 2001, et par Jacques Parizeau, le 16 août 1999.

qu'une quinzaine de minutes. Mais si brève qu'elle ait été, cette rencontre aura une portée considérable. « Le problème n'est pas juste d'être honnête, mais de paraître honnête [30] », affirme Jacques Parizeau pour qui l'offre française, avant d'être généreuse, était plutôt compromettante. « Nous étions dès lors à la merci de n'importe quelle rumeur ou déclaration [31]. » Par son geste, la France plaçait le Parti québécois dans une position politique fort délicate. Si la nouvelle avait éclaté au grand jour, René Lévesque ou l'un de ses successeurs auraient dû s'expliquer à la population et prouver, hors de tout doute, qu'ils n'avaient pas reçu l'argent en question.

Pour le plus grand malheur des péquistes, Marc Lalonde, alors chef de cabinet du premier ministre Pierre Elliott Trudeau, est rapidement informé de l'existence de cette offre du gouvernement français. Des années plus tard, l'agent Robert Potvin du Service de sécurité de la GRC (SSGRC) le confirme : « Nous avons une personne ressource qui est présente dans une salle avec un agent d'une puissance étrangère, dans un pays étranger [la France]. Par des observations [que fait] cette personne, [nous apprenons] que trois cent cinquante mille dollars proviennent de ce gouvernement [et] doivent être distribués dans les agences du Québec, et à partir de là au Parti québécois [32]. » Cette personne, un homme d'affaires anglophone semble-t-il, transmet ces renseignements à Marc Lalonde. Tout comme Jacques Parizeau, Marc Lalonde mesure très bien l'importance des opérations de collecte de renseignements pour atteindre ses

---

30. Entrevue avec Jacques Parizeau, le 16 août 1999.
31. *Idem.*
32. Témoignage de Robert Potvin, sous-officier responsable de la section G au quartier général du SSGRC à Ottawa, lors du procès de l'agent Claude Vermette de la GRC, accusé d'avoir volé les listes du Parti québécois en janvier 1973. Extrait du procès-verbal de l'audience du 4 mai 1982, Cour supérieure du Québec, palais de justice de Montréal, p. 35.

objectifs politiques. En mai 1970, il écrit d'abord une lettre à l'un de ses subalternes, suggérant de faire enquête sur cette rumeur voulant que la France ait versé à la caisse du Parti québécois environ trois cent mille dollars[33]. Le directeur du Service de sécurité de la GRC, John Starnes, est ensuite convoqué par Marc Lalonde, en juin 1970. Celui-ci tient à s'assurer auprès de lui que la GRC fera tout le nécessaire pour découvrir les traces de l'argent français. Au même moment, Marc Lalonde met également sur un pied de guerre sa propre unité de renseignement, le groupe Vidal[34]. Dirigé par Claude Vidal[35], ce comité est rattaché au Conseil privé et semble être très bien renseigné sur les agissements du Parti québécois. Le groupe profite vraisemblablement des confidences d'au moins un informateur issu des rangs péquistes[36]. Quand on demande à Marc Lalonde si tel était vraiment le cas, il répond de façon lapidaire : « C'est possible, mais je ne m'en souviens pas[37]. »

---

33. La lettre en question fut retrouvée par Normand Lester, lors de fouilles dans les documents du SSGRC disponibles aux Archives nationales à Ottawa. Consulter à ce sujet le livre de Normand Lester, *Enquêtes sur les services secrets*, Les Éditions de l'Homme, Montréal, 1998, p. 327.
34. En entrevue à la CBC les 27 et 28 août 1981, John Starnes affirme que le groupe Vidal a piloté une opération de lutte contre le séparatisme, ce qu'il répète à Normand Lester en entrevue dans un reportage diffusé à la télévision de Radio-Canada, le 15 novembre 1990.
35. En 1968, Claude Vidal, ex-directeur de l'École des beaux-arts de Montréal, fut nommé, par le ministre fédéral Gérard Pelletier, directeur exécutif de la Compagnie des jeunes canadiens pour remettre de l'ordre au sein de cette agence fédérale que l'on soupçonnait d'être infiltrée par des agitateurs gauchistes et indépendantistes. Il est nommé à la tête du groupe de renseignement peu après les événements d'octobre.
36. Un mémoire de John Starnes, daté de juin 1970 et découvert dans les archives de la GRC par Normand Lester, révèle que le SSGRC et le groupe Vidal étaient informés par une source au Parti québécois. Le nom est biffé dans une autre lettre qui provient du Conseil privé. Consulter à ce sujet le livre de Normand Lester, *op. cit.*, p. 337-338.
37. Entrevue avec Marc Lalonde, le jeudi 7 décembre 2000.

Le financement étranger devient une obsession du Service de sécurité de la GRC. « Nous avons fait des recherches pendant plus de deux ans, sans trouver la moindre preuve[38] », révélera plus tard John Starnes, directeur du SSGRC, au journaliste Gilles Paquin. Pour tirer les choses au clair, le directeur des services secrets canadiens autorise, à la fin de l'année 1972, l'une des plus audacieuses opérations d'espionnage contre le Parti québécois. L'opération HAM consiste à mettre la main sur la liste des membres du Parti québécois en pénétrant clandestinement dans ses locaux.

Dans la nuit du 8 au 9 janvier 1973, des agents de la GRC en civil, et sans aucun papier d'identité entrent secrètement dans les locaux des Messageries Dynamiques, au 9820, rue Jeanne-Mance à Montréal. La société, qui appartient au magnat de la presse Pierre Péladeau, abrite un ordinateur Burroughs B 500 qui contient les listes des membres du Parti québécois. L'opération secrète, classée sous la catégorie PUMA, vise à s'introduire sur les lieux sans qu'il y ait de bris apparent. Les documents doivent être copiés puis remis à leur place. Lors de deux visites précédentes, les agents ont veillé à neutraliser le système d'alarme et à reproduire les clés leur permettant d'entrer dans les locaux. Les disques contenant les listes des membres sont extraits de l'ordinateur, puis reproduits en plusieurs exemplaires chez M.I.C.R. Systems, rue Westmount Square. À cinq heures quinze, ils sont remis en place. L'opération est un succès. Le 26 janvier 1973, l'adjoint du directeur du SSGRC, Howard Draper, félicite ses agents.

Pourtant, l'analyse des listes et des états financiers du Parti québécois ne permet pas de détecter la moindre preuve qu'une importante somme d'argent a été versée à ce parti politique par une puissance étrangère. Au cours d'un procès mettant en

---

38. Cité dans un article de Gilles Paquin, « Selon Starnes, la GRC n'a jamais rien pu prouver », *La Presse*, le 24 novembre 1982.

cause l'un de ses agents, la GRC va tout de même justifier cette opération en invoquant entre autres la rumeur du financement français qui circulait à l'époque. La France se trouve ainsi à avoir donné un motif au gouvernement fédéral pour enquêter sur le Parti québécois.

Alors qu'une opération du même genre est menée aux États-Unis (le cambriolage du Watergate) qui forcera le président Nixon à démissionner, au Canada, l'opération HAM débouche sur la création de deux commissions d'enquête, l'une provinciale et l'autre fédérale. À aucun moment, cette opération longuement préméditée contre un parti politique légalement constitué n'ébranlera le gouvernement sous lequel elle a été orchestrée. Les conclusions de la Commission McDonald blanchissent le gouvernement Trudeau, en soutenant que c'est sans autorisation écrite du Cabinet fédéral que la GRC s'est approprié clandestinement les listes des membres du Parti québécois.

Avec l'opération HAM, culminaient en fait les nombreuses opérations de renseignement menées par la GRC au Québec[39]. Quant au financement français, Marc Lalonde affirme encore aujourd'hui : « Je continue de croire qu'il y a de l'argent qui a été donné [au Parti québécois][40]. » Aucun indice pourtant ne permet de soutenir une telle affirmation. La situation financière du parti ne semble s'être améliorée qu'en 1972, quand celui-ci a lancé de véritables campagnes de financement populaire. Pierre Renault, responsable de la publicité pour le Parti québécois à l'époque où l'offre française a été faite, jure que si un tel montant avait été versé dans les coffres du parti, il l'aurait aperçu : « Les grosses dépenses électorales, c'est en publicité. Donc, s'il y avait eu quelque chose, j'aurais vraisemblablement été au courant. Je l'aurais vu[41]. »

---

39. À ce sujet, le biographe suggère au lecteur de consulter l'annexe A en fin de volume.
40. Entrevue avec Marc Lalonde, le jeudi 7 décembre 2000.
41. Entrevue avec Pierre Renault, le mardi 21 novembre 2000.

En 1982, Marc Lavallée, un ancien militant du RIN, puis du Parti québécois, devenu par la suite un membre du Parti libéral, publie un livre sur cette histoire de financement dans lequel il affirme que c'est à la demande expresse de René Lévesque qu'il est lui-même allé en France, en février 1970, pour demander trois cent mille dollars à Jean-Daniel Jurgensen. Selon la version de Marc Lavallée, Jacques Parizeau a ensuite été mandaté par René Lévesque pour aller cueillir l'argent à Paris. Il serait revenu les mains vides, ayant jugé, une fois en Europe, que l'opération était trop risquée. Cette version de Marc Lavallée n'est accompagnée d'aucune preuve et est niée par tous, à l'exception de la GRC. En juin 1982, quelques mois avant de publier ses « révélations », Marc Lavallée collabore avec la Gendarmerie royale et accepte de témoigner dans un procès visant à innocenter un agent du SSGRC qui a participé à l'opération HAM [42]. Encore une fois, la démarche française met dans une situation fort délicate le premier ministre René Lévesque et son ministre des Finances, Jacques Parizeau. Celui-ci se doit de manœuvrer avec astuce en affirmant à l'Assemblée nationale le 23 novembre 1982 : « Je n'ai jamais été chargé par le premier ministre actuel, chef du parti à cette époque, d'assurer le suivi d'un dossier

---

42. Marc Lavallée, avec la collaboration de Carole Delisle, *Adieu la France, Salut l'Amérique*, Stanké, Montréal, 1982. Son livre est lancé en novembre 1982. N'ayant pas réussi à se faire élire comme président de la région de Montréal-Centre, Marc Lavallée quitte le Parti québécois en 1981. En conclusion de son ouvrage, l'ancien militant indépendantiste propose aux Québécois de se fondre au sein de l'empire américain afin de retrouver un réel pouvoir comme les Juifs et les Irlandais américains. Dans ce même volume, il soutient que la France a versé deux millions de dollars à l'Union nationale lors de la course à la chefferie du parti en 1969 et ce, en faveur du candidat Jean-Guy Cardinal. Marc Lavallée a accepté de témoigner dans le procès de l'agent Claude Vermette du SSGRC accusé de s'être approprié clandestinement les listes de membres du Parti québécois en 1973. Sa déclaration est datée du 21 juin 1982. Elle est assermentée et a été préparée par la GRC.

comme celui-là[43]. » Le lendemain, il affirme que s'il a écrit une lettre pour les autorités françaises, c'était pour leur dire : « On ne sait pas très bien si vous voulez envoyer du fric mais, au cas où vous seriez tentés, c'est non[44]. » Au moment de ces vifs échanges en Chambre, l'opposition libérale est passée à deux doigts de mettre dans un profond embarras le gouvernement de René Lévesque. En cherchant trop à savoir si le Parti québécois avait effectivement reçu un montant d'argent, l'opposition a omis de poser une question pourtant centrale à Jacques Parizeau et à René Lévesque : la France a-t-elle offert un montant d'argent au Parti québécois ? En répondant affirmativement à cette question pour ensuite ajouter que le parti avait toutefois refusé cette offre, le gouvernement de René Lévesque se serait retrouvé au cœur d'une tempête politique.

Le chef de guerre

Celui qui a vécu les événements d'octobre avec beaucoup d'excitation a toutefois détesté voir son parti complètement pris au dépourvu. Après la difficile expérience de la crise d'octobre 1970, Jacques Parizeau se promet d'intervenir pour qu'à l'avenir le mouvement souverainiste ne plonge plus dans un tel abysse. « On s'est conduit comme des amateurs pendant les événements d'octobre. Il ne faut plus jamais se faire prendre de cette façon[45]. » Il est alors loin de se douter que la prochaine crise qui ébranlera son parti portera sur la stratégie même d'accession à l'indépendance. Celui qui a la foi du croisé ne veut pas d'un référendum. Il sera désarçonné par la force de cette nouvelle

---

43. *Journal des débats*, Assemblée nationale du Québec, le 23 novembre 1982, p. 5976.
44. *Journal des débats*, Assemblée nationale du Québec, le 24 novembre 1982, p. 6064.
45. Entrevue avec Jacques Parizeau, le 20 juillet 1999.

idée, mais le chevalier reprendra vite place sur sa monture, saisissant son épée, le temps d'entreprendre le combat pour encore deux élections avant d'investir les hauts lieux du pouvoir à Québec.

(à suivre...)

Pour rejoindre le biographe :
pduchesn@montreal.radio-canada.ca

INDEX
DES NOMS DE PERSONNES

Certaines des opérations de la GRC au Québec (1970-1975)

NOTE : Tous les événements relevés ci-dessous ont fait l'objet d'enquêtes par la Commission Keable au Québec et la Commission McDonald au Canada.

Vocabulaire de la GRC :

Opération Puma :	Les agents subtilisent d'abord des documents à la maison, au travail ou dans une voiture, les copient et les replacent sans qu'il y ait de traces d'intrusion.
Opération Cobra :	Une ligne téléphonique est mise sur écoute.
Opération Vampire :	L'installation de micros dans une pièce.
Opération Cathédrale :	Le courrier est intercepté et examiné.

Jusqu'en 1974, avant la Loi de la protection de la vie privée, la GRC peut mettre sur écoute qui que ce soit et pénétrer en secret chez des particuliers ou dans des bureaux sans mandat du solliciteur général ou d'un juge.

Les opérations :

Les déchets domestiques de Jacques Parizeau, René Lévesque et d'autres têtes d'affiche du Parti québécois font l'objet d'analyses par des éboueurs bien spéciaux, les agents de la GRC, dès le début des années soixante-dix.

10 avril 1971

Un micro est retrouvé chez Jean-Marie Cossette, militant indépendantiste, actif au sein du Mouvement pour la défense des prisonniers politiques du Québec (MDPPQ) et président de la Société Saint-Jean-Baptiste de Montréal dans les années soixante-dix.

15 mai 1971

Découverte d'un micro au cours du congrès du MDPPQ.

Octobre 1971

Faux communiqués de la cellule des Frères Chasseurs du FLQ et de la cellule Pierre-Louis Bourret du FLQ, rédigés par un informateur de la GRC [1].

18-19 décembre 1971

Préparation et diffusion du communiqué numéro 3, cellule La Minerve du FLQ par Donald Cobb, commandant de la section G à Montréal (SSGRC) et son équipe.

Avril 1972

Subtilisation de dynamite chez Richelieu Explosives inc.

8-9 mai 1972

Incendie d'une grange à Sainte-Anne-de-la-Rochelle. La GRC brûle la grange du Petit Québec libre.

6-7 octobre 1972

Opération Bricole : Vol à l'Agence de presse libre du Québec (APLQ). Opération conjointe GRC-SQ-SPCUM. Mille dossiers,

---

1. Il est pertinent de souligner qu'en plus de ces faux communiqués de la GRC, au moins seize autres faux communiqués du FLQ ont été émis avec la participation directe ou indirecte de la police de Montréal, la plupart du temps avec la complicité de Carole de Vault.

les listes d'abonnés et les dossiers du Mouvement pour la défense des prisonniers politiques du Québec ont été volés et détruits. Les objets de valeurs n'ont pas été touchés. Jean-Pierre Goyer est alors solliciteur général à Ottawa.

20-21 novembre 1972

Découverte de micros dans les nouveaux locaux de l'APLQ.

8-9 janvier 1973

Introduction clandestine dans les locaux des Messageries Dynamiques où se retrouvent les bobines informatisées des listes du Parti québécois. La GRC subtilise les bobines, en fait des copies pendant la nuit, puis remet le matériel en place. L'opération HAM nécessite la mobilisation de plus de trente agents du SSGRC.

Mai 1973

La GRC installe vraisemblablement des micros dans les locaux du PQ à Montréal. Une note de service de la GRC du 9 avril 1973 regroupe une série de photos du nouveau siège social du PQ, avenue du Parc à Montréal. Les clichés témoignent d'un intérêt pour les fenêtres à l'étage comme si une équipe préparait une introduction nocturne des lieux pour y installer des micros. Dans *Le Devoir* du 10 juillet 1973, René Lévesque accuse la GRC d'exercer une surveillance électronique du PQ.

26 juillet 1974

Une bombe explose à la résidence du président de la compagnie Steinberg à Ville Mont-Royal. La police de la CUM soupçonne Robert Samson, un agent du SSGRC.

Les révélations :

30 mars 1976

Verdict rendu dans le cas de l'agent Samson. Son témoignage est rendu public : il déclare que le vol des documents de l'APLQ, du MDPPQ et de la COOP du 1er mai était l'œuvre de la GRC, de la SQ et du SPCUM. Samson est condamné à sept ans de prison.

16 juin 1977

Le gouvernement du Québec annonce la création d'une commission d'enquête sur les agissements illégaux des policiers en territoire québécois.

21 juin 1977

Jack Ramsay, un ex-caporal de la GRC, indique au *Toronto Star* que les activités illégales étaient monnaie courante à la GRC.

6 juillet 1977

Francis Fox, solliciteur général du Canada, annonce la création d'une commission d'enquête fédérale sur les agissements illégaux de la GRC.

Vendredi 28 octobre 1977

Francis Fox révèle que la GRC s'est introduite en pleine nuit dans un local pour s'emparer des listes de membres du Parti québécois afin de les reproduire en secret. Il s'agit de l'Opération HAM.

31 octobre 1978

La Cour suprême, dans un jugement unanime, déclare qu'une commission d'enquête provinciale ne peut enquêter sur la GRC. Le solliciteur général a le droit de refuser de comparaître, de faire témoigner des agents de la GRC ou de déposer des documents de l'agence.

Pendant toutes ces années, ainsi que l'a reconnu la Commission McDonald, le Service de sécurité de la GRC s'est adonné à de nombreuses tentatives de recrutement de sources humaines (informateurs) du côté du mouvement « séparatiste ».

ANNEXE B

Londres, samedi, le 27 février 1954

Chers parents,

J'ai reçu une lettre de maman ce matin m'annonçant que vous étiez tous les deux malades. J'espère que cela va mieux maintenant et que papa pourra terminer La fin des ambassades avec ses propres yeux. J'ai peut-être eu tort de ne pas lire ce bouquin. Des camarades m'ont dit qu'il y avait malgré tout pas mal de choses intéressantes à y prendre. Malheureusement, et c'est pour cela que j'ai dit malgré tout, ce n'est pas La fin des ambassades qu'il faudrait dire mais la fin d'une ambassade, celle de l'auteur. Ce bouquin et un autre qui vient de paraître ont été écrits après la mise à la porte du corps diplomatique de leur auteur. D'assez sales histoires de mœurs étaient en partie responsables de ce renvoi, si je me souviens bien, et une petite vengeance s'imposait. Inutile de vous dire que cela a fait un gros succès de librairie à Paris, un pareil arrière-plan. J'avais laissé tomber tout simplement, en me disant que j'avais d'autres chats à fouetter que de m'abreuver de la rancune érotique d'un bon cœur. Mais depuis on m'en a beaucoup parlé et pour des raisons bien différentes du petit ou gros succès de scandale qu'on cherchait à provoquer il faudra bien que j'y jette un coup d'œil.

J'oubliais de dire qu'immédiatement après la parution, le Quai d'Orsay avait fait la gaffe de publier une mise au point, ce qui a fait tomber les amateurs de rire un peu épais dans les bras (si j'ose m'exprimer ainsi) du nouveau détenteur de manchettes journalistiques.

Vous n'avez pas à craindre de me trouver surchargé de travail, l'œil hagard, et la mine débile à votre arrivée. L'an dernier je devais tenir de front sciences po., la Faculté de Droit et l'INÉD. Cette année j'écris que ma thèse. Cela me donne l'impression d'être en vacances. Ce qui ne m'empêche pas, aujourd'hui samedi d'être encore entouré par mes feuilles de calcul, à la grande indignation de mes amis anglais qui éprouvent devant cette profanation du congé sabbatique l'effarement d'un outremontais devant un morphinomane.

Cette thèse devient d'ailleurs d'une difficulté rare. Six jours de calcul m'ont permis d'écrire hier exactement vingt lignes. Mais j'ai autant de patience devant ce boulot que d'impatience dans mes autres activités. C'est assez curieux d'ailleurs. Je peux rester des heures devant une série statistique sans savoir comment la prendre, mais je me mets en colère si on me fait attendre cinq minutes au restaurant.

Michel s'intéresse de plus en plus à la musique et j'ai l'impression que Claude y est pour quelque chose. Nous sommes allés entendre la messe en si la semaine dernière, et ils ont acheté des billets pour l'Art de la fugue la semaine prochaine. De quoi me faire passer pour un attardé, moi qui vais parfois écouter du Beethoven ou du Brahms. Il faut dire d'ailleurs que lorsque je retourne à mes amours (musicales) d'antan je m'achète, très chère, une place de la loge 16, juste au-dessus de la tête du chef d'orchestre et je guette l'entrée du cor ou du basson avec le cynique plaisir de l'initié qui sait fort bien que tôt ou tard il va prendre quelqu'un en défaut.

Tout va bien,

Jacques